考古学リーダー 17

伊場木簡と日本古代史

伊場木簡から古代史を探る会 編

六一書房

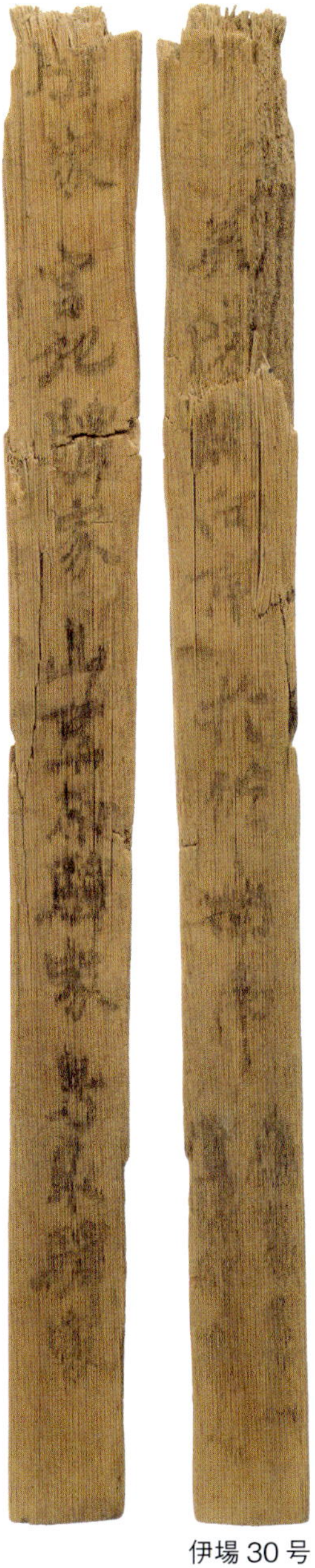

伊場 30 号

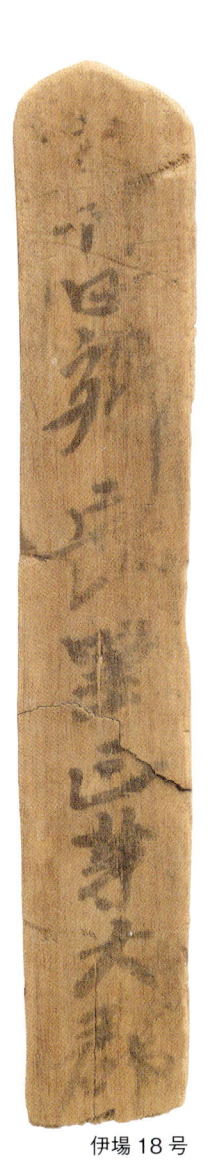

伊場 18 号

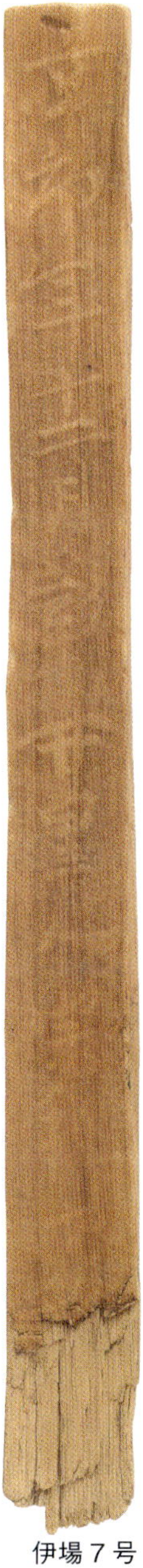

伊場 7 号

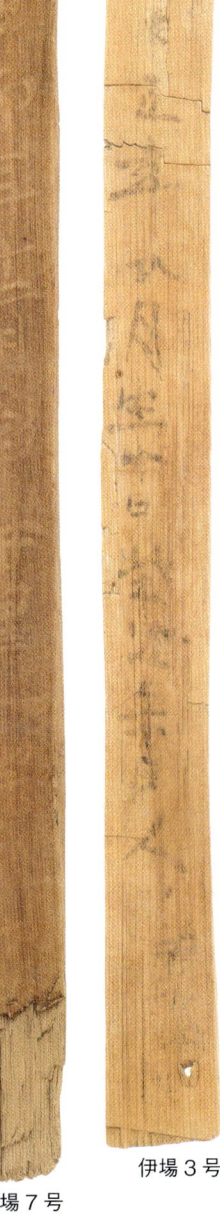

伊場 3 号

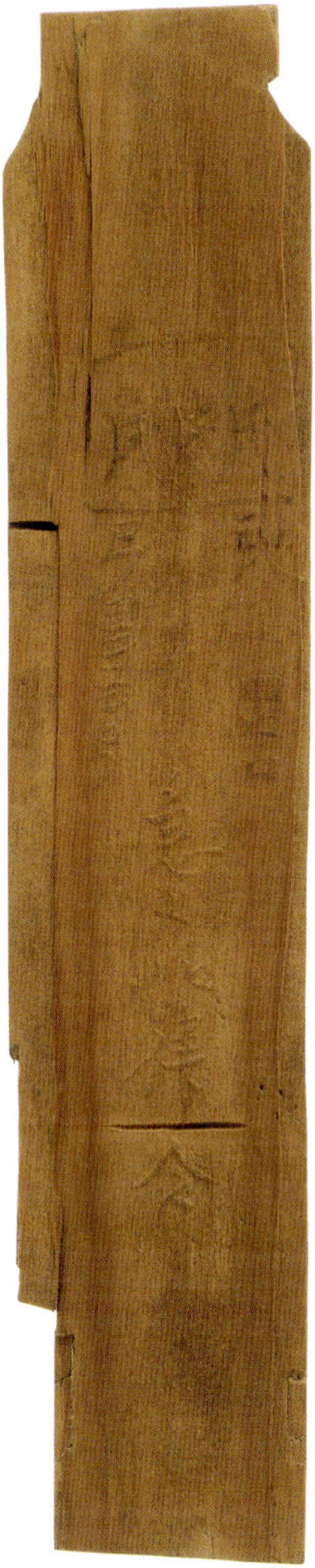

伊場 91 号

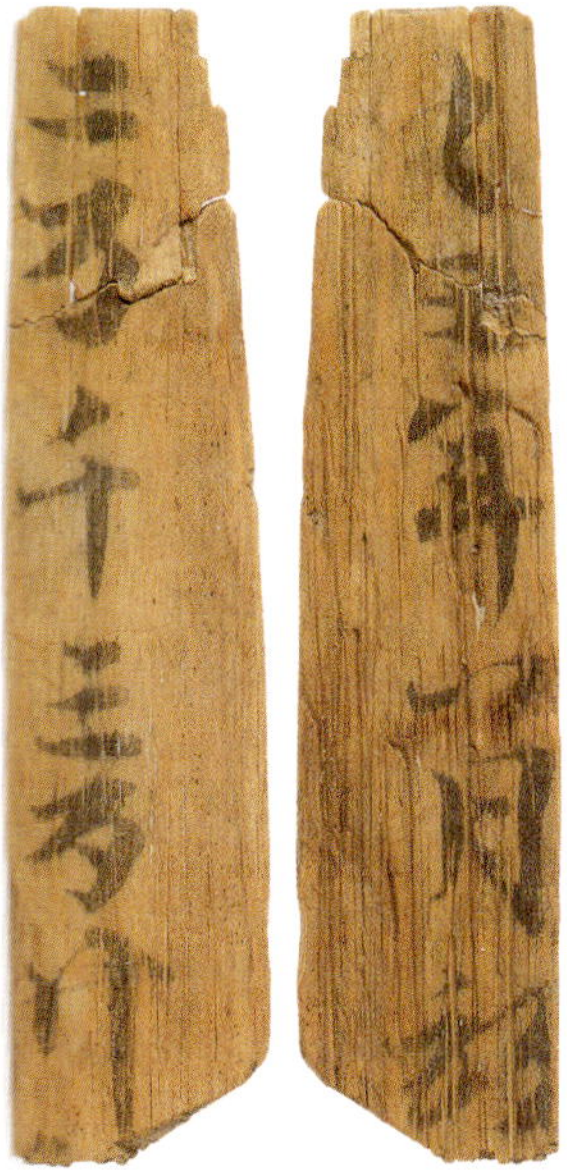

伊場 4 号

伊場 40 号

伊場 34 号

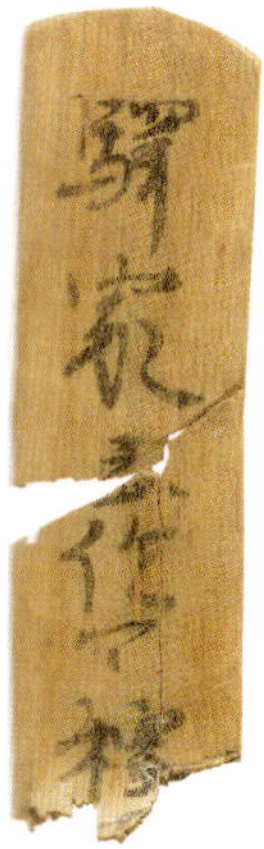

伊場 27 号

伊場 39 号

伊場 77 号

伊場 61 号

伊場 68 号

伊場 52 号

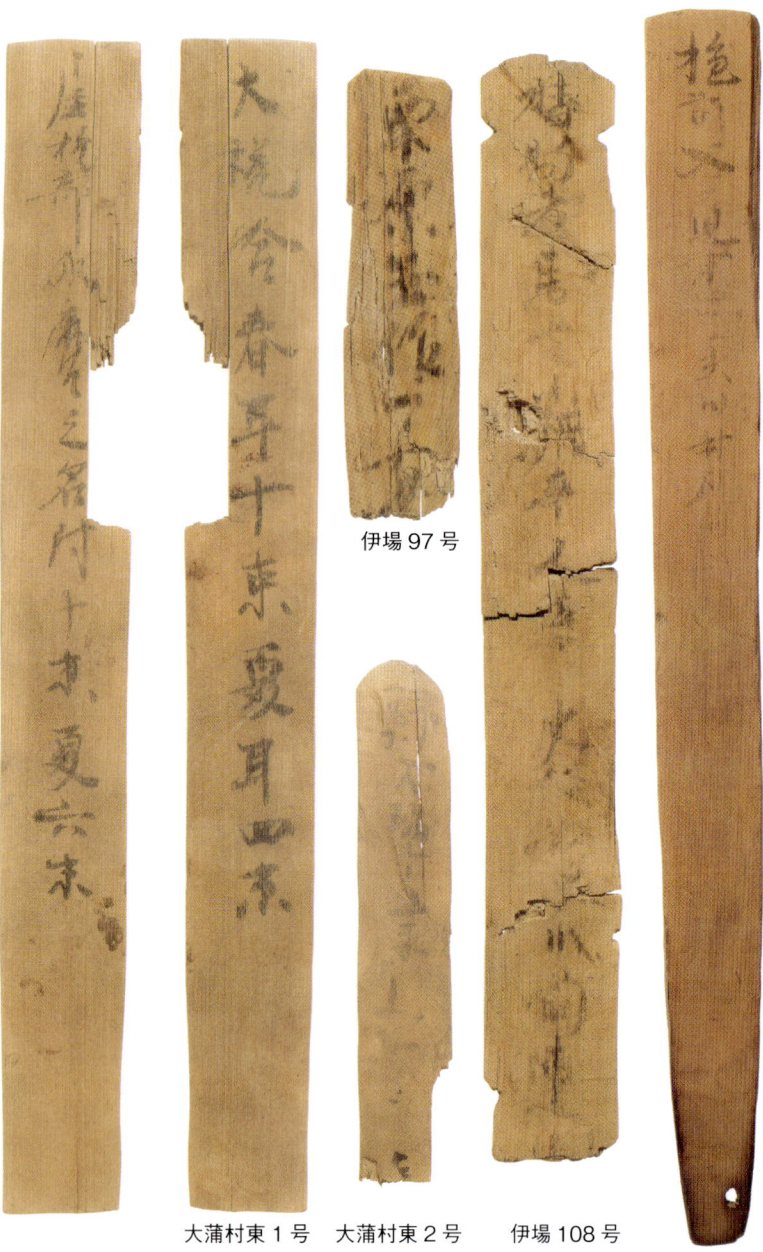

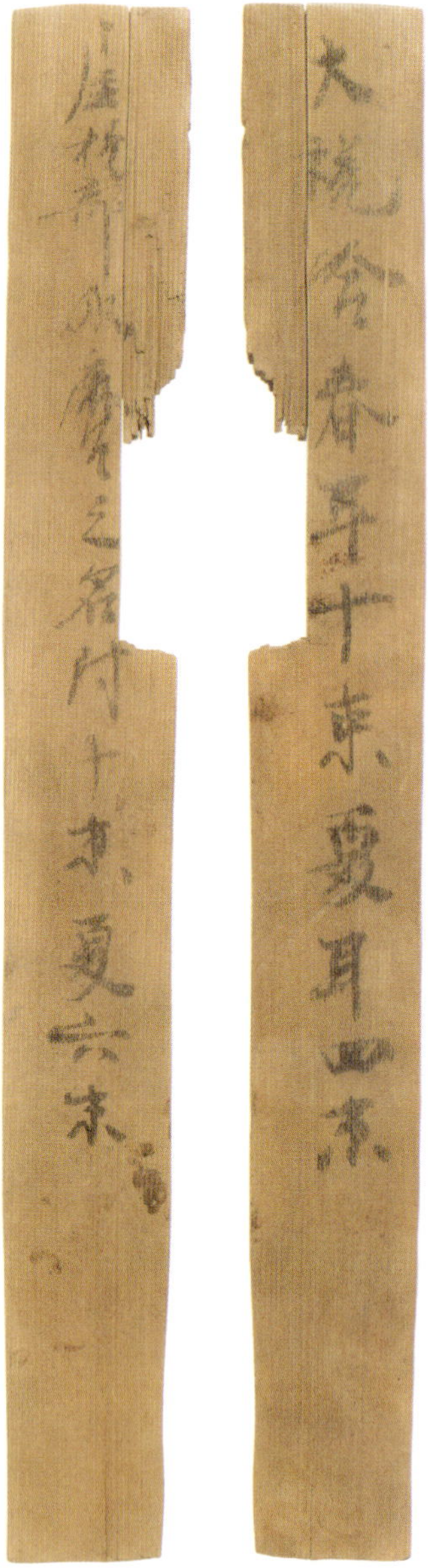

大蒲村東 1 号

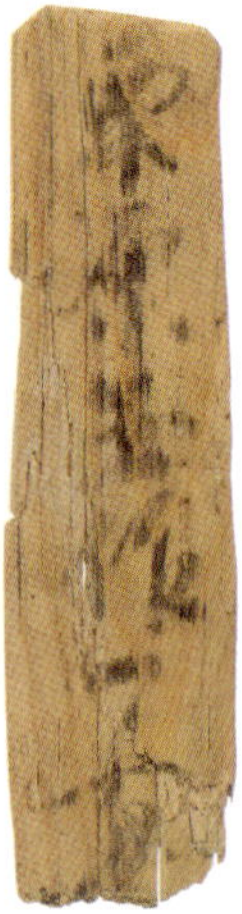

伊場 97 号

大蒲村東 2 号

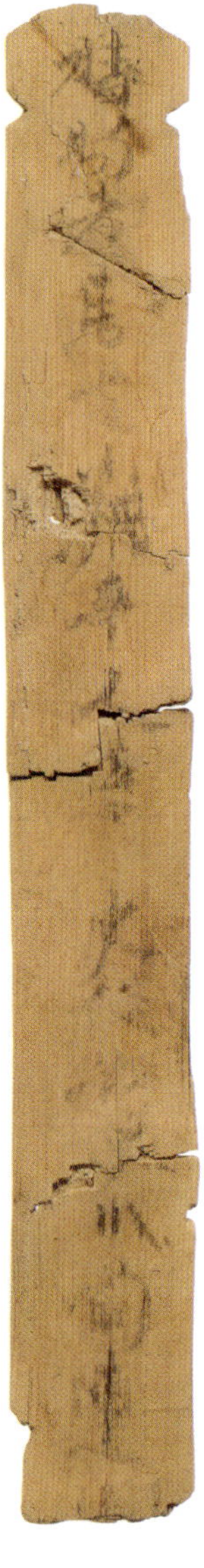

伊場 108 号

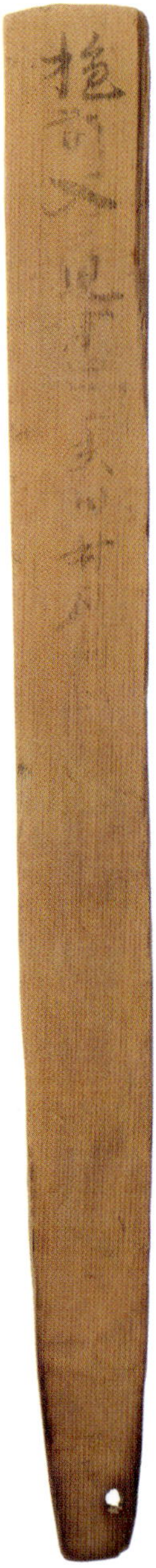

伊場 83 号

はじめに

平野吾郎

戦後まもなく発見され、弥生時代の集落跡として静岡県指定の史跡に指定されていた伊場遺跡の地に、東海道線の高架化に伴っての開発計画が浮上したのは一九六〇年代の終わりの頃である。県指定史跡の指定解除に対する賛否が渦巻くなか、一九六八年の範囲確認調査から始まって、一九八一年まで、大規模な発掘調査が行われた。

この発掘調査によって、当時はまだ類例が少なかった「木簡」と墨書土器が多量に出土し、中には干支年号を記した七世紀代の木簡が出土したことから、全国的に注目されることになった。

伊場遺跡は弥生時代から古墳時代、さらには奈良・平安時代と間に中断する時期を挟みながら、長い時間継続する遺跡であり、各時代ごとに様々な性格を持った遺跡であった。中でも、律令期には地方官衙跡としてその性格が注目されてきた。天武・持統朝期の木簡が検出されたことは、律令が地方に波及する時期を巡って注目されたし、郡家・駅家関係さらには租・庸・調・雑徭・出挙に関する木簡などは遺跡の性格を論議させるだけでなく、律令期の地方支配の様子を示すものとして全国的に注目されてきた。

また、単に伊場遺跡が調査されただけではなく、城山・梶子・梶子北・鳥居松・九反田遺跡さらには東若林遺跡と数多くの隣接する遺跡の調査が継続的に行われ、各遺跡から出土した木簡・墨書土器が伊場遺跡と有機的につながりを持つものであることが知られ、郡衙あるいは駅家・軍団さらには寺院など、様々な性格を持った施設が、「大溝」に沿って広範囲に広がっていると推定されるに至った。これは、古代における地方官衙のあり方の一つを示すと考えられる。

今から三〇年ほど前に、地方木簡としては最も早く発見され、また年代的にも古く、質・量ともに卓越した木簡群として高く評価されてきた伊場木簡は、その後隣接する遺跡の地道な調査と相まって、今なお考古学だけでなく日本古代史の上でも一級の資料価値を保っている。

今日では伊場遺跡の調査に参加した人たちの多くは現役を退きつつある。

次の世代の研究者たちによって伊場遺跡出土の膨大な資料の整理が行われ、大きな成果を上げてきたことを評価するとともに、再整理された木簡群がなお残された課題の解明に役立つことを期待したい。

目次

凡　例

本書は、浜松市教育委員会の協力のもと、六一書房が企画編集したものである。

第Ⅰ部は、二〇〇八年十月に浜松市が行ったシンポジウム「伊場木簡から古代史を探る」で発表された内容をもとに、各氏が執筆したものである。

第Ⅱ部は、向坂鋼二氏が執筆した「伊場・城山遺跡の古代文字資料」『遠江十九号』（一九九六年）の論文を氏の了解を得て、加筆・修正したものである。

第Ⅲ部は、木簡や墨書土器などの文字資料からみた伊場遺跡群の評価について、『伊場遺跡総括編』（二〇〇八年浜松市教育委員会発行）をもとに各氏が執筆したものである。

第Ⅳ部は、伊場遺跡群から出土した主要な木簡と墨書土器について、各氏が執筆した解説文である。

第Ⅴ部は、浜松市の承諾をえて、『いにしえの文字と浜松』（二〇〇八年浜松市発行）の木簡に係わる部分について、モノクロで縮小転載したものである。

なお、独立行政法人奈良文化財研究所と奈良県立橿原考古学研究所から提供された木簡等の写真については、転載の許可を頂いている。

Ⅰ　伊場遺跡出土木簡から古代史を探る

一　伊場遺跡群の最新情報と古代敷智郡

鈴木敏則

文化財担当課の鈴木敏則と申します。

一　はじめに

私がお話するのは、伊場遺跡群の最新の発掘情報と、古代敷智郡の役所が具体的にどこにどのようにあったのか、また浜松市周辺の古代の地名がどの程度分かっているのかについてです。地元で発掘調査を担当していないと、分からないことをお話したいと思います。

その前に、最近、新聞などでは、奈良県の飛鳥にあります石神遺跡から出土した木簡の報道がありました。万葉集に載っている和歌、最古の和歌ですが、木簡に書かれて発見されたという報道がありました。そして、先週の木曜日ですが、京都市の木津川市馬場南遺跡からも、万葉集を写した木簡が出たとの報道がありました。続いて、金曜日には、奈良の東大寺の南方にあります新薬師寺で、大変りっぱな金堂の跡が見つかったと報じられております。この金堂は、大きな建物で、平城京にあります大極殿よりも一回り大きいものだそうです。

これらの木簡やお寺は、奈良時代か少し前の飛鳥時代のもので、今日私どもが企画しましたシンポジウムもこの時代を取り上げたものです。このような報道は、私どもの企画を応援してくれているような感じがして、たいへん嬉しいことと思います。

飛鳥の石神遺跡から出土した万葉集の和歌を記した木簡には、年号が書かれていませんが、一緒に出た木簡には、己卯（つちのとう）年、西暦六七九年の年号が書かれていたと新聞では報道されていました。この、つちのとうの年の年号は、実は、伊場遺跡群から出た木簡の中にも書かれた例があります。梶子遺跡から出た十二号木簡で、現在伊場遺跡群では最古の紀年銘木簡となっています。浜松から飛鳥や奈良の都まではたいへん遠く離れていますが、親近感のようなものを感じました。

二　伊場遺跡の発見

では、伊場遺跡が発見された経緯から、お話をしていきたいと思います。伊場遺跡は、昭和二四年に発見されております。昭和二四年といいますと、太平洋戦争が終わったのが、昭和二〇年ですので、戦後四年になります。この辺りにもまだまだ空襲とか艦砲弾による戦争の傷跡が残っていた時期でした。戦争末期にアメリカ軍が撃った艦砲弾の一つが、伊場遺跡に落ちて破裂し、大きな穴を作りました。当時、穴は池となっていましたが、そこで西部中学校の生徒さんにより、弥生土器が拾われました。土器は、中学校で社会科の先生をやられていた高柳先生のもとに持ち込まれました。そして先生から母校の國學院大学にその情報が伝えられ、伊場遺跡は考古学会に知られるようになりました。

戦時中、なぜ伊場遺跡に艦砲弾が撃ち込まれたかと言いますと、資料集の文章には帝国鉄道と書いてありますが、正確には鉄道院で、その浜松工場が遺跡の北側にあったためです。そこをめがけてアメリカを中心とした連合艦隊から、艦砲弾が次々に撃ち込まれました。現在は、ＪＲ東海の浜松工場になっています。浜松工場の周辺には当時、破裂した穴があちこちに池として残っていたと言われております。近年の発掘調査でも、直径が十ｍくらいの大きな穴が発見されています。穴の縁からは、鱗状に炸裂した鉄片がたくさん出てまいります。実を言いますと私は、発掘調査で不発弾を掘った事があります。不発弾は自衛隊が処理したのですが、一㎞四方に住んでいる住民全員に避難してもらい、また新幹線や東海道本線を止めるなどして行われました。それまでの準備や対応は大変なことでした。

伊場遺跡は、昭和二四年から二五年にかけて國學院大学により、発掘調査が行われました。発見されて間もなく、何でそんなに急いで調査を行ったのか、皆さんも疑問に思われるでしょうが、当時、昭和二〇年の戦後すぐに静岡市、旧国名では駿河ですが、皆さんもご存知の登呂遺跡で発掘調査が行われました。一方、西の三河でも、豊川平野で一番大きな遺跡と言われている豊橋市瓜郷遺跡で発掘調査が行われました。いずれも弥生時代の遺跡ですが、三河と駿河の中間にある遠江において、弥生文化はどうだったのかという関心が考古学会では高まっていたそうです。そのため早速、発掘調査が行われるに至ったようです。この調査の結果、伊場遺跡は今回のテーマの年代とは異なりますが、弥生時代の遺跡として広く知られるようになりました。

この調査では、伊場遺跡の中心部だけではなく、周辺も

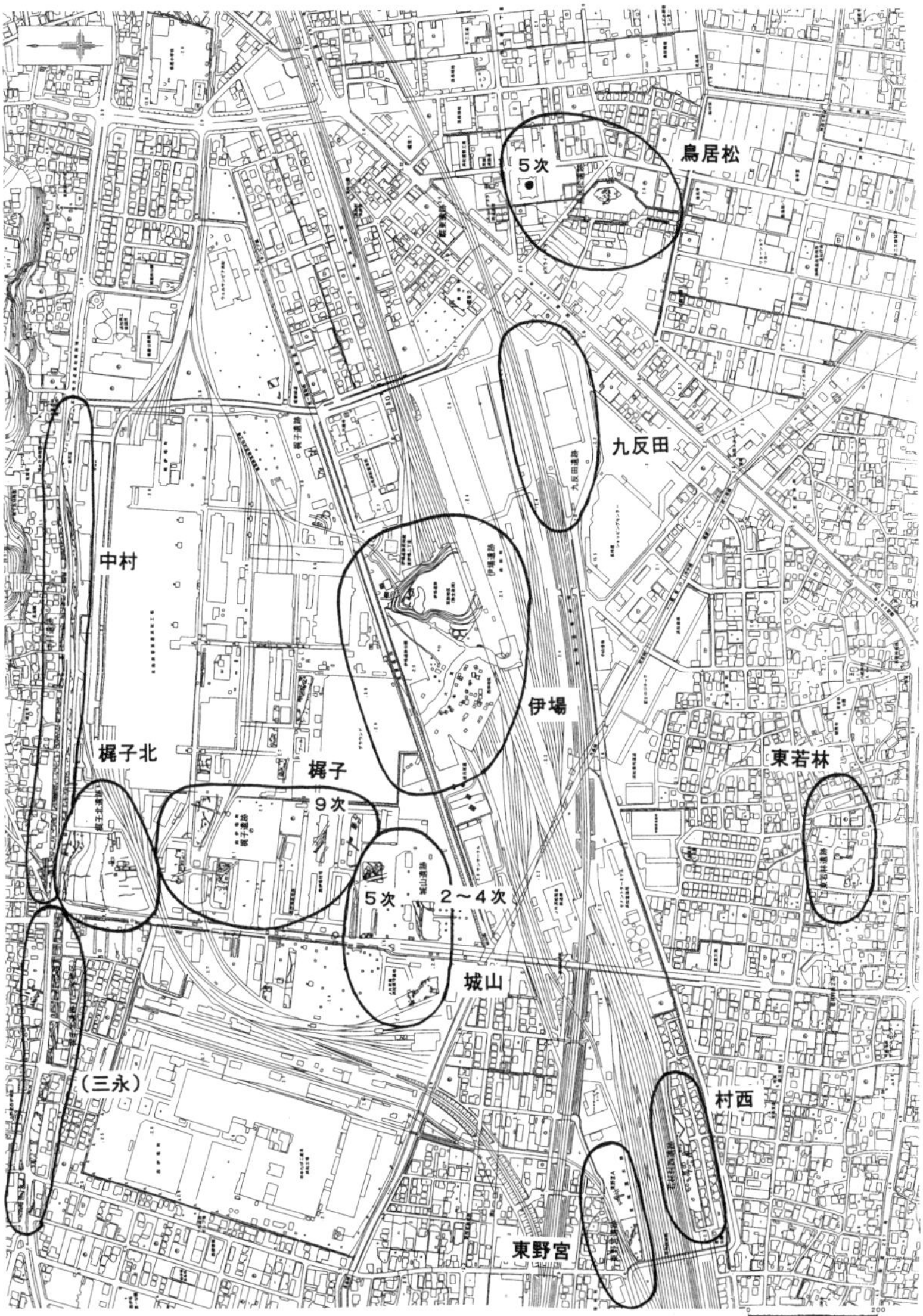

図１　伊場遺跡群全体図

広く試し掘りが行われました。それにより伊場遺跡の西方で、古代の土器がまとまって出土する所が確認されました。報告書では、伊場遺跡の城山集落というような名前で呼ばれました。これが伊場遺跡群に属する城山遺跡の発見です。城山遺跡では、灰釉陶器などに墨で文字を書く、いわゆる墨書土器がたくさん出てまいりました。十七点です。それと一緒に富寿神宝といいまして八一八年に初鋳され、八三五年ごろまで使われた皇朝十二銭の一つが発見されました。灰釉陶器は、たいへんきれいな陶器ですが、富寿神宝と一緒に出土したことから、平安時代の初め頃まで遡る陶器であることが判明しました。

三　伊場遺跡の発掘調査

伊場遺跡の本格的な発掘調査は、國學院大学の調査からしばらくした昭和四三年、一九六八年に始まります。ガイドブックの五頁と六頁（本書二〇五・二〇六頁）をご覧ください。その当時の発掘作業の様子を伝える写真があります。写真の中には、作業員さんが写っていますが、水が湧く中、ぐちゃぐちゃになって苦労して調査をしている状況が分かるかと思います。

調査は、浜松市を南北に分断していた東海道本線を高架化するために、実施されました。今の駅は二階にありますが、当時の浜松駅は、線路とともに地上にありました。事業は、駅とその周辺の線路を高架化し、南北に住む人々が自由に往来できるようにすることで、駅南の活性化を図ろうとするものでした。この事業の一環で、伊場遺跡の辺りには、電車の駐機場と貨物用の西浜松駅が造成されることとなりました。伊場遺跡はすでに県指定史跡となっていたものの、事業用地に組み込まれることになりました。そして事業に先立ち遺跡の広がりを確認する必要性から、範囲確認調査が昭和四三年から行われることになりました。

これに続く本調査では、三重の堀をもつ弥生時代後期の環濠集落が発見され、複数の堀をもつ例では、最も東にあることが確認されました。また、この堀からは全国的に類を見ない素晴らしい木の甲など、多くの遺物が続々と出土しました。木簡等の文字資料は、弥生の環濠集落の西方で検出された伊場大溝から出土し、全国的に注目されることとなりました。

試掘調査やその後の本調査で、多大な発見があったにも関わらず、開発のために県指定史跡が解除されることになり、全国的な保存運動が起こりました。

発掘調査は、昭和四三年に二次調査として範囲確認調査、これに次いで四四年に三次調査が実施され、これ以降、本格的な大規模調査が行われました。一九八一年、昭和五六

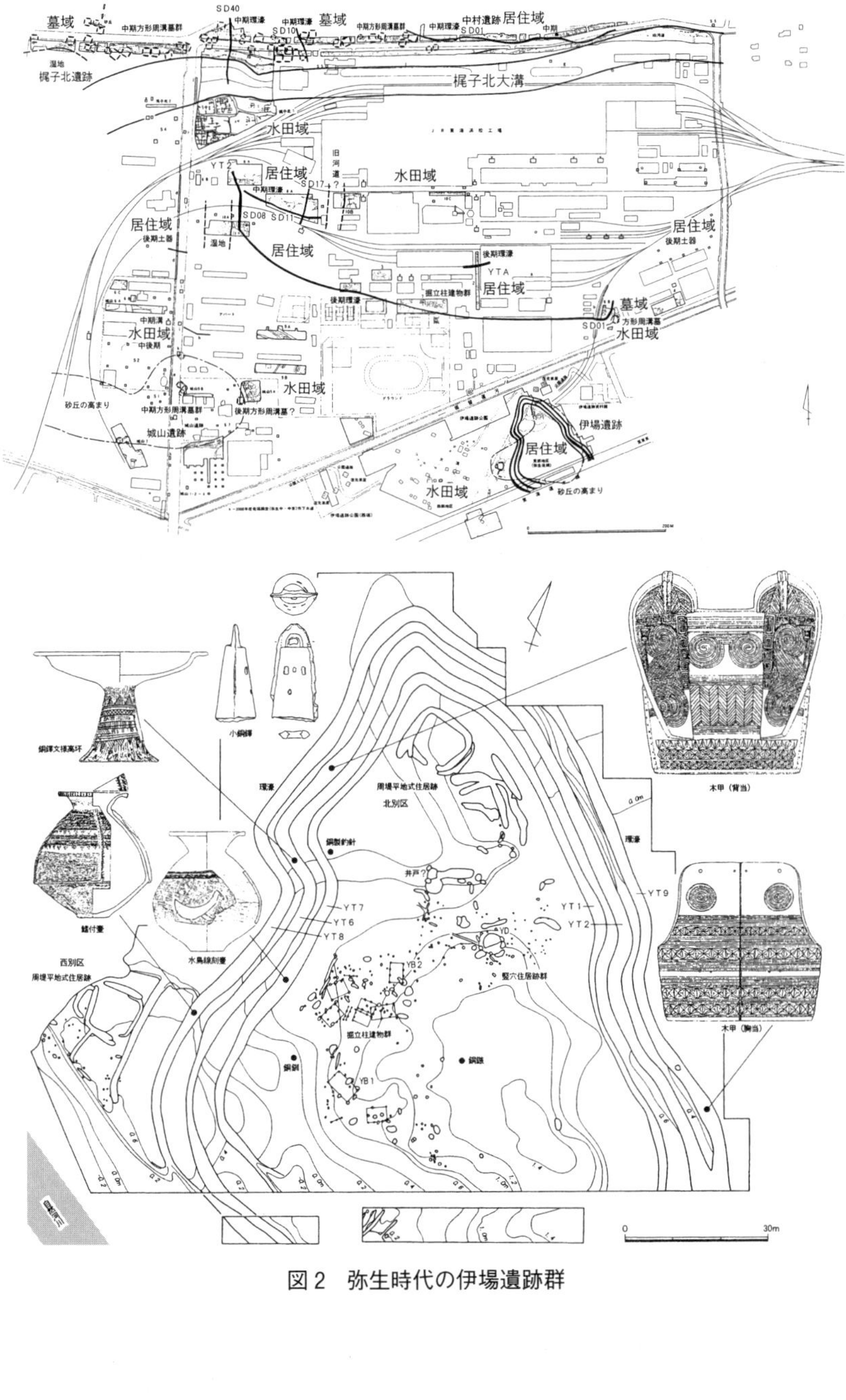

図２　弥生時代の伊場遺跡群

年までに十三回にわたって発掘調査が行われました。あしかけ十四年になります。現在は、二〇〇八年ですので、伊場遺跡の発掘調査が終わってもう二八年も経ちました。

実を言いますと、私は伊場遺跡の発掘調査に直接携わった事はありません。一九八一年には、まだ浜松市に就職していませんので、伊場遺跡の発掘調査の状況はほとんど具体的には知りません。現地調査が終了して、報告書を作るまで長い期間を要したのは、弥生土器や古墳時代から平安時代の土器、また木製品など莫大な数の遺物が出土したためで、そのとりまとめの作業に長い期間がかかりました。そして去年やっとその総括編、全てをまとめた報告書が出来あがりました。今回このようにシンポジウムが開けたのも、出土資料が全てまとまり、基礎的なデータが揃ったという事で、この企画が可能になったわけです。

伊場遺跡で調査した面積は三万六千㎡という広大なものですが、ちょっと広すぎてイメージがわかないかと思います。だいたい小学校と中学校の校庭の面積を合わせたくらいです。そのくらい広い面積を調査しました。当時としては、全国屈指の調査面積だった聞きます。

伊場遺跡の名が全国に広く知られるようになったのは、弥生時代の遺跡としてであったと申しましたが、本格的な調査においても、弥生時代の成果は多大なものがありました。静岡県では東の登呂遺跡に対し、西の伊場遺跡と称されるようになりました。出土遺物では木の甲の他にも、鳥の線刻がある壺、鰭の付いた特殊な壺、銅鐸文様が施され高坏が発見されています。また、小銅鐸、銅釧、銅鏃、銅製釣針などの青銅器も発見されています。そして、伊場遺跡から出土した土器は、伊場式土器と呼ばれ、西遠江における弥生時代後期の基準資料となっています。

図2には、上段に弥生時代の伊場遺跡群の全体図を、その下には、伊場遺跡の弥生時代の遺構全体図を載せています。三重の堀に囲まれた中には、住居跡や倉庫があります。木甲は堀の中から出ていますが、背当と胸当は、離れた場所から発見されました。図示した右上の物が鳥の翼が付いた背当、下の物が胸当です。渦巻文、双頭渦文、綾杉文、三角文、四角文などの文様が彫られています。また、木甲は赤と黒の漆で彩色され、大変艶やかなもので、全国を捜してもこれだけの優品は現在発見されておりません。全国的に見ても極めて貴重で、有名な木甲です。

古墳時代の集落は、伊場遺跡のほぼ全域に及んでいます。竪穴住居跡を主体とする集落ですが、静岡県内では最古の鍛冶遺構が発見されています。また、全国的にも類例がない囲いもしくは掘立柱建物を伴った祭祀遺構が発見されています。さらに、当地方では数少ない大阪南部の陶邑で焼かれた初期須恵器が、比較的まとまって出土しています。これらのことから、伊場遺跡の古墳時代の集落は、当地方において有力な集落の一つと考えられようになりました。今年の春に、鳥居松遺跡五次調査で発掘した伊場大溝からは、豪族が佩用したと想像される金装大刀が発見されていることを考えますと、伊場遺跡は古墳時代中後期の首長集落の一角であったとも推定されます。

図3には、古代、律令期の伊場遺跡群の全体図が掲載されています。伊場遺跡は、この図では右側にあります。帯状に黒く塗った部分は伊場大溝です。伊場大溝は、埋没した河川で、自然の小川の跡です。しかし小川と言いましたが、人の手はどうも加わっているようで、護岸工事や改修工事が認められますし、船着場みたいな施設も造成されています。もともとは、自然にできた小川ですが、かなり手が加えられていることが発掘調査で分かりました。大溝の幅は、古墳時代では二〇ｍぐらいで、深さは現在の地表から四ｍくらい、標高は川底でマイナス二ｍと、かなり深い小川でした。

律令期の掘立柱建物跡は、大溝に沿うように、五〇棟ほど発見されています。皆さんがイメージされる建物は、平城京や古代のお寺のように計画的に配置された大型の建物群でしょうが、残念ながら、伊場遺跡ではロの字形やコの字形に計画的に配れた建物群は発見されておりません。建物自体も十ｍを超えるような大きな建物はありませんし、碁盤の目のように柱を配した総柱建物など本格的な米蔵といえるものもありません。

確認された建物はどちらかといえば貧弱と言わざるを得ませんが、その代わりと申しますか、大溝の中からは、たくさんの木簡や墨書土器がまとまって発掘され、伊場遺跡の性格を明らかにしました。木簡は一〇八点が出ていますし、墨書土器は四七一点、五百点近い本当にたくさんの墨書土器が出土しました。文字資料に加えて古代の絵馬、また専用硯は僅かですが、土器を転用した硯が一五〇点以上も出ています。

木簡の出土というのは、偶然によるところが大きいと考えられます。郡家の中心部分を伊場大溝が流れていたこと、それも流れがゆるやかな、常時はよどむような川であったことが幸いして、木簡は残ったに過ぎないのです。大溝からは、木簡だけでなく、木製のお祭り用の道具、これを木製祭祀遺物と呼びますが、それと木製の生活用具や焼きものなどの食器類、調理具類、さらには貝塚も発見されました。貝塚からは貝、魚骨、獣骨、木の実、種子などの食べ物の滓もたくさん出てきました。当時の地方の役所でどのようなものが使われ、どのような仕事がなされていたのか、

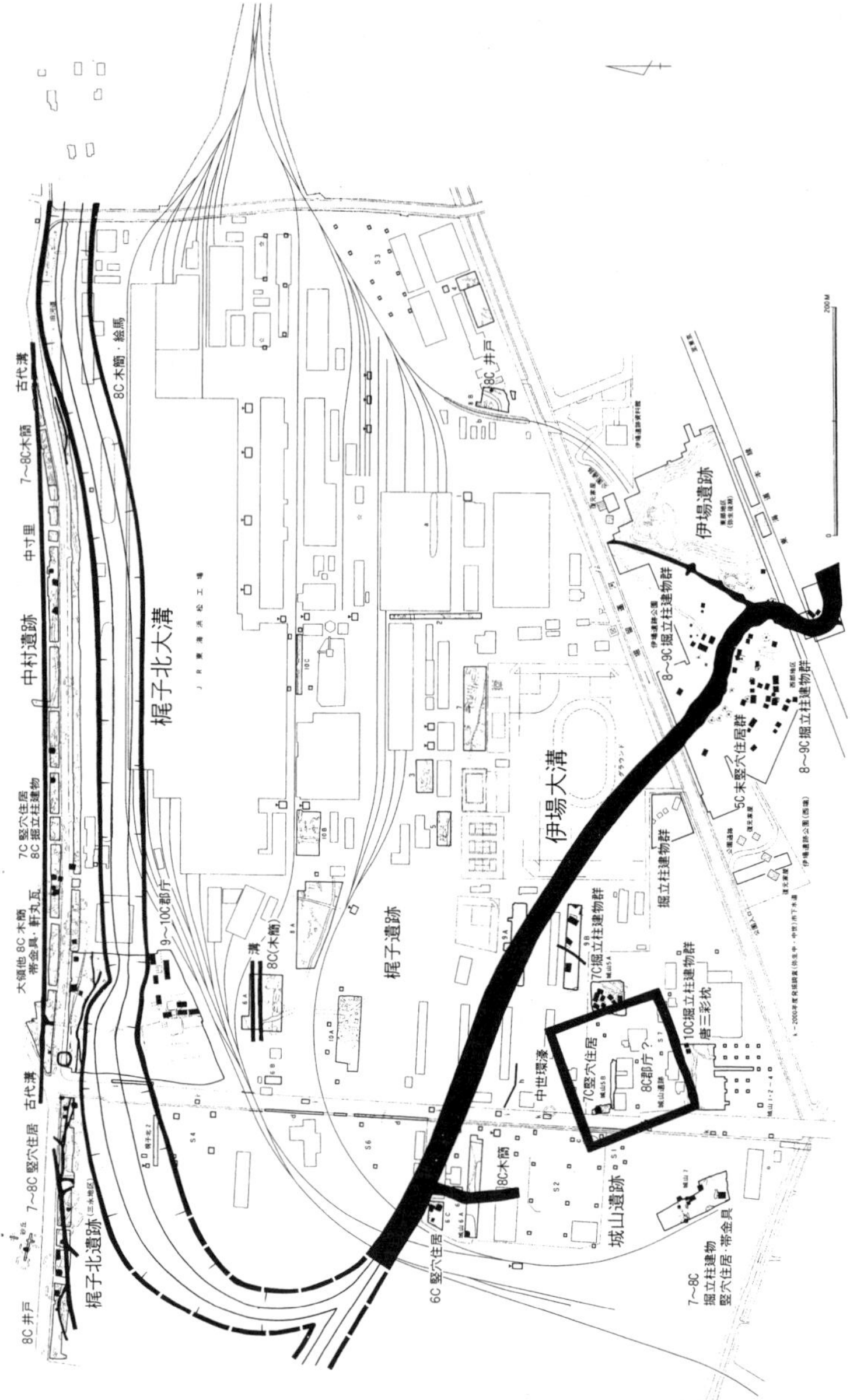

図3　古代の伊場遺跡群全体図

どんなものが食べられていたのかなど、多くの疑問に答えることのできる資料がぞくぞくと出てまいりました。

また、出てきた木簡に何が書かれていたのかを調べてみますと、伊場遺跡は地方の郡家に関係した遺跡であることが分かってまいりました。そして郡家が営まれていた年代は飛鳥時代から平安時代ということ、地方の行政組織の実態、国・郡・里の関係、租庸調などの税がどのように徴収され、管理されていたのか、また、税をどのように運用されていたのか、さまざまなことが分かってきました。租の運用については、出挙と呼ばれていますが、半強制的な貸付が地方財源としては重要だったことが明らかになりました。それに、戸籍や課税台帳としての計帳の類も発見されました。

さらには、東海道に置かれた駅家と郡家との関係、また、通行手形に相当する過所木簡というようなものが出ておりますので、当時の交通に関わること、そういうことも分かってまいりました。また、さまざまな祭祀の他、仏教であるとか、神道であるとか、道教など宗教に関わることが、木簡の内容から分かってきました。祭祀や宗教におきましては、呪いに優れた道教的な色彩の強い呪文を記したものが多くあります。

伊場遺跡の周辺は敷智郡ですが、伊場木簡は、敷智郡の歴史だけでなく、日本の古代史に与えた影響も極めて大きいものがあります。このことにつきまして、あとから諸先生方によりいろいろな視点から、お話があるのではないかと思います。

四　最新の発掘調査成果

最近行いました伊場遺跡周辺での調査状況を、お渡しした資料の図1（五頁）、伊場遺跡群全体図に示しておきました。ちょうど図の真ん中に伊場遺跡があります。図の左側が北ですが、西側に城山遺跡、その北側に梶子遺跡、梶子北遺跡、それと中村遺跡があります。伊場遺跡の東、図面では上になりますが、九反田遺跡と鳥居松遺跡がありま す。図の右側（西側）には東若林遺跡、村西遺跡、東野宮遺跡があります。これらの遺跡は、伊場遺跡と同じように木簡や墨書土器がまとまって出土していることから、現在、伊場遺跡群と呼んでおります。

ガイドブックの二九頁（本書二二九頁）には、「稲万呂」と記された特徴的な墨書土器が出た位置を示しています。この図の中央に伊場大溝が水色で表現されております。西の方から城山遺跡、梶子、伊場、九反田、鳥居松遺跡、ちょっと九反田遺跡の名前が抜けていますが、伊場大溝に連なるように遺跡が確認されています。

本格的に伊場大溝を発掘調査したのは、伊場遺跡、梶子遺跡九次調査、鳥居松遺跡五次調査の三回です。鳥居松遺跡については、今日、出土したばかりの実物資料を、会場の入口周辺に展示しましたので、休憩の時間にでもご覧いただければと思います。鳥居松遺跡は、伊場遺跡群の中では最も東の端にあります。逆の最も西には、城山遺跡六次調査区があり、その間は一五〇〇mくらいの距離があろうかと思います。そうした距離があるにもかかわらず、大溝からは同じような稲万呂の墨書土器が発掘されています。図4に示しました鳥居松遺跡は、現在までに、五回の調査がなされています。二次と四次調査におきましても、大溝の一部が確認されております。鳥居松遺跡の大溝にも伊場遺跡と同じように貝塚や階段状の施設が確認されました。鳥居松遺跡での大溝の幅は、古墳時代におきましては二五mで、伊場遺跡よりも五mほど幅が広くなっております。深さは、地表から四mくらい、標高で言いますと、マイナス二mくらいで、ほとんど伊場遺跡と変わらないことから、流れの少ない川だったことが分かります。鳥居松遺跡でも木簡は、たくさんの土器とともに発見されました。他には、人面墨画土器、ガイドブックの二六頁（本書二三六頁）に載せたものが、出土しました。これは平城京周辺で使われていたものとよく似たもので、都と同じような祓いに関わる祭祀が、当地でも行われていたと想像されます。三八頁（本書二三八頁）に木簡を載せていますが、この写真では読みにくいかと思いますが、左側に読み方が書いてあります。「□」となっているのは、文字は書かれているが、読めないという意味です。表面には、糸一斤を貸し受ける人、赤坂郷蔦里の忍海部某、裏面には、神亀元年と書かれています。木簡に書かれた字は、写真では分かりにくいのですが、赤外線を通して見ると、だいぶはっきりと見えます。神亀元年は七二九年で、天平の前にあたります。この赤坂郷というのは敷智郡の郷名として和名抄にも記されています。敷智郡の赤坂郷蔦里に住んでいる姓が忍海部、名は不明の人物に、絹織物の材料となる糸を貸し与えた証文だろうと想像されます。税としての調布とか庸布の生産に郡家が積極的に関わっていたことを示す木簡ではないかと考えられます。調庸布生産に関わる資料は全国的に少なく、貴重なものです。このような資料を積み重ねることにより、古代史はより豊かな内容を持つことになると思います。今後、調庸を扱う古代史の論文や書物には、鳥居松三号木簡は必ず引用されることと思います。

三八頁（本書二三八頁）の左側にあります鳥居松四号木簡は、誰でも肉眼で読めるくらい、字がきれいに残っています。これも、実物が展示してありますので、ぜひご覧いただければと思います。赤坂の下には、「丈部」と書いてありますが、「はせつかべ」と読みます。敷智郡の赤坂郷に住んでいる姓が丈部で名が五百依《いおより》という人物であることが分かります。この下には物品名とその数量が書かれていたと想像されます。何らかの物に付けられていた付け札です。このような古代の地名であるとか、当時生活していた人々の名前が多くわかってまいりました。

先ほどお話しました稲万呂ですが、鳥居松遺跡からはたくさん見つかっております。木簡ガイドブックでは、二九頁と三〇頁（本書二二九・二三〇頁）に載せてあります。鳥居松遺跡では十二点が集中して発見されております。今までに見つかったのは、伊場遺跡の四点が最高でした。最も西での発見例は城山遺跡六次調査区で、最も東の鳥居松遺跡とでは、一五〇〇m離れています。この稲万呂は個人なのか一族なのか、はっきりとは分かりませんが、敷智郡においてかなり幅をきかせていた人物と考えられます。そして今回、稲万呂一族の本貫地というか中心地は、墨書土器が多く出土したこの鳥居松遺跡であろうと想像されるに至ったわけです。都合よく鳥居松遺跡では「上殿」と書かれた墨書土器も一緒に見つかっています。「上殿」は御殿を示すもので、近い将来、稲万呂一族の御屋敷が発見されるのではないかと期待しています。

図5には、梶子遺跡九次調査A地区を示しましたが、ここでも伊場大溝を掘っております。調査区いっぱいに伊場大溝を発掘調査しました。後で祭祀の関係については笹生衛先生からもお話が聞けるかと思いますが、この調査では、地元の神々の名が宣命体で書かれたいわゆる祝詞木簡が見つかっております。

図6の下には、梶子遺跡九次調査A地区の南、大溝の南側にあたる同B地区で発見された建物群を掲載しました。図6の真ん中あたりには、城山遺跡五次調査区で発見された建物群を掲載しています。遺跡名は異なりますが二つの調査区は近接していますので、同じような性格の一連の掘立柱建物群と考えられます。建物はそれほど大きくありませんが、中には桁行八mの建物もあります。建物群は七世紀代と推定していますが、棟を揃えて建てられたものではありません。しかし、掘立柱建物が多くあることは、七世紀の飛鳥時代において、後に郡家に整備されていく有力な村が存在したことを示していると思われます。続く奈良時代では、唐三彩陶枕や円面硯、銅製壺鐙など優れた遺物や、書き直したために削り屑になった木簡が出土するなど、城山遺跡三次調査区の北側にあたる砂堤の高まりには、郡家の中心施設としての政庁が存在した可能性が高いと推定されます。

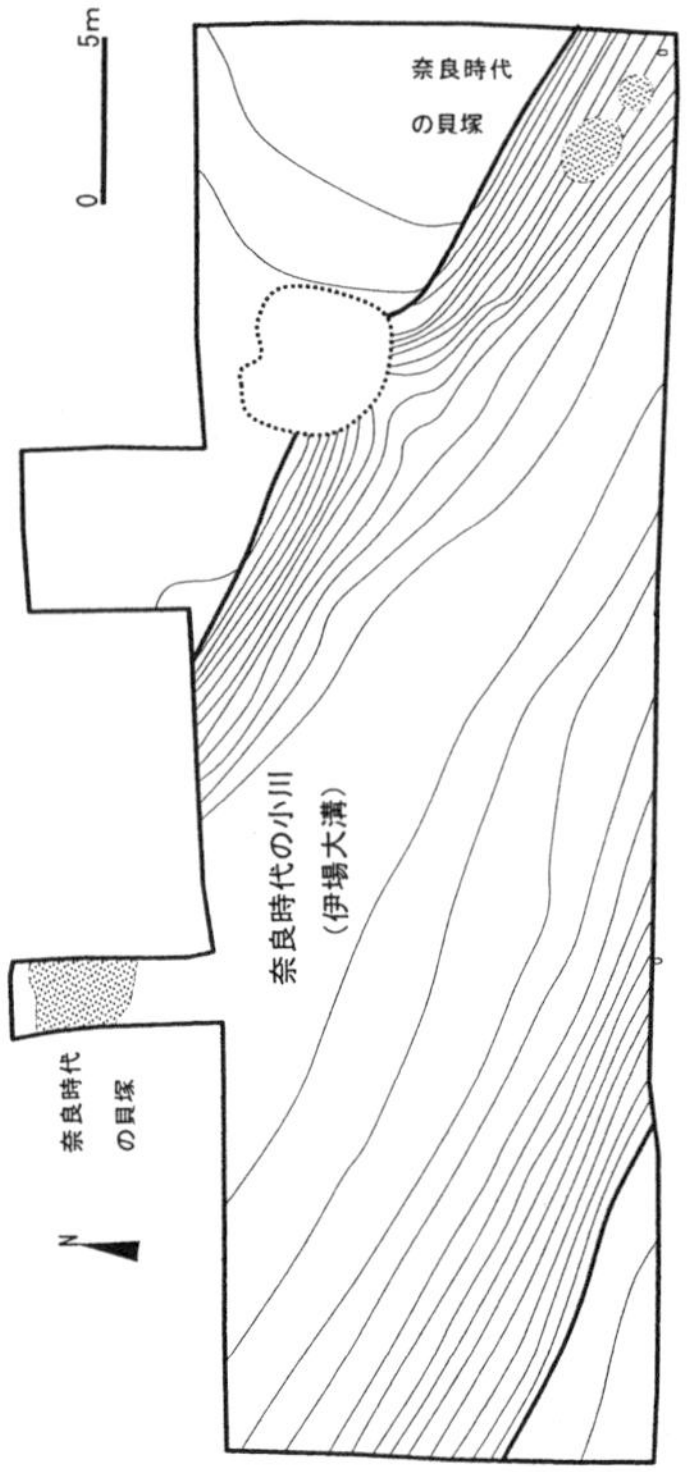

■　鳥居松遺跡大溝検出状況

鳥居松四号
「赤坂丈マ五百依

鳥居松三号
・「□〔耳カ〕糸一斤貸受人赤坂郷嶋里　忍海マ石□□ □□
・「神亀元□〔年カ〕□

出土瓦

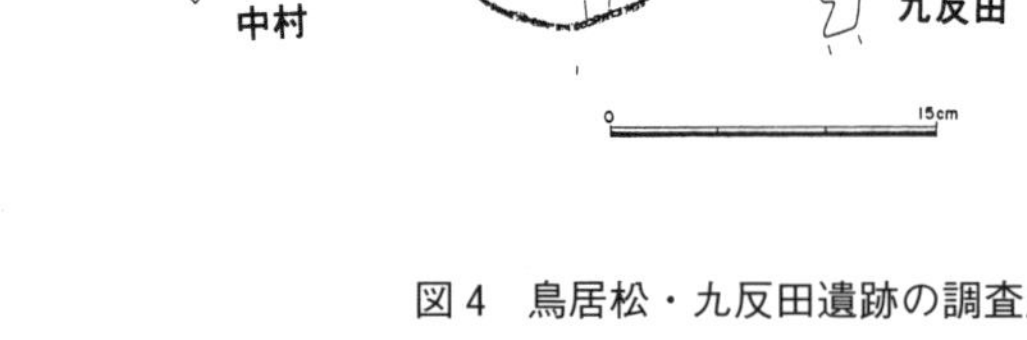

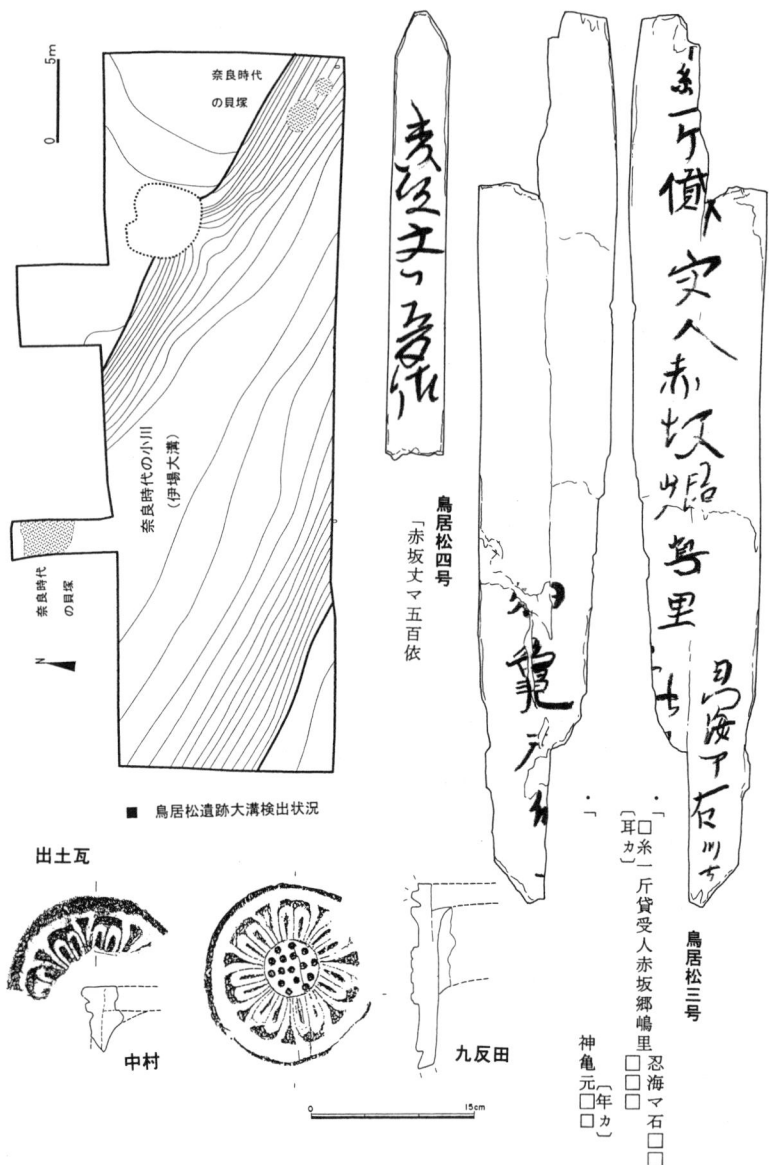

図４　鳥居松・九反田遺跡の調査成果

梶子四号

・□□坐大神□□□〔命カ〕……□〔命カ〕又荒別□□命　奴良支□荒別御

□□　次□□〔事開カ〕魂命□…□六柱神乃御□〔名カ〕呼而白□〔奉カ〕

・□乎命□□荒……□幡〔木カ〕比女命尓千幡男□…□□□　□□

尓支□留荒別御……魂命　次生魂□〔命カ〕　次□足□〔魂カ〕命　右□柱□□〔六　神カ〕

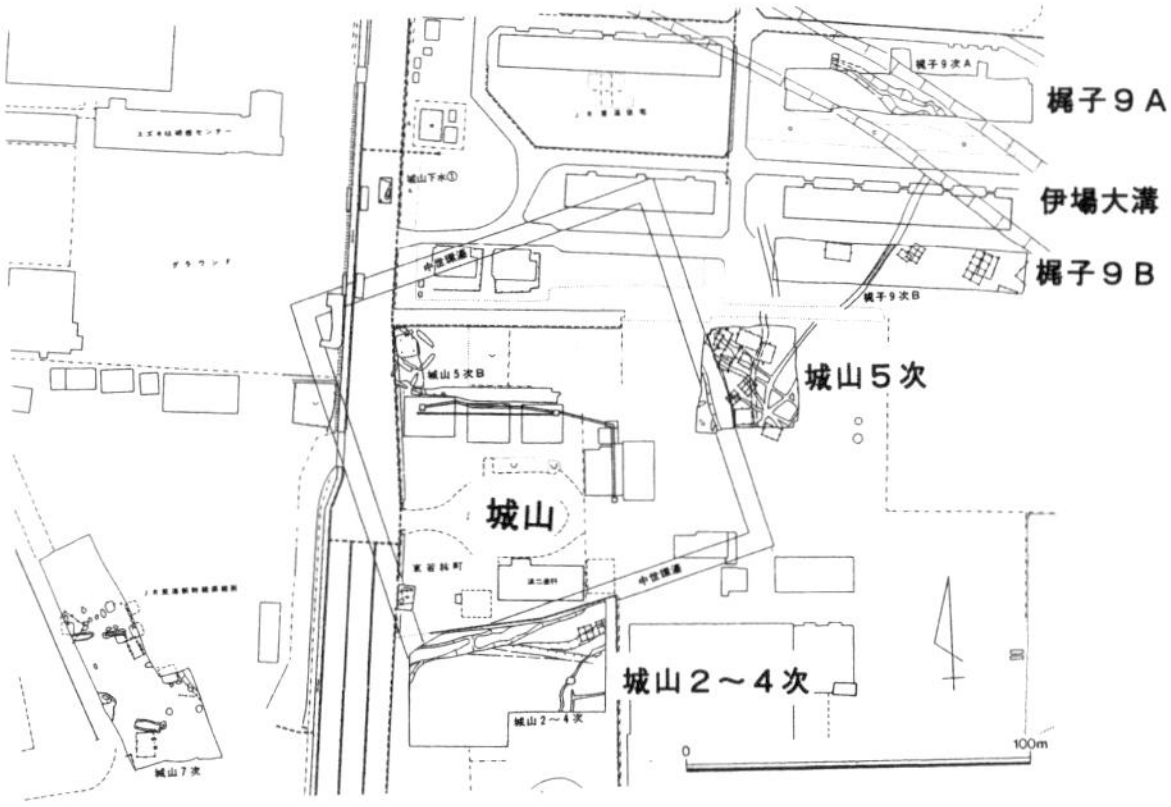

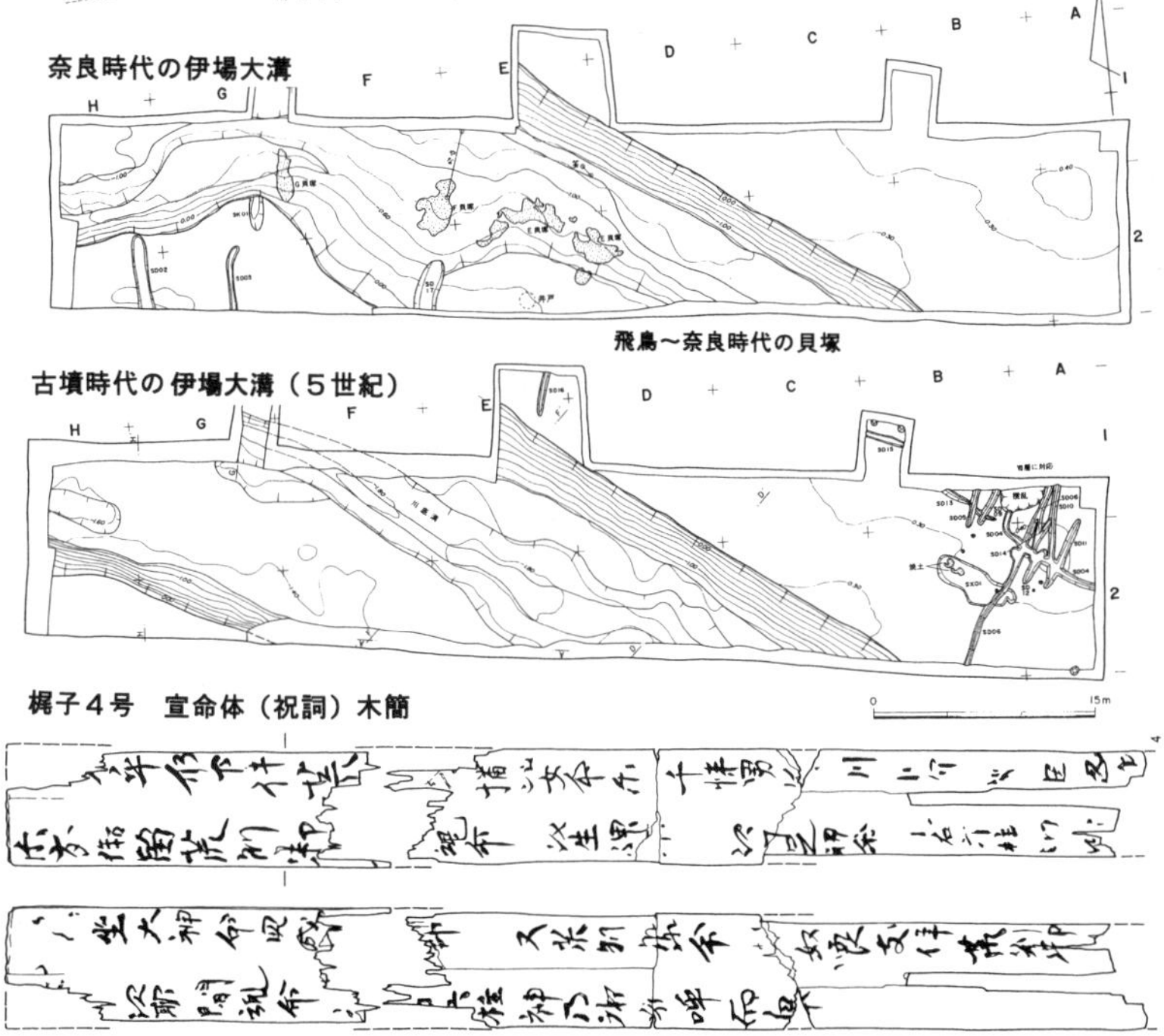

図５　城山・梶子遺跡９次の調査成果

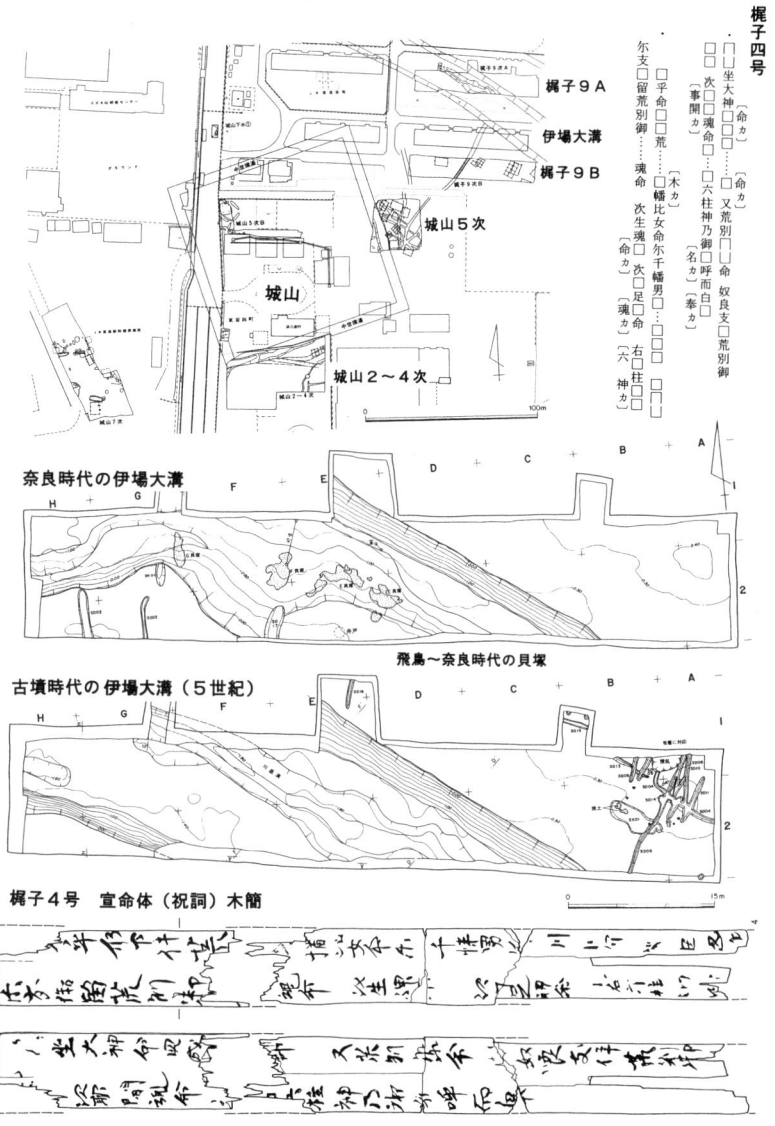

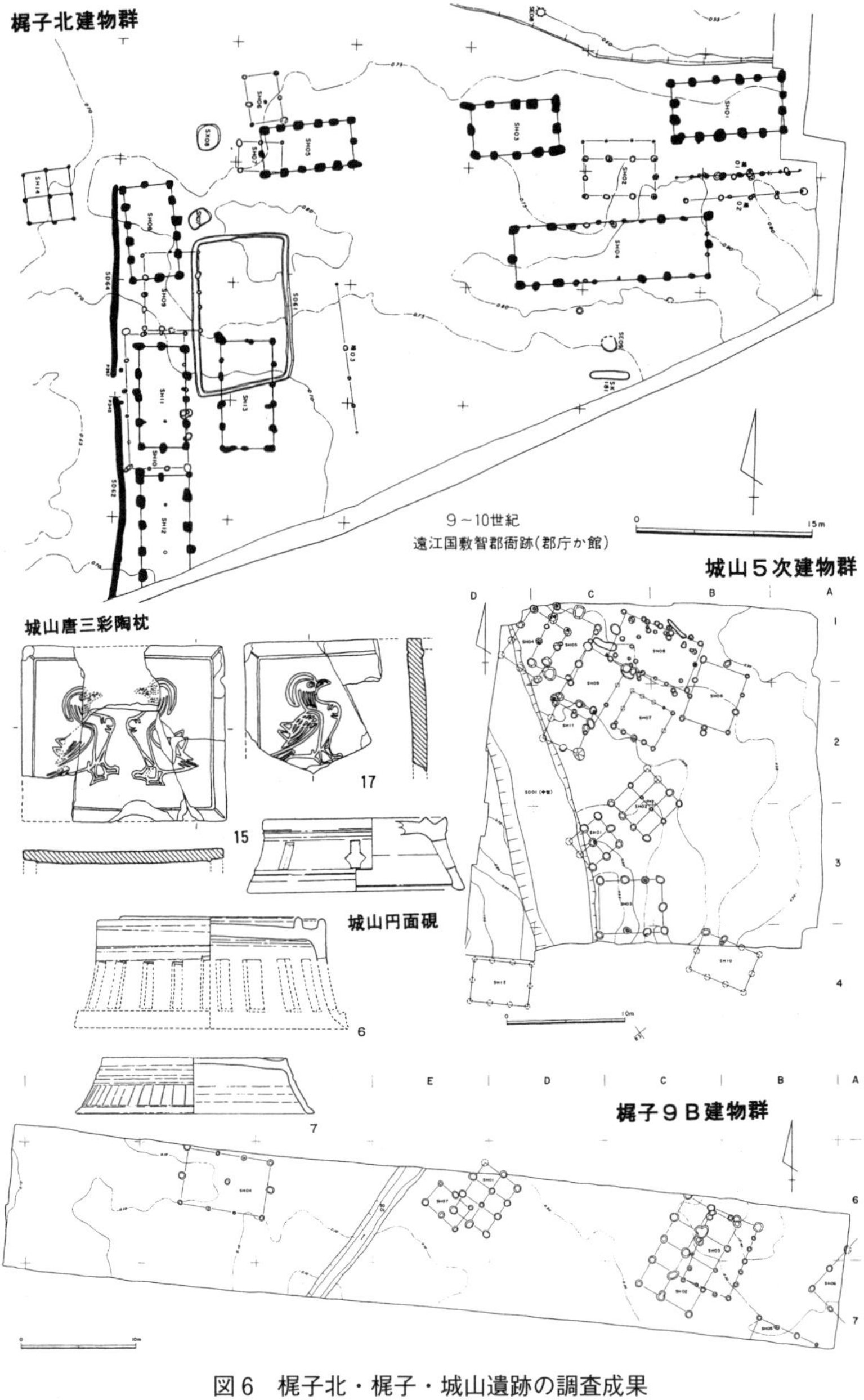

図６　梶子北・梶子・城山遺跡の調査成果

図6の上に、梶子北遺跡の建物群を載せておきました。この遺跡は、浜松西高坂下交差点の南東方向に位置します。調査した時の写真が、ガイドブックの四頁（本書二〇四頁）の下段に掲載されています。この建物群の中には一辺が十mを超えるような大型の建物があります。図6の図面では柱穴が黒く塗られておりますが、写真では白縁がつけられています。柱穴だけの図面や写真ですので、イメージしにくいと思いますが、想像をたくましく建物群を復元してみてください。

ガイドブック四頁（本書二〇四頁）の上段には、伊場遺跡公園において復元された古代の建物が掲載されています。梶子北遺跡では、このようなちょっと大きくて立派な建物が、コの字形あるいはロの字形に並べられていたと考えられます。ただここで発見された建物群の年代は、平安時代の九世紀に降るものです。そして、建物群が使用されなくなるのは平安時代中期の十世紀初め頃です。この建物群は、配置や規模から郡家の中心部にあたる政庁あるいは館舎の施設であったと推測されます。

五　浜松市域の古代の地名

以上、伊場遺跡群について、最近の発掘調査の事例を紹介してまいりました。今日ここに来られている方は、浜松市内にお住まいの方が多いと思いますので、最後に地元、敷智郡の地名について少しお話しておきたいと思います。

古代においては、遠江は東海道に属し、その十五ヶ国の内の一つです。東海道諸国の内、真ん中よりやや都寄りにあります。地方においては国、郡、里というような行政組織があり、敷智郡内の村は遠江国敷地郡何々里（郷）と呼ばれていました。遠江国の中心は皆さんもご存知の通り、磐田市にあり、御殿二ノ宮遺跡周辺と推定されています。その後は見付に移りますが、遠江国の国府は磐田市の南部にありました。

浜松市の南部地域は何度も述べていますが、敷智郡と呼ばれていました。図8に古地名を記した地図を載せておきました。敷智郡には蛭田、赤坂、先ほど鳥居松遺跡の紹介の中でもお話した赤坂です、そして象嶋、柴江、小文、竹田、雄踏、海間、和地、浜津というような地名が和名抄、平安時代の百科辞典にあたりますが、その和名抄に載せられております。これらの地名の中で、伊場遺跡で出土した木簡や墨書土器などで確認されていないのは、海間だけです。海間は海の間と書きますので海に関係した地域、つまり浜名湖に面した庄内半島周辺、村櫛あたりと推定されます。

逆に和名抄には、記載されてない地名もあります。伊場

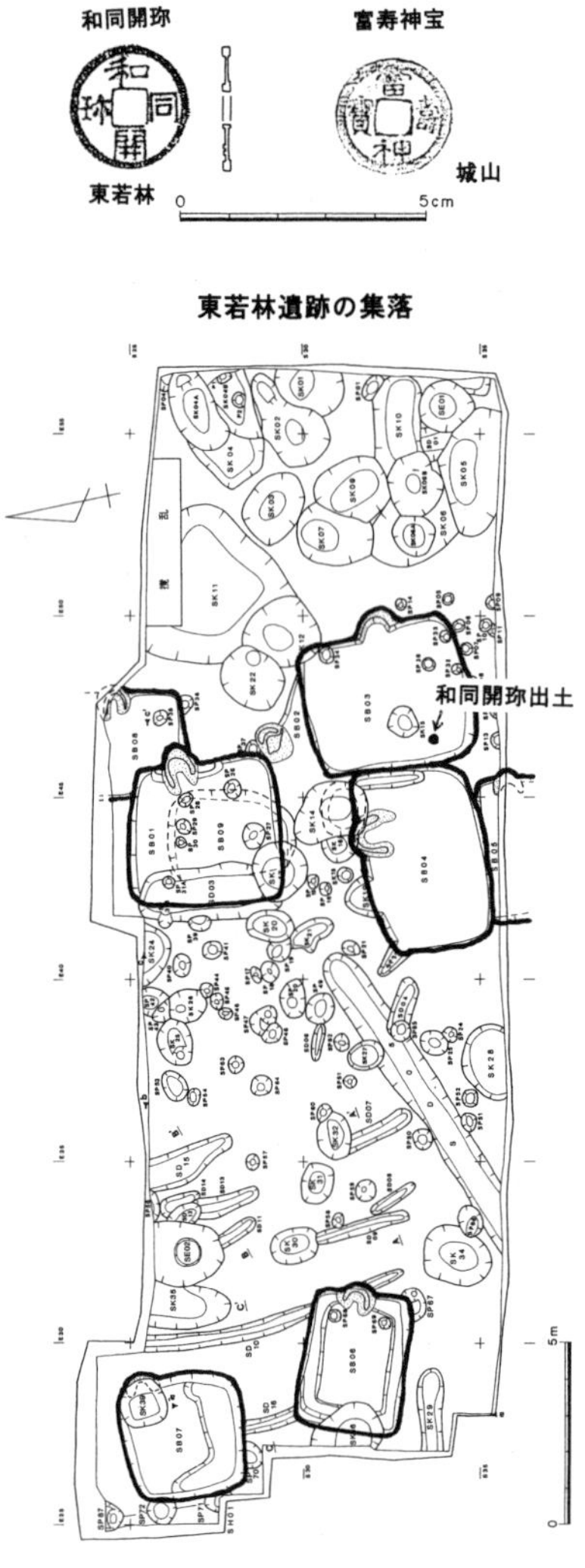

木簡・墨書土器にみられる地名一覧

木簡（ ）内は末尾の木簡番号	墨書土器	輸租帳記載	高山寺本倭名類聚抄	流布本倭名類聚抄	推定地
渕津（44）					
敷智郡（50・71）	布智厨・布知厨		敷知郡	敷知郡	
蛭田郷（33）			蛭田郷	蛭田郷	富塚町か
赤坂郷（23・31・55・59）			赤坂郷	赤坂郷	伊佐地町か
	象嶋・［象］嶋		象嶋郷	象島郷	東若林町辺
柴江五十戸（36）			柴江郷	柴江郷	舞阪町
柴江郷（20）					
小文郷（43）			小文郷	小文郷	志都呂町か
竹田五十戸（27）					
竹田里（44）	竹田里				
竹田□□□里（29）	竹田郷		竹田郷	竹田郷	東伊場から西伊場辺
［竹田］郷長里正（56）	竹田□				
［竹］田（26）	竹田				
［雄］文里（70）			雄踏郷	雄踏郷	雄踏町
乌文（40）					
			尾間郷	尾間郷	村櫛町か
和治（3）			和治郷	和治郷	和地町
浜津郷（21・30・62）			浜津郷	浜松郷	米津町辺
駅［津］（61）					
駅家（57）			記載なし	駅家郷	西伊場から東伊場辺
栗原（18・42）	栗原駅家・栗原				
新井里（38）		浜名郡	浜名郡	浜名郡	
		新居郷	記載なし	記載なし	新居町
		津築郷	記載なし	記載なし	三ヶ日町都筑
			記載なし	坂上郷	新居町か
			坂本郷	坂本郷	新居町か
			大神郷	大神郷	湖西市
			駅家郷	駅家郷	湖西市か
貫代□□（80）			貫代郷	貫代郷	三ヶ日町鵺代
			英多郷	英多郷	三ヶ日町三ヶ日
			宇智郷	宇智郷	三ヶ日町宇志
			引佐郡	引佐郡	
京田［五十］（46）			京田郷	京田郷	都田町
			刑部郷	刑部郷	細江町刑部
			渭伊郷	渭伊郷	引佐町井伊谷
			伊福郷	伊福郷	細江町気賀
入野里（28）		文献のない里（郷）名 等			入野町
入野（16）					
敷智［郡］（50）					
浜河［里］（71）					
□［内］郷（41）					
中寸（35・47・54）	中寸				
中［寸］（34）	川邊				

図7　東若林遺跡の調査成果と古代地名一覧表

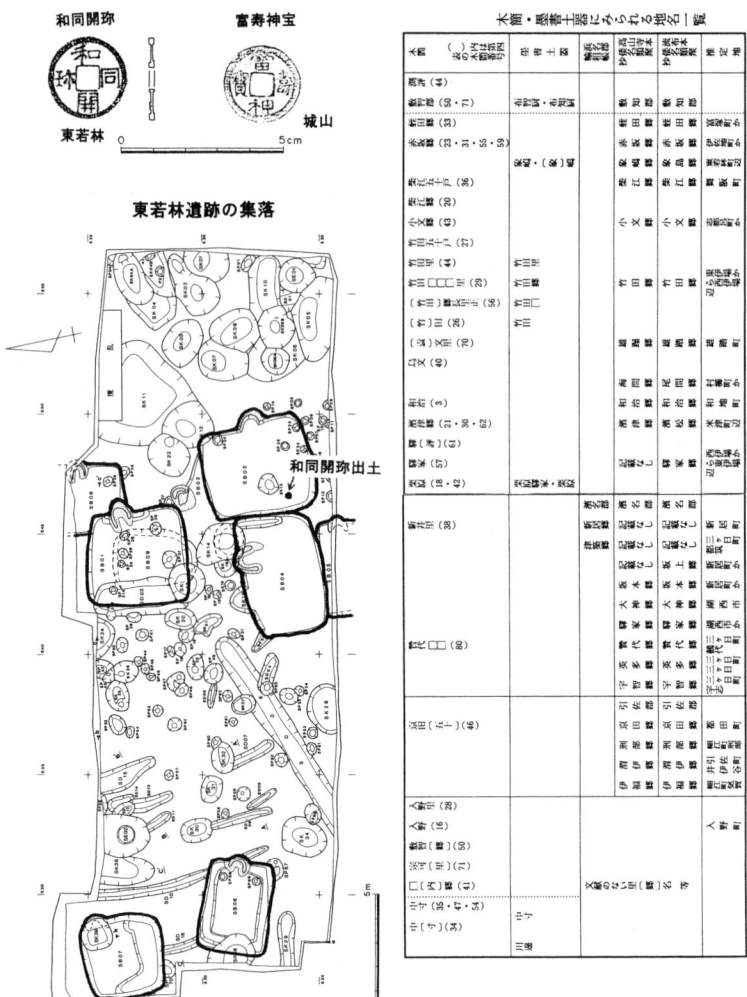

遺跡から出た木簡はほとんどが、奈良時代のものなので、二百年後の平安時代中頃においては公式に使われなくなった地名もあるようです。入野は、木簡にありますが、和名抄には載っていない地名です。また、中寸（中村）とか宗可という地名も見られなくなります。古代の地方の行政区画は何度となく変更され、呼び名も変えられておりますので、その過程で入野や中村は消えたと考えられます。しかし、完全に抹消されたのではなく、現在においても入野町はありますし、中村は小字名として東伊場二丁目にあります。ただ、行政上それらの地名が使われなくなっただけのことと思われます。

図8は、和名抄に記載されている地名が、どの辺りにあったのかを推定したものです。入野は載せてありませんが、竹田の西側、佐鳴湖の南側に現在もその地名が残っています。浜松の語源となった浜津は木簡にありますが、それは浜松市の中心部からはだいぶ南方だろうと推定されています。竹田の地名は伊場遺跡や城山遺跡からたくさん出ていますので伊場遺跡周辺だろうと思います。象嶋や柴江は、南部の海浜地帯の平野にあっただろうと考えられていますが、特定できていません。

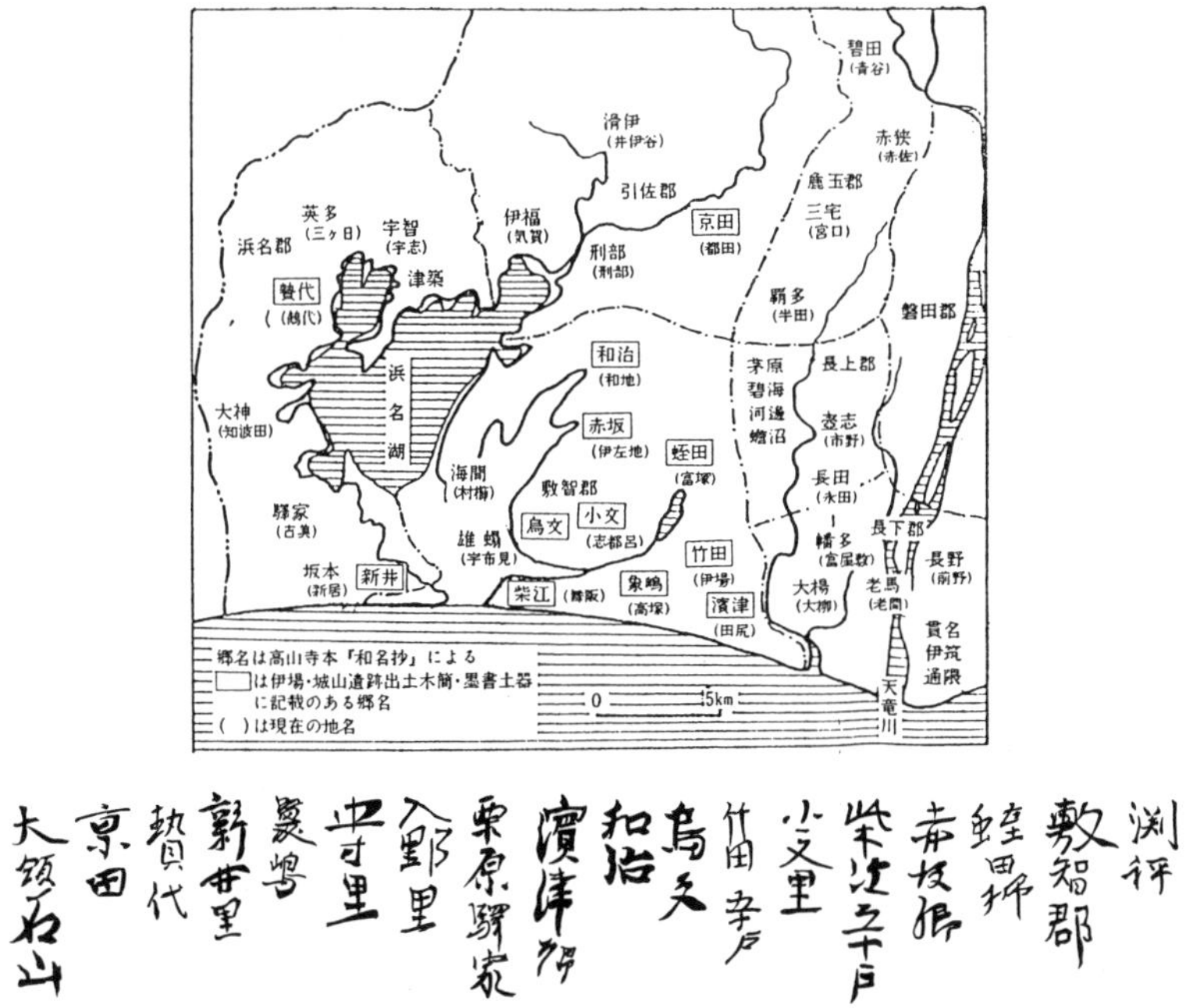

図8　浜名湖周辺における古代の地名

地名を記した文献には和名抄の他に、『遠江浜名淡海図』という空海作と伝えられる地図がありますが、地図自体はなくなっています。しかし、それに伴っていた漢詩が残されていて、浜名湖を中心に十六方位で地名が読み込まれています。南方には浜名郡家、栗原駅、柴江、雄踏などが、東に和地、北東に引佐郡家があったと記されています。このような資料も参考にしながら推定したのが、図8です。

伊場遺跡群出土の木簡に記された地名の中には、引佐郡三ヶ日町、古代においては三ヶ日町は浜名郡ですが、そこの贄代という地名がありますし、引佐郡の都田を示す「京田」という地名もあります。また、浜名郡新居町を示す新井もあります。

これらはいずれも里制下の地名であることから、七世紀代には敷智郡（評）は浜名湖周辺一帯を管轄していた可能性が高いと思われます。七〇一年以降に大宝律令が制定され施行される過程で、敷智郡から引佐郡と浜名郡が分置されたと考えられます。

六　終わりに

以上、ちょっと雑駁な説明になってしまいましたが、古代敷智郡の地名は、今までの研究により図8に示したように分かってまいりました。

伊場木簡は、最初に少し述べましたが、木簡ガイドブック『いにしえの文字と浜松』のような、古代地域史について、出土木簡を素材として叙述できるくらい、充実した内容をもっています。木簡は、最近では全国でたくさん出ていますが、出土した木簡から、その地方の飛鳥・奈良・平安時代といった古代の歴史を具体的に叙述できるのは、伊場木簡がある浜松だけです。また、伊場木簡が日本古代史に与えた影響は、『伊場木簡の研究』に示されているとおり、多大なものがあったわけです。

伊場木簡は、浜松に生活する私たちにとって自慢のできる文化財であり、宝物であると思います。これで、私の発表を終わらせていただきたいと思います。ご清聴ありがとうございました。

二　奈良に都があった頃の遠江と地方の役所

―一三〇〇～一二〇〇年前頃の郡役所の姿と役割―

山中敏史

今、ご紹介いただきました奈良文化研究所の山中敏史と申します。

今から一三〇〇年から一二〇〇年ぐらい前になりますけれども、古代の律令国家には、どのような行政組織があったのか、また地方はどのように支配されていたのかということをはじめにご説明いたします。それから、伊場遺跡群は敷智郡の役所の跡であろうというお話がありましたけれども、この郡役所が具体的にどのような様相を示していたのか、全国的な事例等を踏まえまして紹介したいと思います。なお、郡の役所は、「郡家」や「郡衙」などと言いますが、私は「郡衙」と言う言葉が使い慣れているので、説明するにあたりこの言葉を使います。

一　都と地方の行政組織

中央行政組織は、古代においては、図1の組織図のようになっています。大きくは、神祇官という祭祀を司る役所と、それ以外の行政や司法などの役所を統括する太政官の二つの組織があります。太政官の下には八省としまして、中務省、式部省などがあります。近年までありました「大蔵省」は、古代の省庁の名前が引き継がれたもので、八省の中に含まれます。

一方、地方には、国という行政単位があり、その下に郡、里（郷）がありました。なお、八世紀前半の一時期、「郷」の下に小さいサト（里）という行政単位がつくられた頃がありました。また、国という組織の下に軍団、すなわち軍隊が設けられました。また国の下には「駅」、すなわち交通に関わる組織も設けられました。

中央の都である平城京は、図2のような姿をしています。南北が約四・八㎞、東西が約四・三㎞で、東側の一部に約一・六㎞の張り出した部分があります。

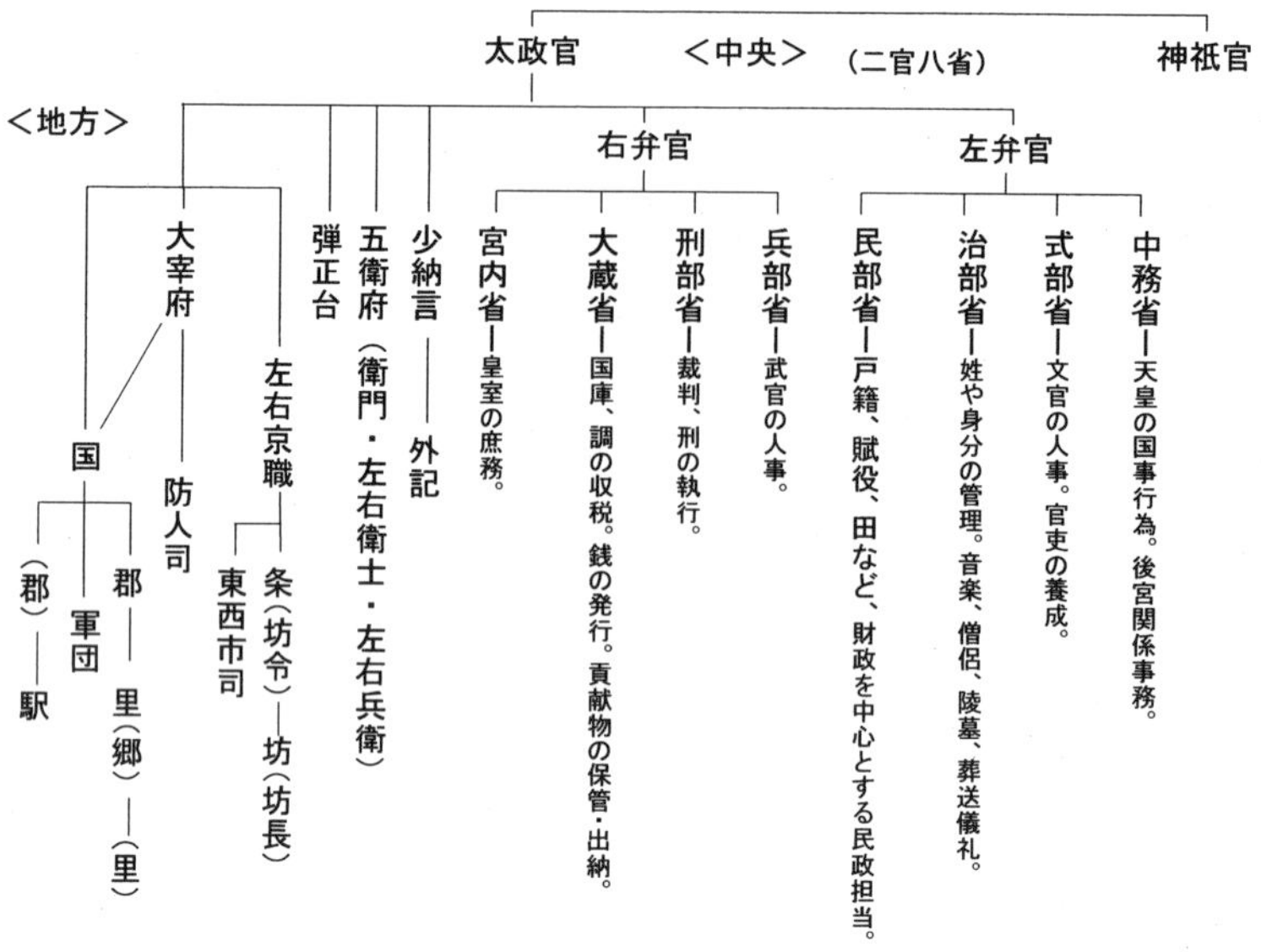

図１　中央の行政組織

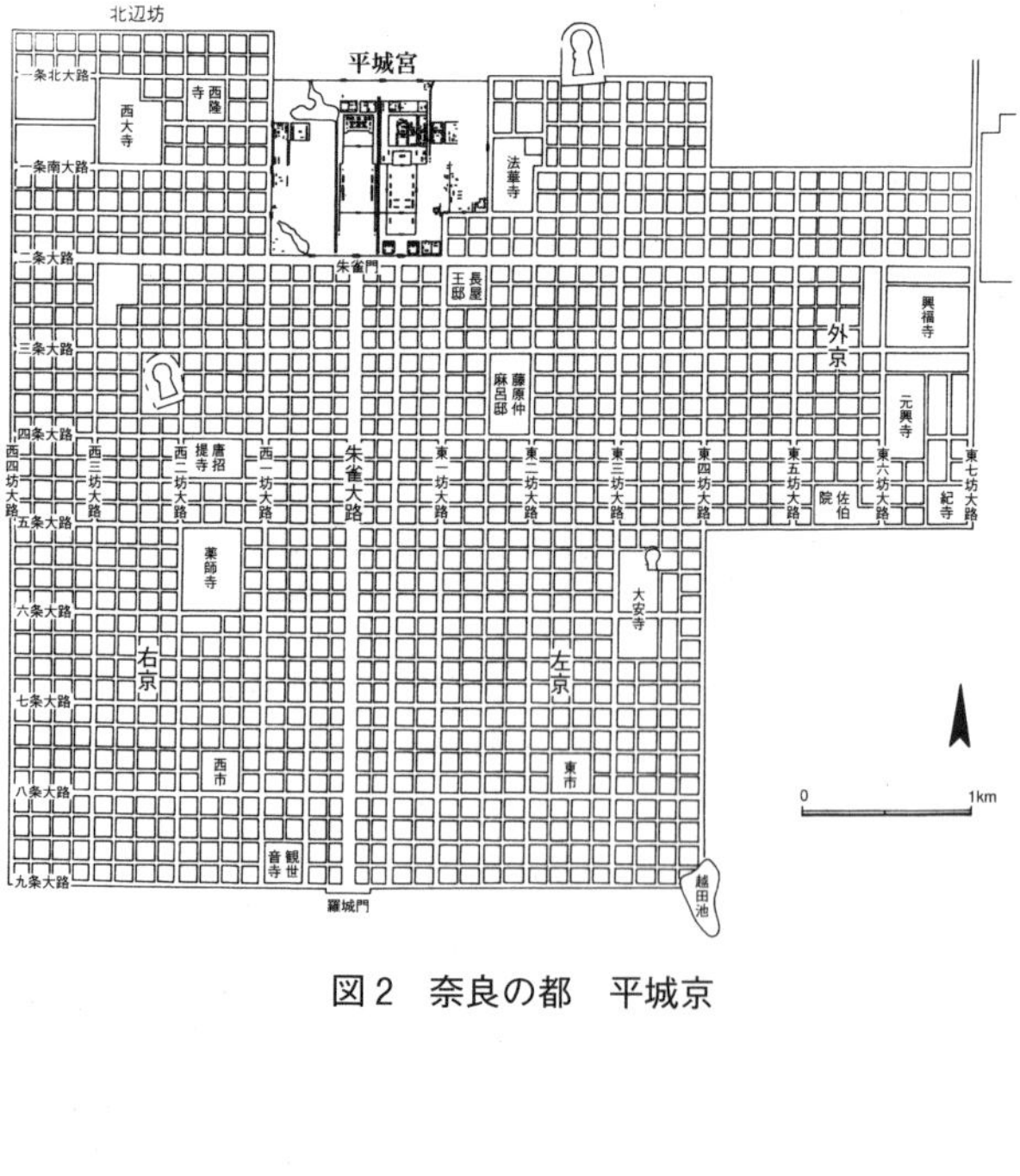

図２　奈良の都　平城京

中央南端に羅城門があり、そこから幅七〇mくらいの非常に広い朱雀大路と呼ばれる道路がずっと北に伸びていまして、その左右に大路と小路で区画された街並みが広がっていました。平城京の一番北の端に平城宮という役所が京と一体となって設けられていました。平城宮は、現在でいえば東京都の霞ヶ関や皇居を含んだ所だと思っていただければ良いと思います。京内には貴族の邸宅が建ち並び、また京内に住んでいる庶民の住宅や、大安寺、薬師寺、唐招提寺など色々なお寺がありました。

図3は、八世紀前半の平城宮を示したものです。平城宮は、東西が約一・二km、南北が約一kmの長方形で、南東の一部が隅欠けのような形になっています。平城宮の中央には、大極殿とその南に広がる朝堂院という、宮内でも中心的な建物があります。ここで国家的な儀式などが行われました。大極殿の前では、役人達が並んで儀式を行ったり、宴会を行ったと考えられています。また、ここは外国の使節を迎える所でもありました。現在、第一次大極殿という平城宮のメインの建物を復元しています。その周りには、南北が三〇〇m、東西二〇〇mぐらいの大極殿院が広がっています。この東方には東区の朝堂院と大安殿があります。ここでは政務などが行われました。

大安殿の北側には内裏があります。ここは天皇が日常的な生活をする所です。こうした中枢施設の周りには、二官八省などの実務を行う曹司という役所があります。また、今は東宮御所と言いますが、皇太子に関わる施設もありました。また、庭や苑池があります。平城宮の正面玄関として朱雀門があります。この門は、現在、当時の姿に復元されていて見学することができます。

奈良時代の中頃になると、平城京から京都の恭仁宮や紫香楽宮に都が移されますが、再び奈良に還って来て図面に示すような施設が整えられます。八世紀後半になりますと、中央部にあった大極殿が、東に移動するなどの変化があります。大極殿やその南側の朝堂院などの周辺には、神祇官、式部省、兵部省、宮内省、造酒司、大膳職、馬寮などの役所がずらりと並んでいました。大型の建物群が整然と配置されている壮大な様子がご理解いただけるかと思います。

二　国府の組織

それに対して地方では、先ほど鈴木さんからお話がありましたが、国、郡、里という行政単位に区分されていました。静岡県西部は遠江国に属します（図5）。国府という国の役所があった所は、磐田市にある御殿・二之宮遺跡の辺りだと考えられています。国は、経済力や人口などによって四等級に分かれていました。遠江国は、大国という一

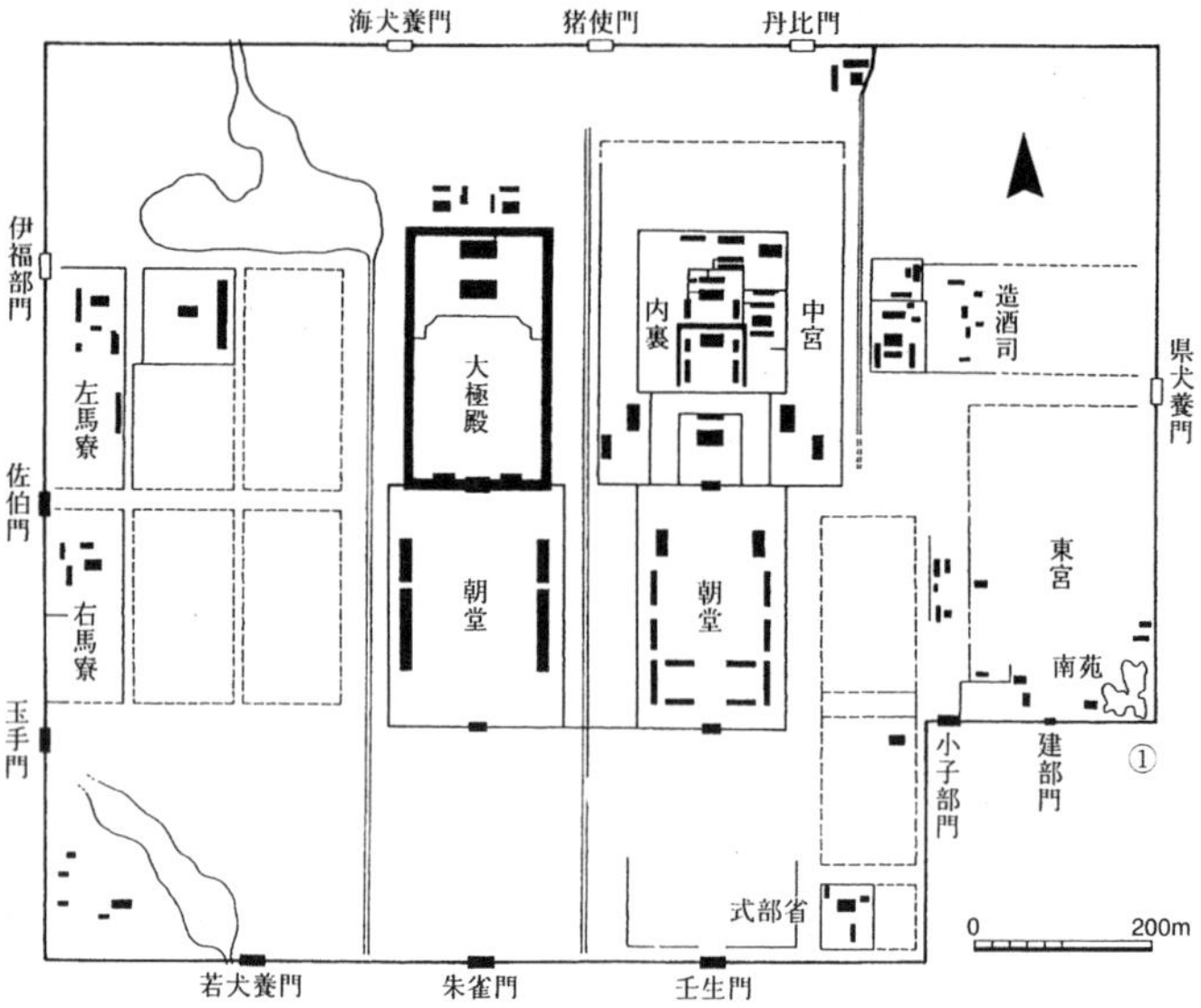

図3　平城宮（8世紀前半）

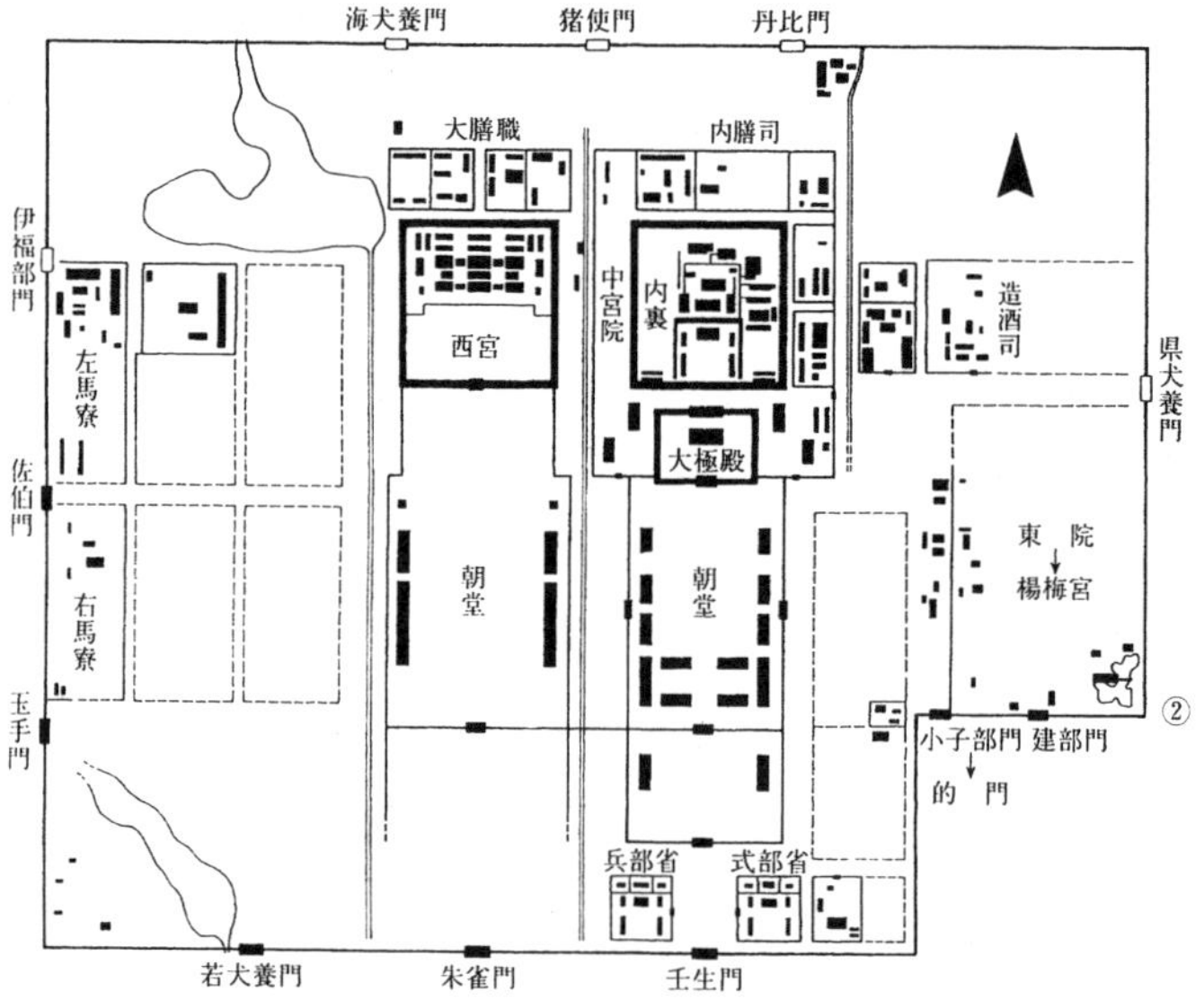

図4　平城宮（8世紀後半）

番大きな等級の国とされていました。郡の位置関係に一部不明な点があるものの、遠江国には十三の郡がありました。伊場遺跡群がある所は、敷智郡に属します。遠江国には、東海道が東西に貫いていますが、敷智郡には栗原駅という施設が設けられていたことが、史料でわかっています。遠江国府の正規の役人を国司と言い、四等官というランクがありました。遠江国は大国ですから、図6に示すように、九人の正式な役人がいました。そうした国司は都から派遣されてくる人であり、大国とか上国の長官などはいわゆる貴族で、五位以上の人達が位階にしたがって任じられました。この他に定員外や正式任命前の国司たちが雑員の中におります。

それから、図6の下段にあります傜丁というのは、地方の農民を雑傜という形で徴発し、労役奉仕させた職員です。文書の作成、紙・筆・墨を作った人、あるいは武器の製作に関わる人など、色々な雑務をする職員です。

国府の全体像がわかるのが、栃木県の下野国府の例です（図7）。現在で言うと県庁とその周辺部に相当します。中心部は国庁といって、ここで儀式や政務報告を行ったり、また宴会を行ったりしたと考えられます。国庁の周りには実務を行う曹司があります。国司は中央から派遣された人達です。したがって赴任地には自分の家はありませんので、

	国の等級	大国	上国	中国	下国	職務内容
正員国司	守	1	1	1	1	文書行政を中心として行政・司法など諸事百般を統括。介も同じ
	介	1	1	0(1)	0	
	掾　大掾	1				糾判，文案審査署名，検察非違や政務遅滞の検察
	少掾	1	1	1	0(1)	
	目　大目	1				文書書写，文案調査署名，公文の読申，政務遅滞の検察
	少目	1	1	1	1	
	史生	3(5)	3(4)	3	3(2)	文書の書写・修理・雑務
	小計	9(11)	7(8)	6(7)	5(5)	
雑員	員外国司等	若干名	若干名	若干名	若干名	定員外や正式任命前の国司など
	国師	1	1	1	1	僧官。寺院僧尼の監督，経典講説
	国博士	1	1	1	1	国学の教官
	国医師	1	1	1	1	医学の教授，診療
	雑掌	若干名	若干名	若干名	若干名	公文や税物の運送
	国掌	2	2	2	2	儀式・裁判の威儀を整える
	散事	若干名	若干名	若干名	若干名	公文の逓送など
	事力	39	28	19	14	国司の職分田耕作，雑用
	学生	50	40	30	20	国学の学生
	医生	10	8	6	4	国学の医学生
	傜丁					
	大帳税帳所書手	18	16	14	12	戸籍や調庸などの租税台帳の書記
	造国料紙丁	60	50	40	30	紙の生産
	造筆丁	2	2	2	2	筆の製作
	造墨丁	1	1	1	1	墨の製作
	装潢丁	6	5	4	3	文書の装丁など
	造函並札丁	6	5	4	2	公文逓送用の函・木簡の作成
	造年料器仗長	1	1	1	1	武器生産の監督
	造年料器仗丁	120	90	60	30	武器生産
	国駈使	320	260	200	150	雑務
	事力厮丁	156	112	76	56	事力のための炊事，雑務
	朝集使雑掌厮丁	4	4	4	4	上京し年間の政務報告をする使者らの炊事・雑務など
	大帳使雑掌厮丁	2	2	2	2	大計帳を輸京する使者らの炊事等
	正税使雑掌厮丁	2	2	2	2	正税帳を持参する使者らの炊事等
	貢調使雑掌厮丁	2	2	2	2	調庸帳を輸京する使者らの炊事等
	採黒葛丁（贄貢進国）	2	2	2	2	貢進する黒葛を採取
	収納穀類正倉官舎院守	院別12人				郡家正倉や正倉別院での倉庫群の管理・守衛
	小計	<806>	<635>	<474>	<342>	
合計		<815>	<642>	<480>	<347>	

このほかに，調綾師並生及造筬等丁（貢綾国），進官雑物綱丁並持丁，国司交替並貢調使国郡司送丁及持公文丁などの傜丁も存在した。
注）職員令および『類聚三代格』弘仁13年閏9月20日太政官符などにより作成。
（　）内は，貞観7年3月9日太政官奏や延喜式部式に見える規定。
＜　＞は仮の合計数。

図6　国府（国衙）の職員

図5　遠江国の行政組織と役所

公務員宿舎である国司館に宿泊しました。

遠江国府の様子は、残念ながら良くわかっていません。ただ磐田駅の南方にある御殿・二之宮遺跡では、廂のある格式の高い建物が見つかっています（図8）。こうした建物が含まれるということで、この遺跡は国司の館、つまり国司の宿泊所ではないかと推定されています。

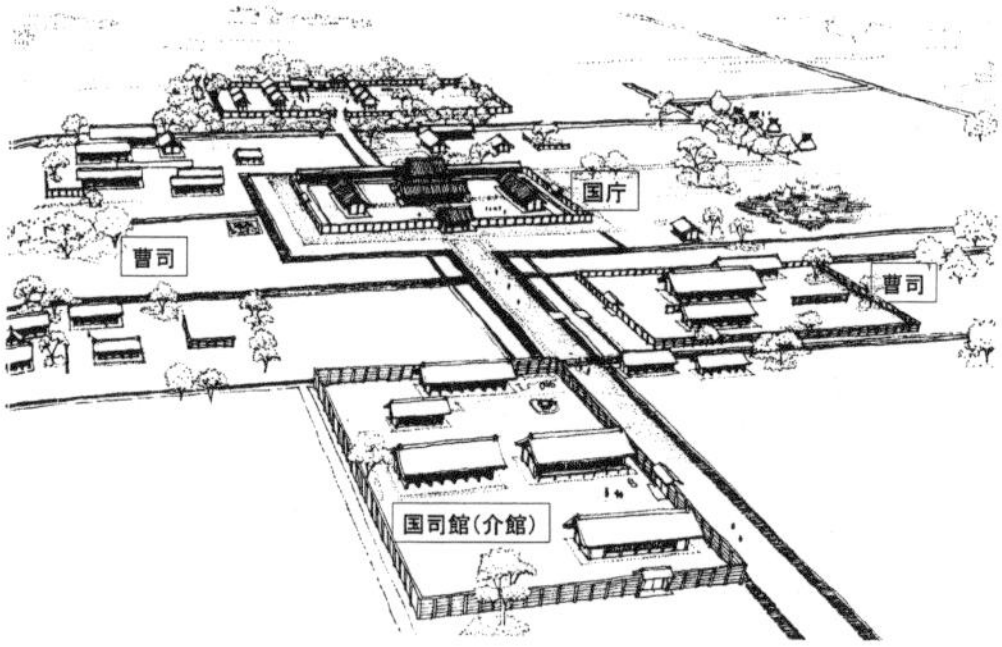

栃木県下野国府跡の推定復原

図7　国府の諸施設

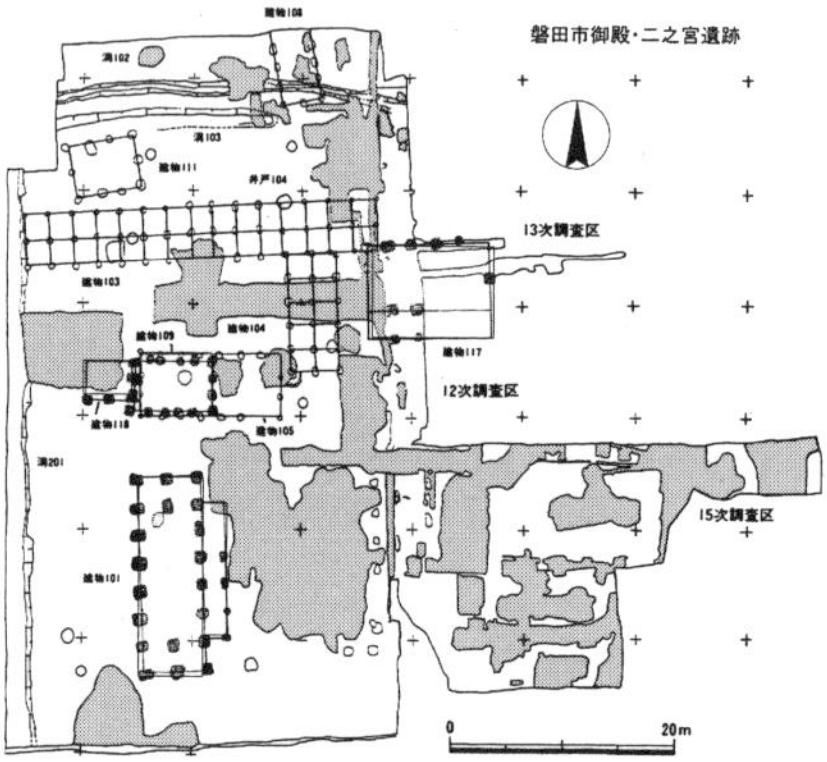

図8　遠江国府の遺構（国司館か）

三　郡衙の組織

次に郡ですが、敷智郡については、「渕評」という語句が伊場遺跡群の木簡にでてきます（伊場一〇八号）。木簡の年代は、己亥年で六九九年と推定されています。七〇一年に大宝令ができると、評が郡の表記に変わります。七世紀の後半代の渕評は、後の浜名郡や引佐郡を含む大きな評でした。しかし、大宝令ができる頃かあるいはその直前の段階に、これらの郡は分割されたと考えられています。

それからもう一つ、「駅評」と記された木簡も伊場遺跡から出ています（伊場二一号）。駅評というのは珍しい評ですが、おそらくこれは後の栗原駅の前身と考えられます。私見ですが、この木簡は、渕評の中に駅評が入り込んでいる重層的な姿を示しているのではないかと考えています。このようなことが伊場遺跡群から出土した木簡からわかってきました。

郡の大きさは、その下にある里（郷）の数によって等級が決められています。敷智郡の場合、『和名類聚抄』という史料によりますと、十〜十一郷ありますので、中郡にあたります。上から三番目の等級になります。

里（郷）については、里（郷）の中に役所があったのか、無かったのか、という議論があります。私自身は各里に恒久的な役所は無かったと考えますが、里（郷）にも役所があったと考える研究者も多くいます。この里（郷）というのは、五〇戸という段階を経て、七世紀後葉に成立します。里は、五〇戸で編成されていました。戸は、家族的な編成単位ですが、おおよそ二〇人ぐらいで構成されています。そのような戸を、五〇集めて里（郷）にしました。里の表記は、霊亀三年（七一七）になると、郷という字に変わります。しかし郷の下には里が設けられ、某郷某里と記されました。さらに七四〇年になると里はなくなり、国、郡、郷という区分に変化します。

敷智郡は中郡ですので、正規の役人である郡司の定員は四人です（図9）。

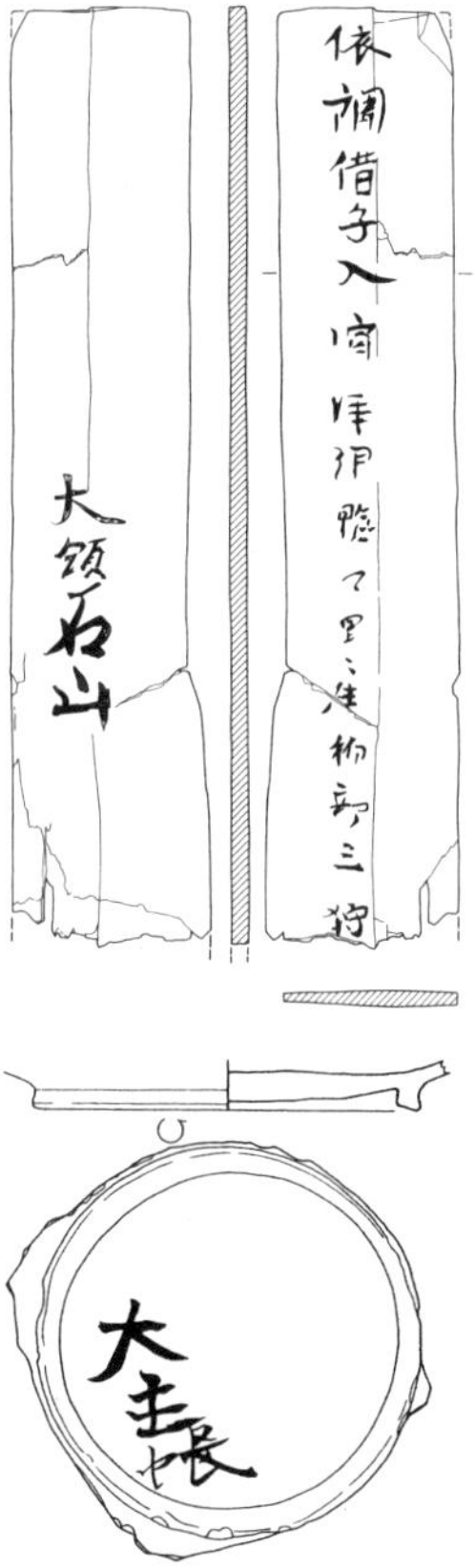

	郡の等級 里（郷）数	大郡 20～16	上郡 15～12	中郡 11～8	下郡 7～4	小郡 3～2	職務内容
正員	大領	1	1	1	1	1	徴税・勧農など郡内の諸般にわたる統治
	少領	1	1	1	1		大領に同じ
	主政	3(1)	2(1)	1(0)			糾判，文案審署，検察非違・政務遅滞の検察
	主帳	3(2)	2(1)	1	1	1	文書書写，文案勘署，公文読申，政務遅滞の検察
	小計	8(5)	6(4)	4(3)	3	2	
雑員	員外郡司	若干名	若干名	若干名	若干名	若干名	定員外や正式任命前の郡司ら
	徭丁						
	郡書生	8	6	4	3	〔 3〕	書記
	案主	2	2	2	2	〔 2〕	事務処理
	鎰取	2	2	2	2	〔 2〕	正倉のカギ管理，出納
	駆使	15	12	10	8	〔 8〕	雑役
	厨長	1	1	1	1	〔 1〕	厨家の業務監督
	駆使	50	50	50	50	〔50〕	厨家での調理，食器管理など
	器作	2	2	2	2	〔 2〕	容器の製作
	造紙丁	2	2	2	2	〔 2〕	紙の製作
	採松丁	1	1	1	1	〔 1〕	松明の採取
	炭焼丁	1	1	1	1	〔 1〕	炭焼き
	採藁丁	2	2	2	2	〔 2〕	藁の調達
	芻丁	3	3	3	3	〔 3〕	まぐさの採取
	伝使舗設丁	4	4	4	4	4	伝使のための調度準備
	伝馬長	1	1	1	1	〔 1〕	伝馬の管理責任者
	小計	94	89	85	82	〔82〕	
	税長	正倉官舎院別　3　人					田租・出挙稲の出納・保管
	徴税丁	郷　別　2　人					田租・出挙稲など税の徴収
	調長	郷　別　2　人					調の徴収
	服長	郷　別　1　人					調庸輸納
	庸長	郷　別　1　人					庸の徴収
	庸米長	郷　別　1　人					庸米の徴収
	収納穀類正倉官舎院守	院　別　12　人					正倉院の管理・守衛（国府の徭丁として記載されている）
	合計	<102>（99）	<95>（93）	<89>（88）	<85>	〔84〕	

このほかに，伝使厨人，伝馬丁渡子等，採甘葛汁蜜及猪膏等丁，郡稲長，田領（田令），郡収税らが存在した。

注）西山良平「「律令制収奪」機構の性格とその基盤」（『日本史研究』187号，昭和53年）や『三代格』弘仁13年閏９月20日官符，神奈川県宮久保遺跡出土木簡により，原秀三郎作成の表（『岩波講座日本歴史』）に加筆し改変。郡司の（　）内は『続日本紀』天平11年５月甲寅条による定員削減。＜　＞は仮の合計数。〔　〕は，「弘仁13年官符では小郡を欠くが，天平11年の定員削減により中郡と下郡の差が正員の定数上は削減したので，小郡が下郡に昇格したと見るべきかも知れない」との原秀三郎の指摘により，推定した人数。

図９　郡衙関係職員

郡司も四等官制で、長官を「大領」、次官を「少領」、その次は「主政」、さらにその下を「主帳」といいます。こうした郡司は在地の豪族が任じられました。国司は都から派遣された人達ですが、郡司は在地の豪族から採用されるという違いがあります。最近の研究によりますと、各郡には郡司の候補となる有力者が何人かいて、競合した場合には役職を交代するなどの調整をしていたと考えられています。伊場遺跡群で出土した資料の中にも、木簡に「大領石山」と署名されたものがあります（梶子北一号）。また、伊場遺跡群から出土した墨書土器には、「大領」や「主帳」と官職名が書かれたものがあります。

郡の行政をわずか四人の郡司だけでできるわけはありませんので、徭丁、本来は労役奉仕として徴発された人ですが、そういう人達が大勢働いていました。文書作成に関わる人や、厨房で働く人、色々な容器を作ったり紙を作ったり松明を採ったりする人、あるいは役人が旅で移動する場合に使う伝馬を管理する伝馬長、さらに、郡の倉を管理する鎰取（かぎとり）などがいます。伊場遺跡群からは、「馬長」と書かれた墨書土器が出ています（図10）。「馬長」はおそらく伝馬長のことではないかと思います。このほか、伊場遺跡群から出土した墨書土器には、「郡鎰取」という字が書かれたものがあります（図10）。「郡鎰取」とは倉庫

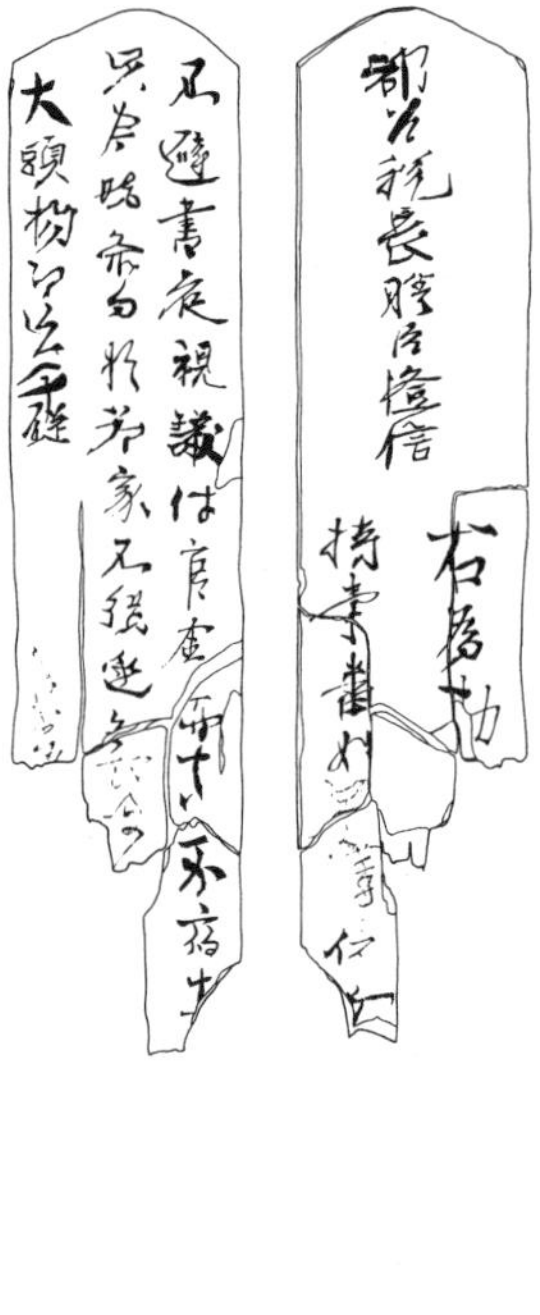

・「郡召税長膳臣澄信　右為勘×
持事番□□等依□
・「不避昼夜視護仕官□〔舎カ〕而十日不宿□〔直カ〕×
只今暁参向於郡家不得延□〔怠カ〕□□
大領物部臣今継　□□□
(365)×83×5　019＊

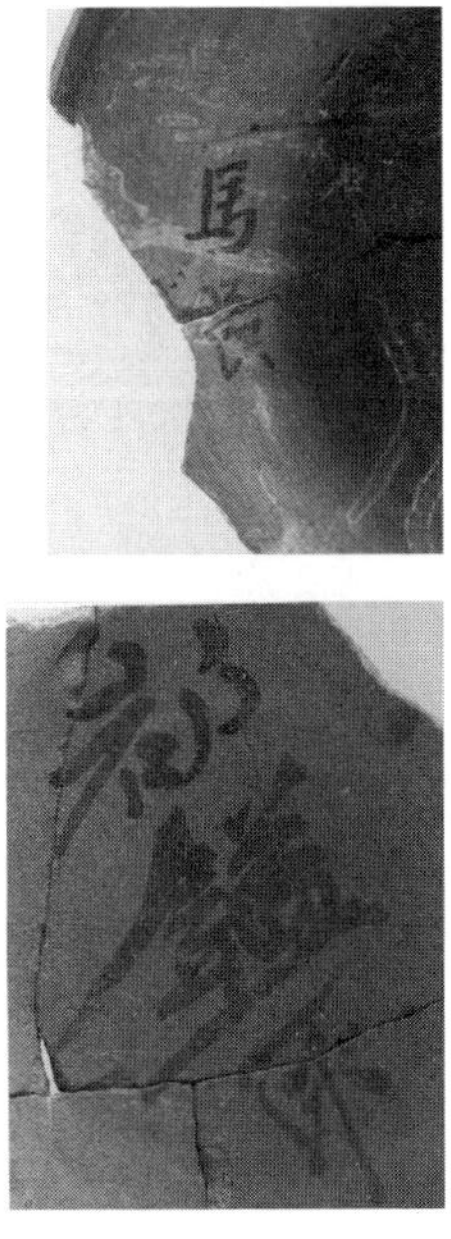

図10　郡雑任

などの鍵の管理だけでなく、出納などにも関係したと思います。このように、正規の役人ではない郡の雑員が配置されていました。

そういう人達の中に、税長と呼ばれるものがいます。九州の事例ですが、郡司の大領物部臣が税長を呼び出した木簡があります（図10）。税長は、昼も夜も官舎に居て仕事をするような状況であったようです。某月の十日か、あるいは十日間かは分かりませんが、宿直しなければならなかったわけです。しかし、実際は宿直しなかったため、今日の暁に郡の役所に出頭して来なさい、遅れたら許しませんよ、というようなことが、木簡に書かれています。

元々の徭丁は労役奉仕として日数を限って働く人達でしたが、なかには昼夜に渡って働くようになった人や、恒常的に働くようになった人、いわゆる下級の役人になった人達もいたことが知られています。

郡の役所の施設が詳細に書かれた『上野国交替実録帳』という史料があります（図11）。上野国、今の群馬県にあたりますが、その各郡の役所において一〇三〇年頃までには無くなってしまった施設、あるいは壊れた施設を記したものです。これを見ていきますと、新田郡には、正倉や郡庁のほか、館が一館、二館、四館、さらに厨家が記されています。郡の役所の全体的な構成を知るために、重要な史

「上野国交替実録帳」抜粋

（略）

緑野郡
□倉
庁屋壹宇　北一土倉壹宇　東二土倉壹宇　南一土倉壹□
南二土倉壹宇　南向屋壹宇　北屋壹宇　西屋壹宇
北二土倉壹宇　西二土倉壹宇
一館
宿屋壹宇　向屋壹宇　副屋壹宇　厩壹宇
二館
宿屋壹宇　向屋壹宇　副屋壹宇　厨家壹宇
三館
宿屋壹宇　向屋壹宇　副屋壹宇　厩壹宇
四館
宿屋壹宇　向屋壹宇　副屋壹宇　厩壹宇
厨家
酒屋壹宇　備屋壹宇　竈屋壹宇　納屋壹宇

那波郡
正倉院
倉拾柒宇　不注本帳並名　東甲一倉壹宇
郡
庁壹宇
向屋壹宇　公文屋壹宇　副屋壹宇
一館
宿屋壹宇　向屋壹宇　副屋壹宇　厩壹宇
二館
宿屋壹宇　向屋壹宇　副屋壹宇　厩壹宇
三館
宿屋壹宇　向屋壹宇　副屋壹宇　厨家壹□
四館
宿屋壹宇　向屋壹宇　副屋壹宇　厩□□
厨家
酒壹宇　備屋壹宇　竈屋壹宇　納屋壹宇

（略）

新田郡
正倉
東第二土倉壹宇　中第一土倉壹宇　東第一土倉壹宇
北第二土倉壹宇　西第一土倉壹宇　西第二土倉壹宇
西□□倉壹宇　西第四土倉壹宇　西第五土倉壹□
西第六土倉壹宇　東第三土倉壹宇　北第一土倉壹宇
北第二土倉壹宇　東第四土倉壹宇　北第五土倉壹宇
北第五土倉壹宇　北第二土倉壹宇　東第五土倉壹宇
東第六土倉壹宇　北第四土倉壹宇　中行第二土倉壹宇
中行第三土倉壹宇
郡庁
東□屋壹宇　西長屋壹宇　南長屋壹宇
□□□壹宇　公文屋壹宇　厨壹宇
一館
宿屋壹□　向屋壹宇　厨家壹宇　副屋壹宇
二館
宿屋壹宇　南屋壹宇　副屋壹宇　厨壹宇
四館
宿屋壹宇　向屋壹宇　副屋壹宇　厨壹宇
厨家
酒屋壹宇　納屋壹宇　備屋壹宇　竈屋壹宇

図11　郡衙施設の構成

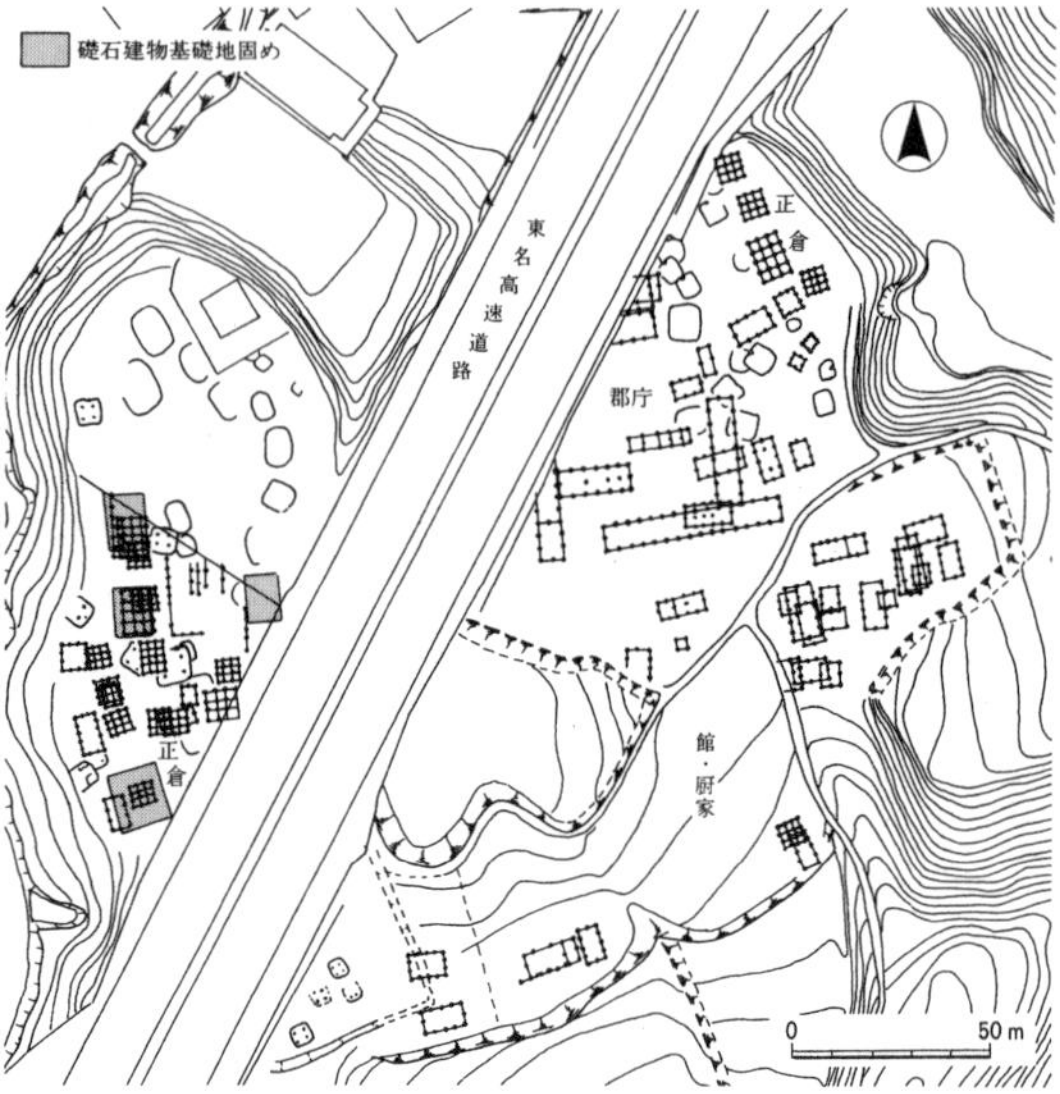

図12　郡衙諸施設の構成

料として注目されるものです。
全国に約六百箇所の郡衙がありましたが、全体が明らかになったという具体的な発掘例は一例もありません。比較的良くわかった例としては、神奈川県横浜市の長者原遺跡（武蔵国都筑郡衙）があります（図12）。遺跡の西寄りには、碁盤目状に柱が配された総柱建物が並んでいます。ここが正倉院です。北東にも正倉が存在しています。正倉とは稲籾や稲穂を収納・保管する役割を担っている建物です。中央には郡庁がみられます。郡庁は、郡の役所の中枢施設で、政務を行ったり、儀式を行ったりするところです。郡庁の南側には、館や厨家にあたる施設が確認されています。館というのは、公務で旅をする役人が宿泊する施設です。旅館の「館」と同じです。厨家は、厨房のことですが、食膳を準備するとか、食器とか食料を調達したり管理したりする部署です。

四　郡衙正倉院の種類と収納物

これまでは郡衙の全体を見てきましたが、各施設を個別に見ていきます。まず正倉ですが、伊場遺跡群では残念ながら正倉は見つかっていません。正倉の具体像を示す例として、静岡県中部の駿河国志太郡にかかわる史料があります（天平十年の駿河国正税帳）。この史料には、正倉の数や、どういう種類の倉庫があったのかが書いてあります。正税帳では高床倉庫を「倉」と呼び、土間あるいは床が低い揚床の倉庫を「屋」と呼び、高床倉庫の床下を利用したものを「倉下」と呼んでいました。

次に収納方法の違いを紹介します。稲籾をバラ積みにして収納しているものを「穀倉」といい、稲穂を入れているものを「穎倉」といっています。それから「糒倉」とか

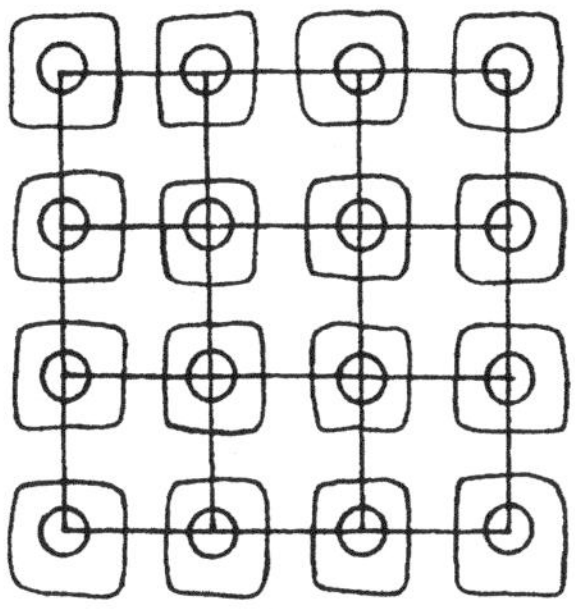

図 13　総柱高床倉庫の遺構

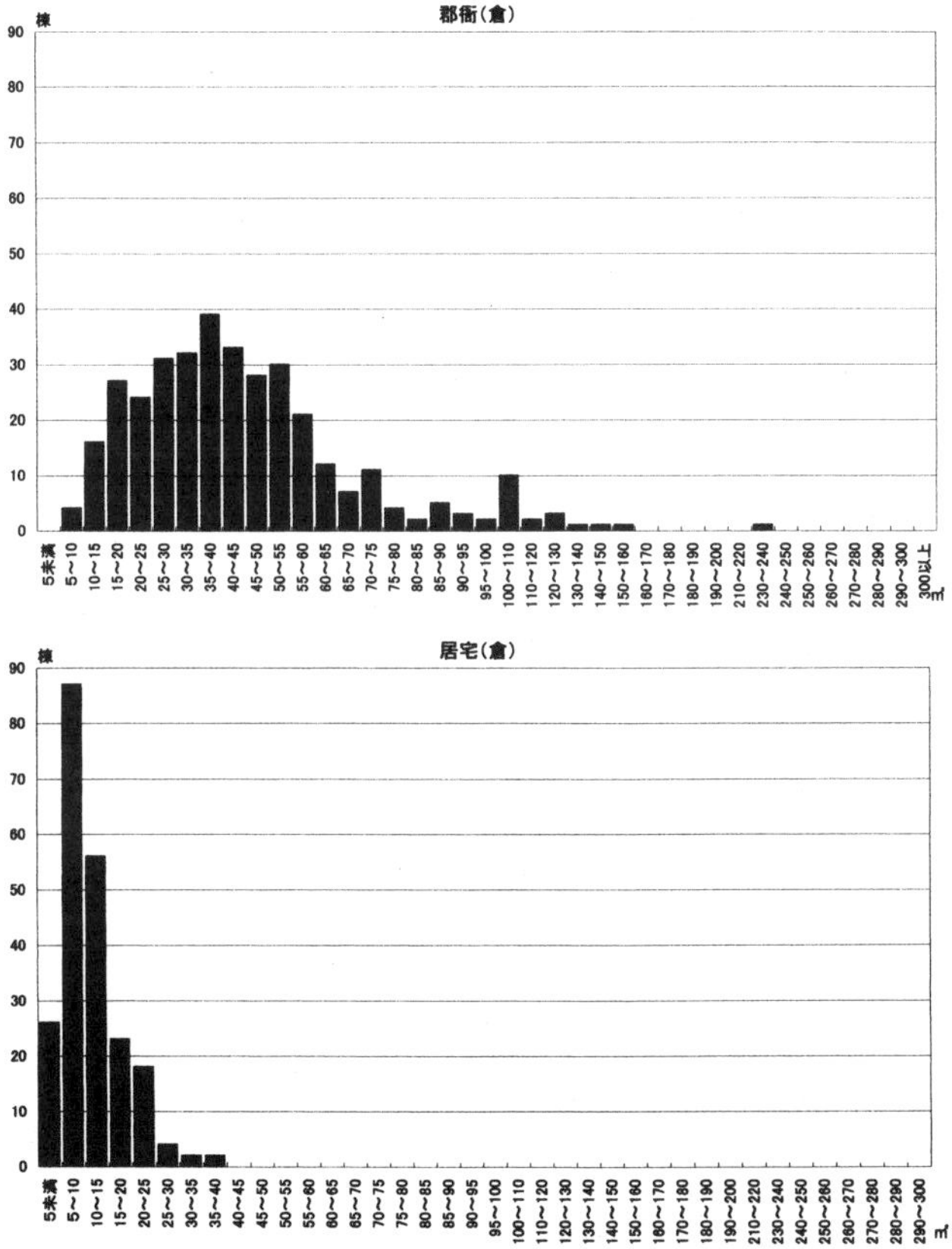

図 14　総柱高床倉庫の平面積

「粟倉」、まれに「塩倉」というものもあります。「糒倉」は兵糧用の糒を、「粟倉」は備荒用の粟を入れる倉です。

倉の用途の違いについてみてみますと、穀倉の場合、「不動倉」というものが設けられています。これは稲籾を永年貯めて置く倉のことです。籾にすると、稲穂状態より腐らないということで、わざわざ籾にして貯めて置きます。永年保管して、いざという時に出して使います。これに対して、「動用倉」というものがありますが、こちらは、飢饉があったり病気が万延したりした時などに、分け与えられました。

また、「穎倉」とか「穎屋」というものがあります。出挙といいまして役所が穎稲の高利貸しをし、その利息を役所の色々な運営経費にあてるのですが、そうした穎稲を納めるのが穎倉や穎屋です。

倉庫とはどのような姿をしているか、見てみましょう。高床倉庫は、図13にあるように、碁盤の目状に柱が並んでいます。人ひとりがすっぽりと入ってしまうくらいの大きな穴を掘って、それぞれに太さ約三〇cm～四〇cmほどの柱を立てています。この柱と柱の間を一間といっていますが、三間や四間が典型的な正倉の姿です。屋根は瓦葺き、草葺き、板葺きの場合があります。また、壁構造には、板倉、

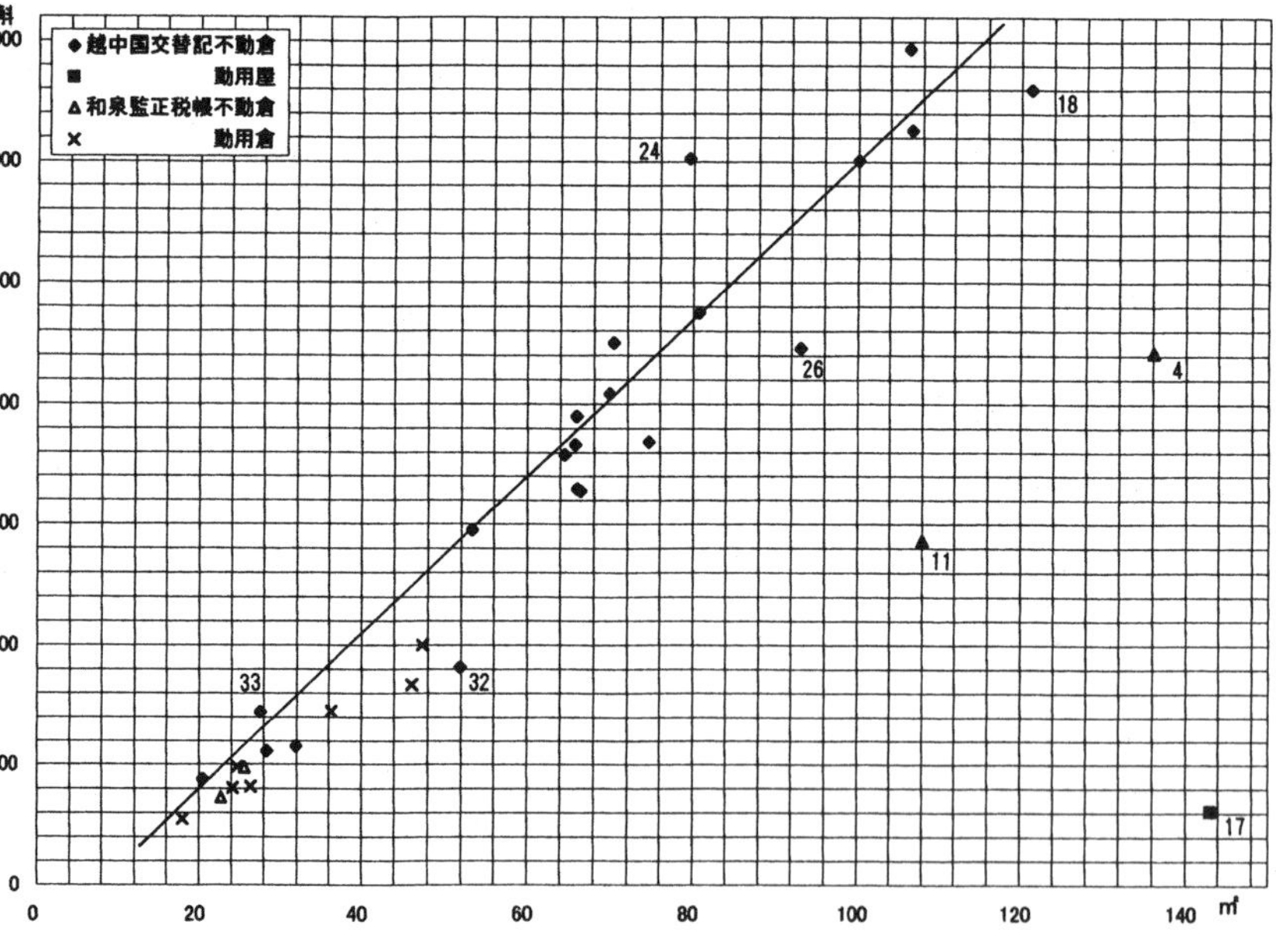

図15　正倉の規模と収納量

校倉、丸木倉、土倉などがあります。東大寺にある正倉院宝庫や唐招提寺宝蔵のように断面三角形状の横材を積み上げて壁にしたものを校倉造といいます。

図14の上のグラフは郡衙正倉院の倉の床面積と棟数を統計処理したもので、下のグラフは郡司クラスの地方有力者の屋敷にある倉について同じ様に統計処理したものです。両者を対比してみますと違いが明らかです。地方有力者の屋敷にある倉は三〇㎡以下の小さなものがほとんどです。平均が二〇㎡ぐらいです。それに対して郡衙正倉は、小さな倉もあるのですが、三〇㎡以上の大きな建物が多いといえます。平面積が大きく立派な倉が郡衙正倉の特徴です。もちろん稲もたくさん収納されていたとみられます。そうした点がこのデータでわかると思います。

図15は正倉の規模と収納量の関係を整理したものです。租庸調の租を納める倉には、大きさにより、大中小が決められています。大にあたる倉は四千斛入りです。平面積でいうと七〇㎡ぐらいで、四〇畳敷以上になります。

中というのは五〇㎡ぐらい、小は四〇㎡ぐらいです。小でも二〇数畳敷ですから、非常に広いことがわかります。国家が、籾を入れる標準的な大きさとしてイメージしたのがここに紹介したような倉であります。

こうした倉が並んでいる様子は、千葉県の日秀西遺跡（下総国相馬郡衙正倉院）からうかがえます（図16）。高床倉庫が直線状に配置されています。少し古い時期の斜め方向の建物も重複して見つかっていますので、わかりづらくなっていますが、倉が直線的に並んでいるのが良くわかるかと思います。こうした倉は、高い所や湿気がない乾燥した所に建てることや、周りに溝を廻らして火災防止をすることが法令で定められています。福島県の関和久遺跡（奥陸国白河郡衙）の事例からは、図17のような復元図を描くことができます。

伊場遺跡群では、正倉院は残念ながら見つかっていません。もしかしたら、かなり離れた場所に正倉院が存在したのかも知れません。栃木県の上神主・茂原遺跡（下野国河内郡衙別院か）のように、郡の役所から三㎞ほど離れた所に直線的に並んだ倉の列が見つかった遺跡も知られています。伊場遺跡群でも郡衙の中心から離れた所に正倉院が設けられていたのかもしれません。

五　郡庁と儀礼・政務・饗宴

次に郡の役所の中枢施設である郡庁をみてみましょう。図18に示すように、郡庁は、これまでの発掘で、ロの字になった長い建物をロの字状に配置したり、塀を廻らしたりしたものが見つかっています。

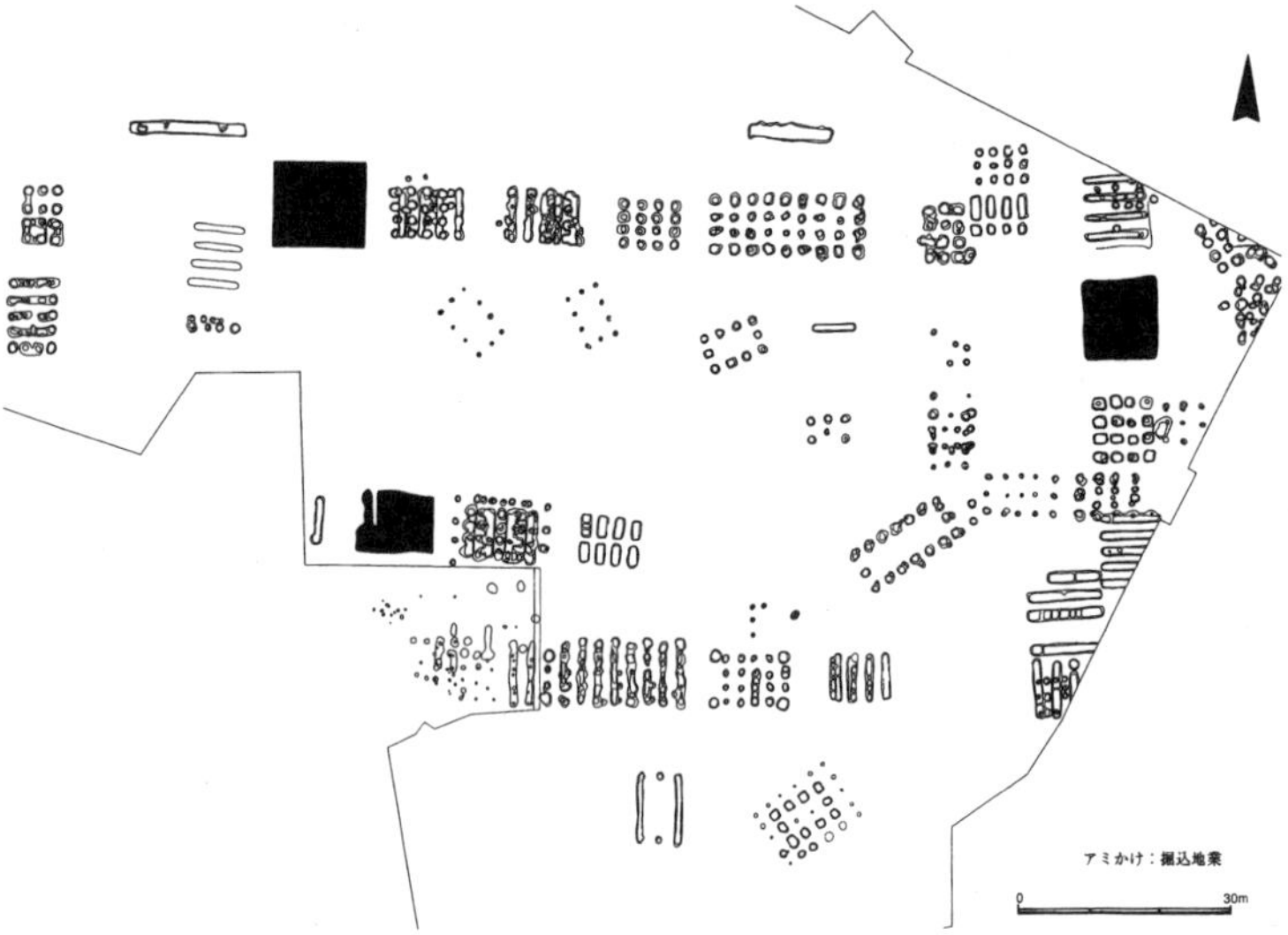

図 16　正倉院の立地と建物配置

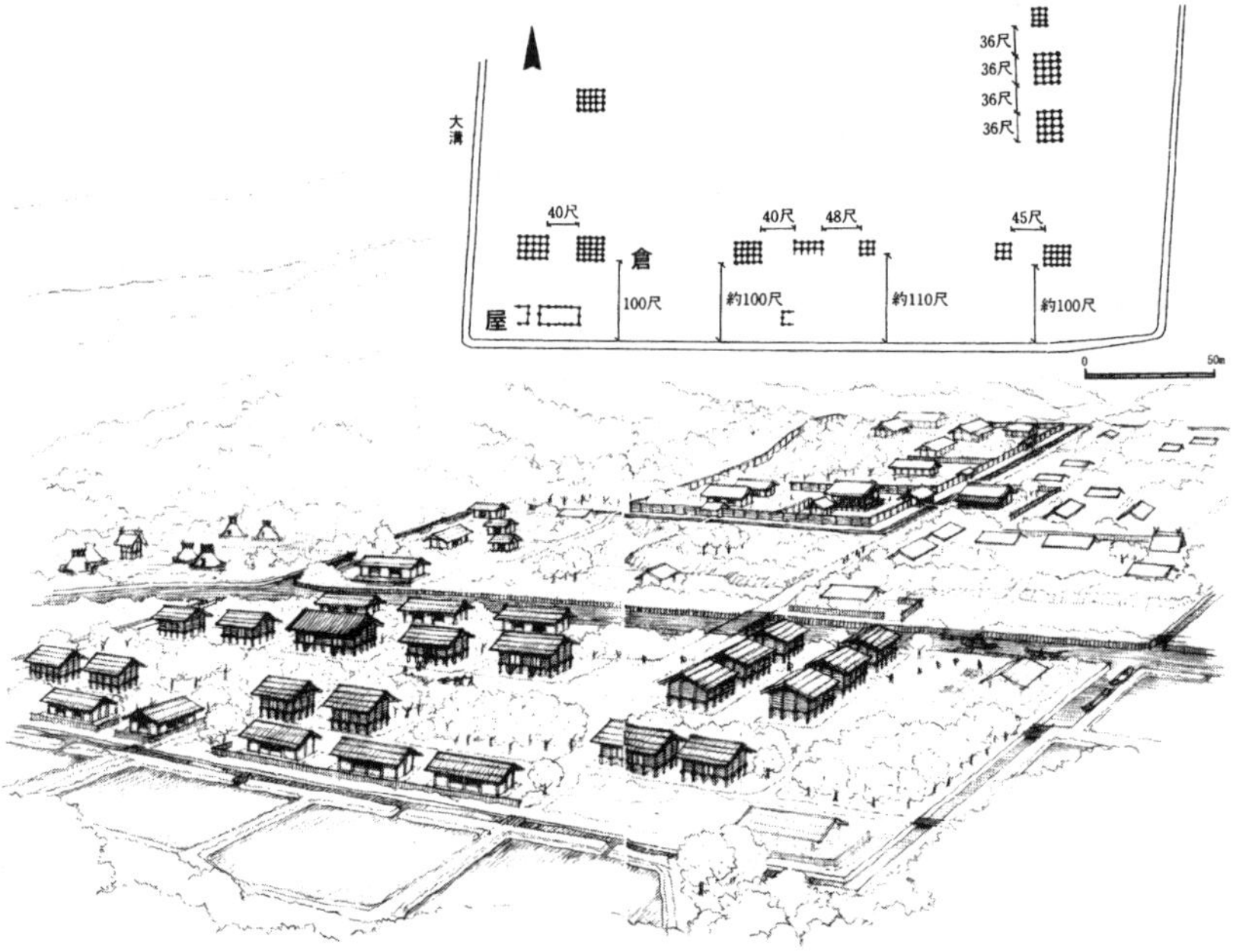

図 17　正倉の計画的な配置

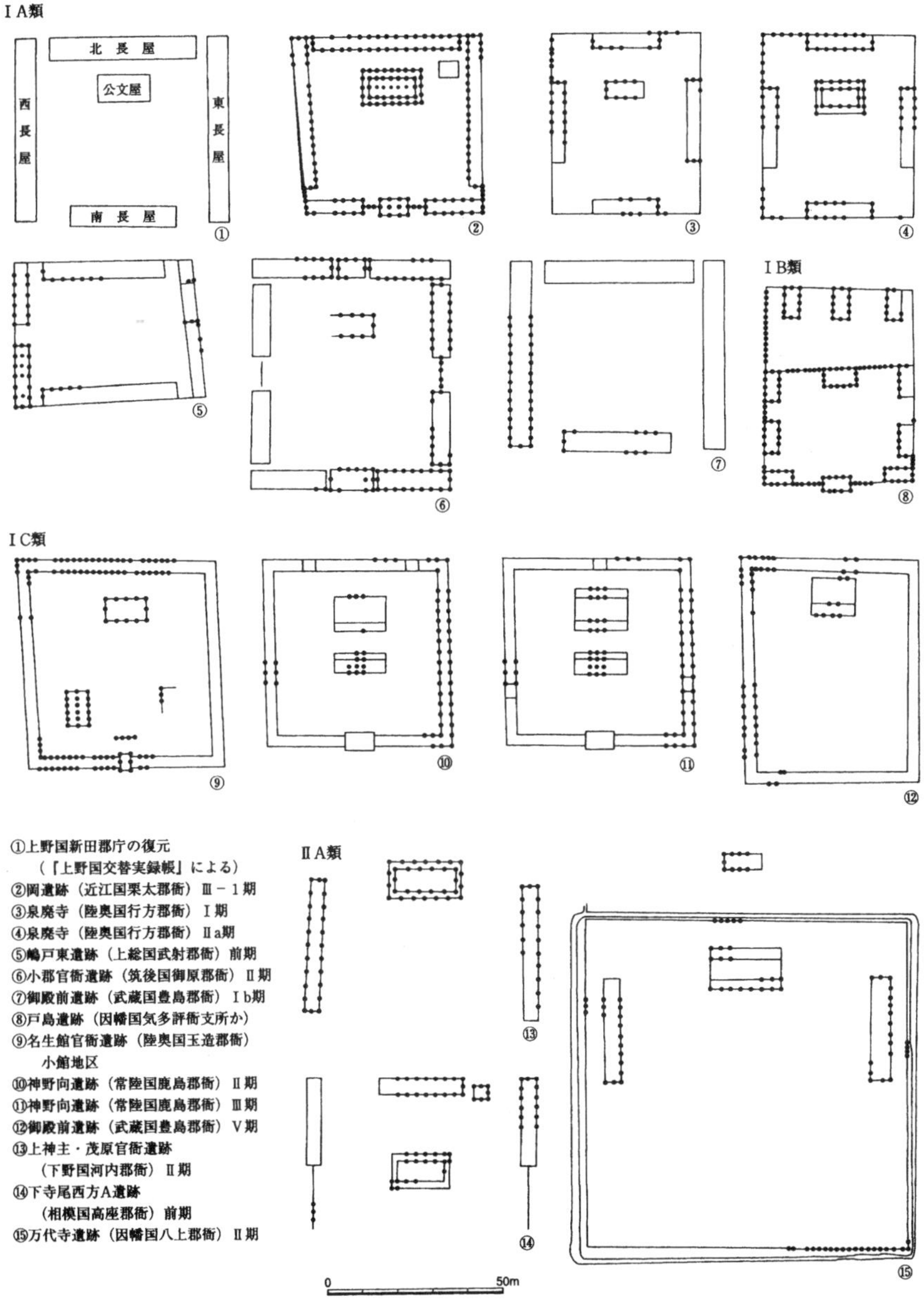
ⅠA類
北長屋
公文屋
西長屋
東長屋
南長屋
①
②
③
④
⑤
⑥
⑦
ⅠB類
⑧
ⅠC類
⑨
⑩
⑪
⑫
①上野国新田郡庁の復元
（『上野国交替実録帳』による）
②岡遺跡（近江国栗太郡衙）Ⅲ－１期
③泉廃寺（陸奥国行方郡衙）Ⅰ期
④泉廃寺（陸奥国行方郡衙）Ⅱa期
⑤嶋戸東遺跡（上総国武射郡衙）前期
⑥小郡官衙遺跡（筑後国御原郡衙）Ⅱ期
⑦御殿前遺跡（武蔵国豊島郡衙）Ⅰb期
⑧戸島遺跡（因幡国気多評衙支所か）
⑨名生館官衙遺跡（陸奥国玉造郡衙）
小館地区
⑩神野向遺跡（常陸国鹿島郡衙）Ⅱ期
⑪神野向遺跡（常陸国鹿島郡衙）Ⅲ期
⑫御殿前遺跡（武蔵国豊島郡衙）Ⅴ期
⑬上神主・茂原官衙遺跡
（下野国河内郡衙）Ⅱ期
⑭下寺尾西方A遺跡
（相模国高座郡衙）前期
⑮万代寺遺跡（因幡国八上郡衙）Ⅱ期
ⅡA類
⑬
⑭
⑮
0
50m

図18　郡庁の諸類型①

I 伊場遺跡出土木簡から古代史を探る　36

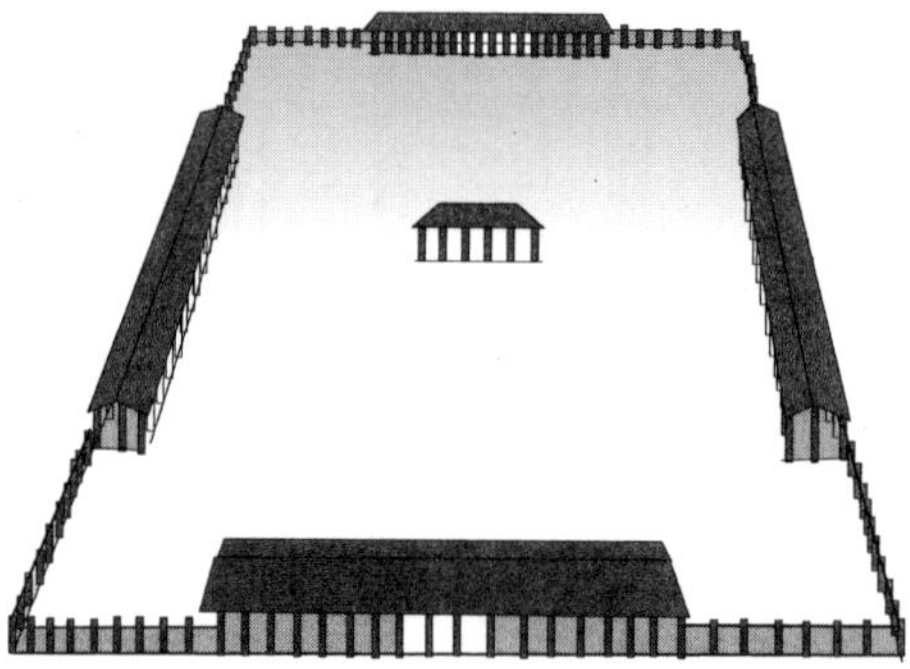

入口には門があるのではないかと予想されます。また、南正面には入口に向かって道路があると思われます。

図19　口の字型配置の郡庁復元図

　図19は、群馬県の天良七堂遺跡で見つかった新田郡の郡庁の復元図です。それ以外には、図20に示すコの字型をなすものや、図21に示す品の字型になるタイプもあります。また左右対称ではなくて、一部が省略されたものや、変則的なものも見られます。

　伊場遺跡群では、梶子北遺跡が郡庁ではないかと推測されています。時期が新しいものですから、コの字型が崩れたような郡庁である可能性がまったく無いわけではありません。しかし、梶子北遺跡で見つかった建物は、典型的な郡庁の建物と比べると、若干様相が違っています。柱の穴も全部小さいですし、壁が近接して閉塞的な感じがします。したがって、梶子北遺跡で見つかった建物群は、郡庁とは違う別の施設であった可能性もあります。

　郡の役所は多様でして、それは、現在でも、県庁と市役所の差にみることができます。一般市民と密接に関係する市役所と、一般市民とはすこし距離があり、職務内容も異なる県庁、この差は歴然です。国庁は、同じような建物の配置が長く踏襲されています。

　ところが、郡の役所では、実際の運用状況などによって、建物の配置が大きく変わってきています。こうしたところが、直接的に在地の民衆と直面する郡の役所の姿を良く表しているように思います。

　郡庁は古代の役所の中でどのような位置づけになるのでしょうか。図22では、役所中枢部の大きさを比較してみました。平城宮の中枢部分（図22①・②）と同じサイズで見ていきますと、国の政庁（国庁）は⑤や⑥のように大幅に小さく、郡の政庁（国庁）はさらに小型で、⑦や⑧のように一般的なものとしては五〇m四方くらいです。同じ役所でも、都の役所の中枢部と国の役所の中枢部、そして郡の役所の中枢部には、役所としてのランク差が規模の相対的

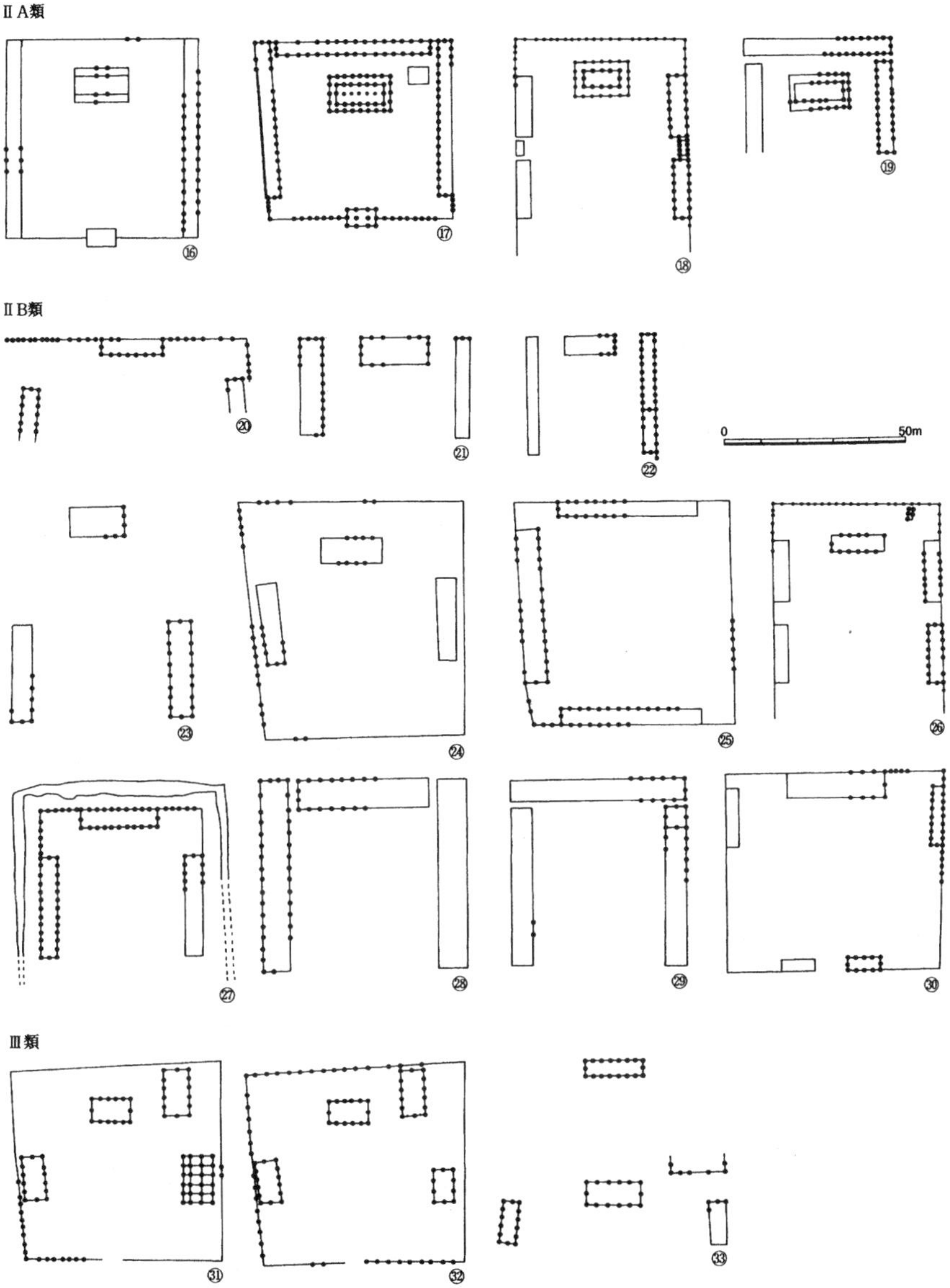

図 20　郡庁の諸類型②

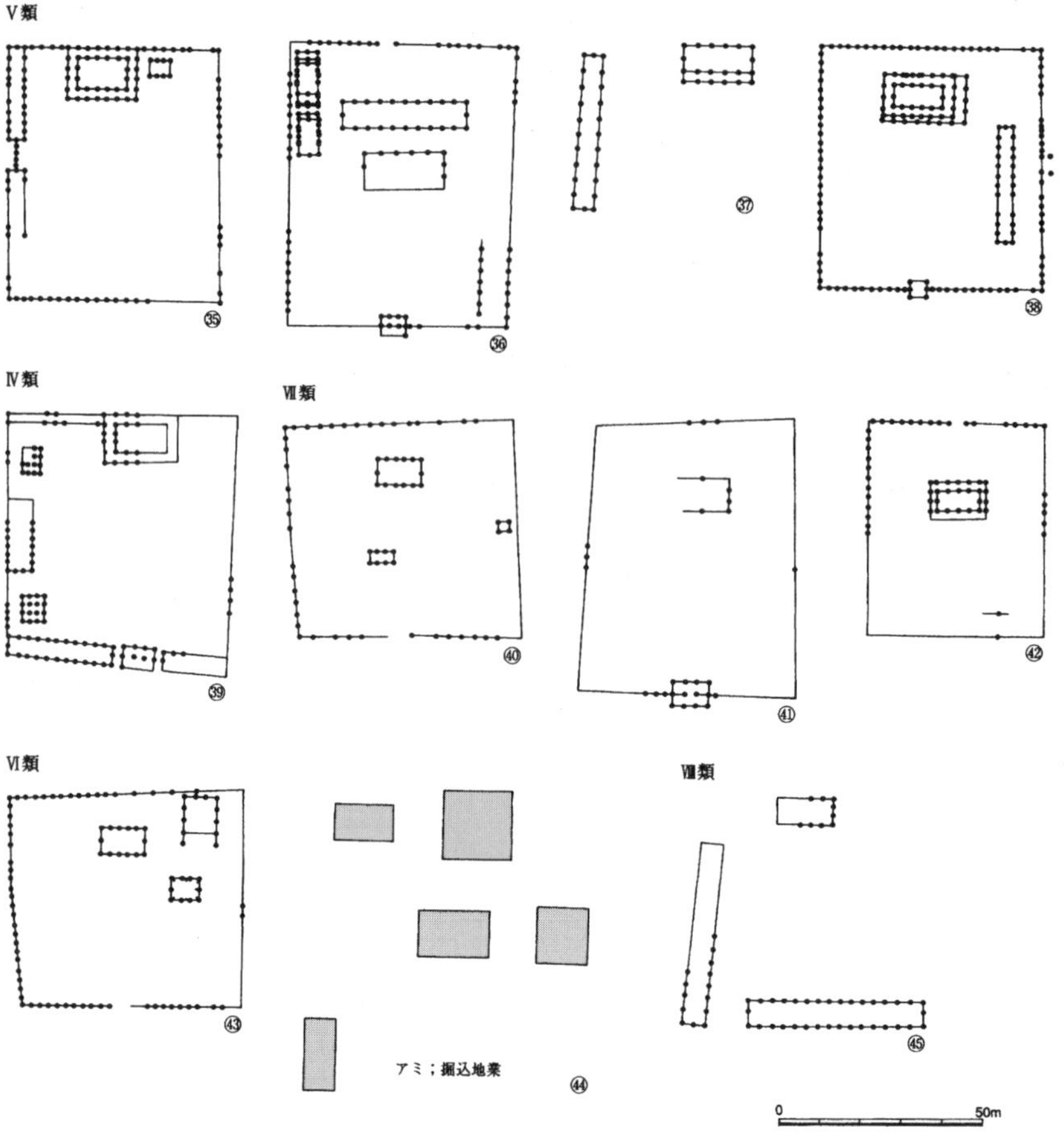

⑯神野向遺跡（常陸国鹿島郡衙）Ⅰ期
⑰岡遺跡（近江国栗太郡衙）Ⅲ－２期
⑱下本谷遺跡（備後国三次郡衙）Ⅱ期
⑲有田遺跡（筑後国早良郡衙）
⑳根岸遺跡（陸奥国磐城郡衙）Ⅱ期
㉑山宮阿弥陀森遺跡（因幡国気多郡衙）
㉒久米官衙遺跡（伊予国久米郡衙）Ⅰ期
㉓長者原遺跡（武蔵国都筑郡衙）ｂ期
㉔御殿前遺跡（武蔵国豊島郡衙）Ⅳ期
㉕今小路西遺跡（相模国鎌倉郡衙）Ⅰ期
㉖下本谷遺跡（備後国三次郡衙）Ⅳ期
㉗宮尾遺跡（美作国久米郡衙）Ⅰ期
㉘万代寺遺跡（因幡国八上郡衙）Ⅰ期
㉙古志本郷遺跡（出雲国神門郡衙）Ⅰ期
㉚久米官衙遺跡（伊予国久米郡衙）Ⅱ期
㉛東山官衙遺跡（陸奥国賀美郡衙）Ⅲ期
㉜東山官衙遺跡（陸奥国賀美郡衙）Ⅳ期
㉝根岸遺跡（陸奥国磐城郡衙）Ⅲ期
㉞弥勒寺東遺跡（美濃国武義郡衙）
㉟名生館官衙遺跡（陸奥国玉造郡衙）城内地区
㊱泉廃寺（陸奥国行方郡衙）Ⅲ期
㊲上神主・茂原官衙遺跡（下野国河内郡衙）Ⅰ期
㊳大ノ瀬官衙遺跡（豊前国上毛郡衙）
㊴今小路西遺跡（相模国鎌倉郡衙）Ⅱ期
㊵東山官衙遺跡（陸奥国賀美郡衙）Ⅴ期
㊶三十三間堂遺跡（陸奥国亘理郡衙）
㊷泉廃寺（陸奥国行方郡衙）Ⅳ期
㊸東山官衙遺跡（陸奥国賀美郡衙）Ⅱ期
㊹古郡遺跡（常陸国新治郡衙）
㊺長者原遺跡（武蔵国都筑郡衙）a期

図21　郡庁の諸類型③

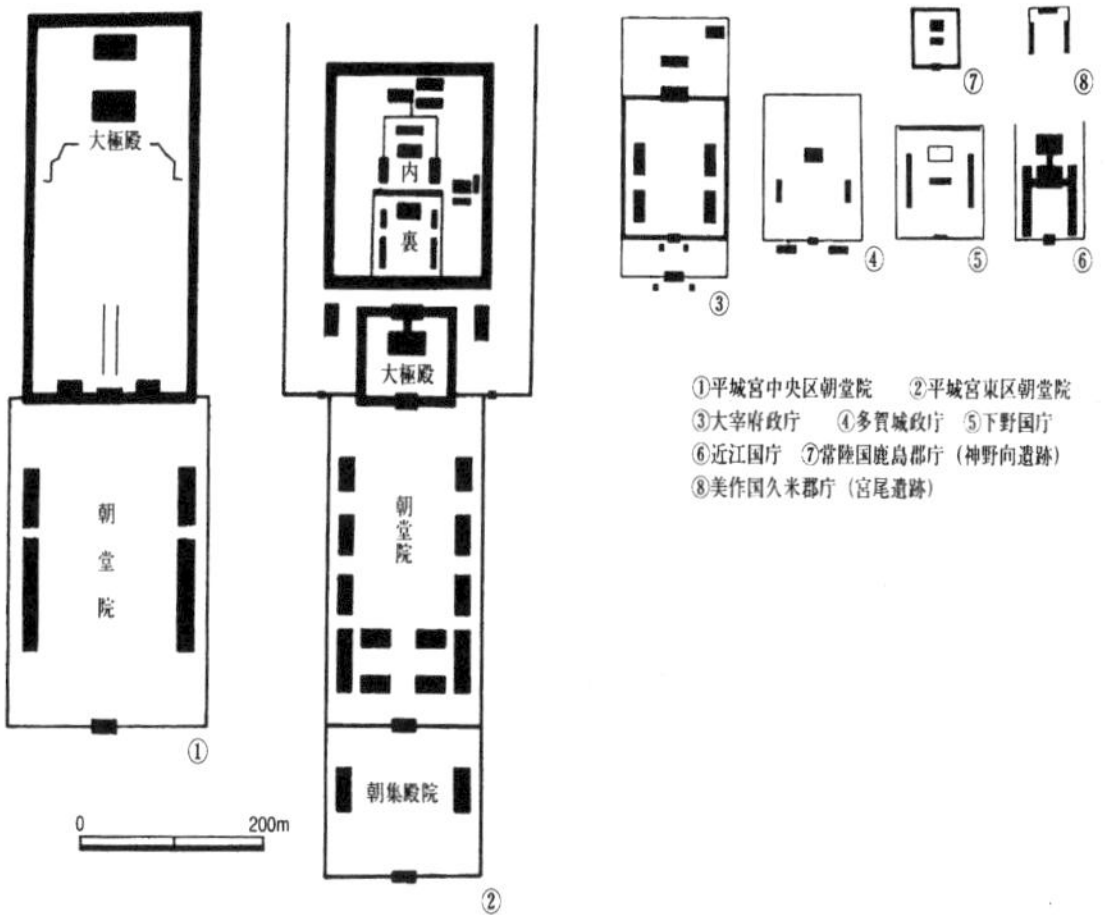

図22　政庁の規模と格式

な差として反映されているようです。

六　郡衙の館・厨家と宿泊・給食

次に館と厨家の話をしましょう。館というのは、旅館の「館」と同じ字で、宿泊する施設です。厨家は酒屋や、納屋や、竈屋のように厨房に関係する施設です。これらの具体的な姿を示す可能性が高いと思われるのが、神戸市の吉田南遺跡（播磨国明石郡衙）の例です。静岡県内では、藤枝市に御子ヶ谷遺跡（駿河国志太郡の館・厨家）があり、図23のように三期にわたって変遷しています。Ⅰ期は、遺物や建物の配置などからみまして、厨家と思われます。そして少し後のⅡａ期になりますと、廂を持った建物や床板を張った建物が出てきますので、館と厨家が一緒になった構造に変わったと考えられます。御子ヶ谷遺跡は図24のような、谷の出口にある、小ぢんまりとした遺跡です。

伊場遺跡群では、館や厨家の具体的な中身が少しわかる資料があります。それは「上館」と書かれた墨書土器です。館の中に上館があったのなら、下館あるいは中館もあったのであろうと推測されます。館の中にこうしたいくつかの部署が存在していた可能性がうかがえる資料です。また、伊場遺跡群からは「下厨南」と書かれた墨書土器も出土しています。厨家の中にも、下の厨家とか、上の厨家とか、役割によって分かれていた部署があったのではないかと思わせる貴重な資料です。

厨家の役割の中で大切なことは食器の管理です。図25に示したものは、先ほどの御子ヶ谷遺跡で出土したものです。それには、志太郡の厨家の備品であることを示した「志太厨」、それを略した「志厨」のほか、大領の使うものかあるいは大領が催した宴会に関わる食器であったとみられる

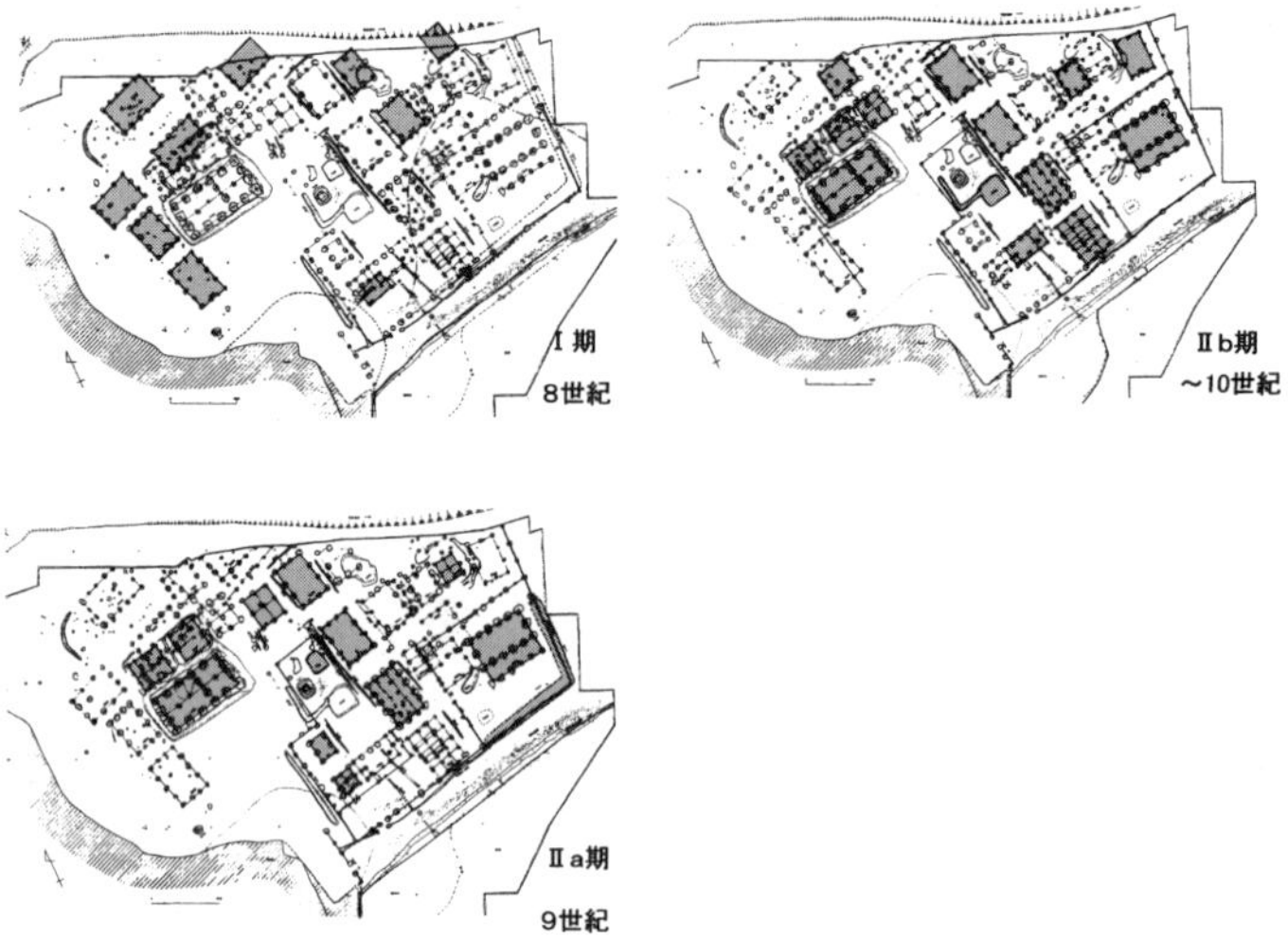
Ⅰ期
8世紀
Ⅱb期
～10世紀
Ⅱa期
9世紀

図 23　館・厨家の構造①

志太郡衙の復原　地形に制約されて、他の郡衙に比べると、こじんまりした景観が復原できる。正倉は別の場所におかれていたらしい。建物の規模は、郡衙遺跡としては、比較的小規模。南辺と東辺は板塀や土塁で囲んでいた。

図 24　館・厨家の構造②

「大領」や「志大領」と書かれた食器があります。また「少領」「主帳」という郡司の官職などを書いた墨書土器も出ています。さらに、御子ケ谷遺跡の出土品のなかには、「益厨」と書かれた墨書土器がみられます。隣の益頭郡の厨家の備品だということを示しています。浜松市役所から、磐田市と書かれたポットが出てきたようなものです。郡の厨家は隣の郡あるいは離れた郡でも一緒に活動する場合があったことを示唆する資料です。

伊場遺跡群では、「布知厨」や、「布一酒」と書かれた墨書土器が見つかっています（図26）。「布知厨」は敷智郡の厨家の備品であるということを示したものです。「布一酒」の解釈については、浜松市北区にある井通遺跡からの出土品が参考になります。井通遺跡は引佐郡の役所と関係する津や館があったと推定される遺跡で、そこから「引佐二酒」と書かれた墨書土器が出ています（図26）。また「引佐一」とか、「引佐二」とか書かれたものも出ていますが、どのような意味かははっきりしません。引佐郡の厨の二番目の棚に置いてあるものとか、厨の二番目の食器箱に入れてあるものとか、あるいは引佐郡の二番目の館に関わるものとか、色々と考えられます。いずれにしても、そうした備品の番号が書いてあります。「引佐二酒」は、おそらく二番目の棚に置いてある、お酒を注ぐための食器という意味でしょう。同様に、「布

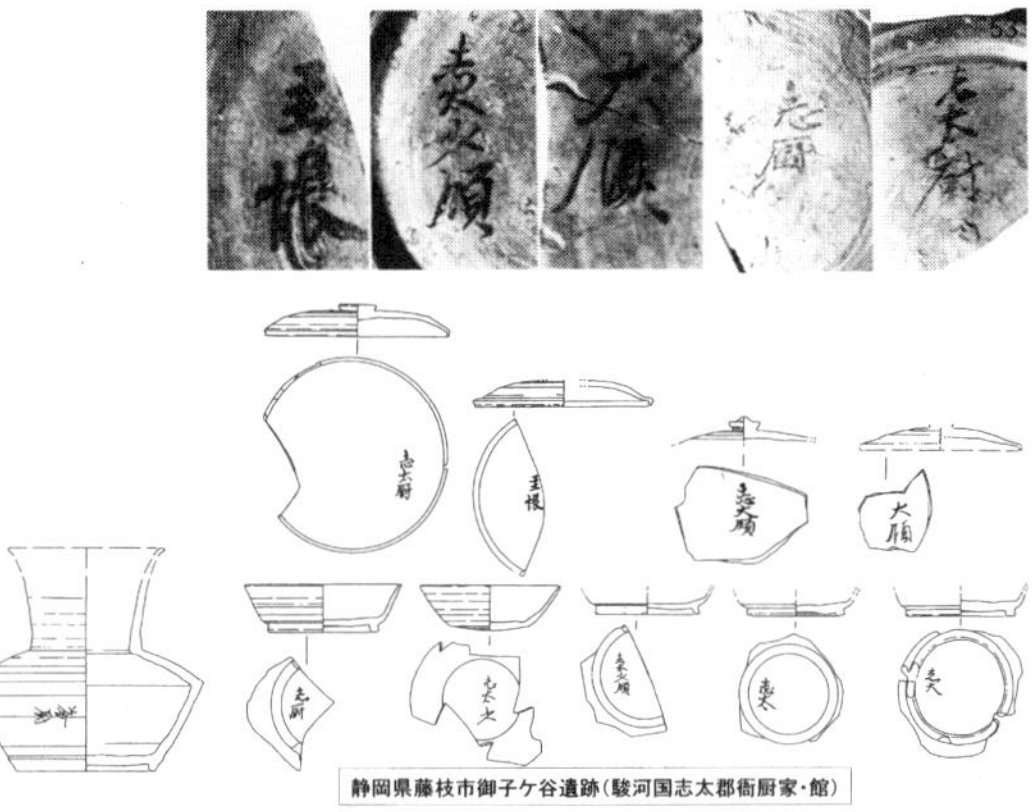

図 25　食器の管理①

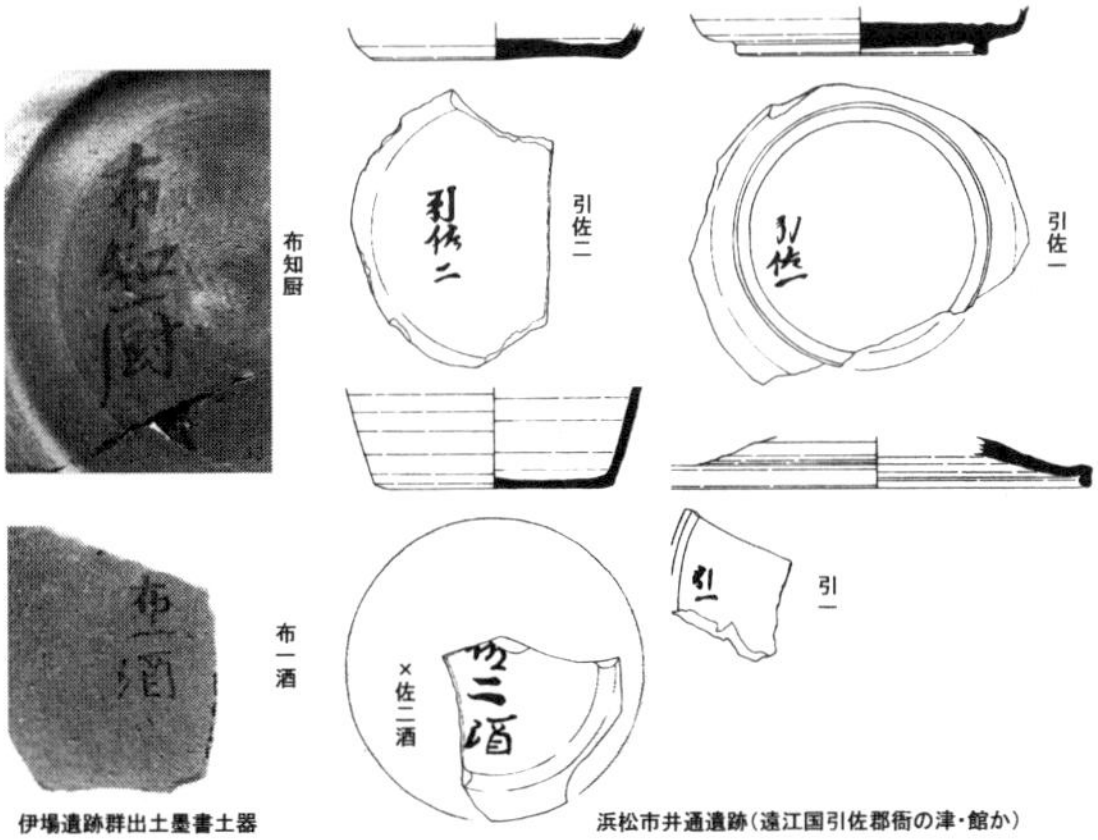

図 26　食器の管理②

一酒」にみられる「布」という文字は、敷智（布智）郡の「布」であって、敷智郡の厨にある一の棚に置かれた酒用の食器であることを表示したものと思われます。このように食器の具体的な管理の仕方などがわかる面白い資料です。

厨家は単に食器を管理するだけではなく、色々な活動をしていたことを推測させる資料があります。先ほど紹介した藤枝市の御子ヶ谷遺跡からは、農具が出ていますし、漁具も出ています。役所が田畑を耕したり、魚をとったりして、自前でも食材を調達することがあったと思われます。伊場遺跡群でも大溝の中から魚を捕るための施設である魞が出ていますので、大溝でとった魚などが役人の食事として提供されたのかもしれません。

そうした食事を提供された対象者はどのような人達かというと、先ほどから出てきています大領や少領などの役人達と共に、墨書土器にみられるように、軍団の役人である「小毅」、それから二百人の兵隊を統率する「二百長」などが考えられます（図27）。また、恒常的に役所で働く傜丁ほか多様な人達にも食事が提供されました。

国司にも当然、食事が提供されたと考えられます。管轄内を廻り、視察する部内巡行国司という国司に対して各郡が食事を提供するのです。図28に示した史料には、部内巡行国司に対して、どれだけ食事を提供したかということが記載されています。部内巡行国司は、郡の役所を廻って、戸籍や税の徴収等の帳簿の出来具合はどうか、税が規定どおり徴収されているか、ということを見ていきます。この部内巡行国司は郡の館に泊まり、食事を提供されながら国内を巡行していきました。

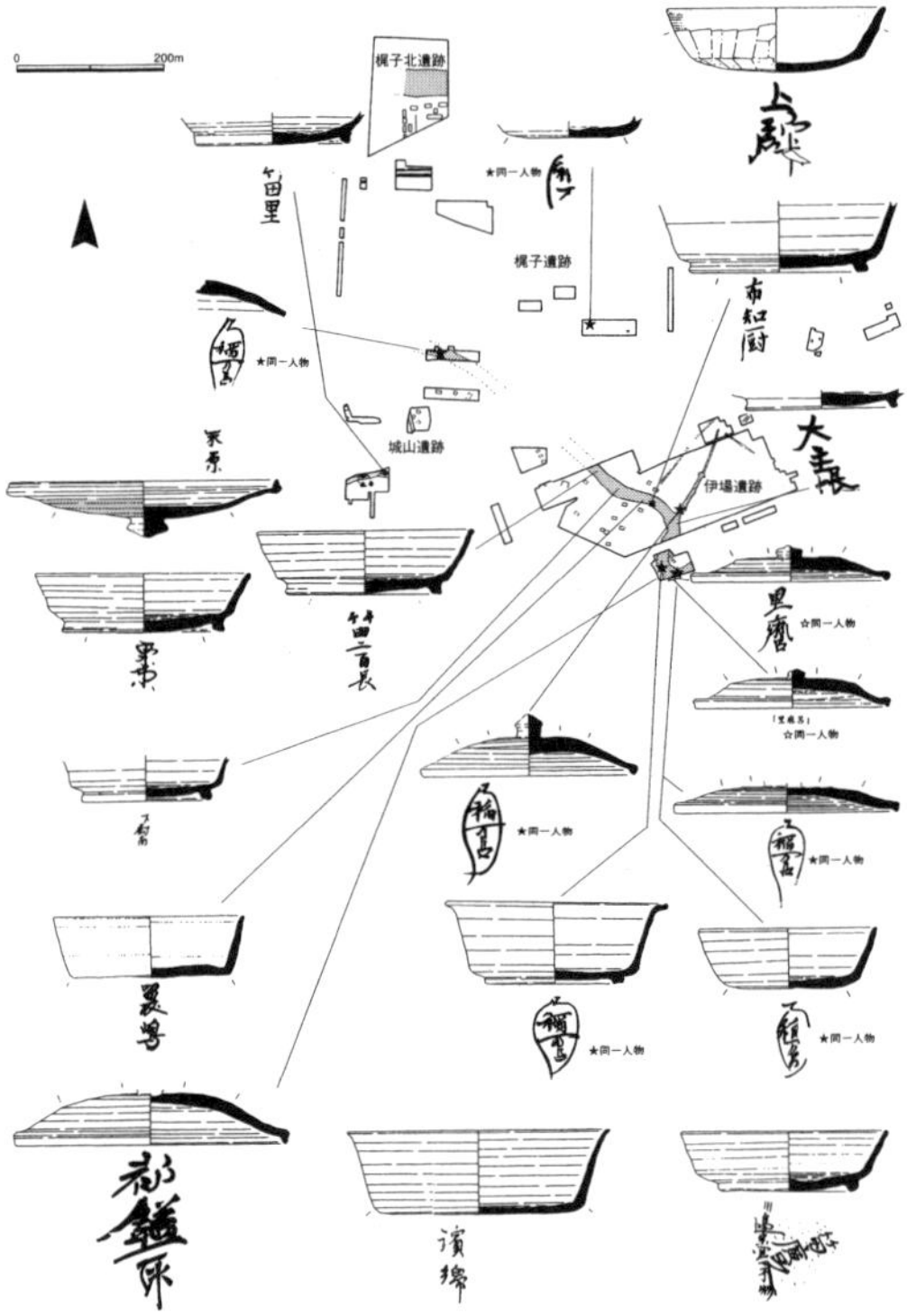

図27　厨家による給食の対象者

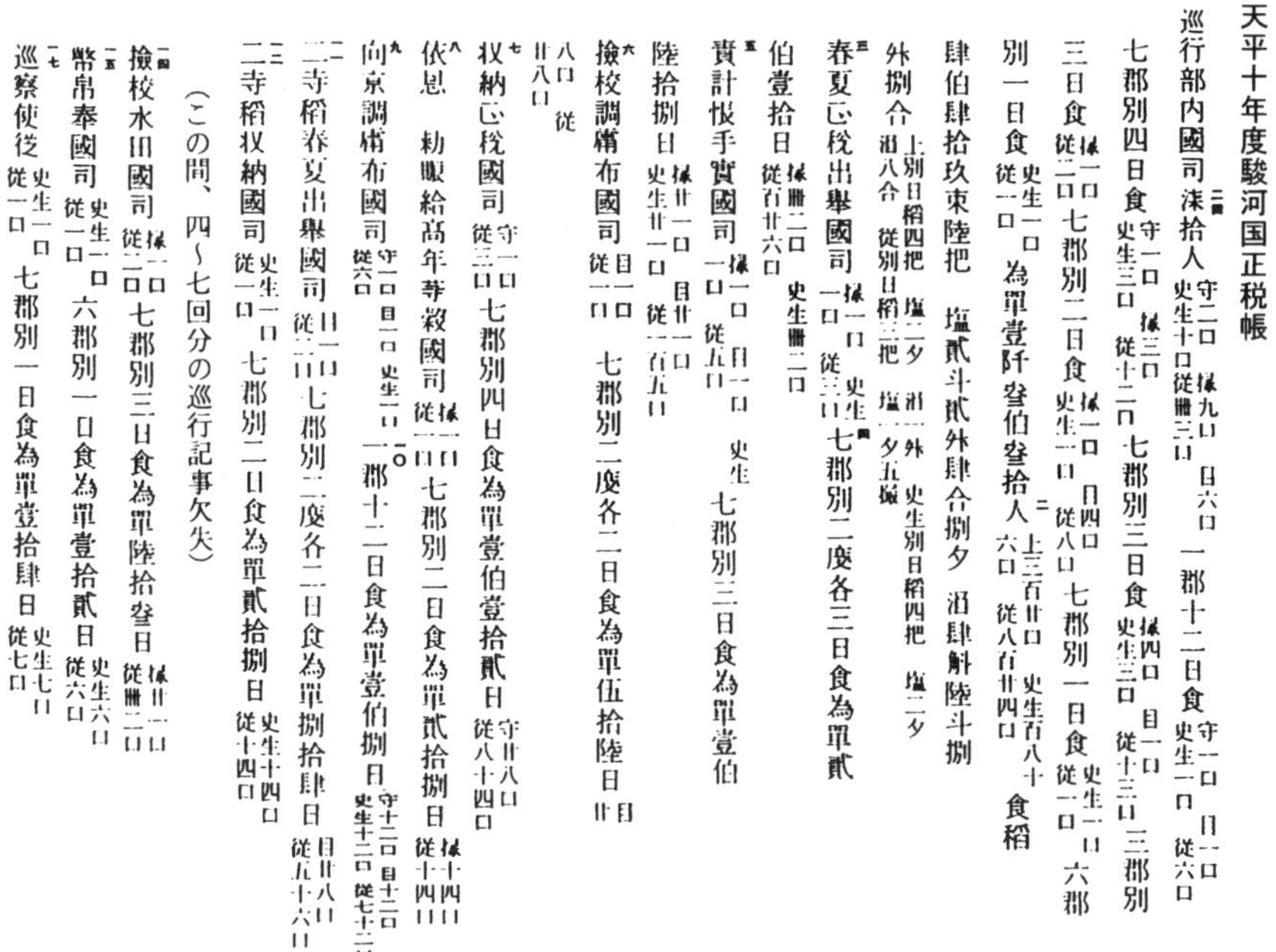
天平十年度駿河国正税帳
巡行部内國司柒拾人 二 守二口 掾九口 目六口 史生十口 從卌三口 一郡十二日食 守一口 目一口 史生一口 從六口
七郡別四日食 守一口 掾三口 史生三口 從十二口 七郡別三日食 掾四口 目一口 史生三口 從十三口 三郡別
三日食 掾一口 從二口 七郡別二日食 掾一口 目四口 史生一口 從八口 七郡別一日食 史生一口 從一口 六郡
別一日食 史生一口 從一口 為單壹阡叁伯叁拾人 二 上三百廿口 史生百八十六口 從八百卅四口 食稲
肆伯肆拾玖束陸把 塩貳斗貳升肆合捌夕 酒肆斛陸斗捌
升捌合 上別日稲四把 塩二夕 酒一升 史生別日稲四把 塩二夕 酒八合 從別日稲二把 塩一夕五撮
三 春夏出擧國司 掾一口 史生一口 從三口 七郡別二度各三日食為單貳
伯壹拾日 掾卌二口 史生卌二口 從百廿六口
五 責計帳手實國司 掾一口 目一口 史生一口 從五口 七郡別三日食為單壹伯
陸拾捌日 掾廿一口 目廿一口 史生廿一口 從一百五口
六 撿校調庸布國司 目一口 從一口 七郡別二度各二日食為單伍拾陸日 目廿
八口 從廿八口
七 收納正稅國司 守一口 從三口 七郡別四日食為單壹伯壹拾貳日 守廿八口 從八十四口
八 依恩 勅賑給高年等穀國司 掾一口 從一口 七郡別二日食為單貳拾捌日 掾十四口 從十四口
九 向京調庸布國司 守一口 目一口 史生一口 從六口 一〇 一郡十二日食為單壹伯捌日 守十二口 目十二口 史生十二口 從七十二口
一一 二寺稲春夏出擧國司 目一口 從二口 七郡別二度各二日食為單捌拾肆日 目廿八口 從五十六口
一三 二寺稲收納國司 史生一口 從一口 七郡別二日食為單貳拾捌日 史生十四口 從十四口
（この間、四～七回分の巡行記事欠失）
一四 撿校水田國司 掾一口 從二口 七郡別三日食為單陸拾叁日 掾廿一口 從卌二口
一五 幣帛奉國司 史生一口 從一口 六郡別一日食為單壹拾貳日 史生六口 從六口
一七 巡察使従 史生一口 從一口 七郡別一日食為單壹拾肆日 史生七口 從七口

図 28　部内巡行国司への供給

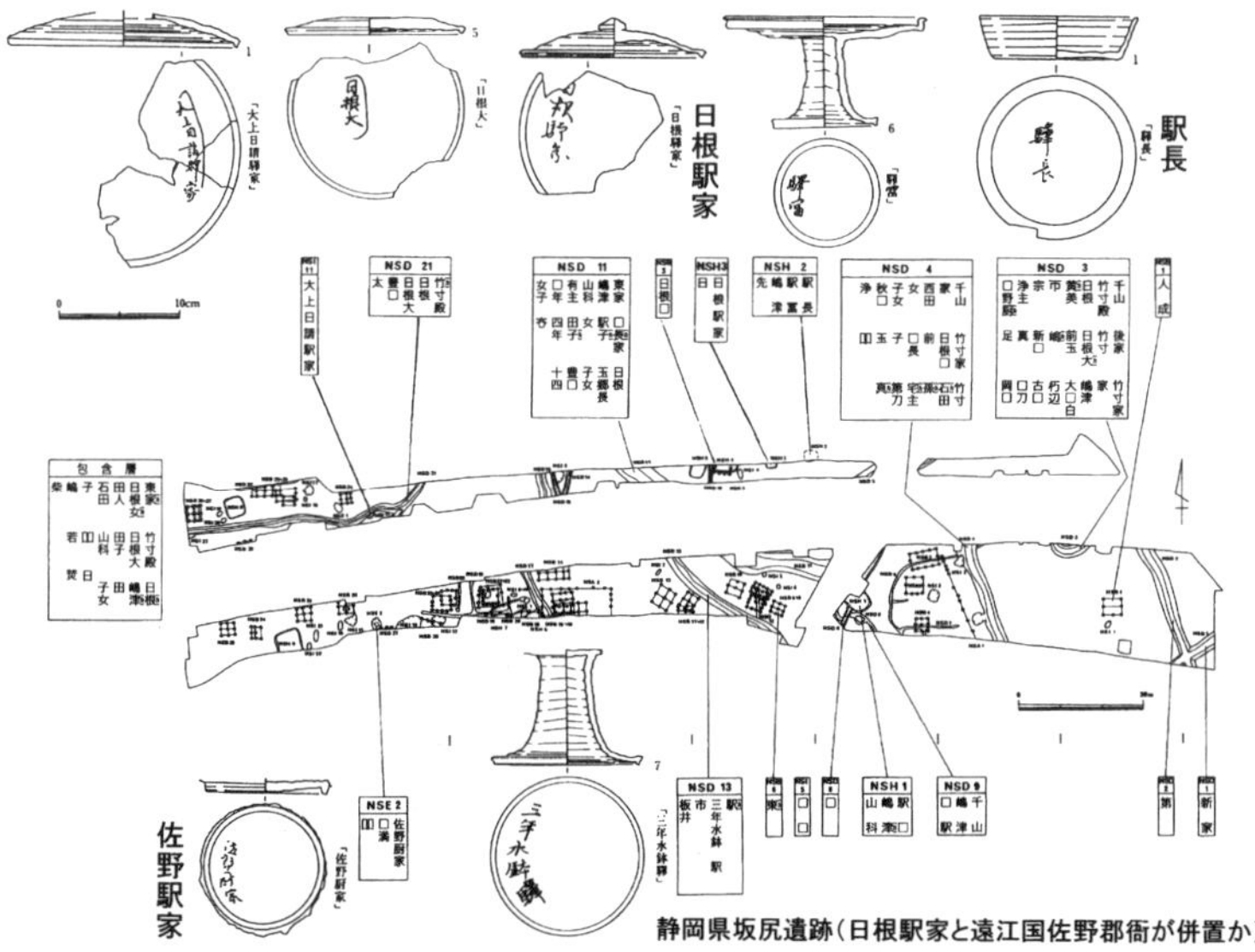

図 29　駅家での厨家の活動

山口県東部の周防国の事例では、都で催される相撲大会のために、各地から力自慢が選ばれて、都へ上京したり帰郷したりする際に、そういう人達にも食事の接待をしていたことが明らかにされています。また、大宰府で任期中に亡くなった小野朝臣の遺骨を都へ運ぶ人も、道中食事の提供を受けています。多様な役人が郡によって、食事の供給を受けていたことがわかります。つまり、郡の役所は交通・宿泊・給食施設としても重要な役割を担っていたといえます。

駅家に関係した所でも、厨家が活動しています。図29は袋井市の坂尻遺跡から出土した墨書土器の様相を整理したものです。この遺跡からは、「日根駅家」という墨書土器とともに、「佐野厨家」と書かれた墨書土器が出ています。

このように駅家の経営に郡もかかわっていることが判明しました。これまで駅家は国の直轄で、行政上は郡と関係なかったと思われていたのですが、八世紀段階から郡の役所と駅家は密接な関係をもって機能していたこともわかってきました。伊場遺跡群でも「栗原駅家」と書かれた墨書土器など、駅関係の文字資料が出土しています。伊場遺跡群内に栗原駅家があったのか、そうではなくて、駅長が郡の役所に定期的に来て宴会に参加したのかよくわかりませんが、いずれにしても郡の役所が駅家と密接な関係にあったことがわかります。

七　その他の郡衙関連施設

その他にも様々な業務に従事している部署があります。例えば港湾施設として津があります。これは福島県の例ですが、図30に示すような木簡が出ています。この木簡には、「立屋津長」という語句があります。郡司が津の長に命令した木簡です。郡の役所が関わる津というものが存在していたことがわかります。伊場遺跡群の場合にも、近くに馬込川があり、近隣に入り江があったのではないかといわれています。そうすると、伊場遺跡群の南側には郡の津があった可能性が高いとみられます。

郡の役所の近くでは、役所の施設とは違う小さな倉がたくさん確認できる例があります。図31に示したように、郡役所の本体とは違った位置に、小さい倉がたくさんあります。これらの小さな倉は正倉院ではなく、民間の倉とみられます。郡の役所の活動と密接に関わり、物資の集散に使われた倉が役所の周りに存在したことがわかります。そうした民間の倉の一部は国家が借り受けて、穎稲などの税を入れていることもあったと思います。伊場遺跡群の場合にも、大溝という自然河川の周りには小さな倉がたくさんみられます（図32）。これも、色々な経済活動に関わる民間

いわき市荒田目条里遺跡出土木簡釈文

一号木簡

釈文

・「郡符　立屋津長伴マ福麿　可□召×

右為客料充遣召如件長宜承×

・「

(二三〇)×四二×三

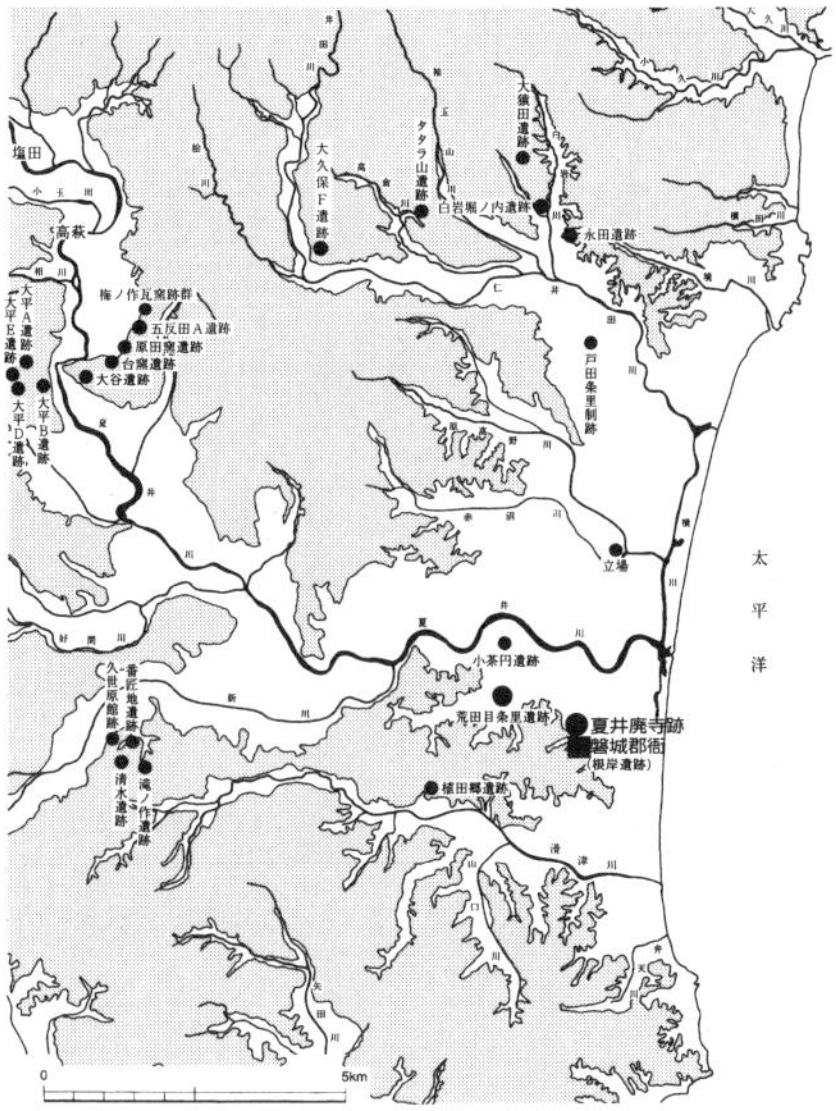

図 30　津の管理施設

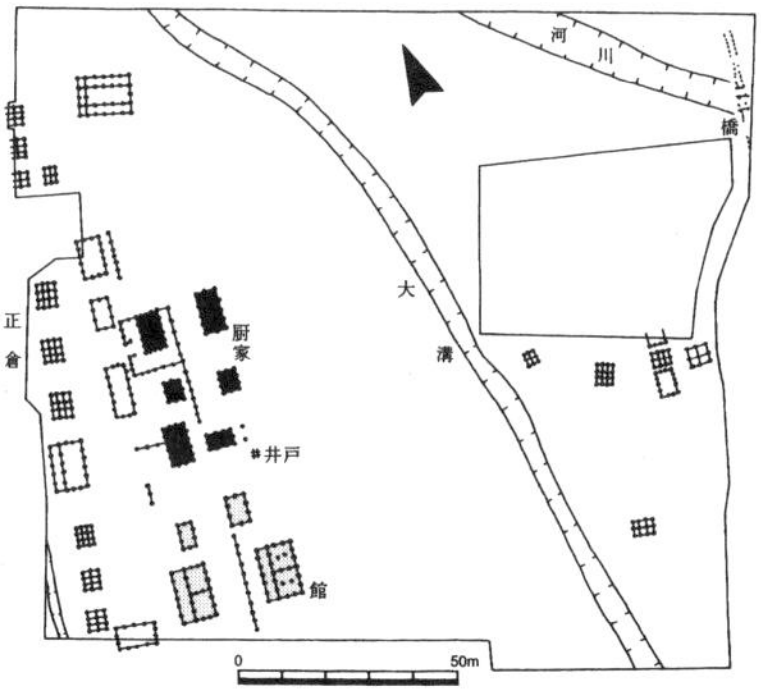

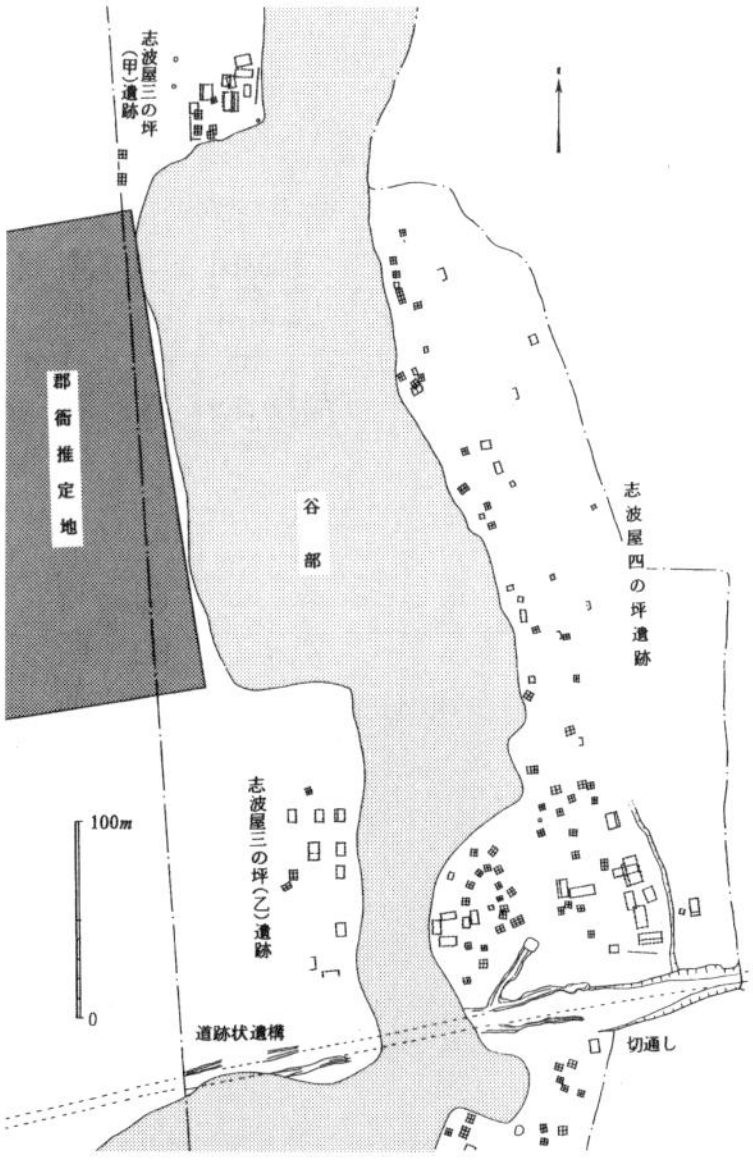

図 31　郡衙周辺の小規模倉庫群

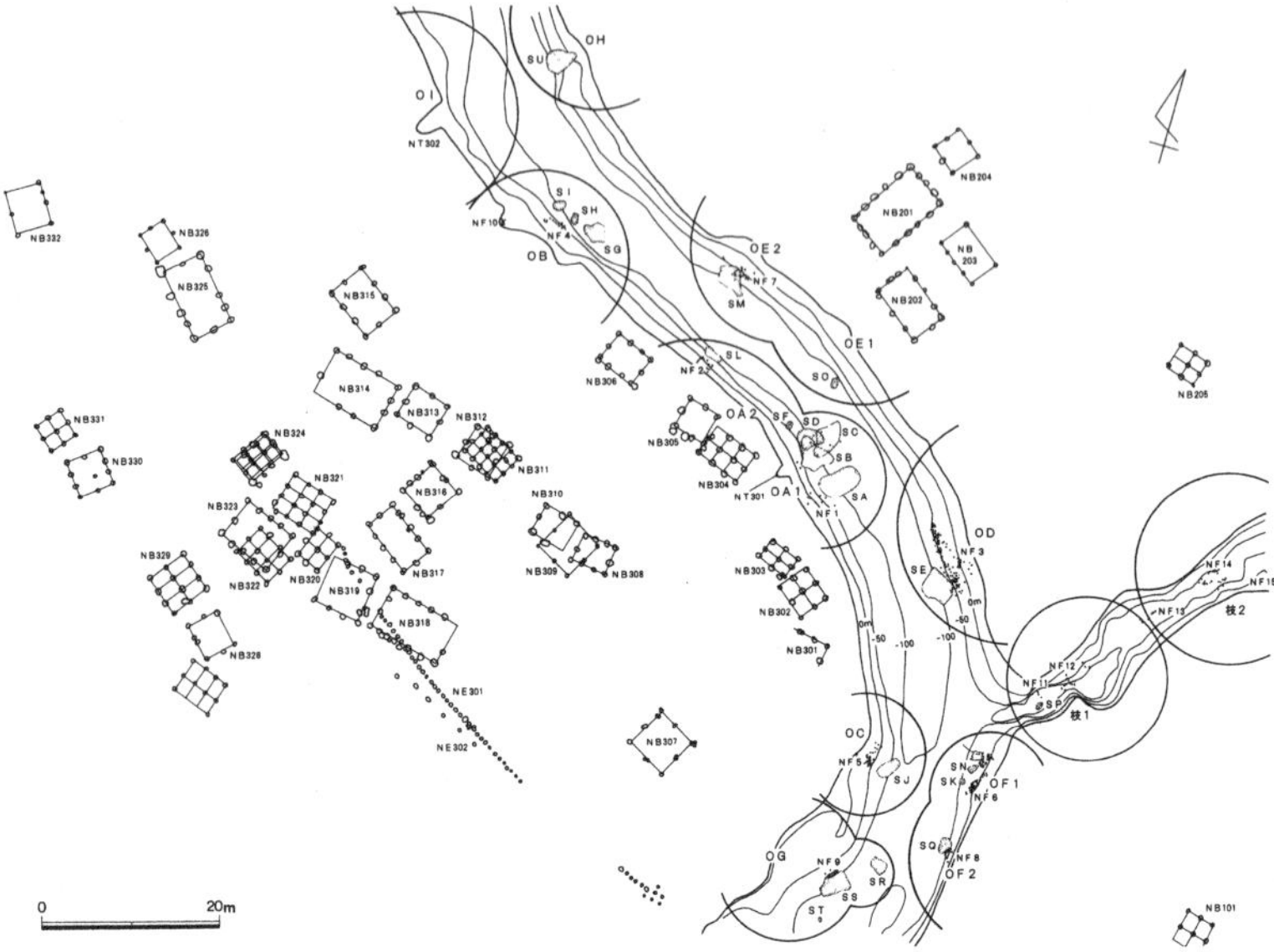

図 32　伊場遺跡の建物群

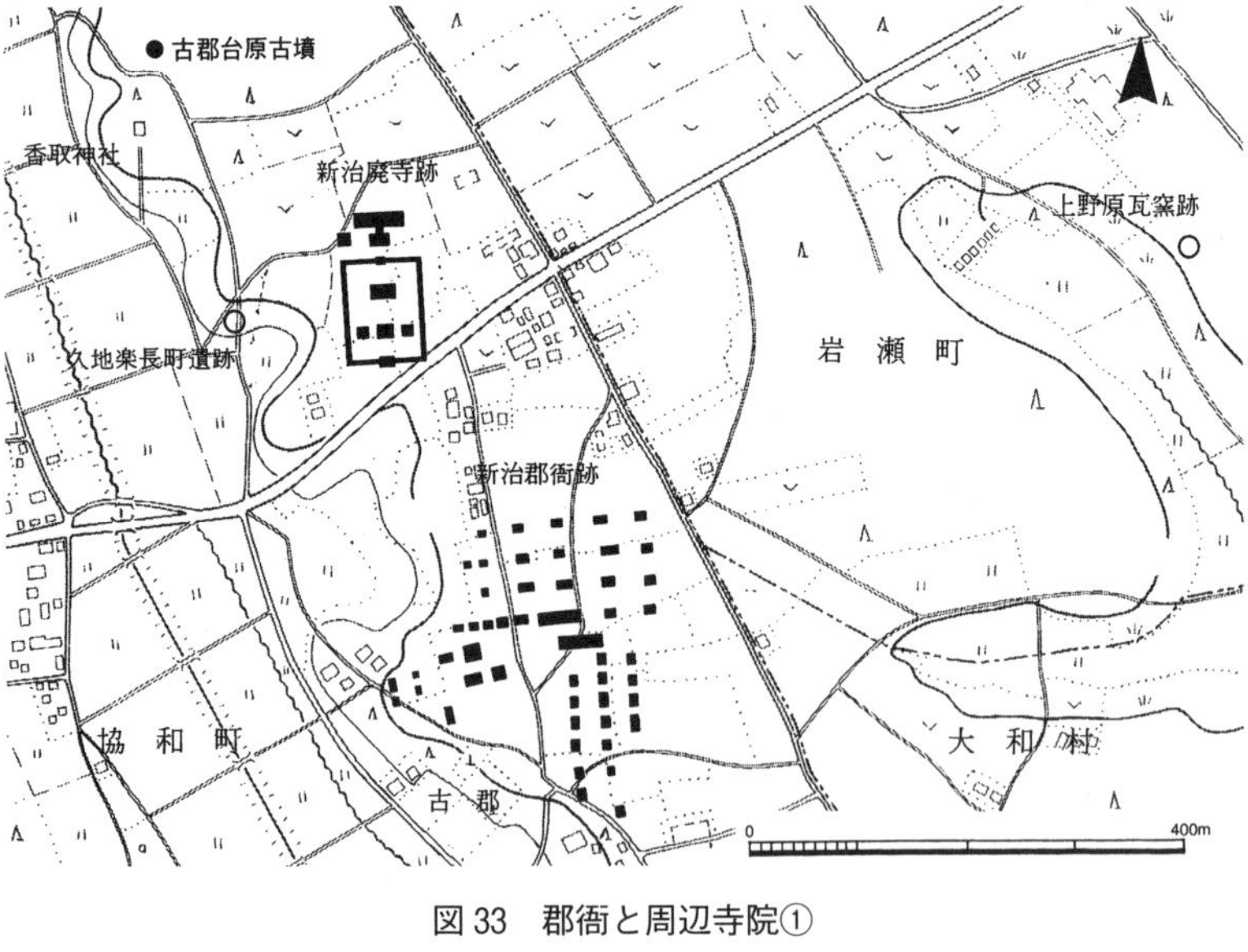

図 33　郡衙と周辺寺院①

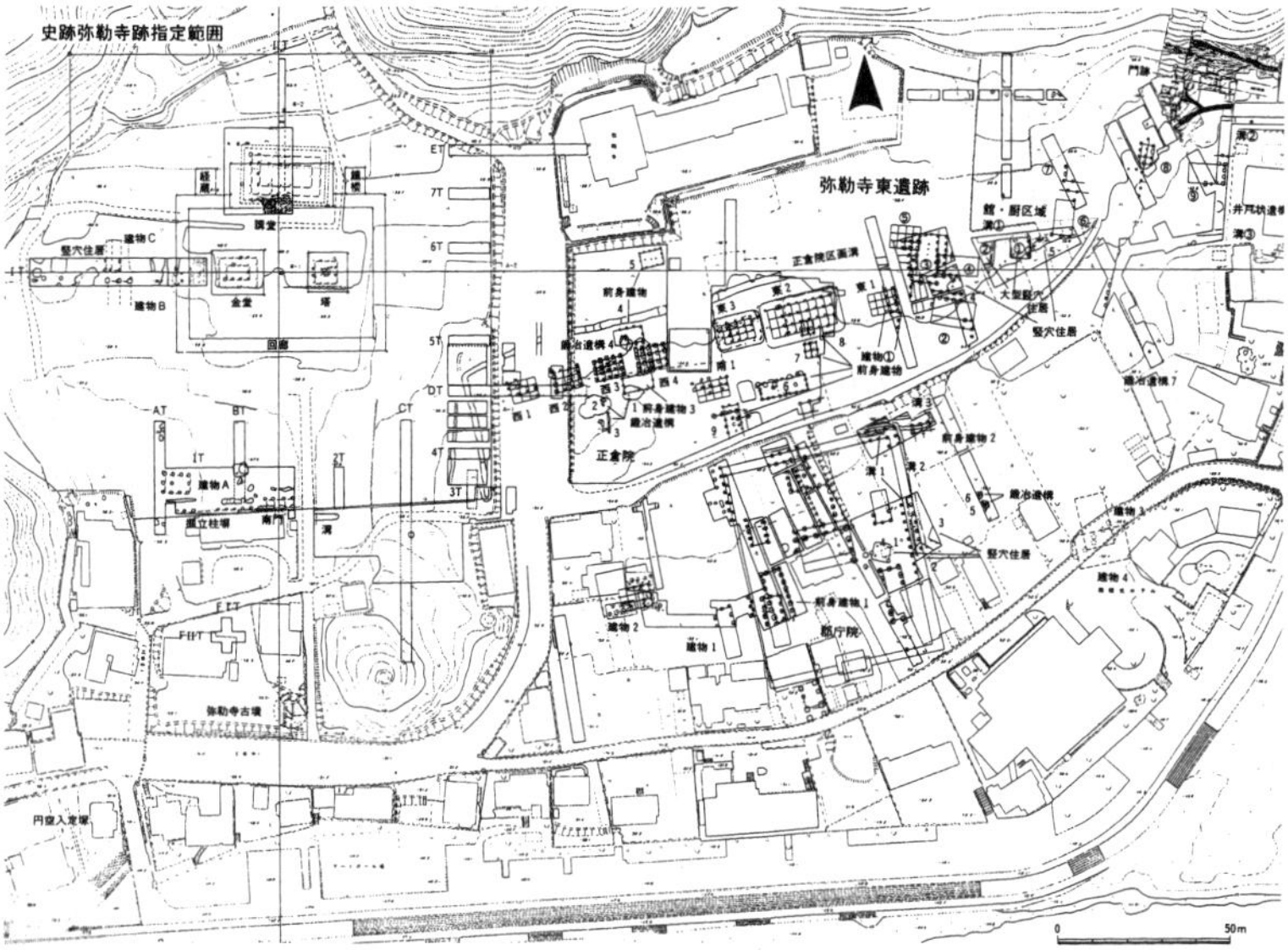

図 34　郡衙と周辺寺院②

の施設が、敷智郡衙の近くに存在していたことを示しているのではないかと思います。

郡の役所の近くにはお寺が存在していたことも知られています。図33に示す茨城県の常陸国新治郡の新治廃寺や、図34に示す岐阜県の美濃国武儀郡の弥勒寺廃寺が典型例です。伊場遺跡群でも、軒丸瓦などが出土していることから、近くに寺が存在していたと推定されます。

郡の役所の周りにはさまざまな機能を果たす施設が点在していて、古代における地方都市的な空間が展開していたのではないかと思います。ここまでにご紹介したように、伊場遺跡群は、豊富な文字資料に裏打ちされ、古代の郡役所の具体的な機能や景観が復元できる良好な資料を備えた遺跡であることがおわかりいただけたでしょう。

各図の出典

図1・11・23　山中作成

図2　山中敏史　二〇〇三年『古代の官衙遺跡　Ⅰ遺構編』一三頁　奈良文化財研究所

図3・4　山中敏史　二〇〇四年『古代の官衙遺跡　Ⅱ遺物・遺跡編』一二五頁　奈良文化財研究所

図5　佐野五十三　二〇〇四年「遠江国」『日本古代道路事典』六九頁

図6　静岡県　一九九四年『静岡県史　通史編1原始・古代』四八九頁
図7　山中敏史・佐藤興二　一九八五年『古代の役所』八〇頁一部改変
図8　磐田市教育委員会　一九九四年『御殿・二之宮遺跡　第八次調査のあらまし』九頁
図9右　静岡県　一九九四年『静岡県史　通史編1原始・古代』四九四頁
図9左　浜松市教育委員会　二〇〇八年『伊場遺跡総括編（文字資料・時代別総括）』
図10右　前田義人　一九九八年「福岡・上長野A遺跡」『木簡研究』20号　二一四・二一五頁
図10左　浜松市教育委員会　二〇〇八年『伊場遺跡総括編（文字資料・時代別総括）』
図12　山中敏史・佐藤興治　一九八五年『古代の役所』一三六頁
図13　山中敏史　二〇〇三年『古代の官衙遺跡　Ⅰ遺構編』一二七頁　奈良文化財研究所
図14　山中敏史　二〇〇七年『古代官衙の造営技術に関する考古学的研究（平成一五年度〜平成一八年度科学研究費補助金（基盤研究（B）研究成果報告書）』
図15　山中敏史　二〇〇三年『古代の穎穀収取に関する考古学的研究（平成一二年度〜平成一四年度科学研究費補助金（基盤研究（C）（2）研究成果報告書）』
図16　山中敏史　二〇〇三年『古代の官衙遺跡　Ⅰ遺構編』一七頁
図17上　山中敏史　一九九一年「古代の倉庫群の特徴と性格」『クラと古代王権』九六頁
図17下　山中敏史・佐藤興治　一九八五年『古代の役所』一〇六・一〇七頁
図18・20・21　山中敏史　二〇〇四年『古代の官衙遺跡Ⅱ　遺物・遺跡編』一六一〜一六三頁　奈良文化財研究所
図19　太田市教育委員会　二〇〇九年『上野国新田郡庁跡』
図23　藤枝市教育委員会　一九九三年『復元された奈良・平安時代の郡役所　駿河国『志太郡衙跡』—史跡志太郡衙跡保存整備事業報告書—』
図24　山中敏史・佐藤興治　一九八五年『古代の役所』一三九頁
図25　藤枝市教育委員会　一九八一年『日本住宅公団藤枝地区埋蔵文化財発掘調査報告書Ⅲ』
図26　㈶静岡県埋蔵文化財調査研究所　二〇〇七年『井通遺跡文字資料編』写真：浜松市教育委員会　二〇〇八年『伊場遺跡総括編（文字資料・時代別総括）』
図27　山中敏史　二〇〇四年『古代の官衙遺跡　Ⅱ遺物・遺跡

編』一八九頁　奈良文化財研究所

図28　林陸朗・鈴木靖民　一九八五年『復元天平諸国正税帳』

図29　袋井教育委員会ほか　一九八五年『坂尻遺跡—奈良時代編—』第一五六図を一部改変

図30右　いわき市教育委員会　二〇〇四年『夏井廃寺跡』

図30左　いわき市教育委員会ほか　二〇〇一年『荒田目条里遺跡』

図31右　七田忠昭　一九八八年「肥前国神埼郡における駅路と周辺の官衙的建物群の調査」『条里制研究』4号　六三頁

図31左　山中敏史　二〇〇四年『古代の官衙遺跡　Ⅱ遺物・遺跡編』一八五頁　奈良文化財研究所

図32　浜松市教育委員会　二〇〇八年『伊場遺跡総括編（文字資料・時代別総括）』

図33　山中敏史　二〇〇四年『古代の官衙遺跡　Ⅱ遺物・遺跡編』一五九頁　奈良文化財研究所

図34　関市　二〇〇四年『弥勒寺遺跡群』

三　伊場木簡からわかる古代史

渡　辺　晃　宏

ただいまご紹介いただきました奈良文化財研究所の渡辺でございます。

『伊場木簡から日本古代史が見えた』というタイトルを与えていただきましたのでそのまま用いましたが、私の話は、伊場遺跡群から出土した木簡の全体像のようなことになるかと思います。木簡とはどういうものかという話から始めて、伊場遺跡群の木簡の全体像を概観し、伊場遺跡群の木簡の再解読の成果をご紹介しようと思います。

私が伊場遺跡群の木簡に関わるようになったのは、二〇〇七年の三月つまり二〇〇六年度まで、三年間にわたりまして、伊場遺跡群の木簡の再解読を勤務先の奈良文化財研究所で実施いたしまして、こちら浜松市の鈴木敏則さんと一緒に読み直しを行ったことによります。その成果がこの春刊行された『伊場遺跡総括編』として結実したわけですが、それを少しでも多くのみなさんに知っていただこうということで、今日こうしてシンポジウムの形で報告させていただくことになりました。

一番初めの鈴木さんのお話のなかで、鈴木さんご自身が「伊場の大溝は掘ったことがないんだ」ということをおっしゃっておられましたけれども、私などから見ましても、伊場木簡というのは雲の上の存在のような資料でありました。伊場木簡が見つかったのは、一九六〇年代の終わりから七〇年代の初めにかけてでありまして、日本で木簡が最初に見つかったのは一九六一年平城宮跡のことですから、まだ木簡が見つかってから十年程度しか経たない時に見つかったのが伊場木簡でした。特に七世紀の木簡がたくさん見つかっていて、伊場は最初にまとまった量の七世紀の木簡が出土した遺跡として著名になりました。しかし、早い段階で見つかったということが逆に災いしまして、大変重要な資料だということはわかるのですけれども、十分に内容が読み取れなかった面があったようであります。もちろん、当時としては、最大限の努力がはらわれたのは確かなのですが、類例の少ない中での解読・解釈にはどうしても限界がありました。

かつて読めなかったものが読めるようになる、それはどうしてかというと、赤外線機器の利用の拡大やその技術的進歩もちろんですが、それにはこの比較対照できる資料が全国各地から見つかったことが大きいと思います。当時文字は見えていたんだけれども読めなかったものが、こう読めそうだとはわかっても断定できなかったものが、類例が増えることによってこれはこういうふうに読んだらいいんだというふうに確定できるようになっていく、そういう木簡研究のその後の進歩の中で、伊場遺跡群の木簡を再度こうやって読み解いていく機会が熟してきたというのがあると思います。

それともう一つ、伊場の大事な木簡群の科学的な保存処理が行われました。木簡というのは、後でもちょっとご紹介しますように、日本の木簡の場合はたっぷりの水分のあるところで初めて残ります。水分があるところで日光と空気から遮断されて初めて一二〇〇年、一三〇〇年保存されます。水があると腐ってしまうように思われるかも知れませんけれど、そうではなくて、乾燥と湿潤の繰り返しがいけないのです。タップリの水分の中で保存されるか、カラカラに乾いた状態で保存されるか、木質が保存される環境はそのどちらかです。湿潤な日本の環境では、水分がないと残らない。ですから、発掘で取り上げた後も水につけた状態にしておかないと、木簡は壊れてしまったり字が消えてしまったりという不測の事態が起きかねないのです。そこで、その水分を樹脂に置き換えて固めて安定した状態にしてやる、科学的な保存処理を一般的に行っているのですが、これを行いますと湿っていて黒っぽくなっていて読みにくくなっていた文字が、木肌が元の色に戻って白っぽくなるものですから読みやすくなって、今まで読めなかった文字が読めるようになることがあります。伊場遺跡群の木簡の場合、科学的な保存処理をした後の読み直しというのをきちんとこれまで行ってこなかったものですから、今回ぜひきちんとやってみようということになりました。その結果、思っていた以上の成果があがったということが、これからのお話しになってまいります。

一　歴史資料としての木簡

木簡とは何か？　さて、木簡とは何かというお話をいたします。一九六一年に平城宮跡で日本で最初の木簡が見つかったと申しましたけれども、われわれは発掘調査で見つかる墨で文字の書かれた木片をすべて木簡というふうに呼んでいます。ですから、古代の文書木簡とか荷札木簡だけではなくて、江戸時代の木簡とかあるいは近代の木簡なんていうのも見つかることがあります。発掘で見つかった墨書のある木製品を、全部木簡としてわれわれは取り込んでしまっているのです。この定義でいうと、一九六一年以来これまでに全国で三四万点を超える数の木簡が見つかってきています。

とはいっても、その中で中心になるのはやはり古代でして、七割以上が古代の資料ということになります。ご承知のように古代、時代をさかのぼればさかのぼるほど歴史を考えるための資料というのは少ないですから、こういう生の資料、当時の人たちが使った生の資料の発見に対する期待は大きいわけです。

木簡の分類　木簡にはどんなものがあるかといいますと、これからは古代の木簡を念頭に置いたお話になってまいります。一つは役所の中での手紙とか帳簿の木簡、情報を伝えるための木簡というのがあります。

それから、租税の荷札とか物を保管しておくためのラベルのようなもの、あるいは木製品に文字を書いたもの、つまり、文字がなくても木製品として機能するけれども文字を書くことによってその機能が一層高められるようなもの、私はこれを墨書木製品と呼んでいますが、これらも含めて、木簡を付けるものの中身を表示する機能をもつもの、属性表示を機能とする木簡なんていうふうにここに書きましたけれども、そういう一群があります。

もう一つは書くこと自体に目的があるようなもの。字の練習であるとか落書きをしているものとか。大きくこういうふうに三つぐらいに分類ができるかと思います。

これらの古代の木簡は、全体として基本的に役所の中で使われる。荷札木簡も地方から都へ租税を送る時に荷物に付けられて使われるわけで、公的なものという色彩が強い。ですから、古代の木簡にはあまり極端なくずし字や続け字はなくて、中世や近世の文書に比べるとだいぶ読みやすいものが多いのです。

もう一つ注意しておきたいのは、古代においてなぜ木簡がたくさん使われたかという点です。以前は、日本の古い時代には紙が貴重で少なかったので、手に入りやすい木を使ったのだ、という理解が一般的でした。けれども最近では、そうではなくて、紙はもちろん数は少なかったかも知れませんけれども、むしろ紙と木のそれぞれの特徴を理解した上で使い分けていたのではないかという視点、これが特に強調されるようになってきました。

紙は一度書いてしまえば書き直しをすることはできませ

ん。改竄すればすぐわかってしまいます。ですから長期間保存しておくようなもの、あるいはきちんと効力を保持して保管する必要があるものに適しています。これに対して木は、書いたものをまた削って再利用することもできます。ですから、メモ的でいいもの、短期間でいらなくなるものには使いやすいですが、再利用できるということは逆に、例えば署名をしてもそこを削ってしまって改竄したり日付を書き直したりなんていうことが簡単にできてしまうので、そういう用途には適さない。しかし、移動を伴う荷札や長期間掲示する看板のように頑丈であることが必要な場合、そういうものには木を使う。

つまり、古代の人たちは、紙と木の特質を充分に理解した上で場合に応じて使い分けていたのではないか、こういう視点が特に強調されるようになってきました。もともと日本には墨書媒体としての紙と木というのが両方とも一緒に伝わってきていますので、最初から両方併用する環境がすでに整っていたわけです。

木簡からなにがわかるか？　次に、木簡から何がわかるかということを少し、まだなかなか伊場に到達しませんけれども、話しておきたいと思います。

まずは文字資料としてのはたらきです。われわれが木簡で一番注目するのはやはりそこに書かれている文字でしょう。さっき古代の資料は少ないというふうに申しましたけれども、その意味で特に木簡に書かれている文字に対する期待は大変大きいわけです。

しかし、木簡というのは文字資料であると同時に発掘調査によって見つかる考古学上の遺物です。これはけっして忘れてはいけないことです。木簡の文字は、考古遺物としての木がなければ存在し得ないわけで、文字資料である以前に考古資料であるということが木簡の大変重要な性格になってきます。そうした考古資料として、木簡は遺跡の性格を考えるための重要な役割を果たします。その遺跡がどういう性格をもった遺跡なのか、基本的にさっき言いましたように木簡は公的な場で使われることが多いので、古代の場合、木簡が見つかるということは、役所と関連するような性格をもっている遺跡の可能性が高いということが言えてくるわけです。

それから、木簡と一緒に出ることによって年代がわからない遺物や遺跡の年代を決める手がかりになるということ。土器とか瓦とかいった遺物の年代を追った変化、平城京の中でいいますと、平城京の時代というのは七〇年程しかありませんけれども、土器がどういうふうに形が変わっていくか、あるいは瓦の模様がどういうふうに変わっていくかということは、本当に数年刻みで綿密にその変化が捉えられている。ところがそれはあくまで順番なのであって、相対的な編年というふうに申しますが、そこにはそれが八世紀のどの段階、何年頃にあたるのかということはあらわれてきません。その編年に絶対年代を与えるのは一緒に見つかった木簡なのです。年代が書かれた木簡と一緒に出土することによって初めて、土器や瓦の年代というのも決められていくことになるわけで、木簡のもつ大変大きなはたらきになります。

ただ、ここにも一つだけ問題があります。つまり、木簡に書かれている年代のすぐ後に捨てられるのならば、その木簡に書かれた年代が遺物の年代になるかも知れません。しかし、木簡が使われてから捨てられるまでの間には微妙なタイムラグがあります。つまり、公的な文書だったならばそれが廃棄をされるまで（いらなくなるまで）の保管期間、例えば現在でも公文書の保存期間がありますように、そういうことを考えなければいけない。荷札の場合はもっと厄介で、付けられている荷物の種類によって保管期間が変わってきます。つまり、海産物のように腐りやすいものの場合には、比較的短期間に消費してしまいますので荷札はすぐに捨てられてしまいます。これに対して保管の効くようなもの、例えば塩とかあるいは綿とかのようなものの場合には、もっと長期にわたって腐らず保管が効きますから、書かれている年代から遠く離れた時代に捨てられるということがあり得るのです。そういったタイムラグというのを考えていかなければなりません。ただ、絶対年代のわからない遺物の年代を決めていく大きな手がかりになるのは間違いありません。

さて、木簡が歴史に果たした役割で一番端的によく説明されるのはこういうことであります。山中先生の話の中にもありましたように、日本古代の行政の組織というのは、当初は国・郡・里という三段階が七世紀段階から出来上がって八世紀まで継続していくというふうに言われていました。これは『日本書紀』あるいは『続日本紀』などが全部そういう表記で国・郡・里という言葉で書いているからです。

ところが、木簡が見つかることによって、そうではなくて、実は大宝令が施行されるより前、つまり七世紀段階には「郡」という字は使われていないで、「評」という字で表記されていた。訓読みですと全部「こおり」なんですけれども、当てている文字が「郡」ではなくて「評」という字だったということがわかった。これがわかるまでには郡評論争と言われるような大きな歴史研究史上の論争があって、その論争に決着をつけたのが「評」という文字が書かれた木簡の発見でした。現在ではこの「評」という文字の出てくる木簡はかなりの点数に上ってきていて、郡評論争云々というのも忘れ去られつつありますけれども、こういう大きな論争に決着をつけたのも木簡でした。

また、「評」だけではなくて、八世紀以降でしたら「里」と書かれるものが、七世紀段階では「五十戸」と書かれていたり、あるいは八世紀以降であっても「里」という文字が、七一七年に「里」という字が「郷」という字に変わって、その下にもうひとつ「里（こざと）」と呼んでいるさらに下の単位が作られる。そして七四〇年以降になるとその「郷」はそのままですけれども、「里（こざと）」が今度はなくなって制度が変わっていくというような、こういう『続日本紀』という歴史書ではきちんとうかがえなかったような細かな行政制度の変遷があったことが、木簡によってわかってきました。

この「五十戸」から「里」への変化というのは、実は「里」が最初に出てくる年代と「五十戸」が消える年代とは微妙にかぶってくる、つまり、「里」という表記と「五十戸」という表記が両方併用されている時期があるのだということも木簡という生の資料によって初めてわかってきた。つまり、そういう移行期がどうも若干あったらしい、地域的な違いなのかもしれませんけれども、さっと変わっているわけではないというようなことも、たくさんの資料

表1　日本古代の地方行政制度の変遷のあらまし

	〈クニ〉	〈コホリ〉	〈サト〉	〈行政組織〉
孝徳朝（645―654）		評（コホリ）の設置		評
665（天智4）	最古の「国」「五十戸」木簡（乙丑年） 三野国ム下評大山五十戸			国―評―五十戸
681（天武10）飛鳥浄御原令編纂開始				
683（天武12）			「里」の初見（癸未年） 三野大野評阿漏里	国―評―里
683―685（天武12～14）領域をもつ国の確定（国境確定事業）				
687（持統1）			「五十戸」の終見 若狭小丹評木津五十戸	
689（持統3）飛鳥浄御原令施行				
701（大宝1）大宝律令の施行		郡の成立（「評」からの用字変更）		国―郡―里
717（霊亀3）頃			郷里制の施行 郷（←里） 里（コザト）の新設	国―郡―郷―里
740（天平12）頃			コザトの廃止	国―郡―郷

が見つかるようになって初めてわかってきました。国が編纂した歴史書などからだけではわからないことが木簡という生の資料、一次資料というふうに呼びますが、それによって明らかになってくるわけです。

木簡が見つかるところ　木簡がどんなところから見つかるかということですけれども、大まかなものを挙げておきました。一番よく出てくるのは溝、溝といっても人工的に掘った溝ばかりではなくて、伊場遺跡群のようなもともと自然的な流れのところ、自然流路あるいは河川、こういったところにゴミとして流れてきたあるいは捨てられた、このなかに見つかる。溝がまず木簡の見つかるひとつの場所と言えると思います。ただ、溝の場合には基本的に流れがあるわけですので、もともと捨てられた場所に物がとどまっているとは限りません。また、仮にまとめて捨てたとしても流れていって分散してしまうということもあって、通常はあまりまとまった状態で溝から木簡が見つかることは多くない。

それから、二つ目は井戸です。井戸枠が残っているような井戸、つまり廃棄の直前まで使っていたような井戸は、もちろん水を採るための施設ですから常に清浄に保たれているわけで、使っている限りはゴミが入るということは普通はありませんので、井戸からまとまった木簡が見つかる

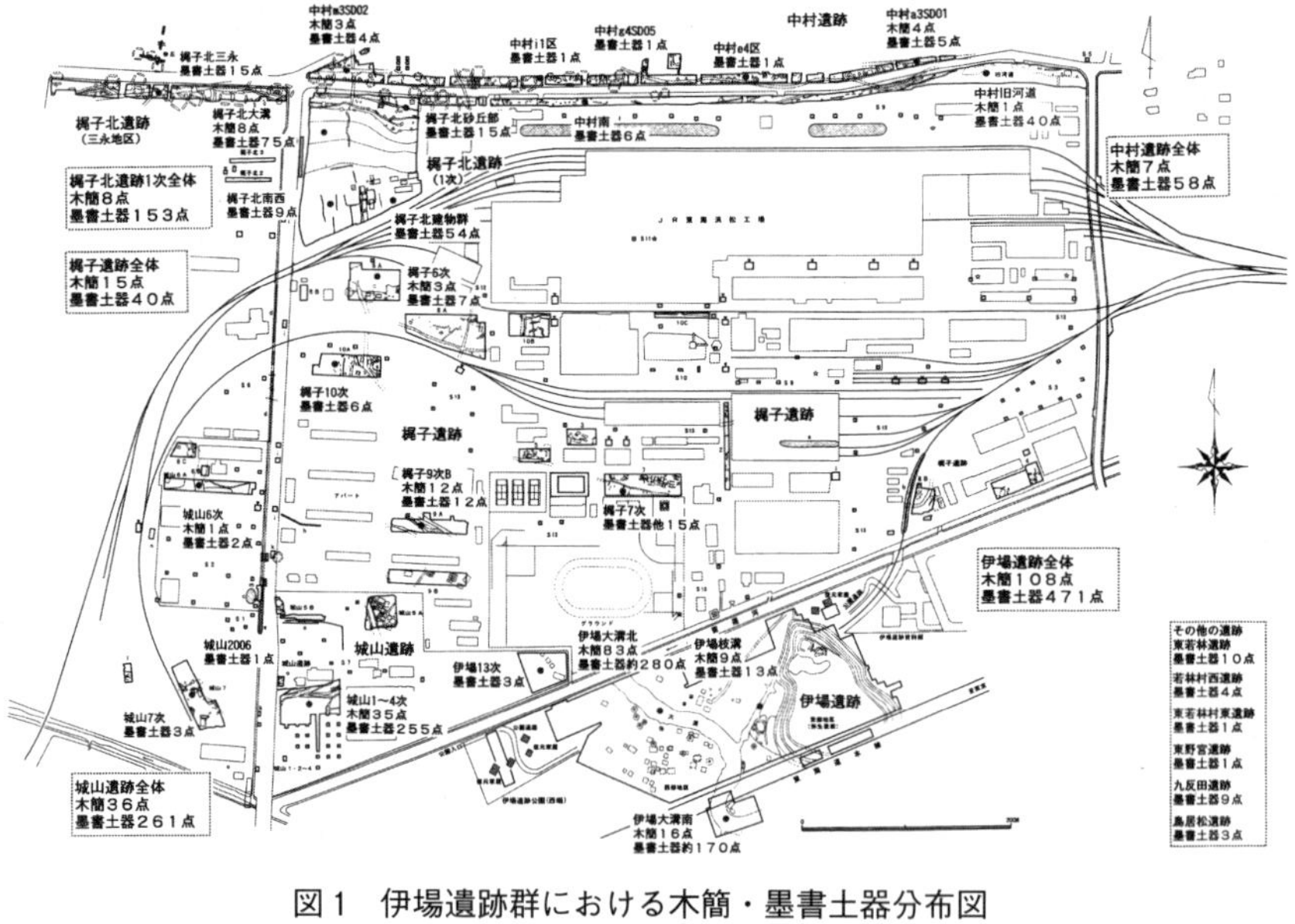

図１　伊場遺跡群における木簡・墨書土器分布図

ことはそんなに多くはありません。ただ、井戸を廃棄する時にそれをゴミ捨て穴として使うということがよくあります。特に井戸枠を抜き取ったような場合に大きな穴が出来る。そこにゴミをがさっと捨てる。そういった場合にはそこからまとまった木簡が見つかることがあります。

三つ目の土坑というのは、これはゴミ捨て穴です。木簡の出方として一番われわれの期待が大きいのはこういう土坑のゴミ穴から出る出方です。さっき申しました井戸枠の抜き取り穴にゴミを捨てたというのも、大きく見れば土坑と同じような性格ということが言えるかも知れません。土坑への期待が大きいのは、木簡を使った場所のそばのものがその穴に捨てられる場合が多いからです。ことにその土坑が、例えばひとつの役所だとか屋敷だとかの中の遺構であれば、その役所の中で使ったものだということも特定できるわけです。ですから、役所の性格あるいはそこの住人の性格・名前などが、閉じた環境の中のゴミ穴の遺物であればわかるかも知れない。さらに、ゴミ穴はそんなに長期間にわたって開けっ放しであることは多くない。つまり、短期間の一括性の強い遺物である場合が多いのです。こうした理由から、土坑の、特に閉じた環境にある土坑の遺物に対するわれわれの期待にはとても大きなものがあるわけなのです。

それから、あまり多くはありませんけれども柱を建てるために掘った穴などの中からも木簡が見つかることがあります。これもまとまって見つかるような場合には、大抵は柱を抜いた跡にできた穴がゴミ穴として使われたという場合がほとんどです。

要するに木簡というのはゴミとして捨てられたもので、それをわれわれは宝物として取り上げているわけです。平城宮の木簡は、ここ数年、一八〇〇点ほどが重要文化財に指定されて、その価値が認められてきました。平城宮跡自体が特別史跡、つまり史跡の中の史跡、国宝級の遺跡といってよいわけですから、そこの遺物の木簡は国宝になってもおかしくないような内容をもっているのですけれども、もとはといえば、当時の人たちが捨てたゴミだったのです。ゴミの中からわれわれは宝物を探し出しているわけです。もちろん宝物は木簡だけではなくて、当時の人たちの生活の痕跡全てがそうで、それがゴミの中にうかがえるわけです。今でもゴミを見ればだいたいその人がどんな生活をしているのかがわかると言われますけれども、歴史を研究しているわれわれも同じようなことをやっているわけであります。

平城宮・平城京では十数万点、二十万点近い木簡が見つかっています。そう滅多にあるものではありませんが、出る時にはぐじゃぐじゃな泥の中に木簡がまとまって見つかることもあります。よく見ると文字が書かれているのがご覧になれるかもしれません。ただ、ここで見ていただきたいのは文字ではなくて、この周りの状態です。こうやってぐじゃぐじゃな粘土の中に木簡は保存されている、この粘土と水分、この水気が木簡を保存してきた源なのです。日光と空気から遮断されて初めて一二〇〇年以上も木簡は伝わるわけです。

平城宮跡でごく最近役所の中で木簡をまとめて捨てた大きなゴミ捨て穴が見つかりました。ここの断面のところに木屑がたくさん顔を出しているのがご覧いただけるでしょうか。こういう状態でこの中に、全部が全部木簡では当然ないのですが、かなりの量の木簡が入っています。出る時にはこうやってまとまったゴミの中から木簡が見つかることがあります。ここですと、コンテナ一箱の中で木簡を削り取った削屑と呼ばれるものが数百点見つかった箱もありました。

二　伊場遺跡群の木簡

伊場遺跡群の木簡出土遺跡　さて、ようやく伊場遺跡群の話になります。これは今回教育委員会さんの方で作られたガイドブックの中にも載っている伊場遺跡四次調査の伊場大溝の発掘調査風景です。先ほど見ていただいた木簡が出る環境と大変良く似ているのがわかっていただけるだろうと思います。こういうところから伊場の木簡は出てきたわけです。見るからに木簡がたくさん入っていそうな土です。これはまた別の調査の風景ですが、本当に木簡がありそうなそんな匂いが漂ってきそうな写真です。木簡が出るところというのは、やっぱり水気の多いところですので、いわゆるドブの臭い、といっても臭くはありませんが、木簡が出そうな匂いというのは遺構を掘っていると感じるものです。きれいに掘り上げますとこんな状態にこの場合はなるわけですけれども、ここからもまとまった量の木簡が出たようです。

さて、伊場遺跡群、現在は群というふうに申しますけれどもいくつかの遺跡の集まり、そこから出た木簡の数の内訳は次のようになります。まず伊場遺跡から一〇八点ほどの木簡が見つかっている。それからそのお隣の城山遺跡で三六点、それからその北のほうの梶子遺跡で十五点、梶子北遺跡で八点、中村遺跡で七点、全部で一八〇点ほどの木簡がいくつかの遺跡から見つかっています。伊場の大溝というのはこのあたりから梶子遺跡にかけてを貫流していたと考えられていますので、伊場遺跡と梶子遺跡は大溝の遺物ですけれども、その他は大溝以外の遺物になっています。

もともとは各遺跡で見つかった木簡が個々バラバラに理解されることが多かったわけですが、木簡の中身を調べていくと、内容的にも似通っているものがあり、密接に関係しているものが多い。遺跡としても一つとして捉え直すべきだろうということで、バラバラに遺跡を捉えるのではなくて、一つの大きな遺跡として有機的に理解すべきだろうということが言われるようになってきて、伊場遺跡群という捉え方がなされるようになってきました。どの遺跡の名前を採ってもいいようなわけですけれども、ここで一番代表的な伊場遺跡の名前を採って伊場遺跡群と呼ばれるようになっています。

伊場大溝の木簡出土分布　さて、その中でも特に木簡がたくさん見つかっている伊場大溝での木簡の出土状況を少し見てみたいと思います。七世紀末、八世紀初頭、八世紀後半、九世紀以降の四つに分けて、木簡出土位置をプロットし、変遷がわかるようにしました（次頁図）。ちょうど東海道線がこのあたりを通り、伊場遺跡の大溝の調査は東海道線の北側と南側で行われております。かつて伊場遺跡は七世紀の木簡がたくさん見つかる遺跡として著名になりました。竹内理三さんの編で『伊場木簡の研究』という、遺跡一つだけをタイトルにした論文集が作られるような遺跡で、特に七世紀の木簡の出土遺跡として著名であります。

しかし、再調査をしてみてわかったことですが、点数的には八世紀以降の木簡もかなりの量があり、しかも内容的にも七世紀の木簡に劣らず豊かであるということがわかってまいりました。その点も含めながら少しこの伊場の大溝の中の木簡の出土分布をご紹介したいと思います。一つひとつのドットが木簡一点になります。

七世紀の末、日本で木簡が最初に使われ始めたのは現在見つかっている資料でいうと七世紀の三〇年代ぐらい、六三〇年代ぐらいになるというふうに言われています。伊場で一番古い木簡は年紀のあるものでは己卯年という年代でありますが、そういう年紀がはっきり書かれているものだけでなくて、出土状況から七世紀末だとわかるものの出土地点をプロットしてあります。そうすると七世紀の木簡は伊場大溝を調査した中にわりと均等に分布しているように見受けられます。ただ、西側・東側どちらが多いかというと、どちらかというと西側、つまり川の流れからいうと右岸になりますけれども、西側のほうに比較的まとまって分布しているようです。ですから、この木簡を使った場所というのは東側よりはむしろ西側にあったのではないかというふうに考えるのが自然だと思います。

八世紀の初頭ぐらいになりますと、出てきた木簡の場所をプロットしますと、七世紀と違って若干まとまりが見え

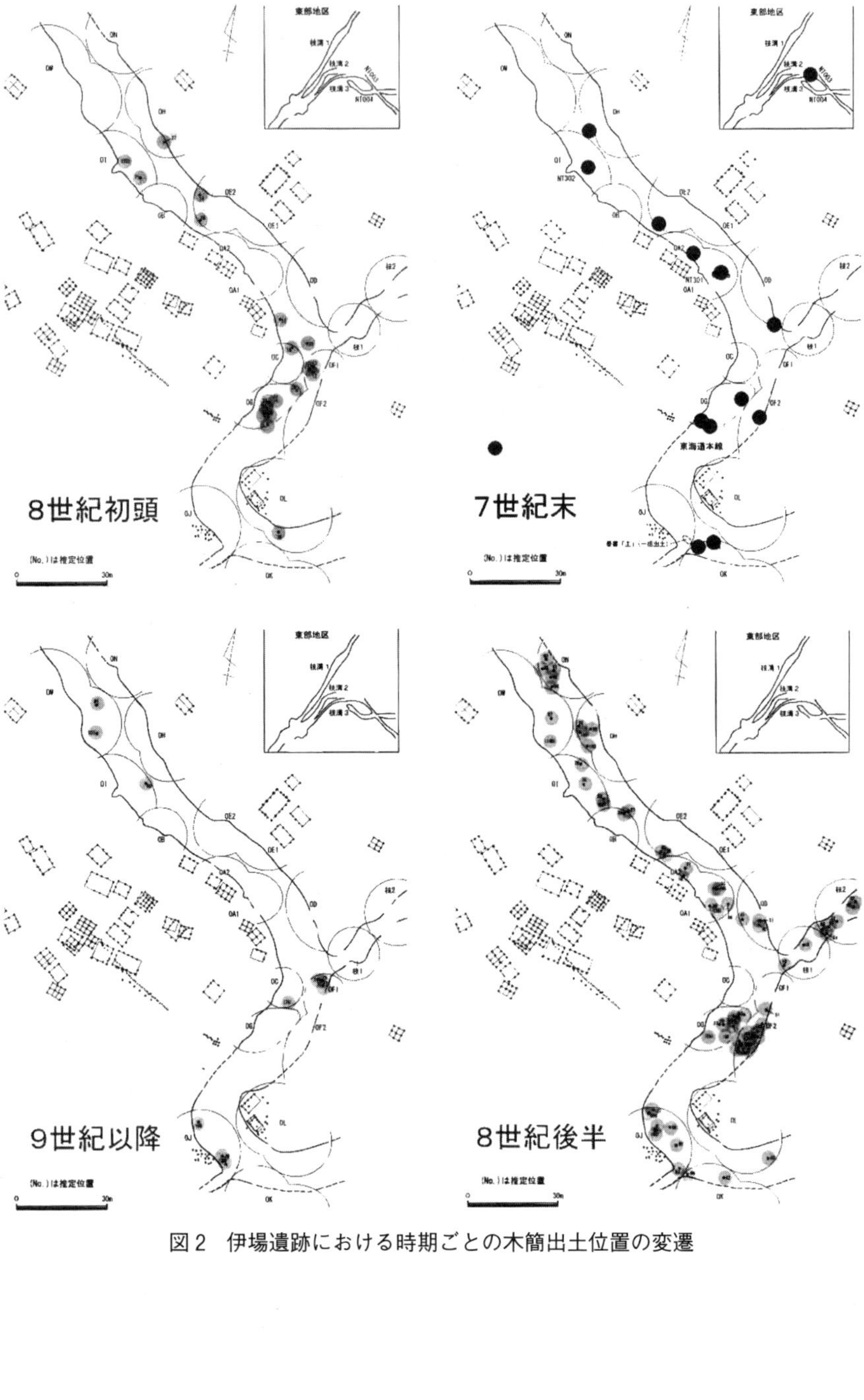

図2　伊場遺跡における時期ごとの木簡出土位置の変遷

ます。点数的にはそんなに多くはありませんけれども二か所のまとまりが見えるようになります。出てくる場所はどちらかというと、これも西側、右岸側のほうが多いです。

八世紀の半ば以降、後半になると、まず出てくる木簡の数が爆発的に増えます。伊場遺跡は七世紀の木簡が見つかる遺跡として大変重要ではありますけれども、八世紀代の伊場遺跡もそれに勝るとも劣らないぐらい重要な木簡出土遺跡であるということをまず認識しておきたいと思います。出土地点は七世紀と同じように溝全体に広がっているように見えますけれども、特に北への広がり、それからこの大溝へ注ぎ込む枝溝での出土、北それから東への広がりが出土状況から言うと顕著なように思えます。これだけから言うとそれ以前西側からしか捨てられていなかったものが東側のほうにもそういう木簡を使って捨てるような施設が広がっていった、つまり、遺跡としての拡大を木簡の出土状況からはうかがうことが出来るのではないかというふうに考えます。

木簡が本当に流れないのかというのは大変難しい問題です。流れがあったような場所ですし、大祓を行って祭祀具を流したような場所でもあるわけですから、上流から流れてきた可能性が絶対にないとは言えません。木片（木簡）がプカプカと川を流れていくようなイメージが浮かんでは消えるのですけれども、出土状況から言うとまったく出土した場所と関係ないところから木簡が出るというよりは、比較的当初の廃棄した状況を保っていると見るほうがいいのではないか、というのが伊場遺跡だけではなくて平城京の溝などの木簡出土状況を色々考えた結果の現在の私の印象です。

伊場遺跡は九世紀以降もまた木簡の出土が見られます。点数的には九世紀以降大変少なくなって、ぽつぽつと出るような状況で、木簡だけから九世紀以降の伊場遺跡を議論することはちょっと難しい面があるようです。ただ、九世紀以降についても実は木簡と並ぶ文字資料である墨書土器についてはけっして衰退することはなくて、むしろ九世紀、十世紀の墨書土器の量というのは伊場遺跡では大変なものがあります。しかも割とピンポイント的に捨てられる傾向があって、木簡と墨書土器とではかなり様相が違ってきます。お手元の資料には書いていないのですが、墨書土器の出土位置もプロットしていまして、ちょっと薄くて大変見にくくて申し訳ありません。墨書土器は点数が多いので大きさによって点数を変えてあります。七世紀の状況、それから八世紀の後半の状況、特にこのあたりのほうがパッとまとまる。こういうまとまり方を見ると墨書土器なんかはおそらく絶対流れているわけじゃなくて近くから何箇所かにまとめてゴミを投棄しているのではないかということがわかるわけですけれども、九世紀以降になってもやはり同じようなところにまたまとめて墨書土器が捨てられている。木簡は使われなくなったのに、墨書土器の投棄は九世紀になっても、むしろ九世紀のほうが多くなっていくような傾向さえ見受けられるわけです。さらに十世紀に入ってもまだ墨書土器は何箇所かから出土しているわけです。東側からもまだ墨書土器は出ている。

本来でしたら木簡だけではなくて墨書土器と併せて伊場の文字資料ということで検討しなければいけないのですけれども、墨書土器については事実の指摘だけにとどめて、今回は時間の関係もあって木簡だけに絞って話を進めていきたいと思います。

七世紀の木簡　さて、伊場遺跡群の中で一番古い木簡というのは、年紀をもった木簡では己卯年（六七九年）と書かれた木簡（梶子遺跡十二号）です。一番初めの鈴木さんのお話にもありました、『万葉集』の歌を書いた二例目と言われた石神遺跡の木簡、あれとだいたい同じくらいの時期のものです。文字を見ていただきますと、これだけで「己卯」と読んでいるわけで、どうやってそのように読むのかと思われるかも知れませんけれど、年を十干十二支の組み合わせで表現しているわけですから、全部で六〇通りしか組み合わせがありません。「年七月七日」と続きますから、ここには十干十二支が入ることはまず確実ですので、六〇通りの組み合わせの中からこの残画に見合いそうなものを探していくわけです。けっして気の遠くなる話ではなくて六〇個当てはめていけばいいので比較的簡単です。しかもこの干支がある木簡の場合には、日本の木簡で現在見つかっているものは、古いものが六三〇年ぐらいですから、干支が使われなくなる七〇一年まで、基本的に七〇年ぐらいにおさまっているわけです。今現在一番古い年紀のあるもの、干支が書かれている一番古いのは六四〇年代の終わりぐらいで、六〇年の間におさまっていますから、干支さえ読めれば年代が特定できるという利便があるのです。そういう中で探していくと、これは「己」という字だろう、これは「卯」という字だろう、ということで、ただ、あまりにも残りが悪いので読みきらないで、たぶんもう間違いないとは思いながらも、「己卯カ」という形で読みを決めていくわけです。ただ残念ながらこの木簡の場合には下が欠けている、あるいは左が欠けていたりして、肝心の文章の本文の中身が今一つ十分には読みとれていません。

七世紀の木簡の中で一番残りがいいものはおそらくこれ（伊場遺跡三号）だと思います。「辛巳年」、これも「辛」の字と「巳」という字だというふうに読み切るまでは、これだけ見ると「巳」は例えば「丑」のようにも見えるので、本当に辛巳と読みきっていいかどうかというのはこれまでなかなか色々議論がありました。しかし、七世紀の木簡の類例が飛鳥地域の石神遺跡だとか飛鳥池遺跡だとかで増えてきたことによって、それらと比較することが可能になり、これは「辛巳」と読んで間違いないだろうということが断言できるようになってきたわけです。

「辛巳年正月生十日」、ここまでが日付、それから「柴江」というのが敷智評の中にあった地名になります。「五十戸」というのが里（サト）の表記で、「柴江のさとの人、若倭マ」の某、たぶん下端は生きていて欠損はありませんから、裏へかえってここに人名がつながったのでしょうけれども、人名の部分は読めていない。それで三百三十束、おそらく稲の数量が書かれています。その後にまた若倭マの某、同じような「人＋稲の数量」という記載が繰り返し書かれていたのではないかというふうに読み取ることができます。

七世紀の木簡の文字というのは、八世紀の木簡の文字に比べると悪く言えば稚拙と言えば稚拙ですけれども、伸びやかな字、しかも文字の大きさ、大きな字は大きくなりますし、小さな字は小さくなりますし、あまり字配りも気にしない、一人の名前が表から裏へつながっていくような書き方もしていて、あまりそういう言葉の切れ目も気にしていない、非常におおらかな木簡の使い方をしています。

同じようにこれら（伊場遺跡五号、六号、七号）も七世紀の後半代の木簡です。それぞれ読むことはいたしませんが、人名とそれから稲の数量らしいものが書かれている。これ（伊場七号）には年と人名しかありません。この「稲」というのは人名の一部なのですけれども、おそらくこの後にさらに稲の数量が続いていたと見て悪くないだろう。それからこの木簡（伊場六号）はこれまではそうは解釈してこなかったのですが、ここに地名があって人名があるというふうに考えると、この「竹田五十戸」の上の部分、つまり元々文字が書かれていなかったと考えていたこのあたり、ここは今は文字が読めず文字があったことも確認出来ないのですけれども、元々はここに年号があったというふうに考えれば、五号木簡や七号木簡とか、先ほど見ていただいた三号木簡なんかと同じように、「年紀＋地名＋人名＋稲の数量」というタイプの木簡として理解できるのではないかということが考えられるようになってきました。つまり七世紀代の木簡には、同じようなタイプの木簡がいくつかまとまって含まれているということです。

これ（伊場二一号）は有名な木簡でありまして、屋椋帳と呼ばれている木簡です。人の名前とそれからそのもっている倉の数量が書かれていると理解してきました。それを書き上げた非常に長大な木簡です。これも倉ということは稲とかかわって理解することができるわけで、そういう稲の管理にかかわる資料が七世紀代の伊場の木簡の中にはまとまって含まれているらしい、ということがわかります。

この木簡の中では特に、先ほどもご紹介ありましたように、「駅評」という文字が出てくる、これは保存処理をすることによってよくわかるようになった。これは赤外線の写真なので肉眼ではなかなか見にくいですが、「駅評」、それから駅評と並んで「加毛江五十戸」という文字が読み取れる。つまりカモエというサトの名前が読み取れるようになりました。「加毛江五十戸」と「駅評」というのが一つの木簡の中に並列して出てくるのをどう理解したらよいか、二一号木簡は敷智評の中の木簡ですけれども、敷智評の中に「加毛江五十戸」と「駅評」が一緒に出てくるわけです。同じ評という名前をもっていても、駅評は敷智評のような領域的な行政組織と同列のものではなく、駅家を管理する人間集団を評として組織したものではなかったかというようなことをうかがわせる資料にもなるのです。「加毛江五十戸」のところはこれまでは読めてこなかったものですけども、読み直しによって里の名前だろうということがわかるようになってきました。

これ（伊場八四号）は乙未年（六九五年）という年号をもつ干支年をもつ七世紀の文書木簡です。これもなかなか読みづらかったのですけれども、例えばこの「種々政」と読んだ部分も、これまでは「私マ政」という別の読み方をしていました。しかし、「私」と読んでいた文字の旁が実はもう少し複雑な字画の文字であることがわかり、「種」と読むべきである、そうすると、「部」の異体字「マ」とみていた次の文字も踊り字（繰り返しを示す記号）に読み取るべきであることがわかってくる。と言った具合で、全体として「種々政」と読むのがよいということがわかってきたのです。再解読によって読み方が大きく変わった木簡の一つです。

七世紀の木簡の最後に紹介するのは伊場一〇八号で、これは今回展示もされています。荷札状の切り込みをもった木簡で、この切り込みというのは紐をかけるための装置なのですけれど、実は中身を見るとどうしてこの木簡が切り込みをもっているのかよくわからないのです。敷智評、この地域である敷智評が「渕評」としてここに大きく出てきます。「渕評竹田里人若倭マ連老末呂上為」、この人が東海道を移動する時に持った通行手形のようなものなのだろうと考えられています。馬を持っていくらしいというのも読み取れるのですけれども、「史陀評」というのは藤枝のあたり後の志太郡になる場所になります。史陀評の人が署名をしていて、渕評の人がこれを持って移動しているらしい。そういう通行手形のようなものらしいものがなぜ隣の評で見つかるのか、なぜ切り込みをもった形状をしているのか、ということはまだ充分に解明されていません。「渕」という文字は八世紀以降になると、いい意味をもった二文字で表記されるようになって、基本的に「敷」という字とそれから智恵の「智」であらわすようになっていきます。

七世紀の木簡の主なものとして、先ほどの放生の木簡（伊場四号）も本当はここでご紹介しなければいけないのですが、放生木簡については笹生先生のほうの話に譲るといたしまして、八世紀の木簡のほうに移っていきたいと思います。

八世紀の木簡　八世紀の木簡で今回読み直しをして一番注目すべきものは郡符木簡というふうにまとめられる一群です。郡符というのは郡の符、符というのは上から下へ出す命令を言います。ですから、郡符木簡というのは郡の命令、宛先としては郡の支配下にある郷とか里とか、といったことになるわけです。そうした郡符木簡がまとまって含まれていることがわかりました。

伊場一八号木簡は、これまで「竹田郷長」というこのあたりは読めていたわけですが、一番上にもう一文字あるかどうかについてはちょっと微妙なところがあってよくわからなかったのです。しかし、残りは悪いけれども「符」と読んでまず間違いないだろうというふうに今回は判断しました。これも先ほど山中先生の資料の中にありましたように、福岡県の上長野Ａ遺跡（長野角屋敷遺跡）であるとか、あるいは福島県の荒田目条里遺跡であるとか、あるいは新潟県の八幡林遺跡であるとか、全国各地から郡符木簡の類例の出土が報告されるようになってきました。そうした類例が増えてきたことによってこの木簡も宛先が「竹田郷長里正等」であることから考えて符と読んでいいだろうというふうに判断するにいたったわけです。これも類例の増加が木簡の読みを進めたということになるわけです。

そうした目で他の木簡をながめていくと、郡符という形式あるいは符という書式はとらなくても、郡が出した命令と考えられる木簡がいくつかあることがわかってきました。伊場八五号の木簡は、神亀四年（七二七年）という奈良時代の年号をもつ木簡です。おそらくここに郡からの命令である文言があって呼び出されているのだけれども、「件の人、今の時を過ぎて参り来たらず」、つまり、召し出したのだけれどまだ来ないじゃないか早く出頭せよ、ということを命令として伝えているのでしょう。

また、伊場八二号木簡は「今、急に召す」、要するにこれは召文という呼び出し状です。符という書式はとりませんけれども、呼び出し状という上から下への命令だと理解できるでしょう。

それから伊場一〇五号、これも「符」に続けて「奉行せよ」、おそらく「符到らば」、符がそちらに到着したならばそれに従ってきちんと手続きを取るように、という命令の文言が書かれているとみられますので、充分に表の文言は読めませんが、これも郡符木簡の一例だというふうに考えられます。

なぜ郡符が大事かというと、各地から見つかった郡符を解読して遺跡とのかかわりを調べていくと、郡符が見つかるところというのは基本的に郡の役所、郡衙であるということがわかってきているからです。つまり、郡符が見つかるということが、郡の役所である大きな根拠である、根拠にできるということがわかってきたからです。つまり、郡符木簡と考えられるこれらの一連の木簡がまとまって存在することは、伊場遺跡群の地が、敷智郡の、郡の役所の遺跡であるということの最大の根拠になるというわけであります。

時間があまりなくなってきましたので少し急ぎます。伊場の木簡の中でこれも今回の読み直しの中で見つけたものですけれど、封緘木簡という木簡の存在も特筆すべきだろうと思います。これは平城京で見つかった封緘の例です。二枚下を羽子板上に細くしてここをたぶん持つのですね。二枚に剝いだここに、参考図に挙げてありますように、紙の文書を挟む。これは東京大学の佐藤信先生の書かれた絵を転載させていただきました。二枚の木簡の中に紙の文書を挟んで、ここを紐で縛って上から封の文字を書く。伊場一六号は、こうした封緘木簡の片割れだったようで、大変薄くて残りが悪いのですけれども下が羽子板上に細くなっているのが確認されて、上のほうに文字が書かれている。ここにある文字は「封」だったならば一番都合がいいのですが、どうも「封」ではなくて「召」というふうに書かれているようです。ですから、これはもしかすると召文、呼び出し状のための封緘木簡なのではないかというふうに考えています。これも全国に類例がないものといっていいと思います。

その他、養老五年の年紀をもつ大豆にかかわる文書木簡(伊場三七号)であるとか、あるいは美濃関に向かう人たちの、これも通行手形と考えられるもので、参河国にある駅の名前を列挙した木簡(伊場三〇号)であるとか、さまざまな郡の行政にかかわる木簡が八世紀の資料の中には含まれています。

そうした中で今回の解読でわかってきたことですけれど

も、八世紀の伊場遺跡群の木簡の中には、特徴的なひとつのタイプの木簡が含まれているということを次にご紹介したいと思います。それは敷智郡内の地名と、それから人名だけを書いた、しかも上が平らで下が尖っている形（〇五一型式）の木簡、こういう木簡がたくさん伊場遺跡群の中には含まれているということがわかってきました。

伊場九四号は、「蛭田郷」これは敷智郡内の郷名ですが、そこに「忍海マ多志」という人名が続いて完結するつまり、地名と人名だけが書かれる。伊場五四号ですと「赤坂郷」、「戸主」というのが入っていますけども、「刑部」たぶん「歳万

表2　伊場遺跡群出土木簡にみられる「サト名＋人名」の051型式の木簡

サト名	里・郷	人	戸主	人名	年紀	その他	型式	備考	遺跡	番号
蛭田	郷			□□〔忍海ヵ〕マ多志			051		伊場	94
蛭田または竹田				刑部宇例志		十六□〔束ヵ〕	081		伊場	43
赤□〔坂〕				若倭マ益万呂			051		中村	12
赤坂				⊏⊐マ⊏⊐		五斗	051		梶子	6
赤坂				□（以下欠損）			051		中村	14
赤坂	□〔郷ヵ〕		戸主	刑部□〔歳ヵ〕□□〔呂ヵ〕			051		伊場	54
赤坂	郷			忍海部古□			019		梶子北	5
赤坂	郷			（以下欠損）			019		伊場	50
柴江	里	人					051		伊場	73
小文	里			語マ□〔海ヵ〕人			019		中村	2
小文	郷			□□〔マヵ〕□万呂			019		伊場	99
竹田				宗我マ薬師			051		梶子	2
竹田				刑マ君			051		梶子	14
竹田	郷□江里		□〔戸ヵ〕主	（以下欠損）			051		伊場	10
烏文			戸主	刑部石	天平七年		019		伊場	31
浜津	□〔里ヵ〕			⊏⊐			051		伊場	78
浜津	郷			□〔諸ヵ〕石マ□□□〔古万呂ヵ〕			051		伊場	19
駅家				玉作マ稼万×（以下欠損）			019		伊場	27
栗原				玉作マ真×（以下欠損）			019		伊場	97
栗原				若日下マ五百嶋			051		伊場	56
中寸				軽マ大知			011	下端二次的切断	城山	11
中寸				三□〔宜ヵ〕×（以下欠損）			051		城山	34
中寸				宗宜部□〔国ヵ〕⊏⊐			051		梶子	15
中寸				宗宜部里秦			051		梶子北	2
中寸				宗宜部里秦			019		梶子北	3
入野				中臣マ龍万呂	天平七年		051		伊場	32
入野				宗宜マツ×（以下欠損）			051		城山	41
上	里		戸主	海部曽×（以下欠損）			019	上端二次的整形か	伊場	70
□□〔内ヵ〕	郷		戸主	石部（以下欠損）			019		伊場	67

呂」と読むのでしょう。伊場一九号は浜松の地名の由来になった「浜津郷」が見えますが、今回の読み直しによって、「浜津郷諸石マ古万呂」と読めることがわかり、同じような「地名＋人名」の木簡であることが明らかになりました。

こうした「地名＋人名」を書くのを基本とし、大きさは若干違いますけれども、先が尖った同じような型式のもの。これが三〇数例あるということがわかりました。竹田郷、小文郷、それからこれは郷の字はありませんが栗原。それで駅家というのはたぶんこの近辺にある駅は栗原駅ですので、栗原と同じことで駅家郷の意味ではないかというふうに考えています。それから浜津、城山遺跡にも「中寸」と書いてたぶん「中村」と読むのでしょう、中寸がある。それから入野、梶子遺跡には竹田、赤坂、竹田、同じように中寸、梶子北遺跡にも中寸、赤坂、欠損していてわからないものもありますけれどもおそらく似たようなタイプの木簡と考えて差支えないだろう。中村遺跡にも小文、赤坂。このようにかなりの数の同類の木簡が含まれているらしい、それを一覧にしたのが前頁の表です。お手元の資料の中にも入れてありますが、三〇数例同じようなタイプの木簡があることがわかります。

ただ、これらに書かれているのは基本的に「地名＋人名」だけですから、この木簡の機能はなかなかうかがい知ることができません。それでは何かそこに手掛かりはないかということで見ていくと、「地名＋人名」以外にも若干書かれているものがあります。

まず、年が書いてあるものが一つあります。伊場三一号ですが、天平七年という年紀が書いてあるもの。それから数量が書いてあるものがいくつかあります。梶子六号に五斗という量、それから伊場四三号に十六束という数量が書かれているものがあります。実は伊場四三号木簡は「十六」の次が何だかはよくわからなかったのですけれども、たまたま最近の調査で見つかった東前遺跡というところの木簡がこれを読むための決め手になりました。東前遺跡の木簡には「□□〔中寸ヵ〕若日下マ足石十九□」と書かれていて、十九の次の文字ですが、これはひょんと棒を引っ張っただけの字画です。この文字は他にも類例があって稲の数量の単位である「束」と読める。つまり、これは「十九束」と読んで間違いないのです。これを読めたということが先ほどの伊場四三号の「十六」の次の文字も「束」である可能性を考える決め手になります。つまりこれは類例が増えることによって木簡が読めるようになる一例です。つまり年だけでは、天平七年の記載の例ではよくわかりませんけれども、十九束とか十六束とかいうことになると、おそらくこれは稲の数量を示すのだろう。郡衙において稲ということになると、たぶんそれは出挙の稲ではなかろうか。出挙の貸出かあるいは返納かの時にかかわる何らかの札と考えるのが、よいのではないか。途中の論証を省きますけれども、これらの「地名＋人名」の木簡は、出挙という郡家と農民との間の最も基本的な関係を示す木簡なのではないかということが見えてきたのです。

　ところで、そういう目で伊場遺跡群の七世紀段階の木簡を再度検討すると、七世紀段階の木簡も年紀とそれから地名と人名と数量が書いてある木簡だった。あれも出挙に関係する木簡の可能性が考えられるのではないかと思います。もしこの推測があたっているならば、記載内容は若干違いますが、七世紀から八世紀までを通じて、伊場遺跡群の木簡の中には郡家すなわち郡の役所と農民との間の稲の貸し借りの関係に関わる木簡が継続して含まれていることになるでしょう。読み直しの結果、伊場遺跡群の木簡の七世紀から八世紀までの連続性が明らかになってきたわけです。

　八世紀段階の「地名＋人名」の記載を持つ〇五一型式の木簡が出土した場所を、ちょっとお手元の資料では潰れてしまってよくわからないのですが、伊場遺跡群の中にどのように分布しているかを調べてみますと、伊場遺跡、城山遺跡、梶子遺跡、梶子北遺跡、中村遺跡と伊場遺跡群の各地に散らばっています。伊場遺跡群の中に同じようなタイ

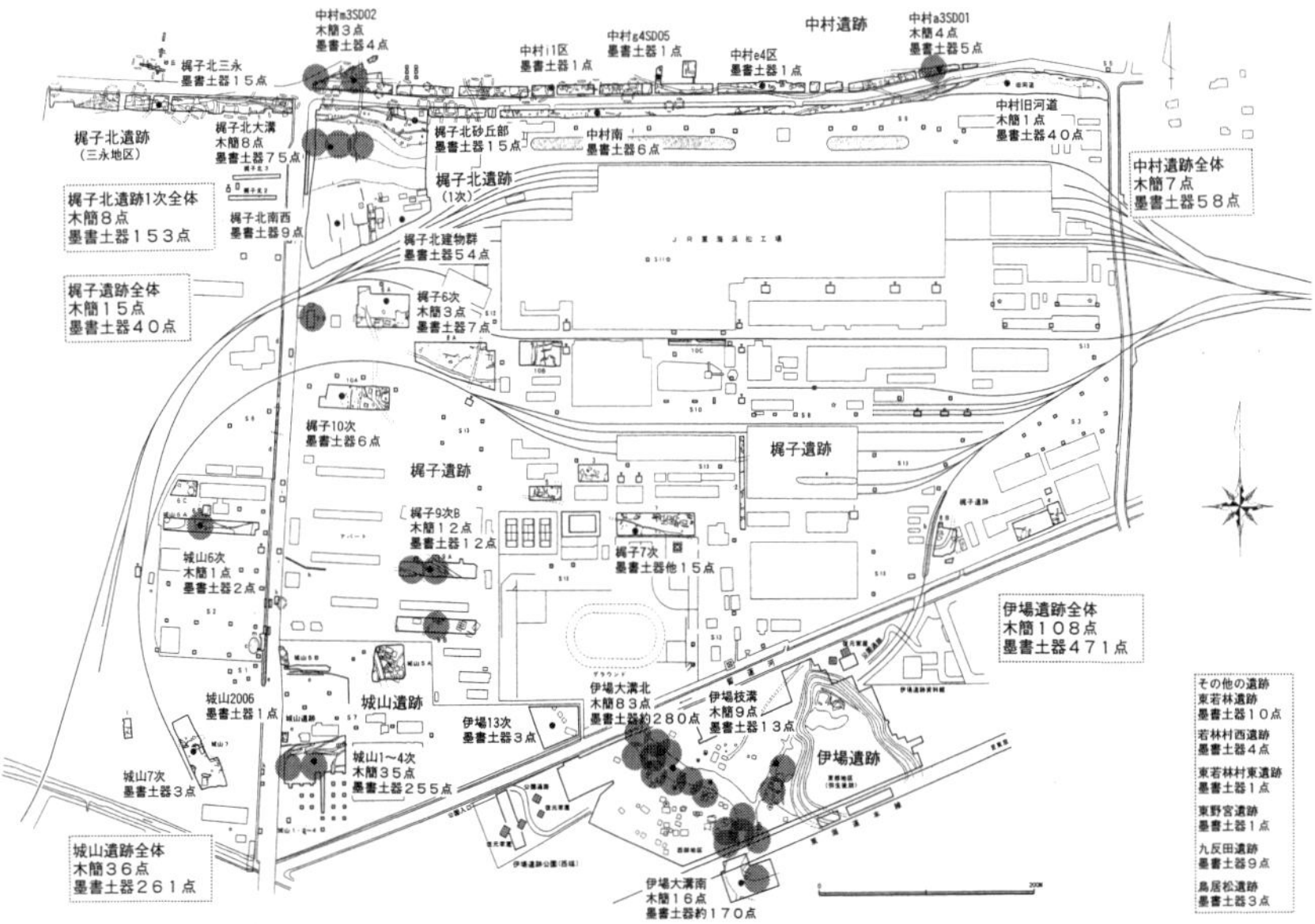

図3　サト名＋人名の051型式の木簡分布図

プの木簡が八世紀段階にあちこちから出ているということがわかってきたわけです。有機的に関連をもっているらしいということがわかってきた。

もっとも問題は残ります。仮に出挙の返納の時に付けた札だったとして、それがなぜそんなにあちこちに散らばるのかということです。返納を受けた時にそれでチェックをしたのであればそれを全部集めて一か所にまとめて捨てるということが自然のようにも思えます。ただ、こうやって散らばってあちこちから出ているということは、一つの理解としては、返された稲をまた使う時にその札が稲に付いたままあちこち行くのか。ただ、やはり出挙ですからいったん返す時には米倉に納めるのがいいのだろうと思いますので、こういった木簡がなぜこれほど散らばるのか、川を流されてきたというふうには中村遺跡とか梶子北遺跡とかが理解出来ないわけですから、やはり何らかの形で人の手でもってこの木簡が運ばれてその場で捨てられているというふうに考えざるを得ない。有機的に遺跡を結びつける木簡として役割を果たすことが出来たわけですけれども、なぜ捨てられたかということはまた新しい疑問として残りました。一つわかればまたわからないことが増えていく。こうやって考えていかなければいけない研究課題は永久に続くわけです。

もう時間が超過しておりますので、あとは簡単にいたしますけれども、伊場木簡の中にはこういう布の荷札（伊場四〇号）であるとか、本来繊維製品の場合には布に直接書くのですが、布に直接書かないで荷札を付けている例であるとかがあります。ここには遠江国から送られた正倉院に残っている布の墨書の例の写真をあげてあります。

これは租・庸・調という税の中の庸の徴収に関わる可能性のある木簡です（伊場九五号）。庸というのは基本的に労働ではなくて労働に代わるもので負担させていたのだろうというふうに言われていたわけです。しかし、ここに「庸分」と「丁分」というのが並列して出てくるのです。もしかすると、ものではなくて実際の労働によって庸を納めさせていたことがわかる初めての例になるのかも知れないという、租税の徴収方法を考える一つの問題提起になりそうな木簡になりました。

その他、人名だけの札もいくつかあります。これらはもしかすると出挙に関わる木簡のさらに簡略なものかも知れません。伊場八九号の呪符、これはもうさっき笹生先生が詳しくご紹介くださいましたので省略いたします。この龍王呪符の用途について私はよくわからなかったのですが、笹生先生から明快な解答をいただくことができました。

九世紀以降の木簡　ここに延長二年と書いた題籤軸の木

簡（伊場七七号）、これは棒状の軸の部分に紙の文書を巻きつける文書の軸です。これを芯にして、紙の文書を巻き付ける、そういったタイプの木簡です。通常は見出しの部分（題籤）だけが折れた状態で見つかることが多くて、このように完全な状態で見つかる例は平城宮などでもあまり多くありません。ここには一つだけそういう例を挙げておきました。こういう文書があるということはここが九世紀段階でも郡の役所としてきちんと機能していたということを示す何よりの証しです。木簡の量は減ってきますけれども墨書土器がたくさん残っているということからも九世紀以降もまだ伊場遺跡群は郡家としてきちんと活動しているということがよくわかります。

三　遺跡と木簡―伊場遺跡群出土木簡と遺跡の再評価

最後はずいぶん駆け足になってしまいましたが、伊場遺跡群の木簡と、そこからわかる遺跡の評価について簡単にまとめておきましょう。

まず第一に、七世紀から八世紀、九・十世紀までの足掛け四世紀にわたる渕評から敷智郡衙にいたる地方行政の実態にせまる重要な資料であること。伊場遺跡というと、木簡に関する限り七世紀の遺跡というイメージが強かったのですが、そのような重要な資料でさえ伊場遺跡群全体の中では一部に過ぎず、その後の時間的な変化をずっと追いかけることができる。律令制の形成期から完成期、さらにそれが衰退していく時期までの地方行政の状況がよくわかる資料になるということです。

第二には、隣接する複数の遺跡から出土した資料が有機的に結びついて実態を解明することができる資料群になっているということです。

第三には、木簡だけではなくて、墨書土器が共伴していて出土文字資料全体として理解し得ることです。木簡を出土文字資料の中で相対的に捉えることができるということです。

こうした三つの特徴によって、伊場遺跡群の木簡は、空間的にも時間的にも大きな広がりをもった日本全国見渡しても稀有の木簡群であり、地方の遺跡出土の木簡群として、超一級の位置を占める資料であることが明らかになり、伊場遺跡群の木簡のもっている歴史的な価値の高さを再認識することになりました。

そしてこの木簡群と関連づけることによって、伊場遺跡が、遠江国の敷智郡の郡家（郡衙）、つまり敷智郡の役所であるというふうに結論付けられることになりました。その根拠は、a郡符とこれに準じる木簡の出土、b郡内の各郷に関わる木簡や墨書土器の出土、c出挙をはじめ租・

庸・調などさまざまな租税徴収に関わる木簡の出土、ｄ木簡からうかがえる七世紀段階から十世紀段階までの行政機構の連続性などです。

これまでに駅家であるとか軍団であるとか津だとかいう説も出ていました。今回の検討によって、それらが単独で伊場遺跡を構成しているということは否定されたわけですけれども、それは周囲にそうした様々な郡衙関係の施設があって、それを有機的に結びつける接点がこの伊場遺跡群なのだろうということが、木簡群の読みによってわかってきたと思います。

こうした例は、伊場遺跡の解明によって全国にも他にまだあるということがわかってきました。例えば、滋賀県西河原遺跡群だとか徳島の観音寺遺跡だとか、そういった木簡が出る地方の拠点遺跡の解明にも大きく寄与することになってきています。伊場遺跡群の木簡の解読が日本古代史、あるいは木簡の研究、歴史の研究に果たす役割というのは、今後ますます大きくなるだろうというふうに考えています。

すみません、ちょっと時間の配分を誤りました、若干尻切れトンボになった感もありますが、私の話はこれで終わりにしたいと思います。最後までご清聴いただきどうもありがとうございました。

四　都のまつり・地方のまつり
―伊場遺跡群と古代東国の祭祀・信仰―

笹生　衛

一　はじめに

今日は、伊場遺跡群（伊場遺跡・城山遺跡・梶子遺跡・梶子北遺跡・中村遺跡）から出土した遺物をもとに、古代の伊場遺跡群で行われた祭りや信仰の内容について考えてみたいと思いますが、同時に私がフィールドにしています東日本の古代の信仰についても触れ、伊場遺跡群の祭りや信仰とどのように関係するか、中央の都や東日本と比べて、伊場遺跡群の祭りや信仰はどの様な性格をもっているのかといった点も考えたいと思っています。

二　古代の神祇祭祀

「神祇令」と祭祀　本題の伊場遺跡群のことに入る前に、今日の話の中心となる七～九世紀、一般に律令時代といわれる時代に、国家が行った神様への祭り（神祇祭祀）について簡単に触れておきたいと思います。

律令時代、国家が行った祭祀については、「神祇令」に細かな規定があります。「神祇令」とは、古代の神祇祭祀に関する基本法と言えるもので、現在『養老令』により全容を知ることができます[1]。その内容は、①恒例祭祀の時期と内容、②天皇即位に伴う祭祀・儀礼の実施方法、③祭祀の実施・運営方法と手続き、④大祓《おおはらえ》の実施方法、⑤官社（国家に公認された神社）の財源管理方法、に大きく分けることができます。

①恒例祭祀については、「凡そ天神地祇は、神祇官、皆、常の典《のり》に依りて祭れ。」と規定され、年間各月の祭祀は以下のとおりになっています。

仲春（二月）→**祈年《としごい》の祭**＝神祇官に百官を集め、中臣氏が祝詞を読み、忌部氏が諸国官社に班幣《はんぺい》し、穀物（稲）の豊穣を祈願する祭祀。

季春（三月）→**鎮花《はなしずめ》の祭**＝大和国城上郡、大神《おおみわ》神社とその麁御霊《あらみたま》狭井《さい》神社を祭る、防疫神祭祀。

孟夏（四月）→**神衣《かんみそ》の祭**＝伊勢神宮で、神の衣を奉る祭祀。

大忌《おおいみ》の祭＝大和国広瀬郡、川の合流点（川合《かわあい》）の広瀬神社（広瀬坐《ひろせにます》和加宇加之売《わかうかのめ》神社）で、五穀豊穣を祈願する祭祀。

三枝《さいぐさ》の祭＝大和国添上郡、率川神社（率川坐大神御子神社）で行われる大神氏の祭祀。三枝花（山百合?）で酒樽を飾る。

風神《かざかん》の祭＝大和国平群郡、龍田神社（龍田坐天御柱国御柱神社）で、五穀豊穣のため、悪風・荒水にあわないよう祈願する祭祀。

季夏（六月）→**月次《つきなみ》の祭**＝神祇官に百官を集め、祈年祭と同様に中臣氏が祝詞を読み、忌部氏が班幣《はんぺい》する。

なお、月次祭の後、夜と翌朝に神へと御飯を供える神《かむ》今食《いまけ》が神嘉殿で行われる。

鎮火《ひしずめ》の祭＝宮城の四角（隅）で、火災を防ぐために、卜部が火を鑽って行う祭祀。

道饗《みちあえ》の祭＝京の四方の大路の最極で、外から「鬼魅」が侵入するのを防ぐ祭祀。卜部が執行する。

孟秋（七月）→**大忌の祭**＝四月に同じ。

風神の祭＝四月に同じ。

季秋（九月）→**神衣の祭**＝四月に同じ。

神嘗《かんにえ》の祭＝伊勢神宮で、新穀を供える収穫感謝祭。

仲冬（十一月）→**上つ卯に相嘗《あいんべ》の祭**＝大神神社、穴師神社など特定の社に、朝廷が幣帛を献上する、収穫感謝の祭祀。

寅の日に鎮魂《おおみたまふり》の祭＝大嘗の祭の前日、天皇の魂が身体から遊離しないよう鎮める祭祀。

宮内省正庁内に神座を設け
　実施。

下つ卯に大嘗《おおんべ》の祭＝新嘗祭に相当。
　天皇が官田の新穀を神前（神嘉殿）に供え、自らも召しあがる収穫感謝の祭祀。
　神今食は、月次祭と同様。
　※天皇一世一度のものは、後の**践祚大嘗祭《せんそだいじょうさい》**。朝堂院内に建てられた悠紀殿《ゆきでん》・主基殿《すきでん》で、天皇が祖神（天照大神）へ悠紀・主基両国の新穀を供え、自らも召しあがる。(2)

季冬（十二月）→**月次の祭**＝六月に同じ。
　鎮火の祭＝六月に同じ。
　道饗の祭＝六月に同じ。

②天皇即位に関しては、天神地祇の祭祀、それに伴う散斎《さんさい》・致斎《ちさい》（ものいみ、祭りに関係する人が、祭りに先立ち身体を清浄にして慎むこと）の期間と禁忌（禁止行為）を規定し、斎の期間と祭祀の規模との関係、践祚の日の中臣・忌部の儀礼、大嘗祭の実施方法を示しています。

③祭祀の実施方法では、神々への捧げ物に対する点検、神社で捧げ物を供える使者の人選などに関する規定を示します。

④大祓は、罪・穢を除く国家的な祓で、六月と十二月の晦日に行います。「神祇令」に記された次第は、中臣が天皇に御祓麻《おおぬさ》を上《たてまつ》り、東西文部《やまとかわちのふみべ》は祓刀《はらえのたち》を上り、祓詞《はらえごと》（呪《じゅ》）を読みます。その後、中臣と卜部が百官男女を祓戸《はらえど》で祓うというものです。また、全国規模の諸国大祓に必要

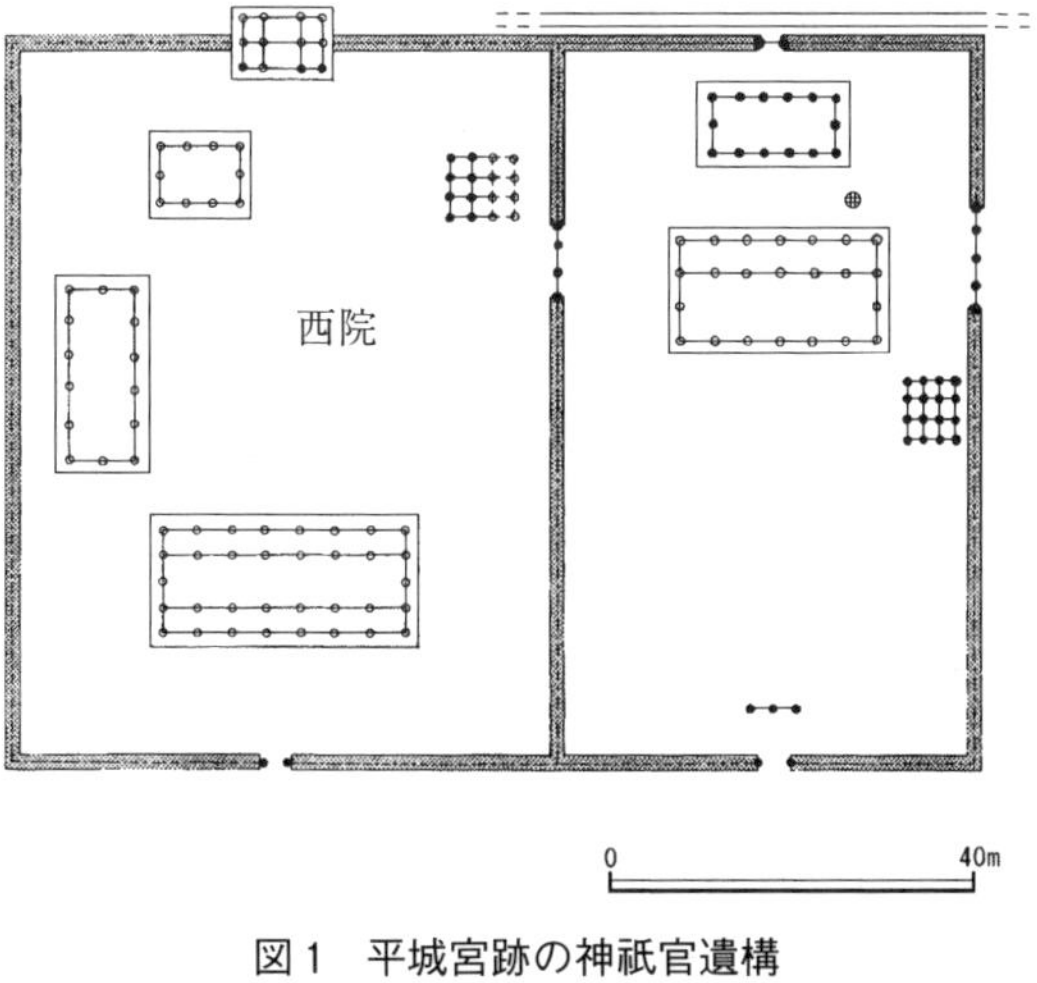

図1　平城宮跡の神祇官遺構
（8世紀後半、(3) 文献の図 面に加筆）

な品々と調達方法についても規定しています。

⑤官社の財源管理については、神社の神戸（特定の神社に所属する人々）からの調庸、田租（税）は社殿の造営、調度の作成に充当し、一般の税とは別会計とし、国司が管理することとしています。

神祇官　このように祭祀に関連する様々な規則が神祇令には記され、律令時代には、これに基づき神祇祭祀の行政が行われていました。その神祇行政を所管したのが「神祇官」で、奈良時代後半（八世紀後半）の遺構が平城宮跡で実際に発掘調査されています。平城宮の南東コーナー、式部省の東に当たる場所に位置します。遺構は周囲を築地塀で囲み、さらに東西二区画に分割されています。建物配置も含めて、『大内裏図《だいだいりず》考証《こうしょう》』の平安宮神祇官と類似し、内部の井戸や隣接する溝などから神祇官に関連する木簡が出土したため、奈良時代後半には、ここに神祇官が所在したことが判明しました。[3]神祇官の東西の区画の内、西側が西（斎）院に当たると考えられます。ここは、『延喜式』「神祇一四時祭上」や「神祇九神名上」によると、祈年祭の班幣（全国の官社から集まった祝部に幣帛を配る）が行われたほか、神祇官八神（神産日神《かんむすひのかみ》・高御産日神《たかみむすひのかみ》・玉積産日神《たまつめむすひのかみ》・生産日神《いくむすひのかみ》・足産日神《たるむすひのかみ》・大宮賣神《おおみやのめのかみ》・御食津神《みけつかみ》・事代主神《ことしろぬしのかみ》）など二三座の神々が祭られ、重要な祭祀や儀礼の場となっていました。[4]

令制祭祀の性格　神祇令に規定され、神祇官が所管した祭祀は、律令制が整備される七世紀の後半から末期、天武天皇と持統天皇の時代に整備が進んだと考えられていますが、その性格は、次の三点に要約できます。

第一点は、農耕に関する祭祀が中心となっている点です。春に豊作を祈願する祈年祭、夏から秋に稲の順調な生育を祈る大忌祭・風神祭、冬に収穫を感謝する相嘗祭・大（新）嘗祭という、農作業のサイクルに応じた祭祀が、国家により厳格に執行されていました。

第二点は、天皇の祭祀としての内廷的祭祀と、国家の祭祀としての外廷的祭祀に分類が可能という点です。天皇ご自身が、自らの祖先神である天照大神に新穀を供え、ともに召しあがるという大（新）嘗祭は、内廷的な祭祀の代表的なものであり、天皇の祖先神に神嘉殿でお供えを行うという神今食（じんこんじき・かむいまけ）も同様な性格を持つと言えます。つまり、これらの祭祀は、天皇家の祖先神に対する祭祀という性格を強く持つことに特徴があるわけです。これに対し、全国の神々に一律に国家が捧げ物を行う祈年祭と月次祭の班幣、大和国内や都周辺の神々に対して国家が祭祀を行う大忌祭、風神祭、相嘗祭は、国家としての公の祭祀、外廷的な性格を持つ祭祀と位置づけることができます。

このような祭祀のあり方は、七世紀後半、神祇制度が整備されていく中で、内廷的な祭祀に外廷的な祭祀が加わって形成されたと考えられており、[5]これは七世紀後半の前期難波宮以降、七世紀末期の藤原宮、八世紀の平城宮において、天皇の居所「内裏」（内廷）に公的な儀式・政務の場である「大極殿院」「朝堂院」（外廷）が明確に加えられるという宮内の構造変化と同じ時代背景によると考えられます。

第三点としては、一年を六月と十二月の二期に分けて行われる祭祀があるという点で、この種の祭祀には月次祭（神今食）・大祓・鎮火祭・道饗祭が該当します。中でも、大祓、鎮火祭、道饗祭は、罪穢れを祓い、火災や災いを防御することを目的としています。「鎮火祭」の名を記した木簡は、地方官衙である下野国府跡でも出土していることから、[6]これらの祭祀は都の平城京のみでなく地方の官衙を含めて一年を二期にわけて定期的に実施され、国内の平安が祈られていたことになります。

三　伊場遺跡の放生木簡が意味すること

「神祇令」に規定された古代神祇祭祀の概要について見てきましたが、これを受けて、本題の伊場遺跡群の祭祀・儀礼や信仰の問題に話を移したいと思います。

放生《ほうじょう》の木簡　伊場遺跡群から出土した信仰関係の資料で最も古い例としては、「放生」に関連すると考えられる伊場遺跡四号木簡があります。伊場遺跡の大溝西縁から出土し、表に「己丑年八月放×」、裏に「二万千三百廿□」と書かれています。出土層位から己丑年は持統三年（六八九）に当たると推定されています。『日本書紀』によると、この木簡と同じ持統三年八月には摂津国・紀伊国・伊賀国で禁漁区が設定され、讃岐国で白燕の放養が行われていることから、「放×」の部分は「放生」となり、裏面の「二万千三百廿□」という数は、放たれた生き物の数を示すと考えられています。[7]仏教の戒律では殺生を堅く禁じており、放生とは、これに基づき捕らえた生き物を放す仏教の作善の儀礼です。つまり、七世紀末期、伊場遺跡と放生が何らかの形で関係し、放生の木簡が出土した大溝周辺で放生が

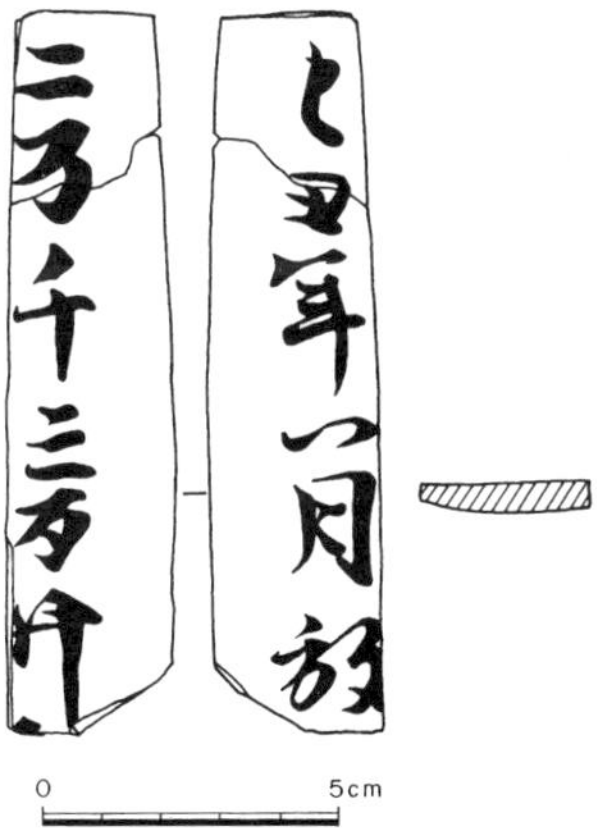

図2　伊場遺跡4号木簡

行われた可能性が高いと考えられます。

日本における放生の最も古い記事は、『日本書紀』天武天皇五年（六七六）八月十七日に大赦とともに実施したというもので、伊場遺跡の放生の木簡から十三年ほど遡ります。この時は、放生と大赦（恩赦）を同時に実施し、朝廷は同年十一月十九日にも都に近い諸国に放生の実施を指示しています。さらにその翌日、十一月二〇日には諸国で鎮護国家の経典である『金光明経』と『仁王般若経』を読ませています[8]。

放生については、後に述べるように『薬師《やくし》琉璃《るり》光如来本《こうにょらいほん》願功《がんく》徳経《どくきょう》』など薬師如来の功徳を説く『薬師経』に書かれており、『金光明経』の中にも関連する内容が記されています。それが『金光明経』「流《る》水《すい》長者《ちょうじゃ》子品《しぼん》第十六」で、その概略は以下のような内容です。名医である流水長者子が、二人の息子とともに城や村々を巡っていた時、干上がった池の中で十千（一万）匹の魚が瀕死の状態になっているのを目撃します。流水長者子は、これを哀れに思い、王様に頼んで象の背中に大きな革袋を載せ、それで多量の水を池に運び魚を助けます。また、自分の家の食べ物や飲み物を息子に持ってこさせ、魚に分け与えます。さらに、魚に宝勝如来の名前を聞かせ、仏教の教えを説きます。この功徳により、一万匹の魚たちは、死んだ後に天部へと生まれ変わることができ、流水長者子は、その善行により仏に生まれ変わりました[9]。

このような内容を含む『金光明経』が、天武天皇五年十一月十九日の放生の翌日には諸国で読まれていたのです。放生木簡が溝から出土したことに『金光明経』「流水長者子品」の内容を考えあわせると、木簡の片面に記された「二万千三百廿□」は、放生で伊場遺跡の大溝へ放流された魚の数であったという推定も可能でしょう。

では、なぜ伊場遺跡で放生が行われたのでしょうか。『養老令』「雑令《ぞうりょう》」[10]に「凡そ月の六斎《ろくさい》の日には、公私《くし》皆殺《せっ》生《しょう》を断《や》めよ。」とあり、これは『佛説四天王経』にもとづく規定です。この経典には、毎月八日・二三日に、四天王が天上から使者を使わし、十四日・二九日に四天王の太子が、十五日・三〇日には四天王自らが下り、天下の様子を観察し帝釈天に報告すると書かれています。観察の結果、戒律を守り善行が行われていれば、帝釈天等は喜び善神を使わして擁護するが、衆生の命を奪うなどの悪行があれば、帝釈・諸天は喜ばず善神は擁護せず、「日月をして光無く、星宿をして度を失わせ、風雨をして時を違はしむ。」という状況に至るとされています[11]。つまり、放生の作善は、単に仏教の戒律を守るという意味だけでなく、帝釈天や善神の擁護を受け国家の安寧につながると考えられていたのです。したがって、地方行政の拠点、渕評・敷智郡衙であった伊場遺跡群内で、放生は行われる必要があったのです。

諸国大解除《しょこくおおはらえ》の実施　ここで重要な点は、最初の放生が行われた前日の天武天皇五年八月十六日、四方《よも》（諸国）に大解除が行われており、大解除と放生が八月十六・十七日と連続して実施されていたことです。この大解除の祓柱《はらえつもの》（祓のために供える品々）は、『日本書紀』によれば、国造は馬一匹・布一常、郡司（七世紀段階では評督）は刀・鹿皮・鍬・刀子・鎌・矢・稲を供出し、一般の家々からは戸別に麻一条を差し出すこととなっています。[12] その内容は、「神祇令」諸国大祓の規定とほぼ一致し、天武天皇五年の大解除が、後の諸国大祓の直接の起源になっていたと考えられます。

この大解除（大祓）とはどのような祭祀なのか、中臣氏が宣《の》る祝詞（大祓詞《おおはらえことば》）から見てみましょう。天皇が治める国で人々が生活するうちに、天津罪・国津罪という様々な罪が生じます。罪が生じたら、堅い木を切って沢山お供えし、菅を細かく割いて、お祓いの祝詞をとなえなさい。それを天つ神・国つ神がお聞き届けになり、国中の罪は無くなるでしょう。お祓いした罪は、山々から流れ出る川に居られる瀬織《せおり》つヒメという神が、海に持っていきます。海では速開《はやあき》つヒメという神が罪を呑み込み、その罪は気吹戸《いぶきど》に居られる気吹戸《いぶきど》主《ぬし》という神が、地下にある根の国・底の国へと吹き飛ばします。根の国・底の国では、速さすらヒメという神が罪を持ってさすらい失ってしまいます。このように大祓では、人々が犯した罪を川から海へ流し最終的に消滅させるというイメージが語られていたのです。

さらに、『延喜式』の大祓祝詞の末尾には「今日より始めて罪という罪はあらじと高天の原に耳振り立てて聞くものと馬牽き立てて、今年の六月の晦の日の夕日の降《くだ》ちの大祓に、祓えたまひ清めたまふ事を、諸々聞《もろもろきこ》しめせと宣《の》る。」「四国の卜部等、大川道に持ち退出でて、祓へ却れと宣る。」[13]と書かれており、大祓は、川辺や溝の周辺のような場所で行われる祭祀であったということが分かります。そして、伊場遺跡群の大溝内からは、後に触れますが、祓と関連すると思われる木製の人形や馬形が出土しているのです。

地方官衙の祭祀・儀礼の場　天武天皇五年八月十六・十七日と連続して、川に罪穢を流す大祓と、多量の魚を放流する放生が行われていたという事実からは、仏教の放生の儀礼と神祇祭祀である大祓が、水辺という場を同じくして実施されたという状況を復元できます。このことから、七世紀末期、放生が行われた伊場遺跡の大溝周辺は、国家の安寧につながる放生、国家や地域の罪・穢を祓う大祓などを行うため、敷智郡（渕評）衙に付属して設定された祭祀・儀礼の場の一つであり、その成立は放生木簡の年代、持統天皇三年（六八九）まで遡ると考えてよいでしょう。

四　伊場遺跡群の祭祀・儀礼と信仰

放生木簡以外にも、伊場遺跡群では多くの信仰に関連する遺物が出土しています。特に、今回の国立文化財研究所奈良文化財研究所による木簡の再釈読では、祝詞木簡や呪符木簡で、今まで判読できなかった文字が判読され新たな発見がありましたので、そのような事例から見ていくこととしましょう。

祝詞木簡と祈年祭祝詞　祭祀で神に申し上げる祝詞を記した木簡が、伊場遺跡の北側に位置する梶子遺跡の四号木簡です。伊場遺跡とつながる大溝内から出土し、年代は出土層位から八世紀前半（天平年間）以前と推定され、七世紀後半に遡る可能性もあると考えられています。出土地点周辺では七世紀代の掘立柱建物が存在し、西側に隣接する城山遺跡には八世紀代の郡衙政庁が想定されているので[14]、この木簡は、七世紀後半から八世紀前半頃までに評・郡衙の中枢部近くで使用され、大溝内に廃棄されたと推定できます。

木簡には片面に二行ずつ両面にわたって、以下のような文字が記されています。

・［　］坐大神（命）□□□…（命）　又荒別［］命　奴良支□荒別御／□□次（事開）魂命□…□六柱神乃御（名）呼而白（奉）

・□乎命□□荒…（木）幡比女命尓千幡男□…□□□［　］／尓支□留荒別御…魂命　次生魂（命）　次□

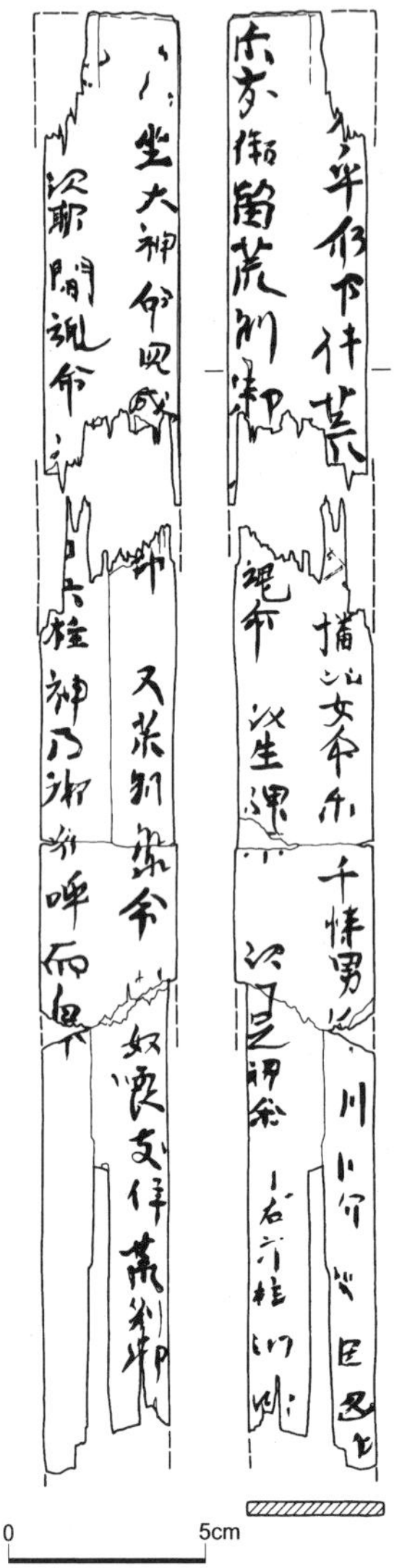

図3　梶子遺跡4号木簡

足（魂）命　右（六）柱（神）□□

この木簡の内容を、どう解釈するかは大変難しいのですが、両面ともに「六柱神」と書かれているため、六柱の神様の名前が記されていると判断できます。

片面は「①〔　〕坐大神（命）②□□□…（命）、又《また》③荒別〔　〕命、奴良支□④荒別御…、⑤（?）□、次に⑥（事開）魂命と…□六柱の神の御名を呼びて白し奉る（※丸数字は神名に該当すると思われる部分を示す。）」と解釈できます。

もう片面は「①□乎命、□□荒…②（木）幡比女命尓《に》③千幡男□、……尓支□留④荒別御…魂命、次に⑤生魂命、次に⑥□足魂命と、右の六柱の神の□□」と解釈できます。

両面の表記を比較すると、六柱の神名を列挙した後、「…命と、右の六柱の神の御名を呼びて白し奉る」という共通した語句で結ばれると考えられます。また、神名については、前半は「又」「尓」で繋ぎ、後半は「次」で繋ぎ「魂」の文字を含んだ神名が挙げられる点も共通します。つまり、この木簡は「六柱の神名＋六柱の神の御名を呼びて白し奉る」という構成の文章を表裏に記しているのです。

このような「複数の神名＋御名を呼びて白し奉る」という構成は、『延喜式』祝詞の中でも令制祭祀を代表する祈年祭と月次祭の祝詞に多く見ることができます。[15]以下にその一例を「祈年祭祝詞」の中からあげてみましょう。

大御巫能辭竟奉、皇神等能前尓白久、神魂・高御魂・生魂・足魂・玉留魂・大宮乃賣・大膳都神・辭代主登、御名者白而、辭竟奉者、皇御孫命御世乎、手長御世登、堅磐尓常磐尓斎比奉、茂御世尓幸閉奉故、皇吾睦神漏伎・神漏彌命登、皇御孫命能宇豆乃幣帛乎、稱辭竟奉久登宣。

「大御巫《おおみかんなぎ》の辭竟《ことを》へまつる、皇神等《すめがみたち》の前に白さく、神魂・高御魂・生く魂・足る魂・玉留魂・大宮乃賣・大膳都神・辭代主と、御名《みな》は白して、辭竟えまつらば、皇御孫命《すめみまのみこと》の御世を、手長《たなが》の御世と、堅磐《かきわ》に常磐《ときわ》に斎ひまつり、茂《いか》し御世に幸《さき》はへまつるが故に、皇吾《すめわ》が睦《むつ》神漏伎命《かむろぎのみこと》・神漏彌命《かむろみのみこと》と、皇御孫命のうずの幣帛《みてぐら》を、稱《たたえ》辭竟《ごとを》へまつらく」と宣《の》る。[16]

これは、大御巫（巫女）が神祇官西院の八神を祭る時の祝詞で、「神祇官八神の前に申し上げます。神魂・高御魂・生く魂・足る魂・玉留魂・大宮乃賣・大膳都神・辭代主とお名前を白してお祭りしたならば、天皇の御代を永久に磐石に栄えさせてください。そのため、天皇と親しい祖先神と天皇の立派な捧げ物を捧げてお祭り申します、と申し渡します。」という意味になります。

梶子遺跡四号木簡の内容は、文章の構成から見て祈年祭祝詞の「神魂・高御魂・生く魂・足る魂・玉留魂・大宮乃賣・大膳都神・辭代主と、御名《みな》は白して、辭竟えまつらば」の部分に対応します。また、祈年・月次祭祝詞は、大御巫の祭る皇神等に続いて、座摩・御門・生く島の御巫が祭る皇神等、御縣・山口・水分に坐す皇神等を対象として、「複数の神名+御名者白而、辭竟奉」で構成される短い祝詞が列挙されており、梶子遺跡四号木簡が表裏に同形式の祝詞を記すことと類似します。

さらに、神名を見ると、梶子遺跡四号木簡には、祈年祭祝詞の「生魂・足魂」と一致する「生魂命・□足魂命」の名を確認できます。『延喜式』祈年祭祝詞では、神祇官に祭られる高御魂・神御魂・生魂・足魂・玉留魂の「魂」の文字は「ムスヒ」と読み、生成・生産の神格とされています[17]。また、「高御魂」「神御魂」は、『出雲国造の神賀詞』や『出雲風土記』では、「高御魂命」「神御魂命」と表記されており[18]、梶子遺跡四号木簡の「生魂命・□足魂命」は、「イクムスヒノミコト」「□タルムスヒノミコト」と読むことができ、生き生きとし、充実した生成・生産力を持つ神と考えられます。

梶子遺跡四号木簡のその他の神々については、「［　］坐大神（命）」は特定の場所に鎮座する神社の祭神を示し、「木幡比女命・千幡男□」は男女一対の神名といった程度の推測はできますが、細かな性格は不明と言わざるを得ません。確証はありませんが、恐らくは敷智郡内で信仰された地域の神々だったのではないでしょうか。因みに、『延喜式』巻九神祇九神名上には、敷智郡として、岐佐神社・許部神社・津毛利神社・息神社・曾許乃御立神社・賀久留神社の六座が祈年祭の幣帛にあずかる神社として名を残しています[19]。

このように梶子遺跡四号木簡の内容は、祝詞の中でも文章構成や神名で、祈年・月次祭の祝詞との類似性を指摘でき、それは明らかに令制祭祀の影響下で書かれたと考えられます。そして、その祭祀の形は、地域の神々に生成・生産の神である魂《むすひ》の神々を加えて祭るというものだったと考えられます。祈年・月次祭祝詞と類似した二つの祝詞を表裏に記した梶子遺跡四号木簡は、このような祭祀が、七世紀後半から八世紀前半の段階に、伊場遺跡群内、敷智郡（渕評）の郡（評）衙中枢部近くで行われていた可能性を示しており、地方の郡（評）レベルの神祇制度の実態を知る上では大変貴重な資料と言えるでしょう。

呪符木簡と『孔雀王呪経』　伊場遺跡を代表する信仰関係の遺物としては、呪符木簡の存在が広く知られています。呪符木簡とは、様々な願いを込め呪文を書き記した木札で、多くの場合、その効力の速やかな実現を願って末尾に「急々如律令（急々なること律令の如し）」という道教の常套句が付けられます。その一つが、伊場遺跡の大溝から出土した八九号木簡で、出土層位から郷里制（七一七年）以降、八世紀代の年代が推定されています。この木簡は、今回、新たに多数の文字が判読でき、次のように釈読されました。

・×帝百鬼神南方赤帝百万神／×帝百万鬼神北方黒帝百万神　天×／×帝百万□神急々如律令

・□□□□□□□□龍

この内容は、鳩摩羅什《くまらじゅう》訳『孔雀王呪経』の冒頭第二段目の以下の記述と類似します。

東方青帝大神龍王各八萬四千鬼を領して東方を持す。
南方赤帝大神龍王各八萬四千鬼を領して南方を持す。
西方白帝大神龍王各八萬四千鬼を領して西方を持す。
北方黒帝大神龍王各八萬四千鬼を領して北方を持す。
中央黄帝大神龍王各八萬四千鬼を領して中央を持す。[20]

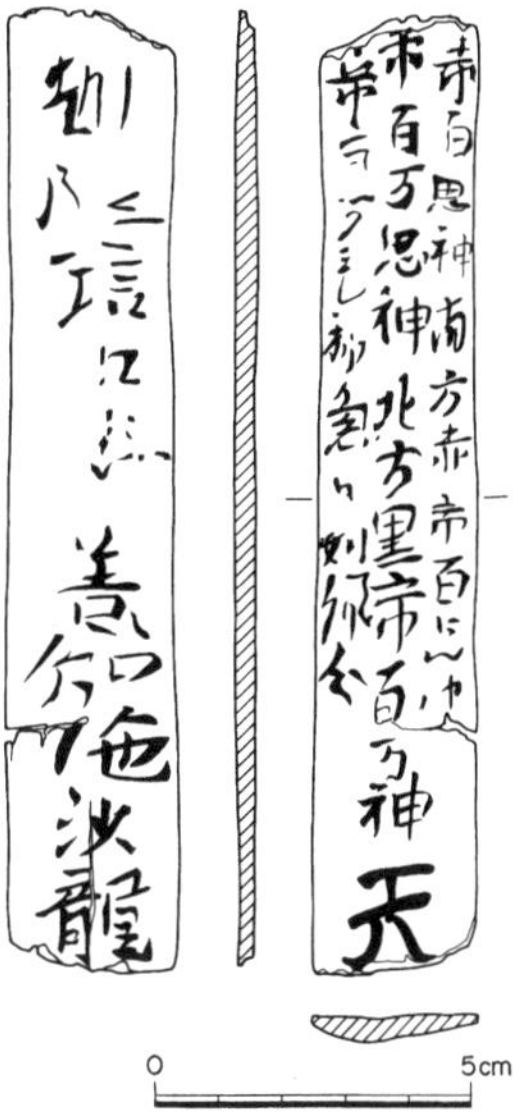

図４　伊場遺跡八九号木簡

このことから、伊場遺跡八九号の呪符木簡は鳩摩羅什訳『孔雀王呪経』の影響を受けて作られたと判断できます。この『孔雀王呪経』とは、どのような経典だったのか、もう少し読み進めてみましょう。そこには、次のような内容が記されています。

時に、佛、阿難に告げていわく。汝、如来大孔雀王呪を持し、某甲吉祥比丘を擁護し、与に結堺・呪し、毒をして害する能わず、刀仗をして加える能わず、衆悪をして悉く除愈せしむ。若しは天のなす所、若しは龍のなす所…（中略）…若しは鬼神の熱病、風病、火病、水病有りて、瘧乱を作し熱を煩う。…（中略）…一切支節皆痛む。今、悉く除愈し、某甲の身を擁護す。即ち呪を説きて曰く。晝安夜安、中間常安、晝夜安穏、諸佛護る所。伊致毘致、阿致加致…（以下の呪は略。）[21]

これは、仏が阿難へと「如来大孔雀王呪」を授け、吉祥比丘を救い護るという内容です。ここに見える吉祥比丘については『佛説大金色孔雀王呪経』に細かな説明があります。仏が舎衛国《しゃえいこく》祇樹給孤獨園《ぎじゅきつこどくおん》（祇園精舎）に居られた時、そこに吉祥という年少の比丘がいました。彼は、出家したばかりで僧侶のために洗濯や薪割りをしていましたが、ある時、木の下にいた黒蛇に足の指を嚙まれ、目を剝き、泡を吹いて大変に苦しんでいました。これを見た長老の阿難が仏の所に行き、仏から吉祥比丘を救い護るための『如来大孔雀王呪経』を授けられたという粗筋です[22]。

この「孔雀王呪」で、どのように救い護るのかというと、「孔雀王呪で結界することで、毒を飲まされても害されることはなく、刀などで斬りつけられても斬られることはなく、様々な災いも全て除くことができる。天部や龍などが為す様々な災いを取り除き、鬼神が為す様々な病気の苦しみも取り除くことができる。」としています。また、『孔雀王呪経』では、吉祥比丘の前に「某甲」と小さく表記し、後段にも「某甲の身を擁護」という表現があります。これは、この経典を読誦する時に、某甲の部分に特定の個人の名前を入れて読み上げ、その人を擁護し病気を治すことが願われたと考えられます。つまり、この経典は、特定個人が災いや病気を除き、擁護されるために読誦されるものだったのです。

このような『孔雀王呪経』の内容をふまえて、伊場遺跡の八九号呪符木簡を復元すると、既に報告書でも指摘されているとおり[23]、次のように全体を復元できます。

　(東方青)帝百鬼神南方赤帝百万神
・(西方白)帝百万鬼神北方黒帝百万神　　天×
　(中央黄)帝百万□神急々如律令
・□□□□□□□□龍×

そして、表の下段に書かれた「天」と裏に記された「龍」の文字は、「若しは天のなす所、若しは龍のなす所」に対応し、この呪符が意味する所は、天部や龍が為す災いや害、鬼神が起こす病気を、四方・中央の青・赤・白・黒・黄帝と百万(鬼)神が速やかに取り除き、お護りくださいますように、というものだったと考えられます。なお、裏面の「龍」の上には九文字が存在し、下は欠損しますが、『佛説大孔雀呪王経巻上』で名前が列挙され功徳が説かれる、一百八十龍王[24]との関係も考えられます。

これと関連する資料として、伊場遺跡六一号木簡があります。これは伊場遺跡の大溝の支流から出土したもので、出土層位から八九号呪符木簡と同時期、郷里制(七一七年)以降、八世紀代の年代が推定されています。

・若倭部小刀自女病有依　[符籙]

木簡の文面から若倭部《わかやまとべの》小刀自女《ことじめ》という女性個人が病を治すために使用したものであることは明らかです。末尾に書かれた符籙は、道教の呪《まじな》いの印《しるし》であることから、道教信仰に基づき個人の病気治療に使用された呪符と判断でき、『孔雀王呪経』の呪符木簡と類似した性格を持っていると言えます。

また、この呪符木簡は、道教的な要素を持っているわけですが、先ほどの『孔雀王呪経』は、東西南北・中央を青赤白黒・黄の色に対応させており、ここには中国の陰陽五行思想や道教信仰の影響がうかがえます。これは、インドの経典を中国で漢訳する際に、中国の陰陽五行説や老荘思想・道教信仰を混在させた結果と考えられ、その傾向は既に東晋時代に漢訳された『孔雀王呪神経』に認められるとされています[25]。このような経典が、日本に持ち込まれ、伊場遺跡の例からも分かるように、八世紀代には、その影響を受けた呪符が地方の郡衙で作られ使われていたのです。そのため、仏教信仰を通じて個人の災いや病気を除く信仰が広がると同時に、経典に含まれた中国の道教信仰もあわせて広がる結果となったと考えられます。伊場遺跡の呪符木簡を代表する百怪呪符（伊場遺跡三九号木簡）も、同じ背景で作られ使われたものだったのでしょう。

木製祭祀用具　伊場遺跡群では木簡以外に、人形《ひとがた》・馬形《うまがた》（絵馬）・舟形《ふながた》・斎串《ゆぐし》に代表される木製のお祭りの用具（祭祀用具）が、大溝を中心に多数出土しています。年代的には奈良・平安時代の八・九世紀を中心とします。

木製祭祀用具の代表例が人形です。大祓と同日、東西文部が天皇の禍災を除くため横刀（祓刀）を上り、中国風の祓詞（呪）を読みますが、その呪で「録（銀）人」と見えるのが人形に相当すると考えられます。東西文部の呪では、「捧ぐるに録人をもちてし、禍災を除かれむことを請ふ。捧ぐるに金刀をもちてし、帝祚を延べんことを請ふ。[26]」とあり、人形と刀を使い、禍災を除き天皇の健康長寿を祈っています。これは道教の医療行為であり、典薬寮の呪禁師が行った「解忤《けご》・持禁《じこん》」と類似し、ここで使われる人形は、本来、道教の医療具としての性格を持っていたと推定できます[27]。七世紀後半の飛鳥石神遺跡や藤原宮跡等からは、東西文部の祓詞（呪）の「録人」に相当すると思われる金属（銅）製人形が出土し、また、藤原宮では典薬寮関係の木簡に伴って木製人形が出土しています[28]。その後、人形は、東西文部の祭儀と同日に行われる大祓に取り入れられたと考えられ、現在も罪穢を移して祓い流す「祓具」として使われています。伊場遺跡群の大溝等で出土する木製人形は、祓具として罪穢を

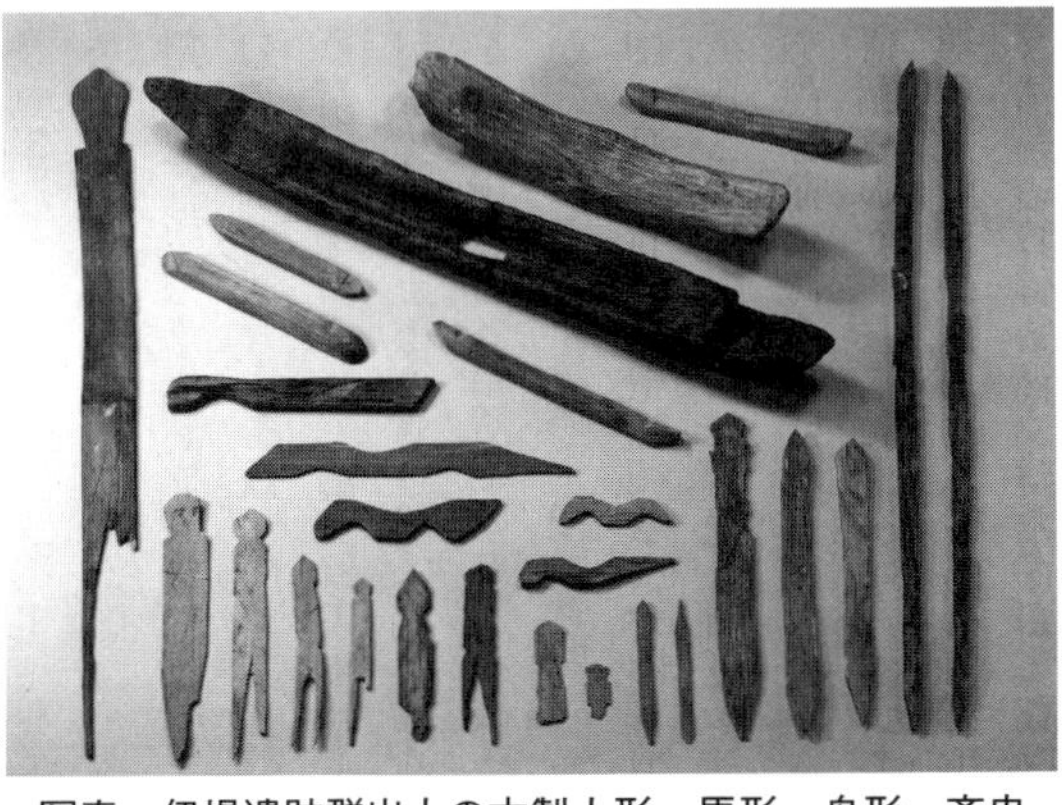
写真　伊場遺跡群出土の木製人形・馬形・舟形・斎串

移され大溝の流れに投げ込まれたものと考えられます。

馬形・絵馬については、神霊の乗り物として捧げられたとも考えられますが、人形とともに溝内から出土すること、また、大祓の祓柱《はらえつもの》に馬がある点から大祓との関連を想定することが可能です。さらに、人形・馬形とともに出土する舟形も、大祓詞中の「大津辺に居る大船を、舳解き放ち・艫解き放ちて、大海の原に押し放つ事の如く㉙」という罪を祓う表現から、大祓との関連を想定できます。

また、斎串は、地面に差し立てて祭祀の場を区画するために使用された祭具で、その系譜は中世の「物忌札」へと引き継がれたと考えられています㉚。大溝周辺で行われた祓などで使用され、他の祭具とともに溝に流されたと考えられます。

人面墨書土器　土器に墨で文字等を書いたものを、墨書土器と呼びますが、伊場遺跡群からも信仰に関連する墨書土器が出土しています。その代表例が文字と人の顔を書いた人面墨書土器で、伊場遺跡と梶子遺跡で出土しています。平城京等で出土する人面墨書土器は、通常、甕や壺形の土器に人面が描かれ、穢を封じ込めて溝や川に流すという説が一般的です。梶子遺跡出土のものは、土師器甕に髭面の人面が描かれており、一般的な人面墨書土器の特徴を示しています。しかし、伊場遺跡出土のものは、土師器杯の内面に人面と「海部屎子女形［」という文字が墨書されており、一般的な人面墨書土器とは異なるタイプです。土器の型式から平安時代前期、九世紀の年代が推定されています。

実は、これと類似した人面墨書土器は、関東地方（東国）の古代の集落遺跡から多く出土しており、東国の類例から推定すると欠損している形の下の文字には「代」の文字があった可能性が高く、人面に続いて「海部屎子女形代」と書かれていたと推定できます。これは、海部屎子女という女性が自分の身代わりに、この杯の中にお供え物を入れ大溝に流して除災・延命を願ったものと考えられ、個人名が書かれていることから、明らかに個人による祭祀・呪《まじな》いに使用された祭具と言えます。この種の人面墨書土器

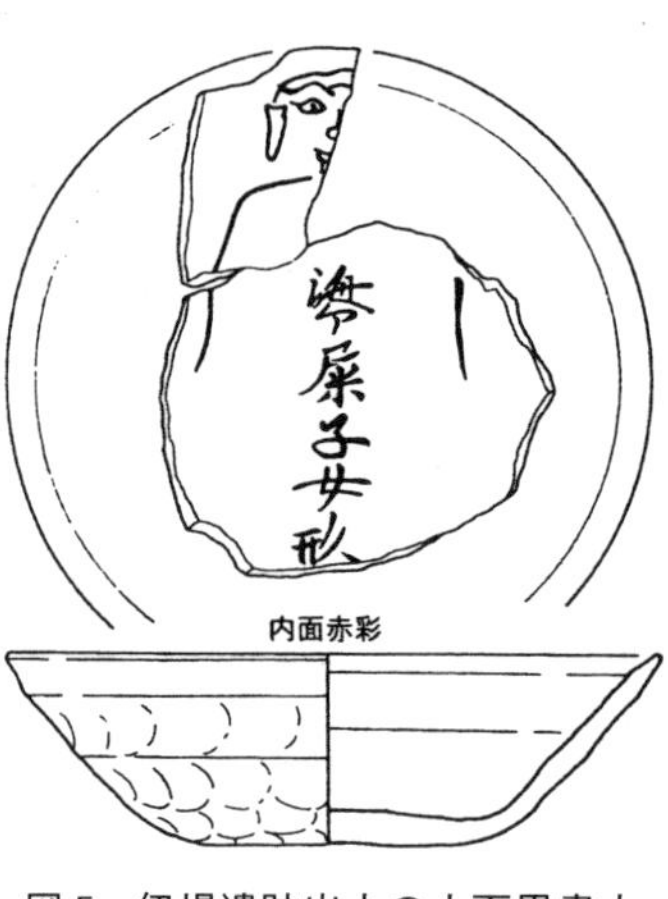

図5　伊場遺跡出土の人面墨書土器（口径13.4㎝）

については、東国の事例との関連で、後に詳しく触れたいと思います。

伊場遺跡群の信仰　以上、伊場遺跡群から出土した信仰関係の遺物を概観し、その性格と背景について見てきましたが、そこから導き出せる伊場遺跡群の信仰の形には、公的な祭祀・儀礼と、個人の信仰・呪術という二つの側面があったと考えられます。

公的な祭祀・儀礼の典型例が、己丑年（六八九）の木簡から想定できる放生の儀礼で、祈年祭祝詞と類似した文体を記す祝詞木簡からは、地域の神々に生成の神格である魂《むすひ》の神々を加えた祭祀の姿を復元できます。さらに、天武天皇五年の放生と大解除（大祓）との関連性や木製形代類の出土により、伊場遺跡の大溝周辺では大祓が行われた可能性が高いと考えられます。これらの祭祀・儀礼は、国家・地域の安寧を目的に神祇と仏教信仰が並存する形で郡（評）衙周辺において実施されていたと推定できるのです。

これに対し、『孔雀王呪経』や病気治療の呪符木簡は、個人の祈願に対応する私的な儀礼・呪術の存在を明らかにしており、これも大溝周辺を舞台に展開していたと考えられます。この種の儀礼・呪術は、仏教信仰や仏教経典に含まれた道教信仰にもとづいており、個人単位の私的な信仰の形成は、仏教の一般への浸透と密接に関連していたと考えられます。個人名を明記した杯形の人面墨書土器も、この種の信仰からの影響を考える必要があるでしょう。個人単位の儀礼・呪術の年代については、呪符木簡が、郷里制（七一七）以降の八世紀代、杯形の人面墨書土器が九世紀代のものであり、公的な祭祀・儀礼よりは一段階遅れる可能性が高いようです。

また、個人単位の信仰という点では、祓の儀礼も関連してくると思われます。祓は、大祓のように国家・地域を清めるという意味で公的な側面を持つと同時に、人々の罪・穢を取り除くという意味で、個人単位の祭祀という側面も併せ持ちます。そこで、各個人の罪・穢を移し、祓い流される人形の扱いが問題となります。

本来、大祓と同日に行われ、人形が使用される東西文部の儀礼は、あくまでも公《おおやけ》の存在である天皇の健康・延命を願うもので、そこで使用された人形と都城や地方の遺跡から多数出土する木製人形とを、単純に同じ性格として考えて良いのかという点が問題となるのです。都城や地方の遺跡で出土する多量の木製人形は、個人が罪・穢を祓うために使用されたと考えると、それは個人単位の祓としての性格が強かったことになります。これは、個人単位の除災・除病の呪術が、仏教信仰やそれと関連する道教信仰の影響下で八世紀に普及したことと関連していると思われます。

つまり、仏教や道教信仰にもとづく呪符木簡の普及と連動して、個人の罪・穢を除くための祭具として人形が祓に導入されたとも考えられるのです。この点については、都城や地方官衙遺跡、集落遺跡などで木製人形の出土状況と年代的な数量の変遷を分析し、裏付けを行うことで明らかにされると思います。ここでは、その可能性について指摘させていただきます。

いずれにしろ、伊場遺跡群の大溝周辺は、郡（評）衙の祭祀・儀礼の場や祓戸（祓いを行う場）として設定されていたと推定でき、そこでは放生や大祓のような公的な祭祀・儀礼が行われる一方で、郡衙に関係する人々の私的な願いを込めた祭祀・呪《まじな》いも行われていたのです。

五　古代東国の祭祀と信仰

次に、伊場遺跡群の祭祀・儀礼と同時期に、東国ではどのような信仰の世界が展開していたのか、考古資料から見てみましょう。

静岡県箱根田遺跡　伊場遺跡群と同時期の例として、同じ静岡県内では三島市の箱根田遺跡をあげることができます。この遺跡は伊豆の国府近くに位置し、港湾機能をもつ津としての性格が想定される遺跡です。川の跡が発掘調査されており、伊場遺跡と同様に木製の人形（十点）・馬形（三点）・舟形（三点）・斎串（三一点）、人面墨書土器が出土しており、その他にミニチュア土器・手捏土器と祭祀用の墨書土器が確認できます[31]。

この遺跡を特徴付けるのは、人面墨書土器と祭祀用墨書土器の存在です。人面墨書土器は十二点が出土し、三点は杯形、九点が甕形です。描かれた人面には髭面《ひげづら》のものの他に、明らかに仏の顔を描いたとみられる「仏面墨書土器」と呼べる例が一点含まれます。祭祀用の墨書土器には「新刀自女身代」「刀自女身代」と書かれた土師器甕各一点、「奉」と書かれた土師器杯一点があります。これらの遺物は、八世紀後半から十世紀初頭頃までの年代が推定されています。「新刀自女身代」の墨書土器は、新刀自女《にいとじめ》という女性が、自らの身代わりのお供え物に使用されたものと考えられ、「奉」の墨書土器も神などへの供え物用と推定できます。

千葉県西根遺跡　ほぼ同時代で、官衙に関連する遺跡以外では、千葉県印西市西根遺跡があります。この遺跡は、下総台地を浸食して作られた谷内を流れる小川跡で、八世紀後半から九世紀前半にかけての祭祀関連の遺物が出土しています。遺跡は、古代には下総国印幡郡船穂郷に含まれ、隣接する台地上には鳴神山遺跡・船尾白幡遺跡といった八・九世紀の大規模な集落遺跡が立地しています。西根遺跡は、これらの古代集落の祭祀の場として機能したと考えられます。小川の跡からは、手捏土器二点と木製人形・馬形（各一点）、そして、祭祀・信仰に関連した墨書土器がまとまって出土しています。墨書土器の内訳は以下のとおりで、土器型式から年代は八世紀後半から九世紀前半までの間と推定できます(32)。

須恵器杯「大生部直子猪形代」
土師器杯「市／舟穂郷生部直弟刀自女奉」
　　　「丈部春女罪代立奉大神」
　　　「神奉／工」「佛／佛」「罪官」

まず、「大生部直子猪形代」は、大生部《おおうべの》直《あたい》子猪《こいの》という人物が自らの身代わりに供え物をすると解釈ができます。千葉県内では「形代」の他、「召代」「身召代」の文字を含む墨書土器が下総地域を中心に多数出土しており、この種の墨書土器については、『日本霊異記』中巻「閻羅王の使の鬼、召さるる人の賂を得て免す縁　第二四」などに見られる、閻羅王の使者を饗応し自らの身代わりを立て延命を図る信仰との関連が指摘されています(33)。

「丈部春女罪代立奉大神」の墨書は、主語・述語・目的語が全てそろった文章となっており、「丈部《はせつかべの》春女《はるめ》が罪の代わりに供物を大神に奉ります」と解釈でき、供え物を捧げて自らの罪を神に贖う信仰を読み取れます。恐らく、丈

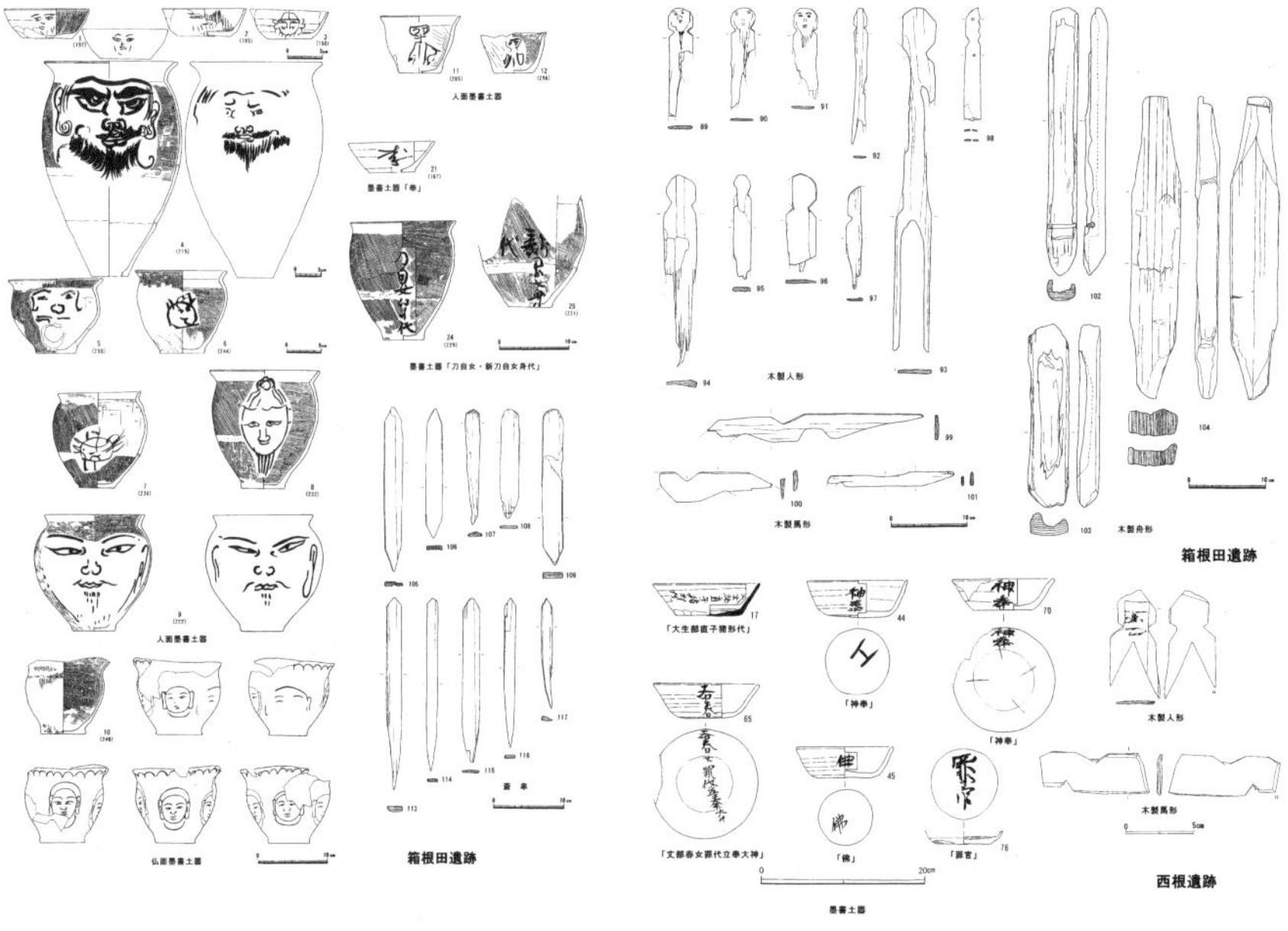

図6　箱根田遺跡・西根遺跡出土の祭祀・信仰関係遺物

部春女という女性は、この土師器杯の中にお供えの御馳走を入れて、小川の流れに投じ自らの罪を贖ったと考えられます。これに近い表現には「舟穂郷生部直弟刀自女奉」があります。「舟穂《ふなお》郷《ごう》に住む生部直《おうべのあたい》弟《おとと》刀自女《じめ》が奉る」の意味となり、これは奉る対象を欠いた表現となっています。これに対し、「佛」「罪官」は主語・述語を欠き、奉る対象だけが明記されていると解釈できます。つまり、これらの墨書土器は、信仰の対象に目的をもって品物を供えるために使用された墨書土器であり、供献用墨書土器とも呼べる祭具であったと言えるでしょう。

ここで興味深い点としては、①供え物をする目的が罪の代わりという「祓」としての性格をもっていたこと、②供える対象に「大神」「佛」「罪官」があったこと、③供える方法が墨書土器に入れ小川に流していたと推定できることです。特に、供える対象として「大神」「仏」とともに「罪官」が確認できる点は注目する必要があります。

「罪官」と類似する例として、西根遺跡と同じ印旛郡内の富里市久野高野遺跡から、「罪司進上代」と墨書された八世紀後半の土師器杯が出土しています(34)。墨書の意味は「罪司へと身代わりに供え物を捧げます。」と解釈され、罪司は罪を裁く冥府の裁判官とされています(35)。この「罪司」は「罪官」と同じく「つみのつかさ」と読むことができ、ともに罪を裁く琰魔法王（閻羅王）との関連が想定できます。

琰魔法王（閻羅王）については、『薬師琉璃光如来本願功徳経』（以下『薬師経』）では、次のように記しています。

> 琰魔の使、其の神識《しんしき》を引いて、琰魔法王の前に至るを見る。然れども諸の有情《うじょう》は、倶生神《ぐしょうしん》有つて其の所作に随つて若《も》しは罪、若しは福、皆具《とも》に之れを書して、盡《ことごと》く持して琰魔法王に授與す。爾《そ》の時、彼の王は其の人に推問して所作を計算し、其の罪福に随って之れを處斷す。…（中略）…彼の琰魔王は世間の名籍《みょうせき》の記を主領せり。若し諸の有情、不孝五逆をなし、三寶を破辱し、君臣の法を壊り、信戒を毀《こぼ》たん。琰魔法王は罪の軽重に随つて考え之を罰す。是の故に我今諸の有情を勧めて、燈を燃し幡を造り、放生修福して、若厄を度し衆難に遭はざらしむ(36)。

『薬師経』のこの記述は、臨死状態となった人の神識（魂）が、琰魔法王の使いに導かれ、琰魔法王の前に出て裁かれる部分で、琰魔法王は人々の名籍を管理し、その罪福に随って裁き、罪ある者は軽重に随い罰する存在として描かれます。続いて、災いから逃れるための放生の功徳についても触れています。ここに記された琰魔法王の姿は、まさに「罪司・罪官」（つみのつかさ）と言えるもので、

「罪司・罪官」は『薬師経』の琰魔法王信仰と密接な関連があったと見てよいでしょう。

結局、西根遺跡の小川では、神名は不明ながら在地神の可能性がある「大神」を対象とした贖罪・祓が行われる一方で、仏教信仰にもとづく「佛」「罪官」を対象に滅罪や罪の軽減を図る儀礼が行われていたことになるのです。また、その祭祀・儀礼は、個人名を明記していることから、個人単位の私的な性格であったと考えられます。

箱根田・西根遺跡の比較　ここで、箱根田遺跡と西根遺跡の比較を行ってみましょう。両遺跡の信仰関係の遺物を比較すると、木製人形・馬形、「形代」「身代」「神奉」「奉」の墨書土器、ミニチュア土器・手捏土器が共通して河道内から出土しており、西根遺跡では斎串は確認できないものの、ともに類似した祭祀・儀礼が行われ、両遺跡の祭具は相互に対応関係にあると考えられます。箱根田遺跡では髭面《ひげづら》の人面墨書土器と仏面の墨書土器が出土しているのに対し、西根遺跡では人面墨書土器は確認できず、その代わりに「佛」「罪官」の墨書土器が存在します。この状況からは、仏面の墨書土器と「佛」の墨書土器が、髭面《ひげづら》で大きな目を描く人面墨書土器と「罪官」が対応するという想定が可能となります。

そう考えると、箱根田遺跡の人面墨書土器も、穢を祓い流すための祭具ではなく、「大神」「佛」「罪官（琰魔法王・閻羅王）」に供え物を行うための祭具としての性格が想定でき、これに食べ物などの供え物を入れ、川の流れに投入したと推定できます。実際、千葉県内では人面墨書土器に「丈部真／次召代／国神／奉」「罪ム国玉神奉」の文言が墨書された芝山町庄作遺跡の事例が知られており[37]、人面墨書土器が地域神である「国玉神」への供献に用いられています。

このように、八世紀後半から九世紀にかけて箱根田遺跡と西根遺跡では、神に対して罪を贖う祭祀と仏教による滅罪の儀礼が同時に展開していたことになります。その起源は、七世紀後半、伊場遺跡群の大溝で行われた放生、それとの関連性が考えられる大祓との関係に求めることができるかもしれません。しかし、八世紀後半以降は、国府や郡衙といった官衙周辺の祭祀の場だけでなく、西根遺跡のように郷内の拠点的な集落近くの祭祀の場にも、このあり方は持ち込まれ、さらに個人的な祭祀・儀礼としての要素を強く持つようになっていたと考えられます。

福島県荒田目《あっため》条里《じょうり》遺跡　東国でも伊場遺跡群からさらに離れた東北地方の状況を、福島県いわき市の荒田目条里遺跡の例から見てみましょう。この遺跡は、陸奥国磐城郡衙に近く、郡衙の運河と考えられる流路が発掘調査されています。流路内からは、郡符木簡や稲の品種名を記した木簡などとともに祭祀・信仰に関連する遺物が多数出土しています。また、祭祀の痕跡が古墳時代中頃の五世紀から平安時代の十・十一世紀頃まで長期に亘って認められる点も特徴的です。出土した祭祀・信仰関係の遺物で伊場遺跡群と同時代のものを種類別にまとめると以下のようになります。㊳

・木製祭具―形代（板状人形十点、棒状人形八点、刀形一点、舟形二点）、斎串二九点、絵馬五点、陽物一点
・土製祭具―土馬二点、土製模造品（舟形二点、棒状製品十四点、円板状製品一点）
・金属製祭具―鉄製鋤先形七点（九世紀後半の須恵器長頸瓶（墨書［正八］）に封入。）
・手捏土器一三九点
・人面墨書土器―土師器杯「磐城□／磐城郷／丈部手子／召代」（八世紀後半）
・墨書土器―土師器杯「多臣永野麿身代」（九世紀中頃）・仏教関連木簡―
「・□□二〻（遍？）　千手一〻／陀（羅）尼廿遍　浄土阿弥／大仏頂四返　千手懺（悔）過
・貞□　俗名丈部裳吉／（別筆）（総？）経（百？）
［　］」（十世紀～十一世紀）

木製祭具の人形・刀形・舟形、斎串、絵馬は、伊場遺跡群と共通した要素で、人面墨書土器も「個人名＋召代・身

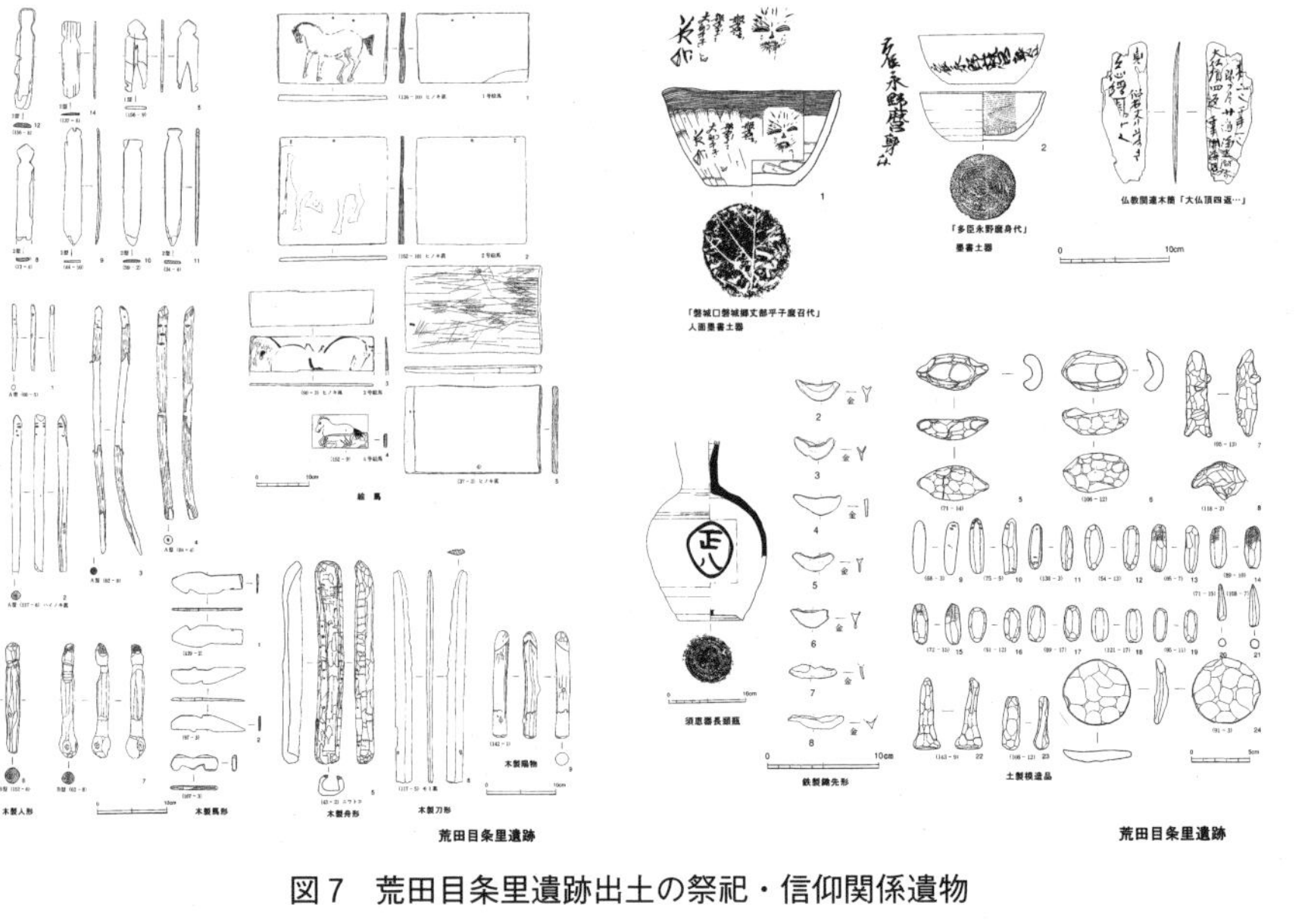

図7　荒田目条里遺跡出土の祭祀・信仰関係遺物

代」という箱根田遺跡や千葉県内下総地域出土の人面墨書土器と共通した内容となっており、東海・関東南部・陸奥南部が、太平洋の水運を通じて同じ祭祀・儀礼の文化を共有していた状況が認められます。

一方、他の地域と異なる要素も見られます。木製人形は板状の製品が一般的ですが、ここでは棒状の製品が含まれ、土製舟形や棒状の土製模造品が使用されている点も地域色と見ることができます。

金属製模造品では、小型の鋤形七点が須恵器壺に封入された特殊な形で出土しており、その性格については明確にできませんが、農具の形代が複数封入されているため、農耕に関連する祭祀に使用されたと考えられます。これも、他の遺跡では確認できない要素です。

仏教関連の遺物としては、やや時代が下りますが十世紀頃の木簡が出土しています。この木簡は、俗名を丈部裳吉と称した僧侶「貞□」が読誦した陀羅尼・経典と、行った修法について記します。確認できる内容としては、「千手一(遍?)」「陀羅尼廿遍」「浄土阿弥」「大仏頂」「千手懺(悔)過」の文字を読みとることができます。

「千手一(遍?)」は、『千手千眼観世音菩薩廣大圓満無礙大悲心陀羅尼経』もしくは、そこに記された陀羅尼を読誦した回数を示すと思われます。この経典には「此の神呪を誦持すれば、世間八万四千種の病は、悉皆《ことごと》く治り、差《いえ》ざる無し。」「若し諸人天、此の陀羅尼を誦持し、其の人若しは江河大海中に在りて、其の中に沐浴する衆生は、此の人の浴身の水霑その身に著きて一切の悪業重罪は悉皆く消滅するを得る。[39]」など、陀羅尼の誦持による治病・滅罪などの功徳が記されています。「千手懺悔過」も千手千眼観世音菩薩を本尊とした懺悔・滅罪の修法と考えてよいでしょう。また、「大仏頂」が『佛頂尊勝陀羅尼経』など、仏頂陀羅尼関係の経典を指すとすれば、これも滅罪の功徳を説く代表的な経典です[40]。つまり、この木簡では、『阿弥陀経』との関連が考えられる「浄土阿弥」以外は、滅罪に関する密教的な陀羅尼や悔過について記しており、十世紀以降、古代の仏教信仰に基づく滅罪の儀礼が密教的な修法に収斂し中世へと移行していく過程を示しているのかもしれません。

荒田目条里遺跡では、伊場遺跡群、箱根田遺跡、西根遺跡と共通した祓や延命の祭祀・儀礼が見られる一方で、他の遺跡では見られない祭具の存在から、地域色の強い祭祀・儀礼が行われていた可能性が高く、当時の祭祀・儀礼の地域性を考える上で興味深い内容を示しています。この点については、古墳時代から継続的に祭祀の場として機能していたことが影響しているのか、今後の検討が必要でしょう。また、千手懺悔過や陀羅尼を記した木簡は、伊場遺跡などの祭祀・儀礼の十世紀以降の変化、特に古代の仏教信仰による除災・除病の儀礼・呪いと密教修法との関係を窺わせる貴重な資料と言えるでしょう。

六　まとめ

最後に、伊場遺跡群の信仰のあり方と東国のそれとを比較し、伊場遺跡群の信仰が中央の都と東国との間でどのように位置づけられるかについてまとめたいと思います。

伊場遺跡群と箱根田遺跡・西根遺跡・荒田目条里遺跡から出土した信仰関係の遺物を、全体的に比較すると、いずれの遺跡でも人形・馬形（絵馬）といった木製祭祀用具は共通して確認できます。また、「個人名＋形代・召代・身代」の内容が書かれた供献用墨書土器も各遺跡で出土しており、共通した要素と見ることができます。ただし、供献用墨書土器は、東国の遺跡では八世紀後半から九世紀にかけて複数出土していますが、伊場遺跡群では九世紀代の人面墨書土器「海部屎子女形」［］一例のみです。これに対し、呪符木簡は伊場遺跡群で複数出土していますが、八世紀代には東国の遺跡で明確な呪符木簡は確認できないという対照的なあり方を示します。

呪符木簡も個人名を記した供献用墨書土器も、ともに個人の祈願に対応した祭祀・呪いに使用されていました。したがって、伊場遺跡群と東国の遺跡の間に見られる状況は、伊場遺跡群で呪符木簡が担っていた機能を、東国の遺跡では供献用墨書土器が果たしたという構図で読みとることができると思われます。

個人単位の祭祀・呪いの普及は、伊場遺跡の『孔雀王呪経』の木簡が示すように、仏教信仰とそれに伴う道教信仰の浸透と密接に関わっていたと考えられます。仏教信仰は、東国でも八世紀後半から九世紀にかけて、集落の中にまで広く浸透していった状況が考古学的にも確認されており、これが集落内へも個人単位の信仰を広める結果となったと考えられます(41)。

伊場遺跡群では七世紀後半から八世紀前半にかけて、地方神に「魂《むすひ》」の神を組み合わせた祭祀や放生の儀礼が、公的な性格の祭祀・儀礼として実施されていたと考えられますが、八世紀代には呪符木簡を使用した個人単位の信仰が加わります。伊場遺跡の場合、中央から呪符木簡を直接受け入れる形となっていますが、東国では地域的に変容させ、仏教信仰に基づく「佛」「罪官」に、在地の神々である「国玉神」「大神」を加えた形で展開させていったと考えられます。こう考えると、伊場遺跡群の祭祀・信仰は、都と東国との境界線上に位置すると言うことができるのかもしれません。

また、仏教信仰と個人単位の祭祀・呪術の浸透は、伝統的で素朴な罪・穢意識に仏教的な解釈を加えて変質させ、罪・穢の問題に神祇信仰と仏教信仰の両面で対処するようなあり方が形成されたとも考えられます。千葉県内の下総地域で出土例が増加している「罪」の墨書土器は、そのような状況を反映しているのかもしれません。この点については、九世紀代に確認できる穢意識の肥大化という現象と併せてさらに検討を行う必要があるでしょう。

この後、九世紀後半から十世紀にかけて「陰陽道祭祀」が成立し、公的な神祇祭祀とは別に個人的な祭祀・祈禱を担当するようになることが明らかにされています[42]。八・九世紀、伊場遺跡群や東国の遺跡で展開していた個人単位の祭祀・呪術は、その内容から「陰陽道祭祀」を準備するような存在として位置づけることができます。また、陰陽道祭祀が展開する十世紀には、荒田目条里遺跡の木簡からは、地方においても密教系の陀羅尼読誦や悔過修法の実施が除災・滅罪の上で重要な役割を果たしていたことが窺えます。このような状況は中世的な信仰の世界へ、さらに現在の日本人の信仰意識へとつながっているのであり、伊場遺跡群の祭祀・信仰の形は、その原点の一つとなっているのです。

註・参考文献

（1）井上光貞他　一九七六年　校注『日本思想大系　律令』岩波書店

（2）岡田莊司　一九九〇年『大嘗の祭り』学生社

（3）奈良国立文化財研究所　一九九七年「式部省東方官衙の調査―第二七三次」『奈良国立文化財研究所年報―Ⅲ』

（4）『新訂増補国史大系　交替式・弘仁式・延喜式前編』

（5）岡田莊司　一九九四年「第一編　平安時代前期の祭祀　第一章　天皇祭祀と国制機構―神今食と新嘗・大嘗祭―」『平安時代の国家と祭祀』続群書類従完成会

（6）（財）栃木県文化振興事業団　一九八七年『下野国国府跡Ⅶ―木簡・漆紙文書調査報告書』

（7）水野正好　一九七七年「伊場放生木簡の顕現」『三浦古文化』第二一号

浜松市教育員会　二〇〇八年『伊場遺跡総括編（文字資料・時代別総括）』

本文中に引用した伊場遺跡群出土の木簡・墨書土器の釈文は、全て『伊場遺跡総括編（文字資料・時代別総括）』によっている。

（8）坂本太郎他　一九六五年　校注『日本古典文学大系　日本書紀下』岩波書店

（9）『大正新修大蔵経第十六巻経集部三』No.六六三

(10) 註（1）に同じ。
(11)『大正新修大蔵経第十五巻経集部二』№五九〇
(12) 註（8）に同じ。
(13) 倉野憲司他　一九五八年　校注『日本古典文学大系　古事記　祝詞』岩波書店
(14) 浜松市教育委員会　二〇〇八年『伊場遺跡総括編（文字資料・時代別総括）』
(15) 梶子遺跡四号木簡については、既に矢野建一氏が、祈年祭祝詞の表現との類似性から祝詞としての性格を指摘されているが、今回の再釈読により、新たな文字の判読が行われた結果、祝詞の解釈や性格付けは矢野氏の見解とは異なるものとなっている。
(16) 註（13）に同じ。
矢野建一　二〇〇八年「梶子遺跡出土の祝詞木簡と「伎人之堤」」『地域のなかの古代史』岩田書院
(17) 註（13）に同じ。「ムスヒ」の読みは、『新訂増補国史大系　交替式・弘仁式・延喜式前編』による。
(18) 秋本吉郎　一九五八年　校注『日本古典文学大系　風土記』岩波書店　及び註（13）文献。
(19) 註（4）に同じ。
(20)『大正新修大蔵経第十九巻密教部二』№九八八を、笹生が読み下し。
(21) 註（20）に同じ。
(22)『大正新修大蔵経第十九巻密教部二』№九八七
(23) 註（14）に同じ。
(24)『大正新修大蔵経第十九巻密教部二』№九八五
(25) 村山修一　一九八一年『日本陰陽道史総説』塙書房
(26) 註（13）に同じ。
(27) 小坂　真　一九七六年「禊祓儀礼と陰陽道―儀礼次第成立過程を中心として―」『早稲田大学大学院文学研究科紀要』別冊三
笹生　衛　一九八五年「考古学から見た人形について」『神道体系月報五二』神道体系編纂会
(28) 小池伸彦　二〇〇四年「銅人形の新例について」『奈良文化財研究所紀要　二〇〇四』独立行政法人文化財研究所奈良文化財研究所
奈良県教育委員会　一九六九年『藤原宮　奈良県史跡名勝天然記念物調査報告書二五冊』
(29) 註（13）に同じ。
(30) 和田　萃　一九九五年「第Ⅲ章　道教的信仰と神仙思想　第四　呪符木簡の系譜」『日本古代の儀礼と祭祀・信仰下』塙書房
(31) 三島市教育委員会　二〇〇三年『静岡県三島市箱根田遺跡店舗建設に伴う埋蔵文化財報告書』

(32)（財）千葉県文化財センター他　二〇〇五年　『印西市西根遺跡』

(33)平川　南　二〇〇〇年　「第四章　四〝古代人の死〟と墨書土器」『墨書土器の研究』　吉川弘文館

(34)（財）印旛郡市文化財センター他　一九八八年　『久野遺跡群発掘調査報告書』

(35)註（33）に同じ。

(36)一九三二年　『国訳一切経　印度撰述部経集部十二』　大東出版社

(37)小原子遺跡群調査会他　一九九〇年　『小原子遺跡群』

(38)いわき市教育委員会・（財）いわき市教育文化事業団　二〇〇一年　『荒田目条里遺跡』

(39)『大正新修大蔵経第十九巻密教部三』No.一〇六〇を、笹生が読み下し。

(40)『大正新修大蔵経第十九巻密教部二』No.九六七

(41)笹生　衛　二〇〇五年　「第Ⅱ章　古代仏教信仰の広がりと受容」『神仏と村景観の考古学』　弘文堂

(42)岡田荘司　一九九四年　「第四編　平安神祇祭祀の周辺　第四章　陰陽道祭祀の成立と展開」『平安時代の国家と祭祀』　続群書類従完成会

Ⅱ　伊場・城山遺跡の古代文字資料

伊場・城山遺跡の古代文字資料

向坂鋼二

一　はじめに

昭和四十五年十月十五日、伊場遺跡の大溝から、はじめて木簡がみつかってから、もう四十年が経過した。泥土から掘り出された小さな木片に「御使進上」と墨で書かれた鮮やかな文字を見せられた時の感動は、今も鮮明に想い出される。その後、今では浜松市に編入された、伊場遺跡の西に隣接する城山遺跡の発掘調査が行われて、ここでも木簡が発見され、さらにその北方に連なる旧国鉄浜松工場の敷地内からも、木簡の発見が相次いでいる。また、木簡ほど一点の文字数は多くないが、土器に文字を記した墨書土器もたくさんみつかっている。点数ではこの方が多い。こうした文字の記された考古資料を文字資料と呼んでいる。本稿は、伊場・城山遺跡とその周辺からみつかった古代の文字資料について、その解説を試みるのが目的である。

対象地域における文字資料の出土地点と点数は、図1に示した通りである。旧可美村東若林地籍の城山遺跡は、少なくとも律令期には伊場遺跡と一体的に機能していたことはほぼ間違いないので、浜松市へ編入後は、両遺跡を合せて伊場・城山遺跡と呼んでいる(1)。その北側、旧国鉄工場の下に埋っている遺跡は、現在梶子遺跡と呼ばれ、同工場旧敷地の北西隅で新たにみつかった遺跡は、梶子北遺跡と命名された。この遺跡はさらに西へ及んでいるらしい。

一般に書写材料としての紙が貴重だったために、木簡が多く使われたと説明されることが多いが、それは木簡の存在の一面的理解であって正しくない。物品に付けて持ち運ぶための利便性や濡れても変化しないとか、削って再利用できるといった機能性が重視されて、木簡独特の用いられ方があった点に注目する必要がある。したがって、木簡は原則として移動先に残されるのであって、書かれた場所に残ることは少ない。ただし、再利用の際に出る削屑は、当

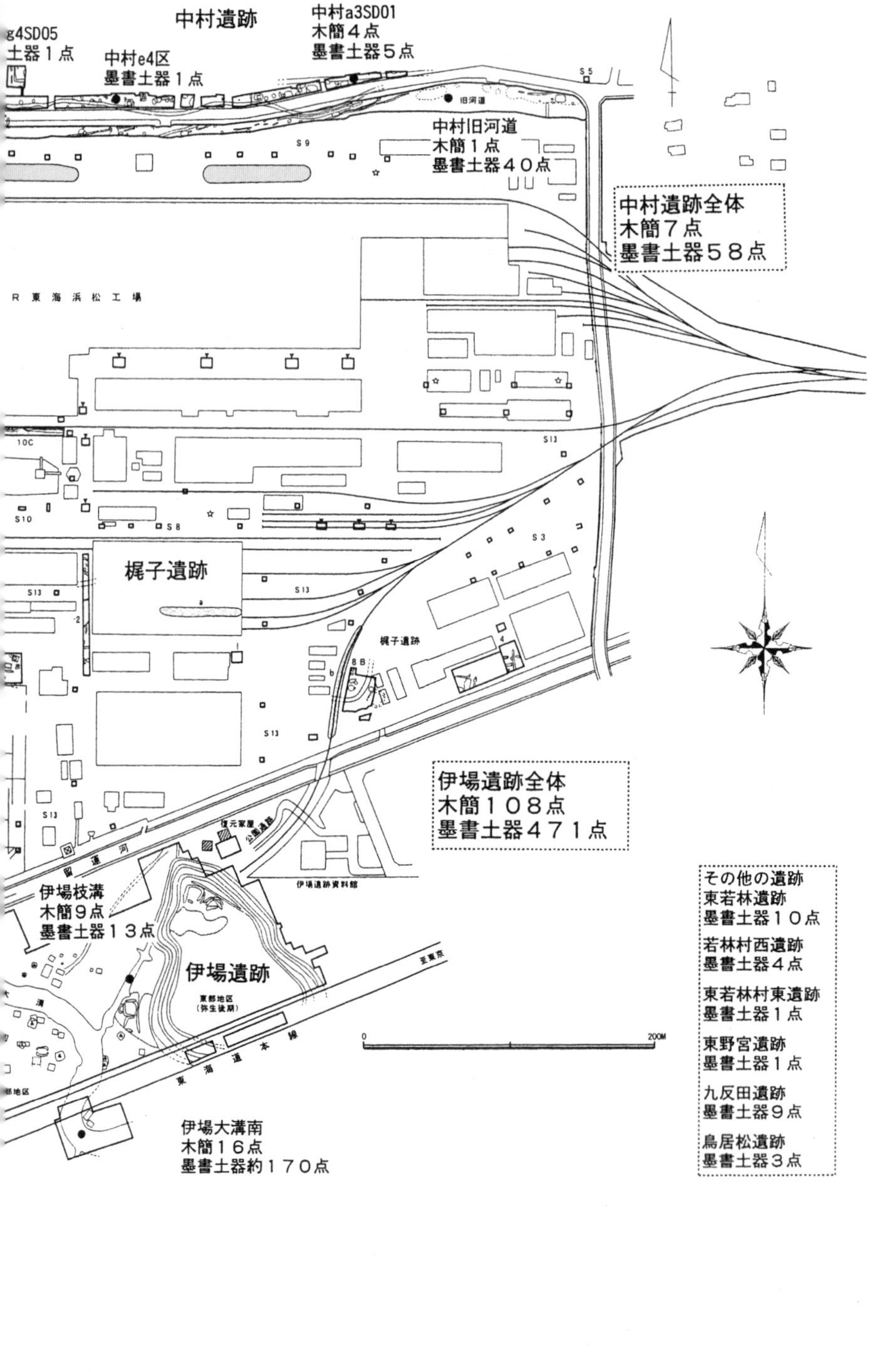

図１　伊場・城山遺跡とその周辺の文字資料出土地点

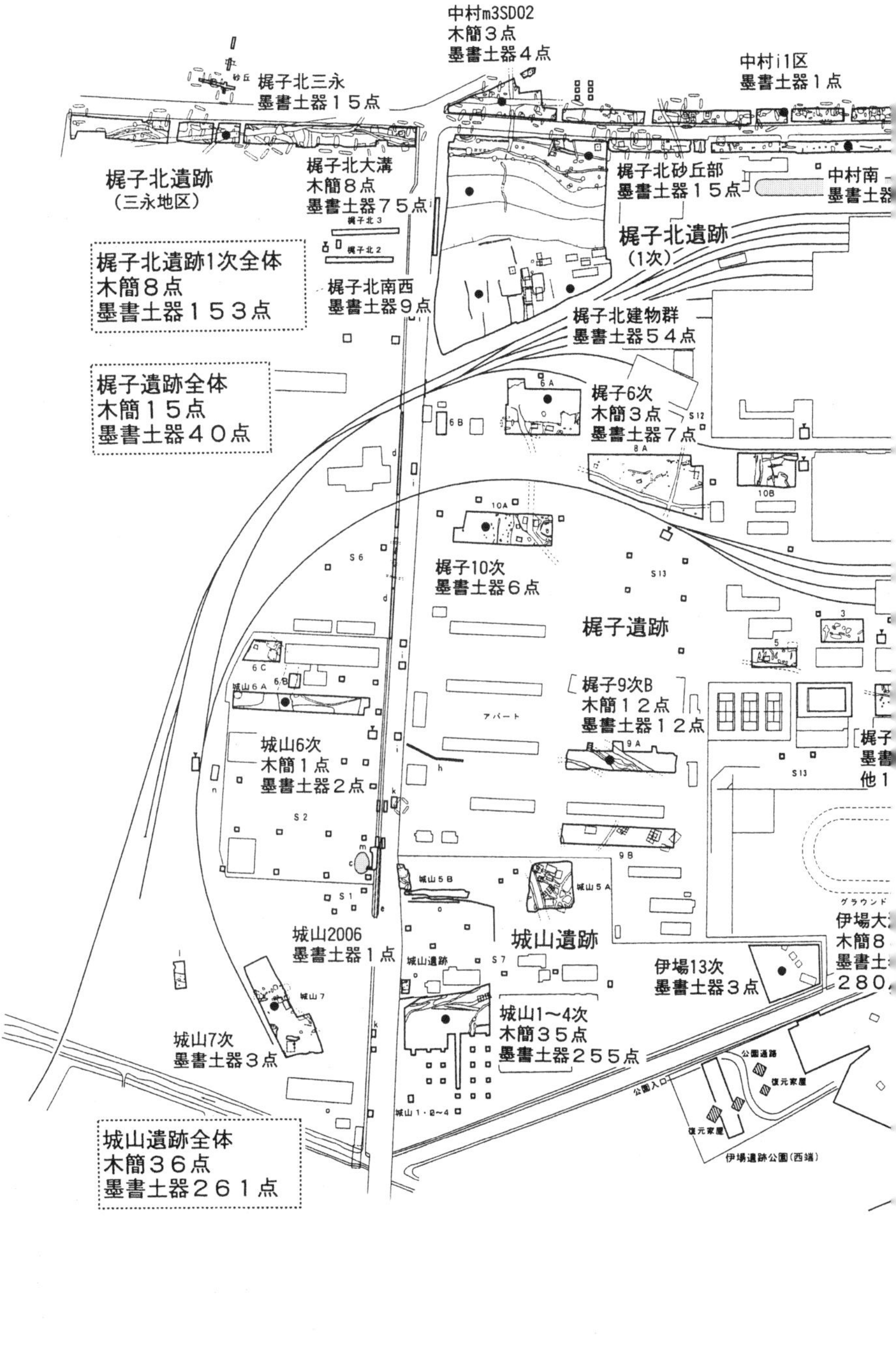
中村m3SD02
木簡３点
墨書土器４点
中村i1区
墨書土器１点
梶子北三永
墨書土器１５点
砂丘
梶子北遺跡
（三永地区）
梶子北大溝
木簡８点
墨書土器７５点
梶子北砂丘部
墨書土器１５点
中村南
梶子北遺跡
（1次）
梶子北３
梶子北２
梶子北遺跡1次全体
木簡８点
墨書土器１５３点
梶子北南西
墨書土器９点
梶子北建物群
墨書土器５４点
梶子遺跡全体
木簡１５点
墨書土器４０点
梶子6次
木簡３点
墨書土器７点
6A
6B
S12
8A
10A
10B
梶子10次
墨書土器６点
S6
S13
梶子遺跡
6C
城山6A
梶子9次B
木簡１２点
墨書土器１２点
アパート
9A
9B
城山6次
木簡１点
墨書土器２点
S2
S1
城山5B
城山5A
城山2006
墨書土器１点
城山遺跡
城山遺跡
S7
伊場13次
墨書土器３点
グラウンド
城山7
城山1～4次
木簡３５点
墨書土器２５５点
城山7次
墨書土器３点
公園通路
公園入口
復元家屋
復元家屋
伊場遺跡公園（西端）
城山1・2～4
城山遺跡全体
木簡３６点
墨書土器２６１点

表1　伊場遺跡群出土墨書土器銘一覧表（その1）八世紀～九世紀前半

遺跡	地区	①施設名	②職名	③里(郷)名	④人　名	⑤その他
伊場遺跡	大溝北	郡・布智厨・布知厨・ 厨・下厨南・上舘 栗原 料丘本寺・河原堂	大主帳 栗原驛長 竹田二百長	竹田郷・竹田郷 栗原・中寸	竹田成継 竹田廣足 川邊宗宜部子物 川邊廣嶋・川邊子 海部屎子女形 参長部 稲万呂＊ 龍麻呂・嶋成・伴足・ 石足・足小・真木・真木・正八・ 子美・加万・得嶋・ [作万呂]	布一酒・嶋・廣・倭・小田・上 一・田居・千石・十万・五万・ 万・十・八・七・太・大・川・九・ 賀・足・嗣・ 冨・甲・和
伊場遺跡	大溝南（九・十二次）		大[領]・郡鎰取 [原]驛長・驛長宅・栗 馬長	竹田 象嶋・[象嶋] 濱[郷]	竹田成継・竹田浄 竹田成[継] 川邊・川邊□□・[邊]廣・ 山邊足人・□邊廣人 中寸真[麻]呂 [象]嶋若倭部人[足] [象]嶋若倭部人足 稲万呂＊　稲万呂＊ 三使・三使・老麻呂・廣嶋・ 嶋成・嶋成・長女・里麻呂・ 里麻呂・里麻呂・・万呂・人 足・人足・足人・子足人・國 成・[田　人]・[田　人]・廣 [成]・刀自女	廣・宗・山・長・龍・ 智・良・川西・川缶・ 仟石・大戸・七・望・ 太・大・夫・丁・祀・ 價・温・[温]
伊場遺跡	枝溝		馬長		稲万呂＊	太・川
城山遺跡	JR社宅	(大溝南)	散仕	竹田	竹田成万 呂 竹田浄 八十マ □田成継 稲万呂＊ 人万呂 廣友 廣勢	浄・有・ 主・万・ 池
城山遺跡	城山	厨 栗原 少毅殿・□毅殿		竹田里・竹田□ □田郷□□□ 竹田	竹田知刀自女・竹田成 竹田成女・竹田[嶋] 竹田浄・□田城 [蛭]田嶋成 □田嶋成・[田]道嶋 赤[坂]・[川]邊・ [岡邊]子 稲万×＊ 安万呂・安万・万呂・ 成女・□人万呂・ [安]万呂	太・賀・西・木・足・ 為・置・宇・九
梶子遺跡	梶子				稲万×＊ 人主	九
梶子遺跡	梶子北	南家 府			岡邊子犬 三[使] 千刀自女	眞・万・ 大・浄・ 勢・又 [國] 九
その他					郷人 (村西) 郡邊 (九反田) 孫足 長女 (東前) 山守 (東若林) 川前東 (鳥居松)	千石 (村西)

表2　伊場遺跡群出土墨書土器銘一覧表（その2）九世紀後半以降

地区	地点	⑤その他
伊場地区	大溝北	十万・万・十・七・大・川・九・得・山・賀・足・吉・甲・平・迦・加・珍・図・津・寺・志器合・安・林・仁・又・岡・和・好・卒・西・布加・田・満福
	大溝南	七・太・得・賀・足・手・寺・長・林・西・主・朋万
	枝溝	
城山地区	JR社宅	得・足・和・万・人
	城山	太・主・為・木・朋万
	学園跡	
梶子地区	梶子	九
	梶子北	六万・平・川・又・朋万・得・足・九・十

然書いた場所かその近くに捨てられるだろう。これに対して墨書土器は、日常生活に必要な容器に墨書されたものであり、実用品として機能した後は、使われていた施設の近くに捨てられるのが普通ではないかと思う。不用品（ゴミ）を遠くまで運んで捨てることはまずないだろう。ただ、器が使われている段階で、持主と共に遠くへ移動することは有り得たはずであるが、その例はごく少ないといえよう。したがって、墨書土器は使われていた場所や施設の性格を推定する場合に、有力な資料となる。

二　墨書土器について

墨書土器は日用品であるから、まず、器としての側面から見る必要があるが、ここでは多くを割愛して、杯（椀）の蓋と身および盤（皿）の類が主体を占める点を指摘するにとどめる。このことは、墨書土器が主に墨書のないものと一緒に食器として使われていたことを示している。ただし、後述するように、祭祀に使われたと思われる平安時代の墨書土器については、この原則に含まれない。

墨書土器は、その器の製作年代をある程度推定することができる。それによると、八世紀第一四半期以前と推定される例は、極めて少なく、十一世紀以降の例もほとんどない。大きく九世紀前半以前と以後に分け、前者を表1、後者を表2に地点別に分けてまとめて見た。

まず、表1について見ておこう。文字が読み取れるものに絞ったので、図1の数字とは合わない。文字の内容を①使われていた施設名、②職名、③里もしくは郷の名称、④

人名、⑤その他意味のはっきりしないもの、という五つに分けてみた。

伊場地区では、①に入る例として、まず「郡」・「布智厨」・「布知厨」・「厨」・「下厨南」・「上館」がある。「郡」は、藤枝市の郡のように各地に地名として残っている例があり、古代の郡家所在地とされているので、この墨書もその一例に加えることができる。「布智」と「布知」は、共にフチと訓み、古代遠江国敷智郡の敷智と同じといえるだろう。厨は、厨家とも書き、古代官衙に付属する給食施設とされている。したがって敷智厨とは敷智郡家の厨という意味にとることができる。同様な墨書土器は県内にもいくつか出土例があり、袋井市浅羽町新堀遺跡から「山名厨」②、同市坂尻遺跡から「佐野厨家」③、藤枝市御子ヶ谷遺跡（志太郡衙跡）から「志太厨」④、同市郡遺跡（益頭郡衙跡）から「益厨」⑤等の墨書土器が知られている。

「厨」と「下厨南」も、給食施設を意味する公的施設を指しているのであろう。「上館」については、郡家中枢部の建物群の内、郡司の官舎のようなものを館《たち》と呼んだらしいので、それを参考にすることができる。

つぎに、「栗原」であるが、これは古代駅制の駅名である。『延喜兵部省式』には、遠江国に五つの駅を挙げ、猪鼻の次に栗原を掲げる。「料丘本寺」と「河原堂」については、詳細は分からない。寺とか堂の字がつくので、仏教に関係があるらしい。郡家には郡寺と呼ばれる寺が付属することがあるとされているが、これもその例に当たるかも知れない。遺跡から僅かながら布目瓦も出土している。

城山地区では、「厨」と「栗原」があり、伊場地区と共通していることが分かるが、別に「少毅殿」と「□毅殿」という墨書土器があって注目される。大毅・少毅は、軍団の長官と次官を示す職名である。殿は殿舎つまり少毅の官舎の呼称と思われる。少毅の官舎は軍団の中にあったとみられるから、城山地区のどこかに軍団も付設されていたらしい。軍団の名称を示す史料はないが、郡名がつくのが通例であるから、敷智団とでも呼ばれたのであろう。城山地区からは、鋳銅製の壺鐙や小型の砥石類が出土している。地方官衙からの鋳銅製壺鐙は、類例がない。軍団に上番する兵士達は、自前の砥石を持って入営することになっていた。これだけで推し測るのはどうかと思うが、「少毅殿」墨書土器とともに、軍団の存在を示す資料といえよう。

②に含まれるものは、伊場地区にあって、なぜか城山地区には少ない。（注　二〇〇八年の梶子遺跡十一次調査（JR社宅）で、郡「散司」が出土した。）東海道線より北側の大溝から「大主帳」「栗原驛長」「竹田二百長」が出ている。「大主帳」は、郡司の職名を記したものである。「栗原驛

長」は、駅長専用という意味であろうか、「栗原」の墨書土器とともに駅家がこの近くにあったことを示している。線路以南の大溝からは、「大〔領〕」と「郡鎰取」が出ている。大領は、郡の長官を示す。鎰取は、鎰を携行する者、郡が付くから、郡家において鎰を管理する職にある者ということになる。郡家で鎰を管理するといえば、まず郡家に置かれた正税（租）を貯える正倉の鎰のことが頭に浮ぶ。「□驛長」・「栗　□」・「驛長宅」は、いずれも栗原駅に関する墨書銘と考えられる。「竹田二百長」の竹田は敷智郡に所属する竹田里（郷）の竹田であろう。二百長は軍団の兵士二百人を領する校尉の別称である。校尉に里（郷）名をつけるのは、公式の言い方とは思えない。竹田里（郷）に住む校尉という意味であろうか。

大溝から北東に分流する枝溝から「馬長」と記す墨書土器が出ている。馬長の意味はよく分からないが、公用の馬には駅馬と伝馬があったことは知られている。駅馬については駅長が任命されて駅の業務を管理していた。伝馬は、東海道沿いの郡家に設置され、五匹と定められていた。その伝馬を預かる長のことを「馬長」といったのではなかろうか。

このように①の施設名と②の職名は、当然のことながら相互に関連し合って、伊場・城山遺跡の性格を浮き彫りにしている。つまりこの遺跡は、墨書土器からみて、遠江国敷智郡の郡家であり、かつ栗原駅家と呼ぶ駅の施設が並置されていて、軍団も近くにあったらしく少毅の公舎で使われる土器も混入することがあった（傍点は墨書銘を示す）。

次いで③を取り上げよう。ここでは竹田と象嶋の二種類が見られる。竹田の場合には、「竹田里」と「竹田郷」がある。律令では、「以五十戸為里」と定められているが、霊亀元（七一五）年に里を郷と改めた。したがって「竹田里」と記した土器はそれ以前のものということができる。竹田の字は、人名にも多用されており、この遺跡が竹田里（郷）の中に存在していたことを示唆しているようである。「象嶋」も人名に付けた例があるので、この近くに象嶋里（郷）があったものと思われる。[6] 竹田も象嶋も敷智郡に属する里（郷）であったことは、『倭名類聚鈔』によってよく知られている。しかし、高山寺に伝わった手写本の『倭名類聚鈔』だけが、象嶋と書き、他の諸本はいずれも象島と作るのである。後述するように、木簡に記された里（郷）名でも、諸本が「濱松」とするのを、高山寺本と同様「濱津」と書いている。高山寺本の方が、古い表記に従っていたのである。

つぎに④の人名を見よう。伊場地区では、「竹田」五、「川邊」四、「象嶋」二、「若倭部」二、「宗宜部」一、「海部」一、「山邊」一、「参長部」一、「中寸」一が見られる。

この数は土器の点数ではなく、文字の度数を現している。この内、竹田と象嶋と中寸は里（郷）名である。川辺は、文字通り川のほとりに住んでいるという意味であろうが、特定の場所を指していたから人名に付けられたのであろう。その特定の場所は、伊場地区に近かったものと思われる。山辺は、もと山部という部姓だったものが、表記を変えたのではなかろうか。だとすると、川辺も川部からの転化かも知れない。若倭部・宗宜部・海部は木簡にも出てくる部姓であるから、後述することとする。参長部という部姓は例がない。

城山地区では「竹田」が目立ち、蛭田と思われる例が少なくとも一例ある。蛭田も竹田と同様敷智郡に属する里（郷）名である。

これらの他は、いずれも名のみ記している。木簡では必ず部姓が付されるのに、墨書土器には多くの場合名だけ、付いても地名程度、部姓は少ないというのは、なぜであろうか。これには解釈が二つある。一つは、墨書土器は私的に使われるので部姓を省くとするもの、もう一つは、当時はなお姓の無い者が多かったためだとするものである。私は前者に立っているが、当時の人の中には、自分が何という部姓であるかの自覚のない人が、案外多かったのでないかと思う。公式の文書（木簡はその略式）では、必ず姓と名が記されるが、普段の暮らしの中では、姓は必要なかったものと思われる。[7]

名の中に同名があり筆跡も似ているので、同一人物と思われるが、中でも「稲万呂」は伊場・城山全域にわたって七例確認されている。しかも稲という字に関連するかのように、籾の形に稲万呂を囲む。あたかも後世の花押の出自を思わせる。この人物は、伊場・城山遺跡の顔役だったのではあるまいか。（注　近年の鳥居松遺跡四次（二〇〇三年）と五次（二〇〇八年）調査で、「稲万呂」が十二点まとまって出土した。）

つぎに⑤その他としたものを取り上げる。表上段から「布一酒」は、文章の一部とみられるが、意味不明である。「嶋」、「廣」、「倭」、「龍」、「山」、「宗」、「長」、「直」、「浄」などは人名の一部で、省略が行われたもののようである。「賀」、「足」、「和」、「万」、「望」、「太」、「大」などは、吉祥句と思われる。その他については、文字数が少なく意味する所を読み取ることが困難である。

表2についても見ておこう。ここには、九世紀後半以降の墨書土器銘をまとめた。一見して分るように、ここには①〜④に該当する例はない。強いていえば、「津」と「寺」が①の施設名といえないことはない。津は港のことであるから港を管理する津守と関連があるかも知れない。[8] 寺につ

いても、表1に掲げた料丘本寺と関係なしと断定もしかねる。しかし、この二点は、「寺」が九世紀後半、「津」が十世紀前半と推定されるので、奈良時代の伊場・城山遺跡の性格を考える史料とするには弱い。「志器合」は、同じ器に「安」と「林」を三字ずつ墨書している。志器は瓷器のことかも知れない。瓷器は、平安時代の文献に青瓷、白瓷の名が出ていて、青瓷は緑釉、白瓷は灰釉を示す言葉ではないかといわれている。

　表1、表2ともに⑤その他の分類に入るものは、ほとんど一字書きである。そのため意味不明として⑤に含めたのである。また両表には共通する文字が多い。表1では、それらが九世紀前半の土器に記されているから、平安時代に入ると、こうした一字書きの墨書土器が多くなることを示している。中でも「十万」・「万」・「太」・「川」・「賀」・「足」・「得」・「主」・「九」等の例数が多い。これらはおおむね吉祥句ではないかと思われる。大溝北の「得」・「賀」・「足」や大溝南の「主」のように、一括投棄されたとみられるものもあり、大溝の縁で行われた祭祀と関連があったものと考えられる。

三　木簡について

ここで対象とする木簡は、いずれも桧を素材としており、おおむね板目を使い、柾目はわずかである。大きさは、最大一四六cmを超えるものから、最小で六cmほどの小型のものまであって、一定していない。文字はほとんど墨を使い

表3　伊場・城山遺跡出土古代木簡形態分類表

形態＼地区	伊場地区			城山地区			梶子地区		計
	大溝北	大溝南	枝溝	JR社宅	城山	学園跡	梶子	梶子北	
A	四 一	四	一	四	一		一		一六
B	四	一							五
C	四	二	二	三	一		一		一三
D	六		一		一			一	九
E	一六 一 一	二	二	一〇			一	三	三六
F	四		一						五
G			一						一
H	一一	二			二				一五
I	七	二		一					一〇
J	二四	五	一	二	一八	一		四	五五
K 削屑					二				二
計	八三	一六	九	一二	三五	一	三	八	一六七

表4　伊場・城山遺跡出土の主な古代木簡一覧

No.	釈文（〔　〕内は不確定の読み）	形態	長さmm	報告書の木簡番号	出土地区
1	・山代国連町馬食〔刻書〕 ・□申〔刻書〕	A	一一九	伊十三	伊場大溝北
2	・□□□〔充〕故思食〔者山〕在 ・「　」 □	A	三〇七	伊四五	伊場　枝溝
3	・和治田〔故〕□〔長〕□ ・□	A	六二	伊四七	伊場大溝北
4	今急〔召竹〕田〔郷長里〕□ □ 「　」語マ□□　□一	A	五四五	伊八二	伊場大溝南
5	檜前入　児末呂　分田井〔刀〕田□　○	A	四一一	伊八三	〃
6	乙未年二月□□〔何〕父丈マ御佐久〔何〕沽故買〔支〕□物「　」 〔以〕御調矣本為而種々政負故沽支然者「　」 □大〔末呂〕□□□不患止白	A	三六八	伊八四	〃
7	・「　」〔田郷夫〕 「　」龍「　」 「　」	A	四六三	伊八五	〃
8	・右件人今時過不〔参〕来　神亀四年十一月十四日□□□□ ・●敢石マ寅　若倭マ〔石〕□□一斤　五百嶋一〔斤〕 □□五戸丁分　又庸分□□□麻呂一斤　石道一斤 ●□□マ□嶋　宗宜マ三□一斤　□麻呂一斤 ・□　●麻呂一斤　●麻呂一斤　…廣麻呂一斤　□石道一斤　… 又庸分●知麻呂一斤　●□□一斤　…百足一斤　…〔乞司〕 ●若麻呂一斤　●石麻呂一斤　…丸尓マ首麻呂一斤　…	A	四〇三	伊九五	伊場大溝北

●は合点の類か）

9	・□　□□□□　□　□　□　□〔五〕□□　七月□　九月大　十一月□　〔大〕□〔在〕己巳　＝ □　□　□　□□□　□　□　□　□　□　□ □　□□　□□〔在〕□　〔歳〕□〔在〕□宮〔甲〕　天〔道〕□丁癸 ＝　太陰在卯大将〔軍卯歳〕 人道〔在〕乙辛 廿日辛亥金収　歳後天恩母倉嫁娶加冠移〔徙〕起土修□戸井竈〔吉〕 十九日庚戌〔金成〕□〔鎮〕厭 『暦　暦□□』 ・□十八日己酉土危　歳後天恩移徙治竈解除葬吉	A	五八〇	城二七	城山　城山
10	・□又一人□□死□□□勿□□ ・□□記□□伝□□□□ □　□	A	三〇六	梶　十	城山JR社宅
11	・〔己卯〕年七月七日〔記〕 ・坐〔人〕□□記	A	一三五	梶十二	〃
12	召 □□□	A	一二三	梶十三	〃
13	・□万呂　五□□□	A	一五〇	梶　一	梶子　梶子
14	・<百怙咒符百々怙宣受不解和西怙□〔三〕令疾三神〔宣〕□□ 宣天岡直符佐无当不佐〔三〕急々如律令 弓　龍神 （龍の絵） 人山　龍□　急々如律令 人山　龍□ ・<　蛇子口口口 戌　戌　戌（枠囲み）　急々如律令 弓ヨヨヨ弓	B	三一二	伊三九	伊場大溝北

15	・＜若倭マ五百国布二 ・＜　丈八尺縹	B	九一	伊四〇	伊場大溝北
16	入〔野〕中〔臣〕マ龍万呂天平七年	C	二六三	伊三二	伊場　枝溝
17	四大伴マ小歳	C	一三〇	伊五三	伊場大溝北
18	栗原若日下マ五百嶋	C	二七四	伊五六	〃
19	若倭マ小刀自女病有依〔符籙〕	C	〔一七〇〕	伊六一	伊場　枝溝
20	柴江里人	C	一五七	伊七三	伊場大溝北
21	浜津〔里〕［　］	C	一三二	伊七八	伊場大溝南
22	月生二日家度稲卌□…………□度□□	C	〔三一七〕	城三二	城山　城山
23	赤坂［ ］マ［ ］五斗	C	一九八	梶　六	城山ＪＲ社宅
24	竹田刑マ君	C	一九五	梶十四	〃
25	中寸宗宜部〔国〕［ ］	C	二〇六	梶十五	〃
26	竹田宗我マ薬師	C	一七二	梶　三	梶子　梶子
27	・　　竹田五十戸人□ ・□〔曰佐〕□［ ］〔又〕［　］	D	二七四	伊　六	伊場大溝北
28	乙未年入野里人君子マ□	D	〔一六一〕	伊　九	〃
29	竹田郷□江里〔戸〕主	D	一七五	伊　十	〃
30	浜津郷〔諸〕石マ〔古万呂〕	D	〔二四一〕	伊十九	伊場　枝溝
31	赤坂〔郷〕戸主刑部〔歳〕□〔呂〕	D	三三七	伊五四	伊場大溝北
32	延長二年	D	二四五	伊七七	〃
33	蛭田郷〔忍海〕マ多志	D	三二四	伊九四	〃
34	中寸三〔宜〕×	D	〔一五八〕	城三四	城山　城山
35	中寸宗宜部里秦	D	二八一	梶北二	梶子　梶子北

36	・　若倭〔マ〕 辛巳年正月生十日柴江五十戸人　ｏ ・□□三百卅束若倭マ□□「　」　ｏ	E	(二八四)	伊　三	伊場大溝北
37	・己丑年八月放× ・二万千三百廿□	E	(一一九)	伊　四	〃
38	辛卯年十二月新井里人宗我マ〔稲〕	E	(三三〇)	伊　七	〃
39	乙未年十月□	E	(六　三)	伊　八	伊場大溝北
40	・烏文戸主刑部石 ・天平七年	E	(一一〇)	伊三一	〃
41	ｏ□〔内〕郷戸主石部	E	(一〇三)	伊六七	〃
42	栗原玉作マ真×	E	(一〇五)	伊九七	〃
43	小文郷□〔マ〕□万呂	E	(一三四)	伊九九	〃
44	・<己亥年〔三〕月十九日渕評竹田里人若倭マ連老末呂上為< ・<持物者馬□〔小稲〕□人□□　史〔俺〕評史川前連□　<	E	(三〇五)	伊一〇八	伊場　枝溝
45	□マ刀自女□ 海マ□□	E	(一三二)	城　一	城山　城山
46	・京田〔五十〕 ・　□	E	(一〇六)	城　六	〃
47	中寸軽マ大知	E	(一〇一)	城十一	〃
48	・東廿二束又廿二束乎太〔利廿二束〕又〔下廿〕束乎太〔稲廿四束〕□又□□ 『□　「　」　「　」　「　」 「　」』	E	(三一五)	城二二	〃
49	若倭マ国〔得〕	E	(一〇三)	城二八	〃

50	〔敷〕智郡敷智〔郷〕□□〔敷智〕□〔敷敷〕	E	(二六七)	城三三	城山 城山
51	・□坐大神〔命〕□□……〔命〕 又荒別□命 奴良支□荒別御 □□ 次〔事開〕魂命□…□六柱神乃御〔名〕呼而白〔奉〕 ・ □乎命□□荒……〔木〕幡比女命尓千幡男□…□□□ □□ 尓支□留荒別御……魂命 次生魂〔命〕 次□足〔魂〕命 右〔六〕柱〔神〕□	E	(三三五)	梶 四	城山JR社宅
52	①□ ②・□〔宜部〕廣万呂戸口人 ・ □	E	(二七二)	梶 二	梶子 梶子
53	・依調借子入〔浜津郷鴨マ〕里〔戸主〕物部三〔狩〕 ・ 大領 『石山』	E	(二六〇)	梶北一	梶子梶子北
54	中寸宗宜部里秦	E	(一九六)	梶北三	〃
55	赤坂郷忍海部古□	E	(一〇〇)	梶北五	〃
56	〔符〕竹田郷長里正等大郡×	F	(二八二)	伊十八	伊場 枝溝
57	駅家玉作マ〔稼万〕×	F	(九 九)	伊二七	伊場大溝北
58	若倭マ廣万呂	F	(一二三)	伊四二	〃
59	赤坂郷	F	(一〇〇)	伊五〇	〃
60	若倭マ佐々万呂	G	(一一一)	伊六四	伊場 枝溝
61	・ □一 委尓マ足結屋一 若倭マ小人屋一 語マ□支□屋一 □ □椋一□双□ 肥人マ牛麻呂椋一 若倭マ八百椋一 同小麻呂椋一屋一 委尓マ長椋二 五十戸造麻久□椋二 委尓マ干支鞨椋一 = □部衣〔縫〕屋 語マ山麻呂椋一 宗尓マ□□屋一 委尓マ酒人椋一屋一	H	(一一六二)	伊二一	伊場大溝北

	駅評人　　軽マ軽マ足石椋一屋一　蘇可マ虎男椋一屋一 語マ三山椋一　　語マ小衣屋一椋一　○ ＝人 □竹□語マ比古椋一　加〔毛江〕五十戸人　語マ小君椋一 ⌈　⌋男椋一⌈⌋ ・⌈　⌋〔屋〕　⌈　⌋　□〔人マ〕□〔椋〕　宗可マ□椋一 □マ□□椋一今〔作〕　間人マ□　同マ□□屋　日下マ部□木椋二今作 □□マ□〔豆〕女屋一　〔石〕部龍椋一　石マ国□椋　宗何マ□□椋一　＝ □□□　同□椋一　大〔伴〕部足石椋一　宗□□□□□椋一 宗何マ□□椋一　敢石部角椋一 □□　加毛⌈⌋椋一　□□　□　⌈　⌋　○ 神人□□□　宗何マ伊□□椋　〔丈〕 ＝　□木マ□椋一　□□□□ □□□□椋□〔屋〕　□□□				
62	・　□□□□ □□□美濃関向京於佐々□〔事〕 〔置染部〕□人	H	(三二六)	伊三〇	伊場大溝北
63	・×駅家　宮地駅家　山豆奈駅家　鳥取駅家 〔付〕御使進上	H	(九　四)	伊三四	〃
64	・〔養〕老五年□大豆四斗徴者司商量不令〔取〕莫 ・⌈　⌋	H	(三三八)	伊三七	〃
65	・×〔部〕廣麻呂〔戸〕里 ・□□	H	(一七三)	伊四六	〃

66	戸主若倭マ石山六 廣麻呂九束　戸主若倭マ足嶋九束 □知麻呂卅束　戸主〔丸〕尓マ刀良 マ飯依　馬主戸口〔和〕尓マ吉麻呂廿束 □□依戸口同マ色夫知四束　合〔卅〕五束代黒毛牡馬〔歯〕 得万呂　馬主戸主宗宜マ〔鳥〕依〔廿四〕束 戸主若倭マ足嶋⌈　⌋	H	（一三二）	伊五二	伊場大溝北
67	・四……戸人⌈　⌋□………人□□□　□…… ………………………… 十……戸人□麻呂八……戸人三□呂十……人⌈　⌋六…… ………………………… ……戸人九人　十……戸⌈　⌋……戸〔主〕……語部乎〔悪〕……□六…… ………………………… ……戸人宇□呂八……戸人⌈　⌋□……戸人……首子　十…… ………………………… □……戸人西万　四……戸人忍勝　六……戸人……万呂　四…… ………………………… □……戸主……語部金⌈　⌋……戸主……敢石マ麻□……□□　戸人……奴須真□……八…… ・□□	H	（四六〇）	伊八六	〃
68	・□□〔東又下〕廿二束〔代〕□□□〔東〕□又□□束□□□□□〔十〕束□又〔十〕□□□＝ □〔二〕束入廿二束乎太〔稲〕□⌈　⌋〔又下廿束乎太稲廿四束又下〕 ＝□□小□□□□□　□〔調〕□□□⌈　⌋	H	（二七二）	城二三 ＋二四	城山　城山
69	・⌈　⌋ 若倭マ石乎七十文乞	H	（一九三）	城三七	〃

70	・□□□□□□□ 袁文里百十	I	(二一一)	伊　二	伊場大溝北
71	・〔斯〕上□□□（刻書） 「　」三使部□□麻呂　天大大大大大大大 敷智郡□宗可〔里〕　天□□	I	(一四六五)	伊十四	〃
72	□□マ子美女	I	(一四四)	伊五五	〃
73	二人（刻書）	I	(一五六)	伊七九	伊場大溝南
74	・×〔倭〕マ金手十八束同マ□長女四束 ・〔語〕部布知万呂十束〔五巴〕	I	(一四四)	伊八八	〃
75	若万呂	I	(八　五)	梶　七	城山JR社宅
76	□伊福マ〔直〕天平〔七〕	J	(九　〇)	伊三三	伊場大溝北
77	上里戸主海部曽×	J	(八　五)	伊七〇	〃
78	〔平〕四〔年〕三月二日	J	(一七四)	城　十	城山　城山
79	天平五年	J	(七　七)	城三〇	〃
80	・「」□□〔事〕 贄代□□	J	(一八〇)	城三九	〃
81	・□〔田〕□□□ 「　」 〔馬〕歳七高四 験左後足	J	(七　五)	梶北六	梶子梶子北
82	論〔語〕	K	(二　二)	城十四	城山　城山

※木簡掲載報告書文献は註記⑨

筆で書かれているが、刀子の先のようなもので書いた刻書が一点（表4-1）認められる。伊場遺跡出土の木簡は一〇八点を算え、すべて古代のものである。城山遺跡出土木簡は四〇点あるが、内五点は中世の木簡であるから三五点が本稿の対象となる。梶子遺跡第九次調査地点はJR浜松工場の社宅内になるので、梶子遺跡として報告されているが、遺構や大溝の状況からみて、城山遺跡に含める方がよいと判断して、本稿では出土木簡一二点を三五点に加える。梶子遺跡では別に三点の木簡が検出されている。さらに、その北西で発見された梶子北遺跡から、八点の古代木簡が検出されているので、合計一六七点の木簡をここでは対象にする。（注　二〇〇八年までに、中村遺跡と鳥居松遺跡の調査により一四点が出土し、木簡の総数は一八一点となった。）

表3は、それらの木簡群を形態別に分類したものである。形態は全体の形状が分かる場合、上下方頭の短冊形をA、短冊形で上端近くに切り込みを入れたものをB、方頭で下端を尖らしたものをC、圭頭もしくは台形頭で下端を尖らしたものをD、とする。下端を折損する例では、方頭もしくは方頭で切り込みを入れたものをE、圭頭もしくは台形頭のものをF、斜頭のものをGとし、頭部欠損の例では、下端方頭のものをH、下端を尖らしたものをIとする。また、上下とも欠損して形態不明のものをJ、削屑をKとする。形は機能・用途と関連するから、これらの木簡がどう使われたかを考える場合、その形状は大変参考になる。その点については次項で再度取り上げる。ここでは、上下両端が方頭になるA・Bと、下端を尖らしたC・Dとが、ほぼ同数認められる点に注目しておきたい。EはA・B・Cの上半部、F・GはDの上半部とみられ、HはAとBの下半部であった可能性があり、該当する例数もほぼそれを裏付けている。しかし、それにしては、Iの数が思いの外少ない。これは、この部分がHと比べて欠け易く、またここに文字が残される率が低いため、木簡と認定されにくいためであろう。表4は、これらの木簡群の内完形の例を中心に文意上注目されるものを八二点選んで、一覧にしたものである。以下、この表を基に伊場・城山遺跡を中心とする出土古代木簡について解説を加える。

内容と形態

木簡の文意は、かならずしも明解なものばかりではないが、その内容はおおよそ次のように、大別することができる。(10)

①文書様木簡　授受関係が明記されているか、文面に授受関係を示す文言が認められる例を文書様木簡とする。53は、裏面に郡司長官の大領という職名と彼の名と思しき「石山」という署名が記されている。56の冒頭の一字は、報告書では釈読できないとしているが、国立歴史民族博物

館の平川氏から「符」と読めるのではないかとの指摘をいただいている。だとすると、この木簡は、竹田郷を代表する郷長と里正に充てた符の木簡だったことになる。職名とはいえないが、1の「馬食」、4の語部某、5の梔前入児末呂などは、充名とみられる。7の表や12の割り書き、13の表、45の人名なども充名だった可能性が高い。また、授受関係は明らかではないものの、文脈上伝達しようとする文意と汲みとることができる例がある。1には、「申」の字があり、2には「充」の語が、4には「急」(急げ)、6には「故」(ゆえに、だから)、7には「不参来」(参り来らず)、10には「死」・「勿」・「記」・「伝」、11には「記」・「坐」、12には「召」(召す)、64には、「不令」(せしめず)などといった伝達の内容や目的などが記されていたことが分るのである。

37については、持統天皇三年(己丑年、六八九年)に行われた大規模な放生会に関する木簡だとする見解がある。[11]『日本書紀』には、この年八月十六日一定地域を限って、漁猟を禁断する命令が出されたことが記されている。表の「放」は放生の放であり、裏面の数字は放された魚や獣の数を示したものと解釈されている。

62については、発見当初から過所(通行手形)のようなものだろうとされていた。表には、美濃関つまり不破関を通って京(この場合多分平城京)へ向うことが記され、裏に途中通過すべき驛名を三河国まで明示してあったものと思われる。しかし、『公式令』に定められた次のような過所式とは違っているし、東海道を上下する場合にこえるべき鈴鹿関をこえず、東山道の不破関を通ったのは何故かなど謎が残っている。

過所式

其事云々、度㆓其関㆒往㆓其国㆒
其官位姓三位以上称㆑卿、資人、位姓名、年若干、庶人称㆓本属㆒、従人、
其国其郡其里人、姓名年、奴名年、婢名年、其物若干、
其毛牡牝馬牛若干疋頭
年月日　主典位姓名
次官位姓名

同じく過所とみられている木簡に44と81がある。44はE形態で上端近くに切込みがあって、発見当時紐が遺存していた。東野治之は、この木簡が若倭部連老末呂に発給された大宝前の貴重な過所木簡だとする説を発表している。[12]東野の関心は、むしろ裏面下半に記された官制を示すとみられる部分のようであるが、そうなると、この木簡は授受関係の明確な文書木簡ということになろう。81は、上下を欠失しているが、馬の特徴を記した部分とみられ、過所木簡

の一部と推定されている[13]。

以上の一八点について、改めて形態に注目すると、A・E・F・H・Jに及ぶが、おおむね短冊形もしくはその上下いずれかの部分であることが分る。また、多くの場合複数行で書かれるか、割書きが入り、一行の場合でも表裏両面に及ぶといった特徴があげられる。そうした目で他を見直すと、9・36・48・51・68・80なども文書様木簡に含めることができそうである。中でも51は、表裏両面に某命という名の六柱の神名が列記され、表面には「御名呼而白奉」（御名を呼びてもうし奉る）という文言が、宣命体で記されている。また、9は、表に歳首裏に十八・十九・二十日の三日間の暦と暦注を記していることが分る。これは極めて珍しい具注暦の木簡なのである。岡田芳朗の研究によると、これは、神亀六年の具注暦で、裏面は正月の暦日を示すという[14]。『令義解』「雑令」の造暦条には、陰陽寮で造られた来年の暦は、十一月一日に中務を経て奉聞され、内外の諸司に年内に届けられるよう定められている。神亀六年は正月に天平と改元されたので木簡には神亀六年となっていても、実際は天平元年だったのである[14]。

②帳簿様木簡　8・61・66・67は、短冊形もしくは下端方頭のAとHに属し、①の文書様木簡と共通した形態をしているが、幅が広く長大で、人名と数値が列記されている点で①と区別される。8には、表裏両面に「庸」の字を中軸に、人名と一斤という量計が三行ずつ三～四段に書き連ねられている。61は、発見当初から屋椋帳木簡と呼んでいたもので、表裏両面に三～五行ずつ七段にわたり、人名と屋・椋の数が列記されている。屋と椋の違いは不明であるが、いずれも倉庫の棟数を示したものと思われる。上端を欠失しているばかりでなく、左右も削られている。左右に切り込みを加えてあり、切り込み部分は若干磨滅して文字も消えかかっている。下端近くに穿孔がある。もっと幅のある長い木簡が、俵を作る菰を編むための台に転用されたものであることが分る。切込みは編み目の糸の位置を示す目盛である。こうした菰編みの台に転用された木簡として、もう一例71があり、現存長一四六・五cmと最大を誇る。66も木簡を転用したものらしく、四隅に円孔を穿ち、文字の一部を切っている。上段は切られているので、下段で見ると、戸主某に続いて束数が記載されている。その内二人の戸主の頭に馬主と付き、内一人分には「黒毛牡馬」の注記がある。この「馬主」とは、『令集解』「厩牧令」の置驛馬条に「毎レ馬各令二中中養飼一」と定める駅馬の飼養責任者と考えたいが、そうすると単に戸主と記す者は、中中戸以外の駅の業務に従事すべき駅戸たちということになろう。この条に引く『古記』（『大宝令』の注釈書）には「毎レ馬中

戸各一課。下戸不レ合レ令也。」とあって、『大宝令』にも似たような規定があったことが分る。しかし、この考えには、馬主とは私馬の所有者で、公用の物資輸送の一部を担当したことを示すものだとするなど、異論がある。⑮

67は、戸主もしくは戸人として人名と数字が続く。しかしこの数字には単位名がないので何を数えたものか分らない。戸主と戸人の使い分けも類例がないので分らない。戸主には「語部」とか「敢石部」というように部姓が付いているが、戸人の場合は「九人」、「西方」、「忍勝」、「首子」、「万呂」のように名のみが記されている。この点からみると、戸人は戸口と同じで、同じ部姓の者だったのではないかと思われる。

③荷札・付札　15は、B形態に作られ、表から裏にかけて「若倭部五百国布二丈八尺縹」と記されている。布とは麻布のこと、縹（はなだ）は、薄い藍色のことである。調庸布の寸法は、幅二尺四寸と定められていたが、長さについては、何度か変更があった。『賦役令集解』第一条の古記に引く養老元年十二月二日の格では「調布長肆丈弐尺」とするが、『続日本紀』天平八年五月十二日の条には「諸国調布。長二丈八尺。」とする。さらに、『延喜式』は「長八丈。広二尺。」と定めているのである。したがって、この木簡は天平八年当時の長さに一致することになる。また『賦役令』の調皆随近条には、「具注二国郡里戸主姓名年月日一。各以二国印一々之」と規定され、事実正倉院に伝来している調庸の古裂には、織り物に直接墨書され国印が押されている。そこで、この木簡は、納入者から郡衙の受取責任者に届くまでの間、調布の端に付けられていた付札だったとみられ、郡衙であった伊場・城山遺跡で木簡が外され、布に例えば遠江国敷智郡竹田里戸主若倭部五百国調布二丈八尺縹と墨書されて国衙へ送られたのであろう。ちなみに、正倉院には「遠江国敷智郡竹田郷戸主刑部真須弥調黄絁六丈　天平十五年十月」と墨書押印された古裂が完存している。調布の納入過程でこうした付札木簡が使われたことがはじめて明らかになったのである。⑯

44は、先に文書様木簡の一例として取り上げたが、形態はEに分類されても、元の形はBであった可能性が高い。あるいは、これで完形だったのかも知れない。この木簡には紐が遺存し、何かの荷物に結びつけられていたのであろう。41の場合は、上端近くに小孔が穿たれており、ここに紐を通して荷札として使ったものと思われる。63・65も上端は15や44のようになっていたかも知れない。

こうした紐で結び止めたと思われる木簡は、当遺跡ではきわめて少ない。代って注目されるのが、16～26に挙げたC形態と27～35に挙げたD形態の木簡である。両者の共通点は下端を尖らしている点である。書かれている内容にも共通する所がある。その共通点とは、片面一行の短文からなり、里（郷）名と人名、里（郷）名のみ、もしくは人名を中心に、年号もしくは一か二の人数を記入したものが若干認められるという点である。里（郷）名のみの場合には、その名数が記入されるが、それ以外では人数の記載がない。この原則に外れるのは、19・22・27・32である。19は後述する呪符の仲間であり、22と27は、すでに取り上げた文書様木簡に含めるべきかも知れない。32は、巻いて保存された文書に差し込まれる題箋のようなものである。この種の下端を尖らした木簡は、15・41・44のように物品に紐で固定するには適さないが、物品に差し込む形で使われた、やはり一種の付札ではなかったかと思われる。

物品に文字が見えるように差し込むとすれば、束ねられた物品の紐に挟むか、俵のように縛った縄と俵本体の間に挟む場合が想定できる。『田令』は、「段租稲二束二把。町租稲廿二束。」と定めているので、租は稲を束ねて納入したように思われるが、実際は一束を一斗として、籾の状態で納めた場合が多かったらしい。年間の租の収支は、国司が『正税帳』の形で中央へ報告するが、納入された租の保管場所は、郡衙に並ぶ正倉群であった。したがって納税者は、俵に詰めた租稲を郡衙へ運んだはずである。その時俵には納税者の名札や一ないし二人分の端数をまとめた札が付けられたのではなかろうか。こうした付札は相当な数になったはずで、以上の他にも、F形態の57～59、G形態の60、I形態の72・73・75などが、この付札の仲間に含められるであろう。さらには文面の共通するE形態の38～40・42・43・47・49・54・55やJ形態の76～79も、同様な付札だった可能性がある。（注　『伊場遺跡総括編』二〇〇八で渡辺晃弘は、「里（郷）名＋人名」やこれに年号・数量を加えた木簡の多くは出挙の貸付や返納などその管理に伴う可能性を指摘した。）

④呪符　14はB形態に作られ、荷札か付札に適した形をしているが、「百怪呪符」という文言で始まり、「急々如律令」という呪語で終る文字通りの呪符である。この木簡は伊場遺跡の大溝の底に突き刺した状態で発見された。文字は墨が消えて、文字だけが浮き上がった状態だったので、光にかざしてかろうじて読み取ることができた。長い期間外気にさらされていたために、文字の部分だけが風化をまぬがれていたのである。この木簡については、芝田文雄の研究があり、止雨を念じた陰陽道あるいは道教系の呪符であろうという。[17]

19は、若倭部小刀自女という女性名に続いて「病有依」（病有り依りて）と記し、不可解な呪語一字で終る。便宜上C形態に含めたが、上端左右に斜め上方から二回ずつ切り込みがあり、斎串と呼ぶ祭祀具に似た作りをしている。

⑤その他　以上の他に文字を習ったとみられる習書や82に例示したような削屑、性格の分らない3・46・50・80などがある。

年代観

木簡が書かれた年代とそれが捨てられた年代とは、必ずしも一致するとは限らない。また、埋没していた地層（考古学では遺物包含層と呼ぶ）は、長短の差こそあれ堆積に要した時間幅を持っている。そこでまず、木簡自体が具有する年代徴標からみて行こう。

その第一は、紀年表記である。これには干支と元号の二様がある。古い順に列記すると次の通りである。（注　その後発見された紀年銘には、中村一号の和銅八年（七一七）、鳥居松三号の神亀元年（七二四）、同五号の己酉年（七〇九）がある。）

11［己卯］年七月七日記　（六七九年）
36辛巳年正月生十日柴江五十戸人　（六八一年）
37己丑年八月　（六八九年）
38辛卯年十二月新井里人　（六九一年）
6乙未年二月□□□　（六九五年）
39乙未年十月　（六九五年）
28乙未年入野里人　（六九五年）
22月生二日家度稲卌　（?年）
44己亥年［三］月十九日渕評竹田里人　（六九九年）
7神亀四年十一月十四日　（七二七年）
9□□□□（神亀六年具注暦木簡）　（七二九年）
78［平］四［年］三月二日　（七三二年）
79天平五年　（七三三年）
16入［野］中［臣］部龍万呂天平七年　（七三五年）
40・烏文戸主刑部石□
・天平七年　（七三五年）
76□伊福部［直］天平［七］　（七三五年）
32延長二年　（九二四年）

干支年紀から元号に変更されたのは、『大宝令』によるとされ、大宝二年（七〇二）の例が最古である。『大宝律令』の施行された年に当る。同時に干支年紀の次に地名続いて人名という表記法も、地名・人名の後に年月日が来るように改められた。しかし、11のように干支年月日記という書き出しは、埼玉県稲荷山鉄剣銘に始まり、古い仏像銘など類例が知られている。こうした記載方式の変化について、岸俊男は、『大宝令』にあった「公式令」の書式の影響によるものとされ、それは直接中国本土の唐からの影響によると述べている。[18] 伊場・城山木簡のような東国に残った木簡もそうした動きに連動していたことが分る。なお22は、年紀の確定はできないが、「月生」（つきたち）という表記が

表5　木簡の年代観

層位＼番号	9～10世紀の地層	8世紀の地層 上層	8世紀の地層 中層	8世紀の地層 下層	8世紀の地層 層位の上下不明	7世紀の地層
表4の木簡番号	14・□32・●41	2・5・△7・10・12・15・●20・●23・24・☆25・●33・42・58・●59・64・65・73・74・△77	4・☆6・17・18・△29・●31・☆39・☆61・66・☆71・72	1・8・●21・☆27・☆37・☆38・43・51・57・△62・67・☆70・75	3・△9・●13・△16・19・☆22・●26・●30・34・35・△40・☆44・45・46・47・48・49・●50・●52・54・55・△56・60・63・68・69・△76・78・79・80・81・82	☆11・☆28・☆36

☆大宝前とみられる木簡　●天平十二年以降とみられる木簡
△霊亀元年～天平十二年の木簡　□延長二年の木簡

36と共通しており、大宝令前と推定される。[19] さらに、36・38・28・44では、五十戸人とか里人といった表記が行われているが、これも大宝以前の表記の特徴である。そこで、27（竹田五十戸人）と61（驛評人・加［毛江］五十戸人）も大宝令以前の木簡に含めることができる。61の木簡は、書体の上でも七世紀に見られる六朝風の書体だという指摘がある。[20]

第二の手がかりは、地名の表記法である。『出雲国風土記』の序に当る部分に「右件郷字者、依霊亀元年式、改里為郷、其郷名字者、被神亀三年民部省口宣改之」と記されていて、それまで某里と表記されていたのが、霊亀元年（七一五）に某郷と表記することになったことを伝えているのである。同時にこの時、郷の下に里を置くことも定められたようで、某郷某里と書くことになった。この制度は、天平十二年頃廃止され、以後某郷と表記するようになったことが、各種の文献や木簡などによって確かめられている。そこで、表4の中から、大宝令施行以後で、和銅七年以前の某里と記す例として、70と71を挙げることができる。表4には入れなかったが、竹田里と記す木簡もある。次の霊亀元年から天平十二年頃までの某郷某里と表記する例としては、29と56があり、77も郷名を欠くがこの種の表記と思われる。以上の他は、20・21・23・30・31・33・41・50・55・59のように某郷とだけ記す。なお某郷とだけ記すものの中にも、他に里名を欠くものがあったかも知れない。

第三の手がかりは出土した地層の年代である。書かれてから廃棄されるまでの期間も、木簡の場合無視できないが、少なくとも年代の下限を抑えることはできよう。紀年銘木簡やそれに準ずる年代の確かな木簡も含めて、表5を作成した。この表を見ると、おおむね古い木簡は古い地層に入っていることが分るが、八世紀の地層中特に中・下層に七世紀の木簡が入っており、上層との間に大きな差があるように思われる。伊場遺跡の調査では、上層は奈良時代の堆積と捉えていたが、梶子遺跡第九次調査では平安時代とされている。この表では、10・12・23・24・25は八世紀の地層上層の欄に含めてある。大溝出土土器の整理が最近終了して、成果が公刊されたが、それによると、層位関係についての信頼性は薄らいだという[21]。この表は、およその傾向と受け止めておく他ないようである。

評（郡）・里（郷）名

本稿に取り上げた木簡群には、評名、郡名、里名、郷名等の記入された例が含まれている。それらを表6としてまとめた。ここには1の山代国を除いた。これを山城国や山背国と同じ、今日の京都府一帯を指すのかどうか、指すとすれば、何故この木簡が伊場遺跡に残ったのか、理解しにくいことである。また、表6には『天平十二年遠江国浜名郡輸租帳』断簡や『倭名類聚鈔』（高山寺本と流布本）に記載されている郷名も列記して、木簡・墨書土器と対照させた。従来の地名考證は、『倭名類聚鈔』をほとんど唯一の手がかりとしてきたが、木簡にこれだけ多くの地名が記されていたことは、思いがけない福音というべきである。両者を対比させることによって、高山寺本『倭名類聚鈔』の方が、この七～八世紀の木簡群に記す里（郷）名表記を、より忠実に伝えていたことを知ることができた。

44に記す「渕評」は、後に50・71にあるように「敷智郡」と改められた[22]。『続日本紀』和銅六年（七一三）五月甲子の条には「制。畿内七道諸國郡郷名着好字。」とあり、『延喜式』の民部省式には「凡諸國部内郷里等名。並用二字、必取嘉名」と定められている。一方『出雲國風土記』は、「其郷名字者、被神亀三年民部省口宣改之」と述べており、二字の好字に改められたのは、神亀三年（七二六）だったらしい。

表6の敷智郡の欄を見ると、象嶋（象島）、海間（尾間）両郷を除き、木簡と『倭名類聚鈔』とはよく対応している。墨書土器銘を加えると海間（尾間）郷を残すだけである。しかも、墨書土器銘では、「象嶋」と書き、木簡では「濱津」と記すなど、高山寺本と一致する。また、流布本では驛家郷を加えているが、高山寺本にはなく、木簡では大宝

前の61に「驛評」、八世紀前半頃のものと見られる。57には「驛家」となっていて、里もしくは郷字を欠く。浜名郡の該当里（郷）名は、38の新井里と80の贄代□□である。さらに、引佐郡下の京田［五十］が46に見られる。新井里は『浜名郡輸租帳』の新居郷とは対応するが、『倭名類聚鈔』にはその名がない。坂本郷もしくは坂上郷と名を変えているようである。なお、62裏面の駅名に「山豆奈」とあるのは『延喜式』所載の三河山綱駅のことであろう。こうした三字表記や一字表記の地名は、神亀三年（七二六）以前の木簡であることを示す。

　伊場遺跡・城山遺跡が、敷智郡家跡と推定されることについては、本稿前半で述べたし、多くの研究者の主張する所である。とすれば、この表に並ぶ里（郷）は、この遺跡に存在した官衙の行政権の及んだ範囲を示しているといえよう。それは、敷智郡内一円に及ぶとともに、京田・贄代・新井の存在によって、浜名湖沿岸全域にも及んだことが推定される。しかし、敷智郡内は里（郷）名がほぼ全域分

表6　木簡・墨書土器にみられる地名一覧

木簡（（）内は第4表の木簡番号）	墨書土器	浜名郡輸租帳	高山寺本倭名類聚抄	流布本倭名類聚抄	推定地
渕評（44）					
敷智郡（50・71）	布智厨・布知厨		敷知郡	敷知郡	
蛭田郷（33）			蛭田郷	蛭田郷	冨塚町か
赤坂郷（31・55・59）			赤坂郷	赤坂郷	伊佐地町か
赤坂（23）					
	象嶋・［象］嶋		象嶋郷	象島郷	東若林町辺
柴江五十戸（36）			柴江郷	柴江郷	舞阪町
柴江里（20）					
小文里（中村二）			小文郷	小文郷	志都呂町か
小文郷（43）					
竹田五十戸（27）					
竹田里（44）	竹田里				東伊場から
竹田郷（4）	竹田郷		竹田郷	竹田郷	西伊場辺
竹田郷□江里（29）	竹田□				
竹田郷長里正（56）	竹田				
竹田（24・26）					
袁文里（70）			雄蹋郷	雄踏郷	雄踏町
烏文（40）					
			海間郷	尾間郷	村櫛町か
和治（3）			和治郷	和治郷	和地町
濱津里（21）			濱津郷	濱松郷	米津町辺
濱津郷（30）					
濱津郷鴨部里（53）					
驛［評］（61）					
驛家（57）	栗原驛家・栗原		記載なし	驛家郷	西伊場から
栗原（18・42）					東伊場辺

揃っているのに、他郡内では乏しいのはどうしてであろうか。それは、浜名湖沿岸全域に行政権が及んだのが、古い時期だったためと思われる。新井は里表記であるし、京田も五十戸つまり里表記だった可能性が高い。そこで、ある時期まで、浜名湖沿岸全域が一つの評もしくは郡であったものが、浜名郡、続いて引佐郡を分置したとする解釈が成立すること[23]になる。その時期は、藤原宮跡出土の「遠江國濱名日下部君□」と記した木簡の年代が、一つの手がかりとなろう。この木簡は少なくとも和銅三年（七一〇）以前に浜名郡があったことを示しているから、浜名郡分置があったとすれば、大宝令によるものとの推定が成り立つ。

表6の末尾欄には、文献にない地名を挙げた。入野は入野町に、中寸（村）は東伊場一丁目の小字にそれぞれ名を残しているが、敷智と宗可は全く手がかりがない。敷智は郡名と同じ郷名であり、郡家所在郷とみたいが、遺跡周辺は竹田郷と考えられる。川邊は郷字を欠き、人名の上に付く。郷里制下の里に相

新井里（38） 贄代□（80）		濱名郡 新居郷 津築郷	濱名郡 記載なし 記載なし 記載なし 坂本郷 大神郷 驛家郷 贄代郷 英多郷 宇智郷	濱名郡 記載なし 記載なし 坂上郷 坂本郷 大神郷 驛家郷 贄代郷 英多郷 宇智郷	新居町 三ケ日町 都筑 新居町か 新居町か 湖西市 湖西市か 三ケ日町 鵜代 三ケ日町 三ケ日 三ケ日町 宇志
京田［五十］（46）			引佐郡 京田郷 刑部郷 渭伊郷 伊福郷	引佐郡 京田郷 刑部郷 濱伊郷 伊福郷	都田町 細江町刑部 引佐町 井伊谷 細江町気賀
入野里（28） 入野（16） 敷智［郷］（50） 宗可［里］（71） □［内］郷（41）		文献のない里［郷］名　等			入野町
中寸（34・35・47・54） 中寸里（中村一）	中寸 川邊				東伊場

当する地名と思われる。

ところで、伊場・城山遺跡出土の木簡群では、国郡名を欠くのが通例で、44・50・71の三点に評・郡名を記すにとどまる。44は過所の一種とみられ、50と71もやや特殊な木簡らしい。当遺跡の主体を占める荷札・付札の類では、里[郷]名を付し、さらに人名のみで地名を全く欠く例も少なくない。こうした木簡の使われ方を見ると、郡内で通用する場合には郡名を欠く原則だったことが分るが、里(郷)名さえも欠くとすると、別にそれを特定する手だてをほしい。そこで考えられるのは、こうした付札類を付けた物品(すでに述べたように本稿では俵詰めの租稲と推定)が、里[郷]毎にまとめられていた状況である。

なお、表6下欄には、里[郷]の推定地を入れた。この点については、古くから大勢の研究者が検討を重ねてきたが、まだ定まった見解とはなっていない。この問題は解説の域を逸脱するので深入りしないでおく。

人名(部姓)について

伊場・城山遺跡とその周辺の発掘調査によってみつかった木簡と墨書土器には、人名も記載されている。人名は、姓と名の二つの部分から成っているが、この項では姓に注目したい。大化改新後、改新政府は子代・名代・部曲・品部等の皇族や豪族の私有民(部民)を廃止して、公民として一律に支配することとした。しかし、大化前代に行われた部民の制度は無くなっても、公民の姓に某部として残った。そこで、七世紀後半以後の文献に記録された人名の姓から、大化前代の部民の動向をうかがうことができる。

表7は、表1と表4および表4以外の木簡も含めて、一二二名の部姓をもつ人名を検索し、五つの種類に分けて部制の一覧としたものである。

I類は、御名代部とか御子代部と呼ばれた、皇族の私有民である。日下部・若日下部は仁徳天皇の皇子女、刑部は允恭天皇の后忍坂大中姫、軽部は允恭天皇の皇子木梨軽大子のために設定されたという。これらとは別に、朝廷直属の部民で東国に多い丈部がある。II類は、大豪族の私有民で部曲(かきべ)と呼ばれた。委爾部・丸爾は和邇氏の、宗宜部から蘇可部までは蘇我氏の、大伴部は大伴氏の、君子部は上毛野君の、石部・敢石部は伊勢に勢力を持った磯辺氏や敢礒部氏の、それぞれの部曲とされている。III類は「神」の字が付き、伊勢神宮や三輪神社に奉仕した部民とされている。IV類は特定の職に従事する職業集団で、品部(ともべ)と呼ばれた。海部は製塩や漁業に従事する集団、山邊は山部で、薪炭の生産にたずさわった集団、玉作部は攻玉集団、語部は大王に関する口誦集団とされている。三

表7　木簡・墨書土器にみる部姓一覧

類別	部姓	木簡	墨書土器	計
I類	日下部	一		一
	若日下部	一		一
	刑部	四		四
	軽部	二		二
	丈部	四		四
II類	委爾部	四		四
	丸爾部	三		三
	宗宜部	七	一	八
	宗我部	四		四
	宗何部	三		三
	宗可部	一		一
	宗爾部	一		一
	宗□□	一		一
	蘇可部	一		一
	大伴部	三		三
	物部	二		二
	君子部	一		一
	敢石部	三		三
	石部	二		二
III類	神麻績部	一		一
	神人部	二		二
	神□□		一	一
IV類	海部	二	一	三
	山邊		一	一
	玉作部	二		二
	三使部	一		一
	三使		三	三
	語部	一二		一二
V類	若倭部連	一		一
	若倭部	一八	二	二〇
	若倭	一		一
	竹田		一二	一二
	中寸		一	一
	蛭田削除			
	伊福部	一		一
	間人部	一		一
	肥人部	一		一
	忍海部	三		三
	その他	七	一	九
計		九九	二三	一二二

使部はよく分からないが、大王の重要な使い走りに係ったのでもあろうか。

V類については、どんな部民かよく分からない。若倭部は二四例もあって注目され、若倭部連に統率されていたものと思われる。狩野久は、若倭部を倭国造の部民（私有民）とする考えを示している。[24] 竹田と蛭田はともに、里（郷）名であって姓の名称とは思えないが、さりとて地名とすると、姓を欠くことになる。伊福部以下は例数が各々一と少ないうえ、性格もよく分からない。

このように整理すると、I類では名代・子代など、五世紀の大王に関係する古い部民がみられること、II類の部曲では、和邇氏と蘇我氏の部曲が目立つこと、III類の伊勢神宮関係者が含まれること、IV類では語部の存在が目立つこと、そしてV類では若倭部が顕著にみられること等が、特徴として挙げられる。これを浜名湖西岸の部民名が記載されている『浜名郡輸租帳』と比較して見よう。同輸租帳の新居郷には、語部一〇、神直四、神人二、神人部五、和爾神人二、和爾神人部一、敢石部三二、麻積部四、神麻積部一、爪工部三、宗宜部六、物部一、三使部二、津守部一、伊福部一がみられ、津築郷には、山部八、土師部一、大湯坐部一、三使部一、日下部五、小長谷部一、伊福部二、敢石部二、神人部四が認められる。

語部・宗宜部・敢石部・神某部が目立つ所は、新居郷の例に共通し、山部・日下部の存在は津築郷と相通じ、若倭部が多い点は双方とも異なる点であることに気付くのである。若倭部は、天竜川平野の北部麁玉郡の人、若倭部身麿なる人物の防人歌が知られ、若倭神社が『延喜式』に載っている。表7の部民分布は、木簡や墨書土器が浜名湖沿岸一帯から天竜川平野にかけての大化前代の諸勢力の動向を知る有力な史料であることを、よく示しているといえよう。浜名郡については、すでに大山誠一による研究がなされており(25)、同様な検討がこの地域にも行われる素地は整ったといって良い。

四　おわりに

本稿は、冒頭に述べたように、伊場・城山遺跡とその周辺から出土した文字資料の解説を意図したものであるから、敢えて論考となるような事柄には触れないが、36の木簡に関連して新史料が発見されたので、この木簡の意義を述べて結びとしよう。

36の木簡には干支による年紀が記されていて、辛巳と読めそうである。辛巳年は天武天皇十年（六八一）に当り、これまで我国最古の年紀木簡とされてきた。年月日の次には、柴江五十戸人とある。柴江里人と書くべきをこう記したのは、当時里は五十戸であることが周知されていたからだといえよう。それは当時の法律に「凡戸以五十戸為里」といった『養老戸令』のような規定があったからだと考えられる。天武天皇十年当時の法律といえば、天智天皇七年にできて、同十年（六七一）に施行されたと伝えられる『近江令』であるが、その存在を疑う古代史家が多い。ところが平成三年十二月五日の新聞は、滋賀県野洲町（現野洲市）湯ノ部遺跡から、わが国最古の公文書木簡が発見されたと報じた。その木簡には次のように書かれているという。

（側面）丙子年十一月作文記
（表面）牒玄逸去五月［中官］□蔭人
　　　　自従二月巳来□養官丁
　　　　久蔭不潤□蔭人
（裏面）次之□□丁□［等利］
　　　　壊及於□□□人［官］
　　　　裁謹牒也

丙子年は、天武天皇五年（六七六）に当るから、先の36より古い。しかも、年月日に続いて「牒玄逸」に始まり、「裁謹牒也」と結ぶ書式は、『養老公式令』に定める次のような牒式とよく似ている。

牒式

牒《ス》。云々。謹牒。

年月日其官位姓名牒

この二点の木簡は、従来疑問視する向きの多い『近江令』の実在性を主張している。法律は、その後持統天皇三年（六八九）に『飛鳥浄御原律令』が成り、大宝元年（七〇一）に『大宝律令』ができて翌年施行された。さらに、養老二年（七一八）に『養老律令』が成り、これは天平宝字元年（七五七）に施行されたのである。その過程は、唐制に学んだ古代律令制度の整備状況を示している。伊場木簡が、そうした古代史の重要な問題に発言したことは、稀有な事例として記憶にとどめておきたい。

註・参考文献

（1）梶子遺跡に含めて、その第Ⅸ次調査として実施した、JR東海社宅部分については、ここでは城山地区に含めて扱う。

（2）佐野五十三（一九九一年）「新堀遺跡」『静岡の原像をさぐる』

（3）原秀三郎（一九八三年）「坂尻遺跡第3次調査出土の土器墨書について」『一般国道1号袋井バイパス（袋井地区）埋蔵文化財発掘調査概報』

（4）八木勝行・磯部武男（一九八一年）『日本住宅公団藤枝地区埋蔵文化財発掘調査報告書』Ⅲ

（5）八木勝行・池田将男（一九八六年）『郡遺跡発掘調査情報概報』

（6）この事実をもって、私は象嶋を舞阪町に当てる内山真竜以来の説を退ける。向坂鋼二（一九八二年）「舞阪をめぐる考古談義」『喜佐志満』四

（7）この部分については、平野邦雄（一九六九年）「無姓と族姓の農民」『大化前代社会組織の研究』参照。

（8）菊池康明は、伊場遺跡を津の跡とする説を唱え、この墨書土器も証拠の一つに挙げている。菊池康明（一九八一年）「伊場と津」『伊場木簡の研究』

（9）浜松市教育委員会（一九七六年）『伊場木簡』・（一九八〇年）『伊場遺跡遺物編2』（木簡番号に伊を付す）、可美村教育委員会（一九八一年）『城山遺跡調査報告書』（木簡番号に城を付す）、漆畑敏（一九八三年）『国鉄浜松工場内（梶子）遺跡第Ⅵ次発掘調査概報』・鈴木敏則（一九九四年）『梶子遺跡Ⅸ』（木簡番号に梶を付す）、鈴木敏則（一九九五年）「古代敷智郡衙発見」『静岡の原像をさぐる』（木簡番号に梶北を付す）。

（10）この大別の仕方は、奈良国立文化財研究所の方式に準じた。例えば、『平城宮木簡』一解説（一九六九年）

（11）水野正好（一九七七年）「伊場放生木簡の顕現」『三浦古文

化』第二十一号
(12)東野治之（一九八一年）「伊場遺跡出土己亥年銘木簡と評の官制」『伊場木簡の研究』
(13)鈴木敏則（一九九五年）「古代敷智郡衙発見」『静岡の原像をさぐる』
(14)岡田芳朗（一九八一年）「城山遺跡出土木簡具注暦の年代推定について」『静岡県浜名郡可美村城山遺跡調査報告書』
(15)佐々木虔一（一九八一年）「伊場遺跡と馬―馬主木簡の意義」『伊場木簡の研究』。『伊場遺跡総括偏』（二〇〇八年）の中で、渡辺晃宏は「卌五束代黒毛牡馬」と読める部分があり、返納すべき稲の代わりに馬を差し出した出挙の返納に関わる木簡ではないかとした。
(16)向坂鋼二（一九八五年）「古代における貢納織布生産の一形態」『論集　日本原史』。調庸布の生産に郡衙が関与した可能性を示す木簡が、二〇〇八年に調査した鳥居松遺跡五次調査で出土した（鳥居松三号）。
(17)芝田文雄（一九七三年）「伊場遺跡出土の「百怪呪符木簡」『日本の考古学』Ⅵ付録
(18)岸俊男（一九八〇年）「木簡と大宝令」『木簡研究』第二号
(19)東野治之（一九七三年）「天智紀にみえる「月生」の語について」『万葉』第八十一号
(20)東野治之（一九七七年）「藤原宮木簡の書風について」『ミユージアム』三一号
(21)太田好治（一九九四年）『伊場遺跡遺物編』6
(22)評が郡に変えられたのは、『大宝令』による。この問題は、『日本書紀』大化二年のいわゆる「改新詔」の信憑性をめぐる郡評論争の焦点の一つであった。坂本太郎「大化改新詔の信憑性の問題について」『歴史地理』八三巻一号、井上光貞（一九六九年）『日本古代国家の研究』第Ⅱ部第二章。その後藤原宮跡から多くの評制木簡が出て、この問題は井上説有利で結着した。
(23)米田雄介（一九八一年）「律令国家成立期の遠江国」『伊場木簡の研究』
(24)狩野久（一九八三年）「部民制再考―若倭部に関する臆説―」『文化財論叢』
(25)大山誠一（一九七五年二月号）「大化前代遠江国浜名郡の史的展開」『日本歴史』

※本文は、向坂鋼二（一九九六年）「解説　伊場・城山遺跡の古代文字資料」『遠江』一九号を、向坂鋼二氏の了解を得て、『伊場遺跡総括編』の成果をもとに加筆修正したものである。また、その後の調査で出土した文字資料についても、本文に関係するものについては加えた。

Ⅲ　木簡・墨書土器からみた伊場遺跡群

一　木簡からみた伊場遺跡群

渡辺晃宏

伊場遺跡群出土木簡は、七世紀後半から十世紀までの年代のものを含み、また木簡が出土している遺跡だけでも伊場・城山・梶子・梶子北・中村の各遺跡にわたっており、時間軸・空間軸それぞれに大きな広がりをもっている。ここでは、遺跡群全体としての理解のために、七世紀の木簡、八世紀の木簡、九世紀以降の木簡に分けて、時間軸に沿って論じていく方法をとる。

なお、八世紀の木簡は七一七年までの里制下の木簡、七一七年から七四〇年頃までの郷里制下の木簡、七四〇年以降の郷制下の木簡に細分することができるが、里制下の木簡を木簡の内容からは弁別しがたい場合も多いので、取り敢えず八世紀の木簡を一括して取り上げ、必要に応じて註記していくこととする。

一　七世紀の木簡

七世紀木簡出土遺跡としての伊場遺跡群　伊場遺跡は、七世紀の木簡が飛鳥地域以外で最初にまとまって出土した遺跡であり、伊場遺跡出土木簡は、七世紀の地方木簡の先駆的な史料として名高い。飛鳥地域や藤原京で出土する七世紀の木簡とともに、日本の木簡の黎明期である七世紀の木簡像の形成に大きく寄与してきた。けっして七世紀の木簡が主体なのではないが、その木簡研究史上に占める位置には大きなものがある。

年紀＋某サト人＋人名＋頴稲数量からなる木簡　七世紀の木簡で最も典型的で残りのよいのは、伊場三であろう。記載は概ね、干支年＋月日＋某五十戸人＋人名＋頴稲数量、からなり、釈読できない部分があるが、人名＋頴稲数量は、複数人の記載の可能性がある。三三〇束は一人あたりとしてはかなり多量であるが、公出挙の返納に関わるものとみられる。サト内の戸主単位でまとめたものかも知れない。

　これとよく似た記載をもつのが、伊場五である。人名＋穎稲束数＋代、からなる記載が複数書かれていたとみられる。伊場三にない束代の記載がある。一般に「束代」は町代制の田積の単位で、「代」と同義とされるが、兵庫県柴遺跡出土木簡に、出挙稲の返納について「十束代稲籾一尺」と記す例があり（『木簡研究』二三）、所定の出挙稲の分の返納を意味するようである。伊場五の「百七十六束代」も文字通り田積の可能性があるが、伊場三の書式との類似や、荷札としての機能を考えると、束代とあっても田積ではなく穎稲の数量を示しているとも理解できる。また、現状では墨痕は片面にしかないが、裏面は面が荒れており、この面に本来年紀＋サト名の記載があったとみることもできる。そのように考えてよければ、伊場五は伊場三と同類の木簡の裏面として理解することができる。

　さらに伊場六に注目したい。これまで竹田五十戸人のみが釈読され、反対面の文字は充分読めなかった。また、竹田五十戸人の記載も木簡の上端ではなく、中途から始まるが、その理由は説明されてこなかった。しかし、今回の再釈読により、曰佐、及び又の可能性のある文字を読み取ることができ、人名が列記されている可能性が考えられるようになった。とすれば、竹田五十戸人の上部の余白に干支年＋月日、裏面に人名＋穎稲数量の列記を想定することができる。下端を尖らせる形状は二次的な整形の可能性があり、これに伴って年月日の記載が削り取られたことも考えられる。幅は同じで長さもほぼ同大、各記載要素の配置もこのようにみて全く矛盾はない。

　また、伊場七が全く同じ書式に則っていることも注目される。五十戸人でなく、里人という表記をとる点は、サトの表記が五十戸から里に変更されたことによるのだろう（これまでのところ、里の初見は六八三年（天武十二）、五十戸の終見は六八七年（持統一）。伊場七は六九一年にあたる）。伊場七は月までの記載しかないが、年紀＋サト名＋人名、という表記は共通している。現在墨書の残らない裏面にかけて、穎稲数量の記載が続いていたものと考えられよう。大きさも伊場七は三三〇㎜もあり、通常の文書木簡としてはかなり大きく、伊場三・六に見合う大きさといってよいだろう。

　伊場九も同じ書式の木簡の可能性がある。ただ、折れている下端は細く削り出している痕跡があり、〇五一型式の形状をとる。これが二次的な整形であれば、それによって長さも短くなっているとみることができ、本来同様の書式の木簡であった可能性が高くなる。しかし、もしこれが原形を保っているとすれば、むしろ伊場遺跡群の八世紀の木簡に多数の事例があるサト名＋人名のみが記された〇五一型式の最古の事例ということになる。現状ではどちらとも判断できない。

このように、一見全く別の内容の木簡と思われる伊場五・六・七（一・三・九）は、同じ書式で記された出挙稲の返納に関わる木簡とみることができる（三は田積の可能性を否定できないが）。これらは年代的には五十戸表記の時期の辛巳年（六八一）から里表記の時期の乙未年（六九五）まで十数年にわたる。地域的にも、後の敷智郡内の複数の郷にわたるだけでなく、後の浜名郡域にあたる新井郷も含まれ、敷智評の範囲が大宝令制下よりも広かったのではないかとされるが、書式の共通性からみてもこの見解は妥当と思われる。なお、同じく干支年から始まる伊場四は己丑年（六八九）の放生に関わる木簡とされ、干支年から書かれた文書木簡とみられる。大振りの堂々とした文字で書かれ、また木簡の幅も文字の中心で折り返すと四〇㎜程度とみられ、出挙に関わる一連とみられる木簡が二五～二九㎜程度であるのと様相を異にする。これに対し、乙未年十月の記載をもつ伊場八は幅二五㎜で、文字も伊場九とよく似ている。末尾の文字が地名であるかどうか判断できないので即断はできないが、伊場九と同類とみることは可能だろうから、伊場三・五・六・七、または後述のサト名＋人名の〇五一型式木簡の類例ということは可能だろう。

その他の七世紀の伊場木簡　伊場遺跡の七世紀の木簡のうち、これら以外の木簡は、それぞれ独自の内容をもつもので、一括りにできるようなものはない。

伊場一・二は、断片的で内容を捉えがたい。ただ、伊場二にはサト名と思われる袁文がみえ、サト名を列記している可能性もある。敷智評内の広域行政に関わる木簡とみられる。

伊場二一はいわゆる屋椋帳の木簡である。人名＋椋・屋の数量、という記載が、表裏に数段にわたって書かれている。駅評や加毛江五十戸がみえ、敷智評内の複数のサトの人名とみられる。人名に続く椋と屋の数は、各人が所有する椋や屋を示すとされるが、これほど多数の人々がそれぞれに椋や屋を所有し得たのか疑問もある。数字はクラの数ではなく番号である可能性も皆無ではないだろう。椋・屋の収納物として最も普遍的なのは穎稲であろうから、出挙関連木簡の存在を重視するならば、伊場二一も出挙稲の収納に関わる帳簿の可能性が考えられるかも知れない。

伊場八四は丈部某（大末呂か）の作成した文書木簡である。内容は私信ではなく、御調の納入に関する何らかの上申であり、宛先は敷智評であろう。～白で書き止められるが、日付から書き出し、某前白の記載をもたない。日付を明記する点で、前白木簡よりもフォーマルな書式とみるこ

とができるだろう。但し、宛先のない文書があり得るのか、疑問も残る

伊場八七は、内容的には七世紀の木簡とする根拠はない。出典のある語句の習書とみられるが、出典は未確認である。

伊場一〇八は干支年から始まる木簡で、伊場遺跡群の所在する後の敷智郡が、七世紀には渕評と表記されていたことを示す。サト名を明記し里人某と続く点では、上記の出挙関連木簡と共通する。しかし、渕評と明記されていること、これに続く記載が頴稲の数量ではないこと、上部に切り込みをもつ形態をとることなど、全く別の範疇で捉えるべき木簡である。渕評と明記されていることは、裏面に志侮評とあるのと対応し、評を越えた交通の存在を想定させるが、遠江国の渕評と、駿河国の志侮評が国名を冠せずに併記されていることをどう理解するかが大きな課題として残る。伊場大溝の左岸に合流する枝溝の上流地点で出土した木簡で、大溝の木簡とはやや性格を異にするかも知れない。

伊場遺跡群内の七世紀木簡の広がり　城山遺跡の木簡は基本的に奈良・平安時代の遺物包含層の遺物であるが、城山三二は月生二日の記載から書き出す木簡で、日付が冒頭にくる特徴的な書式、月生の文言などから、七世紀の木簡である。家度稲として頴稲の数量を記す。家は評のヤケを指すとみられ、評の倉への頴稲の収納記録と考えられる。城山六も、京田五十戸と続くのならば、七世紀の木簡となるが、確証はない。

梶子遺跡では、梶子十二が己卯年（六七九）から書き出す七世紀の木簡で、伊場遺跡群中最古の年紀をもつが、内容不詳。なお、梶子十五はこれまで冒頭を干支年と釈読して七世紀の木簡とみてきたが、再釈読により中寸宗宜部から書き出すサト名＋人名の木簡で、出土層位に見合う内容であることが明らかになった。

以上のように、伊場遺跡群の七世紀の木簡は計十四点、多くが干支年から書き出す典型的な書式をとるが、敷智評の複数のサトの頴稲収納や、御調の収取に関わる木簡群であり、頴稲出挙をキーワードとして、従来考えられていた以上に内容的に強い一括性を読み取ることができそうである（この点は、実は八世紀以降にも伊場遺跡群の木簡の基本的な性格として継続して捉え得る）。その使用場所としては、頴稲を収納する倉を伴う敷智評の行政の中心施設を想定できるだろう。具体的な所在については、木簡のほとんどが大溝の遺物であるため確証は得られないが、出土分布から見る限り、前述のように大溝の右岸側（南側）、すなわち城山遺跡側に活動の拠点を推定することができる。その場合、わずか一点ではあるが、城山三二の存在が意味をもってく

るだろう。ただし、同様の意味では、伊場一〇八の存在も軽視できない。顕稲の収取を中心とした評内の行政に関わる他の木簡からは孤立した内容をもっているため、右岸側とは別の機能をもつ評の施設が、左岸側に所在した可能性を想定するのも不可能ではない。いずれにせよ、その規模は別として、敷智評の広域行政に関わる施設が伊場遺跡群内の大溝両岸にわたる広い範囲に活動の痕跡をとどめているることは認めてよいだろう。

二　八世紀の木簡

敷智郡の成立　七〇一年の大宝令の施行によって、渕評は渕郡へと表記を変え、国に統括される地方支配の拠点として、その行政機能をさらに充実させていくことになる。渕郡という表記は木簡には確認できないが、敷智の表記は二文字を佳名の採用によって採用・定着したものと考えられ、八世紀初頭まで遡るものではないだろう。伊場十四は敷智郡に続いて宗可里と読める可能性ある記載が続き、里制下の木簡と考えられるから、木簡における最古の敷智郡の表記ということになる。

郡符と封緘　伊場遺跡群が敷智郡家の遺跡であることを最も端的に示すのは、郡符木簡の集中的な出土である。郡の下達文書である郡符が廃棄されるのは、宛先においてか、あるいは発給元の郡家においてかのいずれかであるので、複数の宛先の郡符の出土は、郡家そのものの存在の証拠となる。郡符と考えられるものとしては、伊場十八（竹田郷長里正宛て郡符）、伊場八二（竹田郷長里正宛ての召文）、伊場八五（□田郷の夫を召す召文）、伊場一〇五（内容不詳。書き止めに符とある）、梶子北一（浜津郷に関する文書）、城山十九（某郷〈竹田郷ではない〉宛て召文）の六点がある。竹田郷宛のものが多いが、複数の郷に関わるものが含まれており、伊場遺跡群がこれらの郷を統括する敷智郡の郡家の遺跡であることの根拠となる。なお、伊場八二・八五・一〇五は東海道線南側の大溝が大きく湾曲する部分から集中的に出土しており、伊場八五の年紀である神亀四年（七二七）頃の一括性の高い遺物とみられ注目される。

年代的には、郷里制以後の時期のものばかりだが、里制の時期の木簡にも、例えば召文の封緘と考えられる伊場十六がある。封緘木簡に封・印などの封緘文言以外に差出しや宛先を書く例はあるが、内容を摘記した明確な例は知られていない。また、召文を木簡ではなく紙の文書で作成し、これを封緘木簡に挟むという事態もやや想定しにくいし、そもそも本来下達文書である召文に封緘木簡という丁寧な作法を用いることがあり得るのかという問題もある。しかし、国司を郡符木簡で召した例も知られているので（兵庫県豊岡市香住ヱノ田遺跡出土木簡）、全くあり得ないことでもないだろう。今後の類例の増加を待つこととしたいが、いずれにしても郡家での行政事務に関わる木簡であるのは間違いない。他にも、刻線をもつ人名列記の木簡伊場十一、里名を列記して里ごとに整理する帳簿状の木簡伊場十七など、里制下の時期にも広域行政拠点として機能していたことを示す木簡があり、渕評段階からの行政拠点としての連続性は疑い得ない。

さまざまな文書木簡　郡家における行政事務を窺わせる文書木簡としては、伊場三十、伊場三四、伊場三七などがある。いずれも断片的で充分な内容は把握できないが、伊場三十は駅路の交通、伊場三四は物品の貢進、伊場三七は大豆の徴集がみえ、郡家における行政事務のさまざまな側面を照射する資料となっている。城山十二も文書木簡の断片の可能性があるが、断片的で内容は把握できない。梶子四は、六柱の神名を表裏に列記したもので、郡家の神祇祭祀に関わる類例のない木簡である。伊場七一は前白の書式と考えられる文書木簡で、出土層位は里制下の時期であるが、内容的には七世紀に遡っても差し支えない上申文書である。

文書木簡の範疇には収まらないが、城山二七の神亀六年（七二九）具註暦の存在は、行政拠点としての伊場遺跡群、中でも城山遺跡における中枢機能の存在を示唆する。論語と読める城山十四、尚書と読める城山二〇の存在は、城山遺跡の位置付けを明確に示すだけでなく、郡家の役人の知識レヴェルを窺わせる。城山遺跡には、城山二九・三三・四〇など習書木簡が多く、封緘状の木製品に多数の文字を習書する伊場十二も郡家の役人たちの活動の日常を垣間みさせる。

籍帳様の帳簿木簡とその機能　里制の時期の木簡の中で、特に注目されるのは伊場十一である。現状では三行分の記載しか残らないが、少なくとも三段にわたって人名と数字を記載した籍帳様の歴名木簡で、刻線によって書き出しの高さを揃える工夫がなされている。しかも人名の上部にはこれを含めて六本の均等の幅をもつ界線を伴っており、人名以外にかなり複雑な記載内容の木簡であったとみられる。いかなる人名の列記なのかは定かでないが、右側面には人数と石・斗で数える数量が記録されており、米に関わる記載の可能性が考えられる。両者の関係は不詳で、整形から見て併存はしないようだが、六本の刻線（すなわち五段の書き分け）をもつ点は、紙の文書では籍帳よりも正税帳の記載に近く、七世紀の木簡に出挙に関わるものが多く含まれていることも考え合わせると、出挙稲の管理の帳簿の可能性が考えられるかも知れない。

和銅八年の年紀をもつ中村一の解読の意義　実は、八世紀に入っても、伊場遺跡群の木簡には出挙に関連するとみられるものが多いのである。最も端的なのは中村一である。某里人＋人名、という伊場遺跡群の木簡に頻出するサト名＋人名の記載からなるが、表面末尾に貸給とあって、これは出挙稲の下付を想定するのが無難だろう。

今回の再釈読によって和銅八年（七一五）の年紀が読みとれたことは、この木簡の理解を大きく前進させることになった。一つには、里制下の木簡と確定できたことによって、中寸里がサト名であることが確定した点である。サト名であろうことは推定されていたが、『和名抄』にみえないため、これまで確証は得られていなかったが、これにより中村里（郷）の存在がほぼ確実になった。二つには、裏面に文字を確認できたことによって、これまで落ち着きが悪かった表面末尾の貸給に続く記載が、折れて欠損している上部裏面にあった可能性を想定できるようになったことである。出挙稲の束数が書かれていた公算が強くなったのである。三つには、裏面にそのような記載が想定できるとするならば、表面の欠損部に文字がなかったことは考えにくいので、その場合最もあり得るのは、複数の人名の出挙稲の記載が列記されていた可能性であろう。推測に推測を重ねる結果となったが、裏面の釈読の進展によって、中村一の理解は大きく深められることになった。

この時注目されるのは、中村一と、七世紀の出挙関係木簡として一括して理解した一群の木簡との記載内容の共通性である。大宝令の施行によって年紀を末尾に記載するようになったことを除けば、ほとんど同一の書式といってよいだろう。前述のように、中村一の上端にある程度の欠損があるとすれば、幅は三〇㎜でほぼ同一であるから、原形は〇一一型式のほとんど同じ形状・大きさの木簡を想定することができる。七世紀の伊場木簡から、八世紀初頭の中村木簡へ、時間と空間を超えた共通性が見いだされるのは偶然ではあるまい。大宝令の施行を挟んで、書式は変わっても、同一の記載内容の同形の木簡が、伊場遺跡群では作成され続けたのである。この事実は、大宝令の施行が地方行政の実質にとってどのような意義をもつものであったかの一面を示してくれていよう。租の蓄積など、大宝令の施行によって創始された制度がある一方、出挙のような場面においては、大宝令の施行は大きな制度運用の変更をもたらすものではなかったのである。

サト名＋人名の木簡　さて、八世紀初頭の里制下の木簡で、内容的なまとまりをもつものに、サト名＋人名の記載された一群がある。一つは伊場二七である。駅家玉作マ稼万とあり、里・郷の表記を省略しているので内容からは時期を決定できないが、出土状況からみて八世紀でもかなり古い時期に属するとされる。次に伊場七三である。完形の〇五一型式の木簡で、現状では柴江里人の記載しかないが、これで記載が終わっていたとは考えにくく、本来は人名が続いていた可能性がある。その次に伊場七八がある。従来は浜津郷と釈読して郷制下の木簡とされてきたが、出土層位は奈良時代下位で木簡の年代とはややずれがあった。しかし、再釈読によって浜津里と釈読でき、出土状況と整合する里制下の木簡であることが明らかになった。下半は充分釈読できないが、人名が記載されているとみられる。これら三点によって、里制下の時期に、某里人＋人名、のみの記載からなる〇五一型式の木簡が作成されていたことが想定できる。

このタイプの木簡は七世紀段階にも作成されていた可能性がある（伊場九。その場合伊場八も）が、多数の事例が残るのは八世紀以降である。その機能はどのように考えたらよいのだろうか。まず関係する一群の木簡を整理しておこう。取り敢えず、サト名の記載が残るものが全部で二九点あり、出土遺跡は伊場遺跡群の全ての遺跡に広がる。内訳は、伊場遺跡十六点、城山遺跡三点、梶子遺跡四点、梶子北遺跡三点、中村遺跡三点である。点数的には伊場遺跡が最多だが、遺跡ごとの出土木簡点数からすれば、梶子・梶子北・中村の各遺跡の木簡の占める割合は三割ほどにも達し、かなりの比率に上る。最も比率の小さい城山遺跡でも一割弱、伊場遺跡群出土木簡全体では十五％程度で、タイプとしては最もまとまってみつかっている一群といってよい。

形状は、上端が方頭、下端を尖頭とする〇五一形式が十七点と圧倒的に多く、ついで〇一九型式が十点、〇一一型式が一点、〇八一型式が一点となる。このうち、〇一一型式の城山十一は下端が二次的整形で、〇一九型式の十点も下端の原形は不詳だが、〇五一型式であったことを否定するデータはなく、六割近くが〇五一型式であることを考慮すると、原形は基本的に〇五一型式であったと考えて差し支えないだろう。

大きさは、完形品でみると、まず長さは最短の伊場七三で一五七㎜、最長の伊場五四で三三七㎜を測る。ばらつきはあるものの、二五〇㎜を超える長大の木簡が完形品の半数を数えることが注目される。幅は基本的に原形を保っており、十五㎜から三三㎜までの範囲に収まる。〇五一型式の木簡としては、志摩国の鮑を中心とする海産物の贄と考えられる荷札のまとまった事例が知られているが、これらに比べると今回の荷札は二倍程度の大きさがあり、かなり大ぶりであるといってよい。

サト名＋人名の木簡の記載内容　記載内容は、サト名＋人名を基本とする。『和名抄』には敷智郡の郷名として、蛭田、赤坂、象嶋、柴江、小文、竹田、雄踏、尾間、和治、浜津、駅家の十一郷が挙げられているが、このうちこれらの木簡には蛭田、赤坂、柴江、小文、竹田、浜津、駅家の七郷がこれと同じ表記でみえる。また、烏文は『和名抄』の雄踏郷にあたる可能性があり、栗原は敷智郡所在の駅家は栗原駅であることから、駅家郷の別名の可能性が高い。とすれば、『和名抄』にはみえないが、入野や中寸（中村）も敷智郡の郷名であるとみて間違いないだろう。中寸は平城京木簡に蛭田郷のコザトとして見える（『平城宮木簡』三、二八九八号）が、コザト名だけの確実な事例は一つもなく、また中村一によって和銅八年には蛭田里から独立した里を構成していたことが明らかであるから、和銅八年（七一五）から郷里制が施行されていた天平十二年（七四〇）までのある段階で、蛭田郷に包摂されるようになったと考えられる。なお、象嶋郷は伊場遺跡出土の墨書土器にみえ、また和治郷は伊場四七にみえるから、存在したことは確実だが、サト名＋人名の木簡には確認できない。

表1　伊場遺跡群のサト名＋人名木簡一覧表

サト名	里・郷	人	戸主	人名	年紀	その他	型式	備考	遺跡	番号
蛭田	郷			□□〔忍海ヵ〕マ多志			051		伊場	94
蛭田または竹田				刑部宇例志		十六□〔束ヵ〕	081		伊場	43
赤□〔坂〕				若倭マ益万呂			051		中村	12
赤坂				⊏⊐マ⊏⊐		五斗	051		梶子	6
赤坂				□（以下欠損）			051		中村	14
赤坂	□〔郷ヵ〕		戸主	刑部□〔歳ヵ〕□□〔呂ヵ〕			051		伊場	54
赤坂	郷			忍海部古□			019		梶子北	5
赤坂	郷			（以下欠損）			019		伊場	50
柴江	里	人					051		伊場	73
小文	里			語マ□〔海ヵ〕人			019		中村	2
小文	郷			□□〔マヵ〕□万呂			019		伊場	99
竹田				宗我マ薬師			051		梶子	2
竹田				刑マ君			051		梶子	14
竹田	郷□江里		□〔戸ヵ〕主	（以下欠損）			051		伊場	10
烏文			戸主	刑部石	天平七年		019		伊場	31
浜津	□〔里ヵ〕			⊏⊐			051		伊場	78
浜津	郷			□〔諸ヵ〕石マ□□□〔古万呂ヵ〕			051		伊場	19
駅家				玉作マ稼万×（以下欠損）			019		伊場	27
栗原				玉作マ真×（以下欠損）			019		伊場	97
栗原				若日下マ五百嶋			051		伊場	56
中寸				軽マ大知			011	下端二次的切断	城山	11
中寸				三□〔宜ヵ〕×（以下欠損）			051		城山	34
中寸				宗宜部□〔国ヵ〕⊏⊐			051		梶子	15
中寸				宗宜部里秦			051		梶子北	2
中寸				宗宜部里秦			019		梶子北	3
入野				中臣マ龍万呂	天平七年		051		伊場	32
入野				宗宜マツ×（以下欠損）			051		城山	41
上	里		戸主	海部曽×（以下欠損）			019	上端二次的整形か	伊場	70
□□〔内ヵ〕	郷		戸主	石部（以下欠損）			019		伊場	67

サト名は、固有名だけの簡略な記載のものが十七点と過半数を数え、里または郷まで書くものは十二点に過ぎない。敷智郡内の行政事務に関わる木簡であり、サトの記載であることは明らかなので、省略することが多かったのだろう。なお、里の場合、里人という記載をもつものが一例ある。サト名＋人は、里制下までの時期の個人名表記に特徴的にみえる書き方で、平城宮木簡などの荷札にも多くの事例がある。里と表記したために、慣用的だった里人と書いてしまったのだろう。当然のことながら、里の表記を省略している場合は、人の文字は書かれない。

人名の前に戸主という記載を伴う事例が五例ある。里制・郷里制・郷制それぞれの時期の事例があるので、年代的な相違ではなさそうで、文字通り戸主の場合にそう註記したか、戸主であることを前提としているかのいずれかであろうが、これだけではどちらが妥当か決め手がない。

サト名＋人名の木簡の機能　さて、これらの木簡は、サト名＋人名の記載だけを基本とするから、その機能はわかりにくい。サト名＋人名の基本形以外の記載をもつものが若干あり、そこに機能を窺い知る手懸かりはないであろうか。基本形以外の記載をもつものとしては、a、年紀（伊場三一・三二）、b、数量（梶子六）、c、数字（伊場四三）が挙げられる。

このうち年紀については、伊場三三にも注意しておく必要がある。上下両端を欠き明確なサト名を読み取れないのでサト名＋人名の木簡の点数には数えなかったが、姓の伊福部の上に少なくとも一文字分の残画がある。したがって、これもサト名＋人名の木簡の類例とみられるが、そこに伊場三一・三二と同じ天平七年（七三五）の年紀が記されているのである。すなわち、年紀のあるもの三点が全て天平七年であり、これはこの年作成の木簡の特殊事情とみるべきものであろう。原則としては年紀を書かないとみて誤りあるまい。

次に数量について。五斗は舂米貢進の単位であり、都城出土の貢進された租税の荷札木簡にはごく普通にみられる。しかし、地方官衙の遺跡、ことに郡家レヴェルの遺跡では事例が少なく、駿河国益頭郡家（静岡県郡遺跡）に物部里五戸宇治部角末呂五斗、阿波国板野郡家（徳島県観音寺遺跡。国府関連遺跡だが、板野郡家に関連すると考えられる一群の木簡も含まれるとみられる）に桜間米五斗と記す例がある程度である。サト名から書き出す点は伊場遺跡群と同じだが、いずれも切り込みをもつ形態で〇五一型式ではない。また、舂米は令規定の建前では租を舂いて貢進することになっていたが、正税帳の記載などからみても、実際には正倉に蓄えられた正税の潁稲を舂いて貢進されることが多かった。

以上の点から考えると、郡家の正倉において都へ貢進する舂米の荷札が作成されることはあり得ても（その場合も郷から書き出すことはないだろう）、郷レヴェルで個人単位の五斗を単位とする舂米の荷札が作成されるような状況は一般的には想定しにくい。都へ貢進する舂米とは別に、郷から郡家の米の移動を考えなくてはならないだろうが、それも実例からみる限り、あまり一般的な状況ではなさそうである。

五斗を単位とする荷札としては、荘園の遺跡である石川県上荒屋遺跡出土木簡にもまとまった事例がある。人名＋白米五斗（または黒米五斗二升）の〇五一型式の木簡がまとまってみつかっており、荘園の現地管理・運営を物語る資料とされている。ただ、上荒屋遺跡の木簡の場合には、品目と数量を書くのが基本であり、しかも長さ一五〇㎜程度までの小型のものがほとんどで、伊場遺跡群のサト名＋人名の木簡とはだいぶん様相を異にする。

このように、基本形以外の記載のうち、a年紀、b数量はいずれも特殊な事例であって、例外的なものと見なさざるを得なくなる。残るc数字はどうか。伊場四三は人名刑部宇例志の後に、十六□の三文字が続く。三文字はごく簡略化された字形の文字であって、これだけでは釈読は難しい。十六に続くことから斗はあり得ず、縦画だけ強調される字形であることも加味すると、考えられるのは、年または束であろう。年であれば、天平が省略されたということになり、出土層位としては年代的な矛盾はない。

ここで注目したいのは、伊場遺跡群の西約五㎞に位置する東前遺跡の調査で出土した木簡である（『木簡研究』二九、二〇〇七年）。

「［　　］若日下マ足石十九□」　178×26×2　051

上端は左半を欠損するが、全体としてほぼ原形を留める〇五一型式の木簡で、若日下マ足石の人名が読み取れる。その上部の二文字については、中寸の可能性を指摘しつつも、東前遺跡の地が小文郷推定地に位置し、中村郷推定地とは距離があることを考慮して、釈文には反映しなかった。しかし、文字そのものは中寸の可能性が高く、人名の前にサト名が書かれていたことはほぼ間違いない。つまり、この木簡も伊場遺跡群で多数の事例があるサト名＋人名の〇五一型式の木簡の類例であることが明らかなのである。中村郷推定地から離れた地点から出土していることは、伊場遺跡群からサト名＋人名の木簡がまとまって出土していることとともに、このタイプの木簡の機能を考える重要なポイントとして捉え直すべきだろう。なお、東前遺跡からは、伊場遺跡と共通する内容の墨書土器（長女など）も出土している。

さて、東前遺跡の木簡はサト名＋人名の〇五一型式の木簡の事例であって、しかも人名に続いて、十九□の記載をもつ。すなわち、基本形以外の記載cをもつ木簡の一例といえる。三文字目については、束の可能性が考えられている。伊場四三の十六に続く三文字目もこれとたいへんよく似た字形であり、東前遺跡の木簡の読みを考慮すると、伊場四三も十六束とみるのが自然で、これらは頴稲の数量と考えるのが穏当と判断される。郡家に関わる頴稲として最も一般的なのは、正税出挙稲であろう。数量の書かれているのは例外で、サト名＋人名だけの記載であるのをどう理解するか、という課題は依然として残る。また、頴稲の梱包形態は不詳で、これに〇五一型式の木簡が相応しいかどうかという問題は未解決であるが、これらの木簡の機能について、正税出挙に関わる何らかの札と理解しておくことにしたい。

伊場遺跡群における出挙関係木簡の占める位置　もう一点付言しておくべきことがある。一つは、前述のように、サト名＋人名木簡の木簡は、七世紀から既に作成されていた可能性があることである。伊場八・九がそれである。もう一つは、それと同時に伊場三・五・六・七のような頴稲の数量を具体的に記した出挙稲の返納に関わるとみられる木簡が残されていることである。実例としては確認できないが、サト名＋人名の木簡は、これだけで単独に用いるのではなく、具体的な数量を書いた木簡と合わせて利用された可能性も考慮しておく必要があるだろう。伊場遺跡群の木簡には、出挙稲に関わる木簡が他にも多数ある。伊場二一の屋椋帳の木簡も出挙稲の収納場所としての倉庫に関わる帳簿と考え得るし、また伊場五二も馬主の記載が注目されるが、人ごとに少量の頴稲を書き上げた点では広い意味で出挙稲の管理帳簿とみられ、伊場十一や伊場八六も単位はないものの出挙稲の数量を書き上げている可能性がある（いずれも数字は偶数の一桁か）。伊場八八も原形は不詳だが、人ごとに束数を列記する。城山二二、二三＋二四は稲の下付の記録であり、中村一は出挙の記録と考えられる。このように出挙稲の管理という機能が伊場遺跡群出土木簡に占める比重は、七世紀から八世紀を通じて継続して大きなものがあったのである。それは伊場遺跡群の地が、渕評・敷智郡の中心施設として、稲の管理を担い続けたからに他ならないだろう。出挙稲の管理という側面は、伊場遺跡群出土木簡を読み解いていくカギになるといっても過言ではない。

律令制収取と伊場遺跡群木簡　勿論、出挙だけが郡家の徴税機能ではない。伊場四一には田租がみえ、その徴集に関する事務の一端が窺える。田租は正税として出挙稲とともに正倉に一括して管理されていたから、出挙関係木簡と共存しても不思議はないが、荷札の類例はほとんど知られない。また、伊場四〇はこれまた類例のない布の荷札で、二丈八尺という長さからみて、調布と考えられる。布には荷札を付けず、貢進者の記録は直接布に書き込む規定であったが、郡家における徴集の際には、木簡が用いられていたことを示す貴重な事例である。調庸墨書銘が何処で書かれたか、ひいては荷札木簡の作成場所についても示唆を与える資料である。また、伊場九五は、庸の徴集やその制度的変遷について示唆を与える。

これらはさまざまな点で議論を呼ぶ資料であろうが、出挙だけでなく、租、調、庸など基本的な負担の全てにわたって木簡からその徴収事務の一端が窺える点は重要で、伊場遺跡群出土木簡の広がりを端的に示す事実といえよう。

人名札の木簡　用途不詳ながら、ある程度まとまった数量の事例があるものに、人名札がある。伊場四二・五三・六四・六五、城山二八、梶子七、梶子北八、中村六などである。下端を欠損しているものが多いが、原形のわかるものの多くは下端を尖らせる〇五一型式で、〇五一型式を原形とすると考えて矛盾のあるものはない。すなわち、これらは、サト名＋人名の木簡から、サト名を省いたものと理解することができる。形態的には、サト名＋人名の木簡との併用を想定するのが無難かと思うが、眼病平癒祈願の呪符（伊場六一）にみえる若倭部小刀自女と同じ若倭部姓が半数を数えること、同呪符と同じ枝溝から出土したものが二点あること、祭祀に伴う形代の役割を果たした可能性も否定することはできないだろう。

なお、伊場四六・五五、梶子二も人名のみ残るが、上端が欠損しているため、人名札かサト名＋人名の木簡か、いずれかの特定は難しい。

呪符木簡　郡家の遺跡では、近隣の溝などから祭祀遺物が出土することが多い。伊場遺跡群では大溝を中心に特色ある呪符木簡が出土しているが、点数的には限られており、律令制祭祀が大々的に行われているような状況ではない。

伊場三九は百怪呪符、伊場六一は眼病の平癒を祈る形代としての機能をもつ呪符とみられる。伊場八九は五行思想に基づく龍王呪符で、水除けの呪符とみられる。伊場一〇二は天罡呪符。城山十六・十八も呪符の可能性がある。

敷智郡行政の拠点としての伊場遺跡群　以上のように、伊場遺跡群は八世紀にその活動の最大のピークを迎えたことは間違いない。木簡は、七世紀に顕著だった頴稲出挙に関わる管理機能をさらに拡充しながら、租・調・庸などのさまざまな収取の拠点機能を加え、また郡内の文書行政の拠点として活動していたことを明らかにしている。栗原駅に関わる木簡や墨書土器も確かに含まれている。しかし、それは駅の活動を直接示すものというよりは、むしろ駅の維持も郡家の活動の一側面として理解し、敷智郡家が駅の活動の維持に大きく寄与していたことを示すとみた方がよいかも知れない。

三　九世紀以降の木簡

伊場遺跡群木簡の衰退　墨書土器は九世紀以降にもピークを形成するが、木簡は点数も少なく、基本的には出土層位に基づいて九世紀以降と判断されるものばかりである。内容的にも顕著なものはほとんどない。

唯一の例外は伊場七七の題籤軸である。題籤軸としてはかなり異形であるが、延長二年（九二四）の年紀は明確で、十世紀初頭にもなお伊場遺跡群が活動を続けていた動かぬ証拠となる。伊場九一・一〇一は、いずれも出典不詳の習書とみられる。伊場九一は出土状況からは奈良時代まで遡る可能性もあるが、ともに九世紀の木簡とすれば、郡家の官人の活動の痕跡として大事なデータになるだろう。

これ以外の木簡はいずれも断片的なもので、八世紀の木簡に比べると、量的にも質的にも後退していると言わざるを得ない。しかし、墨書土器をみる限り、活動を続けているのは間違いない。木簡の減少は、活動の拠点が伊場遺跡群の他の場所に移転したか、あるいは広域行政拠点としての機能が低下したかのいずれかであろうが、墨書土器の内容をみると、竹田、栗原など郷名に関わるものはⅥ期終わりの八世紀末から九世紀初頭を最後に姿を消し、以後は一文字の単発的な墨書が集中的に出現するようになる。しかも、従来の分類によると、E期（九世紀半ば）・F期（九世紀後半から十世紀前半）は墨書土器の数自体が少なく、伊場七七が属すると考えられるⅧ期にかけて断絶があるとみることも可能な状況を示す。そこには活動主体の交替や、それに伴う遺跡としても機能の転換を読み取ることができるかも知れない。

二　墨書土器からみた伊場遺跡群

山本　崇

一　はじめに

伊場遺跡群とその周辺の遺跡からは、あわせて一〇二四個体の墨書土器が出土している。各遺跡における調査次数別の出土個体数は、次の通りである（表1）。伊場遺跡は四六九個体、城山遺跡は二六一個体（一次十七個体、二次十九個体、三次二一九個体、六次二個体、七次三個体、二〇〇六年（旧ハマニ）一個体）、梶子遺跡は四〇個体（六次七個体、七次十五個体、九次十二個体、十次六個体）、梶子北遺跡一六八個体（一次一五三個体、三永地区十五個体）、中村遺跡五八個体（東伊場地区十二個体、南伊場地区（D工区）四六個体、）、九反田遺跡九個体、鳥居松遺跡三個体（二次二個体、四次一個体）、東若林遺跡十個体（一次九個体、二次一個体）、若林村西遺跡四個体、東野宮遺跡一個体、東若林村東遺跡一個体である。

なお、ここに掲げた数は、刻書のある土器、朱書のある

表1　遺跡・調査次数別出土墨書土器数一覧

遺跡名	調査次数	墨書個体数	うち朱書	うち刻書
伊場遺跡		469	3	3
城山遺跡	1次	17		
城山遺跡	2次	19		
城山遺跡	3次・4次	219		
城山遺跡	6次	2		
城山遺跡	7次	3		
城山遺跡	2006	1		
梶子遺跡	6次	7		
梶子遺跡	7次	15		1
梶子遺跡	9次	12		
梶子遺跡	10次	6		
梶子北遺跡	1次	153	2	
梶子北遺跡	三永地区	15		
中村遺跡	東伊場地区	12		
中村遺跡	南伊場地区（D工区）	46		
九反田遺跡		9		
鳥居松遺跡	2次	2		
鳥居松遺跡	4次	1		
東若林遺跡	1次	9		
東若林遺跡	2次	1		
若林村西遺跡		4		
東野宮遺跡		1		
東若林村東遺跡		1		
東前遺跡		2		
		1026	5	4

土器を含むものである。刻書土器は四個体出土した。伊場遺跡の土師器一個体（伊場四四五〈焼成後〉）・灰釉陶器二個体（伊場三六六・四二二）、梶子遺跡七次調査の須恵器一個体（梶子七次三六）である。また朱書のある土器は五個体出土した。須恵器四個体（伊場五九、城山三次二一八、梶子北一二二・一四六）・灰釉陶器一個体（伊場二〇八）である。ほかに、朱墨転用硯が二個体確認できる（伊場八六・二四八）。以下、煩瑣をさけるため、とくに断らない限り墨書・刻書・朱書などを含む文字を墨書、墨書・刻書・朱書などが記された土器を墨書土器と総称して、伊場遺跡群から出土した墨書土器の概要を記すこととする。墨書土器の番号については、『伊場遺跡総括編』（二〇〇八年）に準拠する。

以上のほかに、西方四~五kmに位置する東前遺跡から出土した二個体の須恵器に墨書が認められる。この遺跡は伊場遺跡群に含まれる訳ではないが、伊場遺跡群の性格を考える上で注目すべき墨書資料が含まれているため、本稿では、この二個体をあわせた一〇二六個体の墨書土器を検討する。

二 墨書土器の年代

『伊場遺跡総括編』（二〇〇八年）では、土器の年代は、次のような時期区分と指標により設定している。

Ⅴ期一段階	八世紀初頭	有台杯身・摘蓋の主体化
Ⅴ期二段階	八世紀前半	
Ⅴ期三段階	八世紀半ば	天平七年（七三五）紀年木簡
Ⅵ期一段階	八世紀後半	箱杯の主体化
Ⅵ期二段階	八世紀末から九世紀初頭まで	（八〇〇年頃）
Ⅶ期一段階	九世紀前半	平頂蓋の出現 K14
Ⅶ期二段階	九世紀後半	湖西窯終焉期 K90
Ⅷ期一段階	十世紀前半	O53延長二年（九二四）題籤木簡
Ⅷ期二段階	十世紀後半	H72

墨書土器の年代は、表に整理した（表2）。以下の整理では、煩瑣をさけるため大きく、Ⅴ期（奈良時代前半）、Ⅵ期（奈良時代後半から平安時代初頭まで）、Ⅶ期（平安時代前期）、Ⅷ期（平安時代中期）の区分を基本とし、より細分化された段階については、墨書土器の出現期の状況など、必要に応じて触れることとする。

墨書土器は、奈良時代初頭から前半までにあたるⅤ期から出現しはじめるが、この段階には数量的にもさほど多くはなく、その盛期はさらに時代が降ることを予想させる。

表２　墨書土器の年代

型式	実年代観	須恵器	土師器	灰釉陶器	その他・器種不明	計
V	8C 初頭～8C 中葉	82	5	0	0	87
V・VI		10	1	0	0	11
VI	8C 後半～9C 初頭	213	20	0	0	233
VI・VII		67	4	0	0	71
VII	9C 前半～9C 後半	188	76	158	2	424
VII・VIII		3	3	15	0	21
VIII	10C 前半～10C 後半	0	1	139	0	140
	11C・13C	0	0	1	1	2
	時期不明	19	17	1	0	37
		582	127	314	3	1026

確実にＶ期一段階にさかのぼる土器は一個体のみである（伊場四四〇）。しかも、確かに墨痕は認められるが、文字か否かは確実とはいえず、筆慣らしの可能性も否定できない。伊場遺跡群における木簡が、梶子北遺跡出土の己卯年（六七九）の紀年銘をもつものに認められるように、七世紀第Ⅳ四半期にさかのぼるのと比して、墨書土器の出現が、時期的に遅れることは確実であろう。また、Ｖ期一段階もしくはＶ期二段階に属する土器も三個体確認されるのみである。そのうち、伊場遺跡から出土した二点（伊場四三八・四六〇）は、それぞれ釈読できない文字や記号が記されるものであり、確実な文字として論じるにはやや躊躇を覚える。このように、伊場遺跡付近では、文字を記した墨書土器の出現は、今少し時期が降る可能性があるが、官衙の中心施設に近いと推測される梶子北遺跡から「〔□□長殿〕」（梶子北一三六。〔　〕は推定の意。以下同じ。）と記された土器が出土していることは注目される。伊場遺跡群における墨書土器が、官衙の中心近くから使用されはじめた可能性を示唆するものであろう。なお、墨書土器出現期ともいうべき以上の四点の土器は、いずれも須恵器の有台坏身である。

　Ｖ期二段階の墨書土器は四点確認できる。「栗原」（伊場一）は、Ⅵ期の土器にみえる「栗原驛長」からすれば、駅家にかかわる地名ないし郷名の可能性があり、『和名抄』の「駅家郷」の前身やその別名の可能性が考えられる。「竹田二百長」（伊場二五）は、敷智郡における軍団の存在を窺わせる資料である。ほかに、「竹田廣足／川邊宗宜マ子物」（伊場三〇）、「川邊子」（伊場三一）なる人名を記したものがある。いずれも須恵器有台坏身・底面に墨書がある。

　Ｖ期二段階もしくはＶ期三段階の墨書土器は八点確認できる。やはり七点が、須恵器有台坏身である（伊場四三五

〜四三七・四五八、梶子七次八・一一、九反田四)。なお、この段階に城山遺跡ではじめて墨書土器が確認され、軍団に属する官職名＋尊称の殿を記した「毅殿」(城山三次十五)と記される。この土器は、摘蓋の内面に墨書があるもので、有台坏身以外の器種でもっとも古い時期の出土例となる。

Ｖ期三段階に属する須恵器は二一点ある。須恵器では有台坏身十二点、有台箱坏三点、摘蓋五点、皿一点と墨書土器の器種が多様化しはじめるものの、なお高台のつく器種に墨書される割合が、高く維持されている。郡司や軍団の職名を記した「大〔領〕」(伊場一〇六)、「少毅殿」(城山三次十四)の墨書のほか、敷智郡の厨にかかわると推測される「布知厨」(伊場十三)、「布智厨」(伊場十四)、「下厨南」(伊場十六)、「厨」(城山三次十二)、浜津郷を示した可能性のある「濱〔郷〕」(伊場九二)、「栗原」(伊場四四二)などの地名、個人名を記したものが散見する。

ほかに、Ｖ期に属する須恵器(段階は不明)は四一点ある。郡司の職名を記した「大主帳」(伊場一〇七)や、尊称ないし居所にかかわる「□〔殿〕」(城山三次十三)の墨書が注目される。地名や人名は引き続きみえ、「竹田里」(城山三次二)と「中寸」(伊場四四八)などがある。土師器は五点みられ、その器種は、台付碗二点(うち一点は刻書)、台付皿二点、碗一点である。墨書のある土師器はいまだ少数ではあるが、「上舘」(伊場十八)、「厨」(伊場十五)など公的施設名を記すものなどがあり、注目されよう。

Ⅵ期(八世紀後半)に入り、墨書土器の個体数は増え、この時期以降、伊場遺跡群の墨書土器は盛期を迎える。Ⅵ期には二三三点(須恵器二一三点、土師器二〇点)、Ⅵ期またはⅦ期には七一点(須恵器六七点、土師器四点)が知られる。

官職名を記したものとして、「栗原驛長」(伊場二)、「原驛長」(伊場三)のほか、その居所を示す「驛長〔宅〕」(伊場五)、郡雑任の一つと考えられる「郡鎰取」(伊場八)もみえる。「料丘本寺」(伊場二〇)、「河良堂」(伊場二一)は、郡衙周辺に建てられた仏教施設の存在を示唆する。Ⅵ期には、Ｖ期にみられる人名・地名などの墨書が継続してみられる一方、人名を籾記号で囲む「稲万呂(籾記号)」など、特徴的な墨書も散見する。また、「望」(伊場一二五〜一三五、城山二次一、東若林一、梶子北三永一〇、中村南伊場地区二二)、「九」(梶子北二三、梶子北一一四、中村南伊場地区二)などの一文字のみを記した墨書土器が占める割合が高くなるのも特徴である。この時期の土師器の墨書は、人名が卓越する。

Ⅶ期(九世紀)に属する墨書土器は、四二四点出土した。この時期に属する土師器は七六点あるが、この点数は土師器の全出土個体数の約六〇%にあたるものであり、Ⅶ期の特徴の一つとして、墨書のある土師器の比率の高さを指摘することができそうである。Ⅶ期のもう一つの特徴として、この時期には灰釉陶器が出現するとともに、Ⅶ期およびⅧ期（九世紀から十世紀まで）に属する墨書土器のうち五割以上を占めることがあげられる。

Ⅶ期もしくはⅧ期に属する墨書土器は二一点（須恵器三点、土師器三点、灰釉陶器十五点）、Ⅷ期に属する墨書土器は、一四〇点である。なお、Ⅷ期には須恵器・土師器の墨書はほとんど確認できない。土師器一点（伊場二〇三）を除く墨書土器のすべてが、灰釉陶器である。

Ⅶ期・Ⅷ期に属する墨書土器は、合計すると六六五点（五八五個体）認められる。出土した墨書土器の全個体数、全文字点数の約六割がこの時期に属するもので墨書土器の盛期と理解できるが、一文字墨書が圧倒的に多数を占め、しかも同一の文字が多く、二文字以上の墨書が認められるものでも、習書・吉祥句・呪句と解されるものがほとんどとなるなど、内容的に注目されるものは少ない。

三　墨書の内容分類

伊場遺跡群の墨書土器に記された文字は（表3）、一七七種類（他に三種類の異体字がある）、釈読できた文字はあわ

表3　文字別出土点数

墨書銘	点数
太	78
有（九）（11＋65）	76
足	71
万	51
主	47
川	34
田	31
十	26
得	25
人・賀	23
大	22
呂	20
竹・望	17
加	16
女	15
嶋・成・廣	14
印	13
邊・長	12
和	10
一・平・福・岡（罡）	9
西・子・稲・朋	8
上・寺・麻・生・石・真・木・刀	7
郷・厨・二・七・仟・部（マ）・安・又（々＝2）	6
栗・原・郡・里・布・甲・缶・勢・口	5
殿・浄・三・東・山・本・仁・自	4
驛・象・南・中・九・継・吉・宗・倭・助・居・良・冨・林・使・赤	3
毅・濱・知・智・寸・六・八・廿・千・国・物・若・龍・豊・秀・酒・丁・珎・図・神・音・犬・高	2
領・帳・志・夫・少・正・馬・宅・鎰・舘・家・料・丘・津・河・海・孫・堂・敷・坂・下・五・卌・百・前・價・買・嗣・公・器・合・好・取・作・佐・宜・伴・老・芳・参・末・雄・道・反・満・王・井・岩・文・方・須・泰・為・地・池・友・守・形・屎・宮・財・莫・工・春・免・負・富・治・月・売・身・善・縵（縵）	1
（記号）	47

せて一一〇六個になる。

以下、墨書文字を推定される内容ごとに分類して掲げた上で、若干の検討を試みたい。

①官司・官職名、施設名

大〔領〕、大主帳、郡鎰取、少毅殿、毅殿、竹田二百長、栗原驛長、原驛長、驛長〔宅〕、□〔殿〕、〔□□長殿〕、布知厨・布智厨、厨（二点）、下厨南、〔□厨〕、上舘、南家、料丘本寺、河良堂、寺（六点）、津、

②人名・地名

郡（三点）、栗原（三点）、栗、竹田□、竹田郷（二点）、竹田里、〔竹〕田郷□□□、象嶋、中寸、赤〔坂〕、赤□□□、赤□、濱〔郷〕（二点）、郡邊、郷人、竹田成〔継〕・竹田成継（三点）、竹田成（二点）、竹田浄（二点）、竹田〔嶋〕、□田嶋〔成〕、〔田〕道嶋、竹田（二点）、竹田廣足、川邊廣嶋、川邊子、川邊□□、〔川〕邊□、川邊、川邊宗宜マ子物、山邊足人、〔邊〕廣、邊廣人、〔象〕嶋若倭部人〔足〕、〔象〕嶋若倭部人足、中寸真〔麻〕呂、岡邊子犬、〔罡〕〔邊〕子、参長マ、三使（三点）、川西（二点）、川缶・川〔缶〕（四点）、□缶、川□（四点）、龍麻呂、稲万呂（籾記号）・稲万（籾記号）（八点）、老麻呂、里麻呂（籾記号）・里麻呂（四点）、安万呂（籾記号）・〔安〕万呂（籾記号）（二点）、安万（籾記号）、〔安〕（籾記号）、□人万呂、人万呂、人〔万〕、加万（二点）、〔賀末〕、朋万（五点）、朋万／〔朋〕、□〔作万呂〕佐〔良〕、万呂・〔万呂〕（三点）、〔万〕、□万□、□麻□、得嶋、嶋成（三点）、廣〔成〕、国成、廣嶋、廣友、廣□（二点）、人足（二点）、伴足、石足・〔石足〕（二点）、孫足、足人、子足人、足□、〔田人〕（二点）、人主、真木（二点）、馬長、泰、竹田知刀自女、千刀自女（二点）、刀自女、浄成女、□田女、長女（三点）、成女、□□女、女、岡・罡（八点）、神□□□、マ、川前東、里、□〔須〕□、子

③方角・数字（数量・容量）

西（六点）、南、東□・〔東〕□（三点）、〔一〕（二点）、二・〔二〕（二点）、二□、三、〔五〕、七・〔七〕（五点）、八、九、十・〔十〕（十三点）、十口、廿、卌、九□、九十、〔仟〕、仟石・〔仟〕石（五点）万・〔万〕（十一点）、〔二万〕、六万、十万（七点）、〔廿万〕、□万、□□十一口口、

④吉祥句・呪句・習書

海マ屎子女形（記号）、上一（三点）、望・〔望〕（十七点）、太・〔太〕（六八点）、大・〔大〕（九点）、□大、大一、冨・〔冨〕（三点）、富、満福、□福、主・〔主〕（四四点）、得・〔得〕（二二点）、〔得〕二、得□、有・〔有〕（十一点）、九・〔九〕（六五点）、印・〔印〕（十一点）、〔印上〕（二点）、賀・〔賀〕（二三点）、加・〔加〕（十一点）、福・〔福〕（六点）、

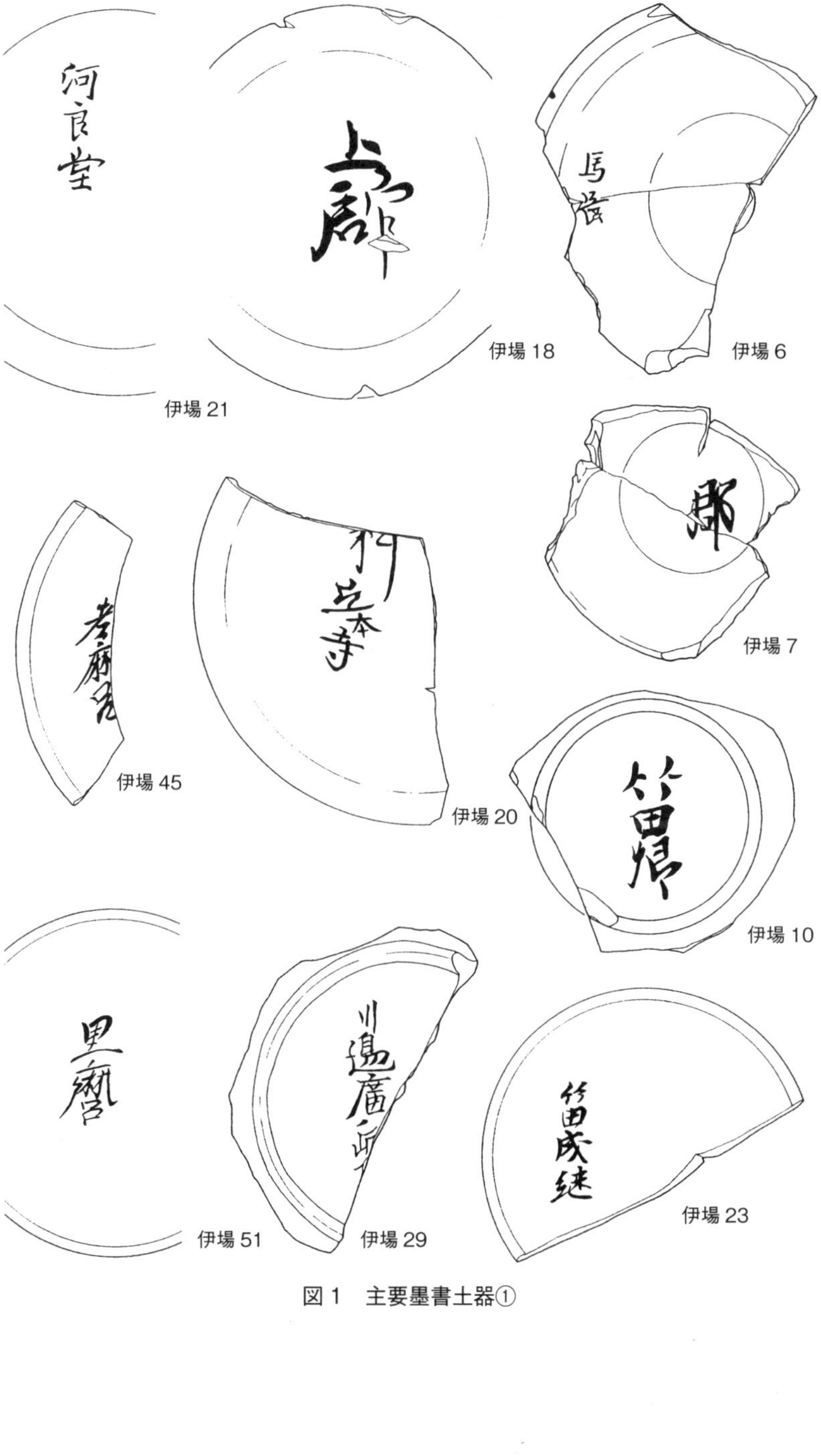

図1　主要墨書土器①

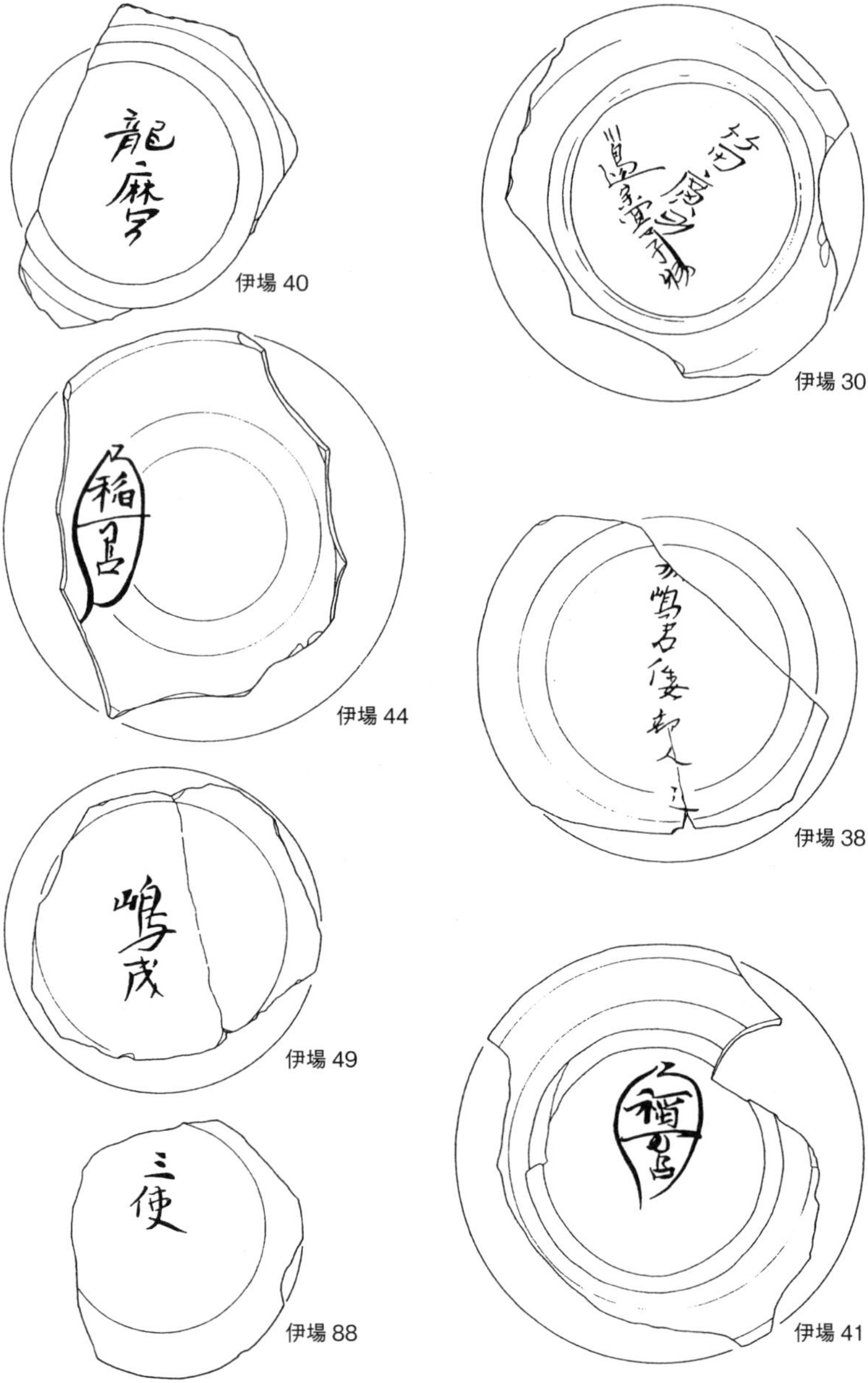

図２　主要墨書土器②

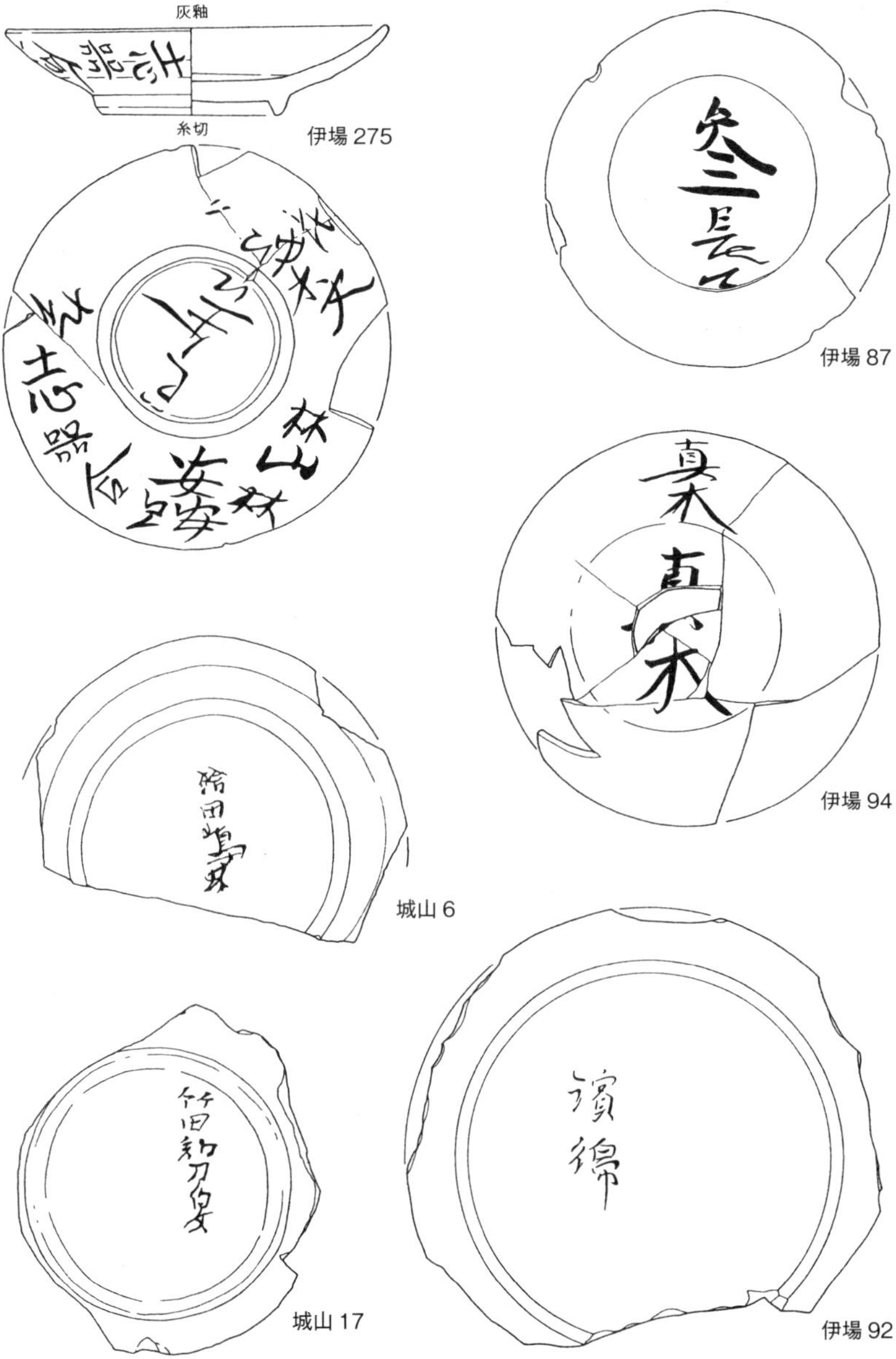
灰釉
糸切
伊場 275
伊場 87
伊場 94
城山 6
城山 17
伊場 92

図３　主要墨書土器③

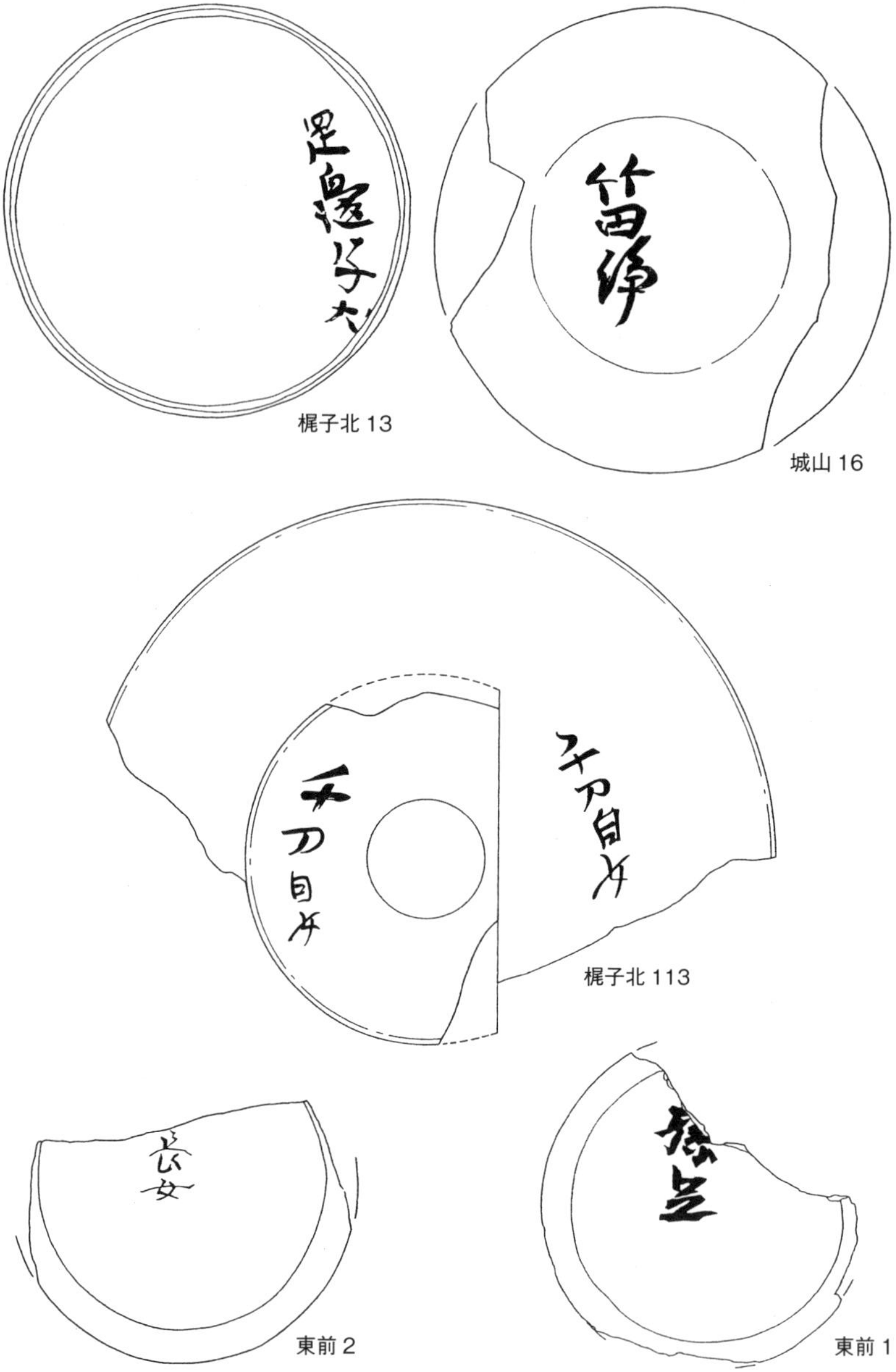

図 4　主要墨書土器④

豊・〔豊〕（二点）、和・〔和〕（九点）、秀・〔秀〕（二点）、足・〔足〕（五八点）、足／□、吉・〔吉〕（三点）、甲・〔甲〕（五点）、平・〔平〕（九点）、大大大、志器合／安安〔足〕／林山林／□□木〔文〕、十／十／〔十〕

⑤その他（不明）

布一酒、〔免雄負〕、六月／売身□、女□□方□、〔王〕、〔音〕（二点）、〔岩〕、居太、犬、工、好、高、高□、廣（五点）、国、財□、山、山守、子、〔酒〕、宗（二点）、春、助・〔助〕（三点）、浄、真・〔真〕（三点）、真□、人・〔人〕（四点）、〔人大〕、人□、□人、仁（四点）、神、図（二点）、〔井〕、生・〔生〕（七点）、成（二点）、勢・〔勢〕（五点）、川・〔川〕（十八点）、善、〔地〕、智、治、池□、長（二点）、弥加・〔弥〕加（二点）、丁（二点）、田・〔田〕（六点）、田居・居・居／田（二点）、刀（三点）、嶋・〔嶋〕（二点）、莫、反、夫、布、布一、〔朋〕、本、本加、木・〔木〕（三点）、龍、林、芳、和、倭〔價〕、□〔賈〕、嗣良、〔公〕、□木、又々・又（六点）、〔縵（縵）〕、〔物〕人、為、□主□、□□□〔敷〕七、□〔宮〕、

⑥記号

籾記号（一二点）、宝相華文（九点）、丸い囲み（九点）、⧖（記号、Zもしくは又一、三点）、人面（二点）、合点（一点）、〇（四点）、不明記号（七点）

これらのうち、①官司・官職名、施設名、②人名・地名にかかわる墨書土器は、すでに木簡の分析であわせて論じられているので、重複をさけここでは触れない。内容が推測できる墨書土器のうち、③方角・数字にかかわる墨書土器に含まれる、「西」と記した墨書土器は注目されよう。方角を記した土器には、出土点数にばらつきがあり、「西」が多く認められるのに対し、『北』は一点も出土していない。推測をたくましくするならば、伊場遺跡群の西方に広がる浜名湖との関連、周辺に点在した官衙の分布範囲、あるいはこの地域の人々が有していた空間認識が窺われる資料などと理解できる可能性もあるのではないか。

また、墨書土器の同筆・異筆関係は俄には判別しかねるが、遺跡の範囲を越えて同筆の可能性があるものも見受けられる。たとえば、墨書土器「太」のうち、伊場遺跡から出土した二点（伊場一三七・一三八）と城山遺跡の少なくとも五点（城山三次六七〜七〇・七二）の筆使いが著しく類似する。墨書土器「勢」は、伊場遺跡（伊場二八二）と中村遺跡南伊場地区（中村南伊場地区三九）の二点について同筆の可能性が指摘できる。同じ遺跡から出土したものについても、たとえば、城山遺跡出土の墨書土器「太」二点は（城山三次九二・九四）同筆の可能性が高い。同一個体に記された墨書では、梶子北遺跡出土の「千刀自女」（梶子北一

一三）は二点の墨書が同筆の可能性がある。これに対して、伊場遺跡出土墨書土器にみえる四つの「大」字（伊場四一九）は逆に異筆である可能性が高い。顕著な事例を数例例示したに過ぎないが、土器の移動や墨書の経緯の複雑さが窺われる好例として、墨書の同筆・異筆関係は、なお追究すべき課題として残されている。

四　人名と籾記号

伊場遺跡群から出土した人名の記された墨書土器には、人名に籾記号で囲む（あるいは合点を付す）資料が十二点ある。他に人名の墨書ないし、その一部を丸く囲むものもあるが、残存率が低く、人名を籾記号が囲むと確実には認定しがたいため、ここでは、確実な籾記号のある墨書のみを検討する。丸く籾記号が記されている人名は、「稲万呂」八点、「安万呂」三点、「里麻呂」一点である。なお、「稲万」、「安万」は、それぞれ「稲万呂」「安万呂」の略であろう。籾記号墨書土器全体の特徴は、①すべてⅥ期（Ⅵ期一段階を含む。奈良時代後半～平安時代初頭）に属すること、②すべて湖西産の須恵器であること、とともに、③器種および墨書部位には共通性が認められないこと、があげられる。

以下、類例の少ない「安万呂」、「里麻呂」の事例から述べる。前者は、「安万呂」（城山三次二一・一三六）と「安万」（城山三次二三）とをあわせて三点出土しており、すべて城山遺跡三次調査から出土したものである。他に、「安」を○印で囲んだものが一点あり（城山三次二五）、同じく籾記号の可能性も残る。安万呂にかかる墨書土器は以上の四点であるが、いずれも類似した筆致とはいえ、確実な同筆関係は実証できない。一方、後者の「里麻呂」は、確実なものが一点あるが（伊場五〇）、それとは別に、「里」＋籾記号ヵ（梶子六次五）を記したと思われるものが一点、都合二点出土している。ただ、後者は籾記号か合点様の囲み記号か判然とせず、かつ人名以外と思われる釈読不能の墨書も認められる点、出土地点も大きく離れる点からすれば、この墨書は、籾記号人名墨書土器とは異なる事例と理解するべきであろう。

これらに比して、「稲万呂」は、出土点数やその分布範囲の広さから他を圧倒する。「稲万呂」（伊場四一～四四、梶子九次二一、鳥居松三）、「稲万」（城山六次二二一、梶子七次十三の八点である）。同筆異筆関係の認定は、困難ではあるが、いずれも類似した筆致といえ、稲万呂個人の帰属を示す可能性が高い。すでに指摘があるように、「稲万呂」墨書が鳥居松遺跡から出土したことは、敷智郡の関連施設が、遺跡群全体の広範囲に散在していた可能性が高いこと、郡務にかかわる官人の活動範囲がそれらの施設におよぶことなどを物語る資料として、貴重であろう。

なお、二〇〇八年の一月から四月まで、鳥居松遺跡で幅約二五ｍ深さ三ｍにおよぶ伊場大溝の調査が行われ、新たに十一点の「稲万呂」墨書が出土し、伊場遺跡群全体での出土点数は、都合十九点となった。「稲万呂」墨書の分布は、上流の城山遺跡から下流の鳥居松遺跡までは、一・五kmにおよび、ここから古代人の行動範囲が窺われる。とともに、まとまった出土をみた鳥居松遺跡付近が、稲万呂の本拠地である可能性は高く、彼自身が、城山遺跡ないし梶子北遺跡に推定される敷智郡の中心施設との間を行き来する郡司ないし郡雑任クラスの有力者である可能性は、さらに高まったといえる。

五　一文字墨書

次に、一文字の墨書土器について検討する。Ⅶ期（九世紀）以降の墨書土器は、概して、吉祥句や一文字のみ記されたものが多いと指摘されている。Ⅶ期もしくはⅧ期に属する土器や、Ⅷ期（十世紀）に入ると、その傾向はさらに強まり、習書ないし呪句と思われる文字以外は、一文字墨書にほぼ限定されるといえる。前述のように、Ⅶ期は伊場遺跡群全体でもっとも多くの墨書土器が出土している時期であることから、結果、呪句ないし吉祥句を記した墨書土器が伊場遺跡群出土墨書土器の過半を占めるとしても過言ではあるまい。一文字の墨書土器のうち、出土点数がある程度まとまっているものは、次の通りである（一部、複数の文字を記したものも含めている）。

「太」七四個体七七点（伊場一三七～一四三、城山一次五・八・十四・十五、城山二次六～九、城山三次三五～四四、四六～五一・五三～六〇・六二～七四、七六～八一・八三～八六・八八・八九・九一～九六・九八・九九・一〇一・一二七）、「有・九」七二個体七五点（伊場一七九～一八六、城山三次一〇三・一〇四、梶子六次一～三、梶子北三～七・一〇～二一・二三・二六～三二・三四・三五・三七～四〇・四二～四四・四七～五二・五四・一一四・一一五・一一七・一一八、梶子北三永二・三・六～九・十一、中村南伊場地区一・二・四・七・二一・二四～二六）、「足」五四個体五六点（伊場二二六～二五八・三七〇・四一四・四三二・四七一、城山一次九、城山二次十五、城山三次一一二・一一三・一八六、梶子七次九・十四、梶子九次二〇・二一、梶子十次三三、梶子北五五・五七・五八・一二〇、中村南伊場地区十・四三・四四）、「主」四四点四四個体（伊場三〇二～三四一、城山三次一四五、城山六次二二〇、東若林二、梶子北一五四）、「賀」十九個体二一点（伊場二一〇～二一三・二一五～二二〇・二二三～二二四・三六四・四四七、城山三次一〇二、村西三、九反田六・九)、「川」十五個体十八点(伊場三三・一四八〜一五一・一五三〜一五八・一六一・三七九・四三五、城山二次十三)、「望」十六個体十七点(伊場一二五〜一三五、城山二次一、東若林一、梶子北六一、梶子北三永十、中村南伊場地区二二)、「得」二一個体二一点(伊場一九四〜二〇五・二〇七・二〇八・三五一・四六七、梶子九次十九、九反田七・八、梶子北七三・一二四)、「大」十三個体十三点(伊場一四四・一四五、城山一次二・三・六・七・十二、城山三次一〇〇、梶子七次十一、梶子北六四・一五二・一六三、中村七)、「印」九個体十一点(伊場一八七〜一九三・四七四、梶子北七七)。

このうち、出土遺跡や時期にある程度のまとまりが認められる一文字墨書は、「太」「大」「川」「望」「主」「印」「賀」「得」の八種類である。

墨書土器「太」は、伊場遺跡と城山遺跡にのみみられる。七四個体七七点出土した。うち、Ⅷ期(城山三次八八)に属するものと時期不明(城山三次一〇一)の都合二点を除き、Ⅵ期もしくはⅦ期、あるいはⅦ期に属するものであり、かなり一括性の高い資料群といえる。

墨書土器「大」は、Ⅴ期からⅧ期までにみられ、分布の中心はⅦ期であるが、時期により字体に特徴が認められる。Ⅶ期の「大」は、底部外面に比較的ゆったりと文字を記し、概して肉太の筆使いである点など、前述の「太」との類似性が高い(城山一次二・三・六・七・十二、城山三次一〇〇)。あるいは「太」と通用して用いられた可能性も考慮され、大勢としては、墨書土器「大」は「太」と通用するとみて大過あるまい。なお、Ⅵ期の中村七も同じ特徴がある。それに対して、伊場一四五、梶子七次十一は、やや小降りで細い筆使いの文字を記す点でやや異質であり、とりわけ後者はさらに文字が続く可能性が高い。異なるグループとみるべきであろう。また、「賀」の足の部分の残画の可能性があるものが三点あり(伊場一四四、梶子北六四・一六三)、「大」と釈読するには、やや難のあるものも含まれる(梶子北一五二)。転用硯が一点ある(伊場一四四)。

墨書土器「川」は、伊場遺跡にほぼ集中し、例外は城山遺跡から出土した一点のみである(城山二次十三)。Ⅶ期を主体とするものの、Ⅴ期からⅧ期まで確認できる。「川」の三画目を右へ払うないし撥ねる特徴をもつ個体が多い。Ⅴ期の二点は、いずれも高台のつく土器に記される(伊場一五〇・四三五)。Ⅵ期の一点(伊場三三)は破片で、さらに文字が続く可能性も否定できない。

墨書土器「望」は、概ねⅥ期に属する。Ⅵ期三段階もしくはⅦ期に属する個体が一点(梶子北六一)だけ認められるが、「王」部分の一部のみ残る破片で、「望」と断言できない。その他の十六点は、いずれも「亡」部分の三画目を鋭く撥ね、「月」を省画する特徴がある。同筆異筆の判定は困難ではあるが、文字の類似性は著しく高い。

墨書土器「主」は、Ⅶ期二段階を主体としており、その多くは灰釉陶器碗の底部に墨書が認められる。肉太の筆使いで一画目の点を縦棒に続けて書く書癖が顕著である。伊場遺跡の四〇点と城山六次二二〇とはきわめて似通った書体であり、同じグループにて把握すべきものといえよう。これに対し、城山三次一四五、東若林二、梶子北一五四の三点は、いずれも細い筆使いであり、前者の「主」とは書体が異なる。

墨書土器「印」は、すべてⅦ期に属する。伊場遺跡出土の八個体がすべて丸みをおびた「印」の異体字を記すのに対し、梶子北遺跡の一点は、角張った筆致であり、伊場遺跡出土のものとは明らかに筆が異なるものである。転用硯が一点ある（伊場一八七）。

墨書土器「賀」は、Ⅶ期を主体としており、Ⅷ期に降るものは二点のみである（伊場二二三、村西三）。いずれも字体は異体字で「加」の下に「大」を記す。

墨書土器「得」は、二一点のうちほとんどが、灰釉陶器碗の側面正位に墨書が認められるものである。Ⅶ期二段階が二点（伊場一九八・一九九）あるほかは、いずれもⅧ期に属する土器で、時期も近しい。朱書で記された一点（伊場二〇八）のほか、転用硯（伊場二〇〇）や筆慣痕、文字以外の墨が認められる個体（九反田八・梶子北一二四）が含まれる点は注意すべきである。

上記の一文字墨書は、時期や分布に比較的まとまった傾向をみてとれるのに対し、所属する時期や出土地点・遺構の種類などが広範にわたり、異なる性格をもつものも存在する。

墨書土器「足」は、Ⅵ期以降Ⅶ期・Ⅷ期を通じて認められる。人名と推測される「人足」などの墨書を除く「足」字のみを記した墨書土器は五四個体で、うち二ヶ所以上に文字が記される土器が二点（城山三次一一二、梶子北一二〇）、重書された別字のあるものが一点ある（梶子北一二一）。時期が長期間にわたる点では特筆されるものの、出土遺構は、大溝ないし旧河道に集中していることから、前述の一文字墨書と近い吉祥句的な性格をもつ墨書であると理解できるのではなかろうか。

六　墨書土器「有・九」

最後に、墨書土器「有・九」について検討する。この墨書土器は、土器の年代ではⅤ期からⅧ期までの長期間にわたり、出土地点は、伊場遺跡・城山遺跡に比して、梶子北遺跡や中村遺跡に多く分布する傾向がある。七三個体七六点のうち、二ヶ所に同じ文字を記した土器が三個体ある(「九／九」梶子北五二、「有／□」梶子北五四、「有／有」梶子北三永六)。字体に顕著な特徴が認められ、「有」の字体を記すものが十個体十二点あるほか(梶子北十八・五四、梶子北三永二・三・六〜九・十一、中村南伊場地区二六)、「九」のごとく相当崩れた字体の墨書が記されるものが六三個体六四点出土している。「九」の字形は、当初「九」「左」などの可能性も含め検討していたものである。整理の過程で、あらためて対象となる土器を比較してみると、草書体の「有」を記したと判断できる梶子北十八や、「有」の草書体からさらに字体が崩れたものとみられる梶子北四八・梶子北一の存在が注目される。すなわち、「有」(梶子北五四)―草書体「有」(梶子北十八)―「九」(梶子北四八・梶子北二)―「九」(梶子北四二など多数)という関係をみてとれることから(図5)、「九」の字形は「有」字を著しく略した形であると判断したのである。ただ、「有」の字体が記された土器は、Ⅶ期からⅧ期までにのみ認められ、むしろ時期的に早い段階から「九」の字形が広範囲に認められる点は、単純に字形が草書体へと崩れたものとの理解を排するもので、字形の変化とその意味については、なお慎重な検討を要するものといえよう。

墨書土器「有・九」は、時期や分布が広範囲におよぶ点、大溝、溝のみならず柱穴や包含層遺物が比較的多い点、官衙の中心に近い梶子北遺跡からの出土が卓越する点からすれば、そのほかの一文字墨書と同じく祭祀にともなう吉祥句とみるよりは、官衙に固有の意味をもつ墨書とみたほうがよいかと思われるものの、それがいかなる語句の略であるのか、断案をもたない。「九／南家」(梶子北一)は、「九」のほかに別内容の墨書が記され点で孤立する事例ではあるが、「有・九」の意味とこの墨書土器が出土した梶子北遺跡の性格を考える上で、重要な手がかりといえるかもしれない。

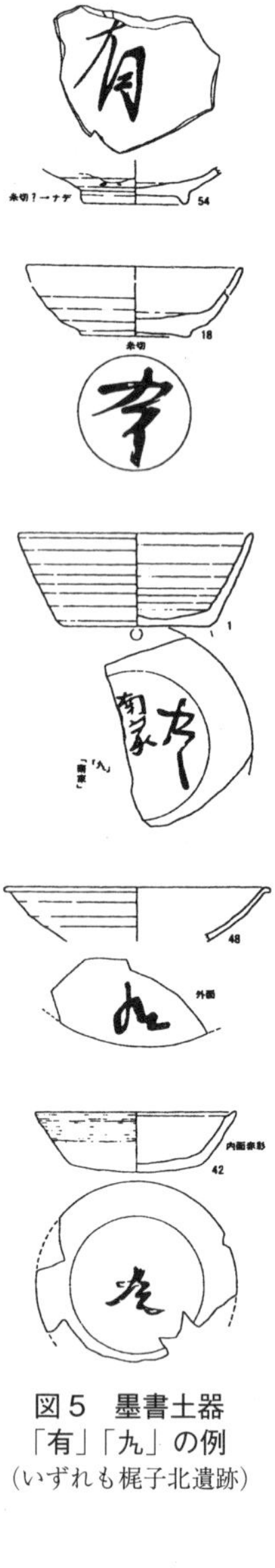

図5　墨書土器
「有」「九」の例
(いずれも梶子北遺跡)

七　結び

一九八〇年に刊行された『伊場遺跡遺物編2』には、四一二点の墨書土器が報告されている。その後の発掘調査において、墨書土器の出土が相次ぎ、点数は確実に増加していった。本稿は、かつての報告数の二倍以上にあたる一〇二六個体、一一三三点の墨書土器を対象とし、再釈読の成果を示したものである。点数は増えたものの、大方の傾向において、既報告の見解を修正するものではなく、むしろそれらの知見をあらためて追認するものとなったことを明記しておく。

本稿の執筆にあたり、文字あるいは墨書内容にかたよることなく、土器そのものに即した基礎的なデータと、検討にたえうる加工前の素材とを提供することこそが報告書の責務と判断し、また担当者の浅学から、あえて論を展開することを差し控えた。むろん、全国的な資料の増加や技術の進歩により、本稿で提示した釈文や遺物の観察知見について、さらなる訂正を要することも予想される。遺物そのものの熟覧、検討を前提とした、調査研究の深化は大いに期待する。

なお、本稿は、浜松市の鈴木敏則氏による土器そのものの観察知見のデータをもととし、墨書土器の傾向についてまとめたものである。土器については、金田明大・森川実両氏のご教示をえた。末尾ながらお礼申し上げる次第である。

三　出土文字資料からみた伊場遺跡群

渡辺晃宏

一　伊場遺跡群出土文字資料の歴史的価値

伊場遺跡群から出土した木簡は、一八九点（うち古代のものは一七七点）、墨書土器は一〇二四点を数える。このうち木簡は、これまでに全国一〇〇〇ヵ所を超える遺跡から三四万点余りが出土しているが、飛鳥京から平安京に至る都城遺跡を除くと、現在のところ下野国府跡、大宰府跡、長登銅山跡、多賀城跡、秋田城跡に次ぐ点数を誇る。現在では一〇〇点を越える木簡が出土した古代地方官衙遺跡（大宰府・多賀城などの広域支配拠点・城柵官衙を含む）は十指に余るようになったが、古代の国府・郡家クラスの遺跡で、最初に一〇〇点を超える木簡が出土したのは伊場遺跡であった。また、七世紀の木簡がこれだけまとまって出土した地方官衙の遺跡も伊場が最初であった。伊場遺跡出土木簡だけをとっても、まさに全国有数といってよい。それは地方官衙の木簡の研究において不動の歴史的位置付けをもつばかりでなく、他に類例のない画期的な内容の木簡を多数含み、今なお木簡研究の牽引車としての役割を果たしているのである（竹内理三編『伊場木簡の研究』のような、木簡を素材にした論文集が編まれた地方官衙遺跡は伊場遺跡だけである）。伊場遺跡出土木簡は、いわば地方出土木簡のパイオニアと言っても過言ではないだろう。

その後、城山遺跡、梶子遺跡、梶子北遺跡、中村遺跡から木簡の出土が相次ぎ、伊場遺跡群出土木簡として一体として捉え得ることが次第に明らかになってきた今日、その史料的価値は益々高まってきている。遺跡群出土木簡として総体として捉えることができるようになった結果、伊場遺跡出土木簡のいわば相対的評価が可能になり、その真の価値がより明確になるとともに、伊場遺跡群として一回り大きな史料群としての把握が可能になってきたのである。古代地方官衙の木簡は、伊場遺跡群出土木簡を抜きにしてはもはや語ることはできなくなっているといっても過言ではない。

伊場遺跡群を構成する木簡出土遺跡のうち、城山遺跡は木簡の出土が比較的古いので、伊場遺跡と一体として捉える認識は共有されていると思うが、梶子遺跡、梶子北遺跡、中村遺跡については、伊場遺跡・城山遺跡との一体性という点では、まだなお充分周知されているとは言えない状況であろう。そこで、伊場遺跡群総括編の刊行にあたり、伊場遺跡群出土木簡としてみた場合その資料的な意義はどこにあるのか、簡単にまとめておきたいと思う。なお、個々の木簡のもつ史料的価値にはなお無限の広がりの可能性があり、ここでは敢えて言及しない。

a、七世紀の評における行政運営の実態に迫る資料であること。全体の点数からいえば、けっして七世紀の木簡の占める割合は高くないが、七世紀の評の役所で作成・使用され、かつ現地で出土した木簡の実例として貴重である。類例には、徳島県観音寺遺跡（阿波国板野評）、長野県屋代遺跡群（信濃国科野評?）、滋賀県西河原遺跡群（近江国野洲評?）などの木簡があるに過ぎず、行政運営の実態に迫るまとまった木簡は、伊場遺跡群を措いてほかにない。

b、八世紀の郡家における行政運営の実態を示す資料であること。郡内の多数のサトに関わる木簡を含み、郡家がサトの結節点としての役割を果たしていたことが具体的に示される貴重な資料である。八世紀に郡家の木簡として点数的にまとまったものには、新潟県八幡林遺跡・下ノ西遺跡（越後国高志郡家）、兵庫県袴狭遺跡群（但馬国出石郡家）、徳島県観音寺遺跡（阿波国板野郡家。遺跡としては阿波国府関連だが、板野郡家に関わる木簡も含まれる）などの木簡があるが、出挙を初め、租、庸、調などさまざまな負担に関する資料を含み、郡家による広域支配の実態を様々な側面から明らかにする資料は伊場遺跡群出土木簡以外にはない。

c、七・八世紀だけでなく、九・十世紀の木簡を含み、足かけ四世紀にわたって地方支配の拠点であり続けた状況を連続して示す木簡群であること。律令制形成期から衰退期まで、古代国家の地方支配の推移をひとつの郡において継続して示す、類例のない時間的な広がりをもつ木簡群といえる。

d、一つの遺跡で単独に木簡が出土しているのではなく、隣接する複数の遺跡から関連する木簡が出土し、遺跡としての一体性を広がりをもって把握できる木簡群であること。しかも、郡家だけでなく、駅家に関する資料も含み、郡家を拠点とする地方支配のあり方を空間的な広がりをもって、しかも具体的な遺跡を伴って把握できる。類例としては、他に兵庫県袴狭遺跡群、福島県根岸遺跡・荒田目条里遺跡などが挙げられる程度である。

e、木簡だけでなく、多量の墨書土器が共伴し、遺跡群全体の出土文字資料を相対化して捉えることができる木簡群であること。遺跡群全体の構造は残念ながら部分的にしか明らかにされていないが、出土状況が明確に記録されていて、本書で述べたように廃棄状況を再現できるとともに、遺跡とのつながりを再現することができる。伊場遺跡群出土木簡以上に、出土文字資料から遺跡を総合的に考察できる木簡群はないだろう。静岡県では、御子ヶ谷遺跡、郡遺跡、坂尻遺跡などからも多数の墨書土器が出土し、前二者からは木簡も出土しているが、墨書土器に比べて、木簡のもつ情報がやや少なく、両者がこれほどバランスよく出土している遺跡は稀有といえる。

f、全点の科学的保存処理が終了し、しかもカラー、モノクロ、赤外線デジタル写真が完備していること。遺物として万全の保存状態にあり、地方官衙出土木簡として単独の報告書を刊行できた数少ない木簡群の一つということができる。

このように、伊場遺跡群出土木簡は、空間的にも時間的にも大きな広がりをもつ稀有の木簡群として、墨書土器群とともに今後も木簡研究にまた歴史研究に常に参照されるべき資料となるだろう。

二　伊場遺跡群の遺跡としての性格

伊場遺跡群の遺跡としての性格をどのように捉えるべきかについて、今回の再釈読の成果に基づいて簡単に見通しを述べておきたい。

別に考察したように、a郡符とこれに準じる木簡の出土、b郡内各郷にかかる木簡や墨書土器の出土、c出挙を初め租・調・庸などさまざまな租税徴収に関する木簡の出土、d七世紀の評段階からの行政機構の連続性が明らかになったこと、などから考えて、伊場遺跡群は遠江国敷智郡の郡家の所在地であることはまず断言してよい。それは伊場遺跡群以後に木簡が出土して郡家と推定されるようになった各遺跡、例えば静岡県御子ヶ谷、同郡遺跡、新潟県八幡林遺跡、兵庫県袴狭遺跡、福島県根岸遺跡などと比べた場合、点数的にも内容的にも、伊場遺跡群ほど郡家機能を示す木簡がまとまって出土している遺跡はない。こうした郡家遺跡の発掘調査と出土木簡のデータの蓄積によって、伊場遺跡群が基本的に遠江国敷智郡家の遺跡であることは動かしがたい事実となったといってよいだろう。

一方、これまで伊場遺跡群のうち、特に伊場遺跡の出土文字資料によって、強く打ち出されてきたものに、栗原駅家説がある。その根拠とされたのは、駅に関わる木簡・墨書土器の存在である。しかし、出土文字資料全体としてみた場合、駅に関わりがあるとみられるものはけっして多くない。しかも駅家、栗原の墨書は、駅家郷、あるいはその別名と考えられる栗原郷の郷名であって、他の敷智郡内の郷名の一括出土の中で捉えるべきである。したがって、これをもって伊場遺跡群に駅家があった根拠にならないことが明らかになったのである。また、駅長の墨書土器も駅長宅であることが判明し、必ずしも駅で使用されたことを意味するわけではなくなった。また、馬長の墨書土器も、これを駅長と解釈するのは難しく、職名である保証はない。単なる人名ウマオサの可能性も否定できないだろう。

さらに、富裕者に駅馬の飼養を割り当てたことを示すとされる伊場遺跡第五二号木簡は、別の解釈が可能になった。というのは、伊場遺跡群全体に占める出挙に関わる木簡の比重がこれまで考えられてきた以上に高いことや、再釈読によって卌五足代黒毛牡馬、すなわち頴稲卅五束の分として馬を差し出した記録と読める部分があることがわかったことによって、既に小林昌二氏の指摘（「伊場遺跡出土の第五十二号木簡について」『伊場木簡の研究』所収）があるように、第五二号木簡も正税出挙に関わる記録の可能性が高くなった。第三〇号木簡に駅名が列挙されていることも、過所の発給は郡家の職務の一部であるのは明らかであるから、必ずしも駅家の存在を証明するものとはならないのである。

このように栗原駅家の存在を示す証拠として積極的に理解してきた資料は、今日の理解からはいずれも明確な証拠とはならないことが明らかになった。しかしながら、そのことは伊場遺跡群の地における駅家の存在を否定するものではけっしてない。郡家である確実性が高まった分、駅家の位置付けが相対的に低下したというのが正しく、栗原駅家の活動を窺わしめる資料が含まれている点はなお積極的に評価しなくてはならない。その意味でいうと、従来から指摘のあることだが、少毅殿や竹田二百長などの存在は、軍団の活動を示唆する。点数こそ少ないが、これらの資料の伊場遺跡群の出土文字資料に占める位置付けは、基本的に栗原駅家関係資料と同等の立場といってよいのである。

もう一つ従来指摘のあるのは、津ではないかとする説である。しかし、津の存在の裏付けたり得る出土文字資料は、津と書かれた大溝出土の墨書土器一点があるだけだろう。津の存在を否定する材料はなく、郡家周辺にそうした機能を想定することは充分可能だが、大溝が自然流路と考えられるとすれば、津の存在はあくまで可能性の域を出ないことになろう。

さて、以上のように考えるならば、伊場遺跡群は基本的な性格としては敷智郡家の遺跡であると理解するのが穏当であろう。そして、木簡・墨書土器などの出土文字資料からは、駅家と軍団の活動も窺えるので、伊場遺跡群の広がりを考えた場合、政庁・厨・正倉院からなると考えられる敷智郡家の周辺に、栗原駅家や軍団の施設が配されていた可能性が高いとみられる。伊場遺跡群全体が、いわば郡家を中心とした敷智郡の総合中核施設を構成していたと理解できるだろう。しかも、評段階から足かけ四世紀にわたる連続した行政拠点機能をトレースできる点は全くほかの遺跡に例をみないことであり、伊場遺跡群のもつ歴史的な価値をさらに高いものにしている。

こうして、これまでの地道な調査成果の積み重ねによって、伊場遺跡群のかけがえのない価値が解明されてきた。ここに至る道はけっして平坦ではなかったが、発掘調査や遺跡の保存にかけた多くの先人たちの労苦のたまものである。ただ、残念ながら敷智郡の総合中核施設の実態の解明は、まだ面的な広がりとして解明されている部分は多くなく、点と線をつなぐ状況に過ぎない。遺跡群としての空間的な広がりと時間的広がりをもつ遺跡であり、両者の関わりの中で遺跡群の内実をどれだけさらに充実させることができるかが、なお今後に残された課題といってよい。『伊場遺跡総括編』の刊行によって、伊場遺跡群の解明は、今新たなスタート地点に立ったといってよいであろう。

Ⅳ　伊場遺跡群出土の主要木簡解説

一　伊場遺跡群の主要木簡

渡　辺　晃　宏

一　伊場十八号木簡

大型の郡符木簡の上半の断片。釈文は向坂論文の№56（二一四頁）。上端は丸く山形に削り出されており、同様の形態をとる郡符の事例（北九州市長野角屋敷遺跡〈旧上長野Ａ遺跡〉出土木簡）が知られることから、一文字目は「符」の可能性が高く、また上端は原形を保つとみてよい。一方下端は、廃棄に伴って刃物を入れて切断されている。左右両辺は削り。「田」はかなり独特に字形であるが、字画の部品は揃っており、「田」と判読して問題はない。現状では二八cm余りの長さで下端を欠くが、郡符の事例には、二尺（約六〇cm）の規格で作成されていると思われる木簡が多く、伊場十八号の場合も元は六〇cm程度あったものを、人為的に刃物を入れて切断して廃棄しているとみられる。

郡の下達文書である郡符は、宛先か発給元の郡家で廃棄される。したがって、複数の宛先の郡符が出土することはそこが郡家の遺跡であることの動かぬ証拠となる。「符」

伊場十八号

と明記がなくても郡の下達文書として実質的に郡符にあたるものも含めると、伊場遺跡群の木簡には、この伊場十八号（竹田郷長里正宛の召文）、伊場八二号（竹田郷長里正宛の召文）、伊場八五号（□田郷の夫を召す召文）、伊場一〇五号（内容不詳。書き止めに「符」とある）、梶子北一号（浜津郷に関する文書）、城山十九号（某郷〈竹田郷ではない〉宛ての召文）の六点の類例がある。竹田郷長宛てのものが多いが、複数の郷に関わるものが含まれており、伊場遺跡群がこれらの郷を統括する敷智郡の郡家の遺跡であることの根拠となる。中でも伊場十八号は「符」と明記した典型的な郡符の事例として重要な木簡である。

二　伊場二一号木簡

内容から「屋椋帳」と称されている帳簿状の木簡。釈文は向坂論文の№61（一一四・一一五頁）。上端折れ。下端削り。左右両辺二次的削り。木簡を編み台に二次的に整形したもの。左右両辺にはほぼ等間隔に切り込みが入れられている。

人名＋椋・屋の数量、を基本とする記載が数段にわたって記される。加毛江五十戸人、駅評人などのタイトルの行があり、敷智評内の複数のサトごとに記されていたとみられる。人名に続く椋や屋の数字は、各人が所有する椋や屋の数の記載と理解されているが、これほど多くの人々がそれぞれに椋や屋を所有していたのか疑問もある。数字はクラの数ではなく、番号の可能性も考慮する必要があるだろう。

椋・屋の収納物として最も一般的なのは穎稲である。伊場遺跡群の木簡には出挙に関連するとみられる木簡が多数含まれていることを念頭に置くと、伊場二一号も、出挙稲の収納に関わる帳簿の可能性が考えられるかも知れない。

なお、駅評は、駅家とそれを支える駅戸を行政単位として把握するもの。伊場二一号に、「駅評」と「加毛江五十

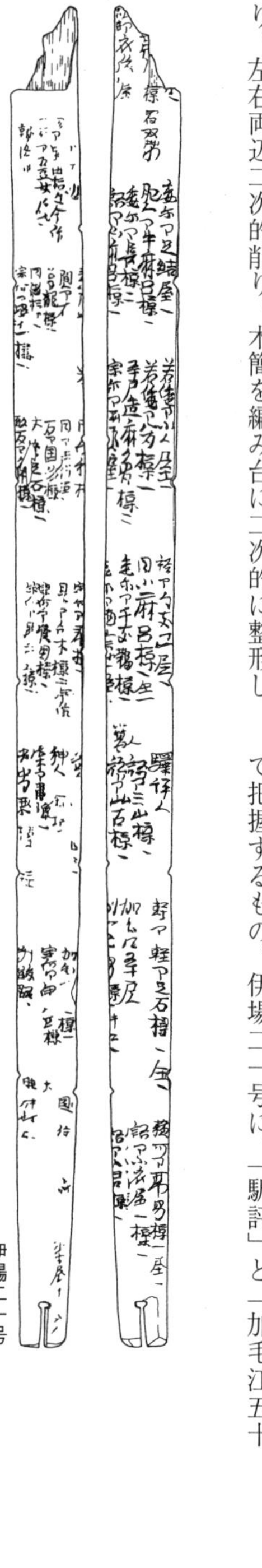

伊場二一号

戸」が並列関係で登場していることは、評と称してはいるが、実質的には五十戸と同レヴェルの行政単位であり、近隣の評に依存する形で機能していたことを示すとみられる。類例には、西河原森ノ内遺跡出土木簡にみえる「馬評」の例がある。

三　伊場三〇号木簡

美濃関を越して京に向かう人々の過所（通行許可証）の機能をもつとみられる木簡。釈文は向坂論文の№62（一一五頁）。上端折れ。下端と左右両辺は削り。表面割書左行はこれまで「浜津郷」と釈読していたが、保存処理後の再釈読の結果、「置染部」の可能性があり、直上の人名に関する本貫地などの註記ではなく、割書二行自体が人名の連記である可能性が考えられるようになった。

裏面の駅家はいずれも参河国の駅家とみられる（宮地駅家は『延喜式』にみえる渡津駅変更されたか）。遠江国から京に向かう順に書かれているので、欠損している裏面最初の駅家は、遠江国猪鼻駅にあたるとみられる。尾張国以遠の駅家名が書かれていない理由は不詳だが、美濃国経由を明記する伊場三〇号によって、八世紀において既に東海・東山両道の連絡路が機能しており、大倭—山背—近江—美濃—尾張というルートがあったことがわかる。

四　伊場三七号木簡

長大な文書木簡の下部の断片。上端折れ。下端と左右両辺は削り。釈文は向坂論文の№64（一一五頁）。『養老五年』

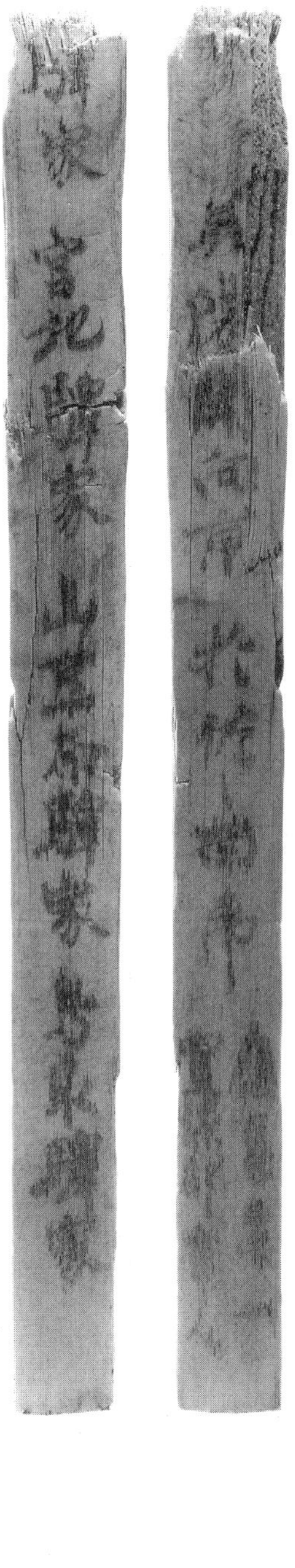

伊場三〇号

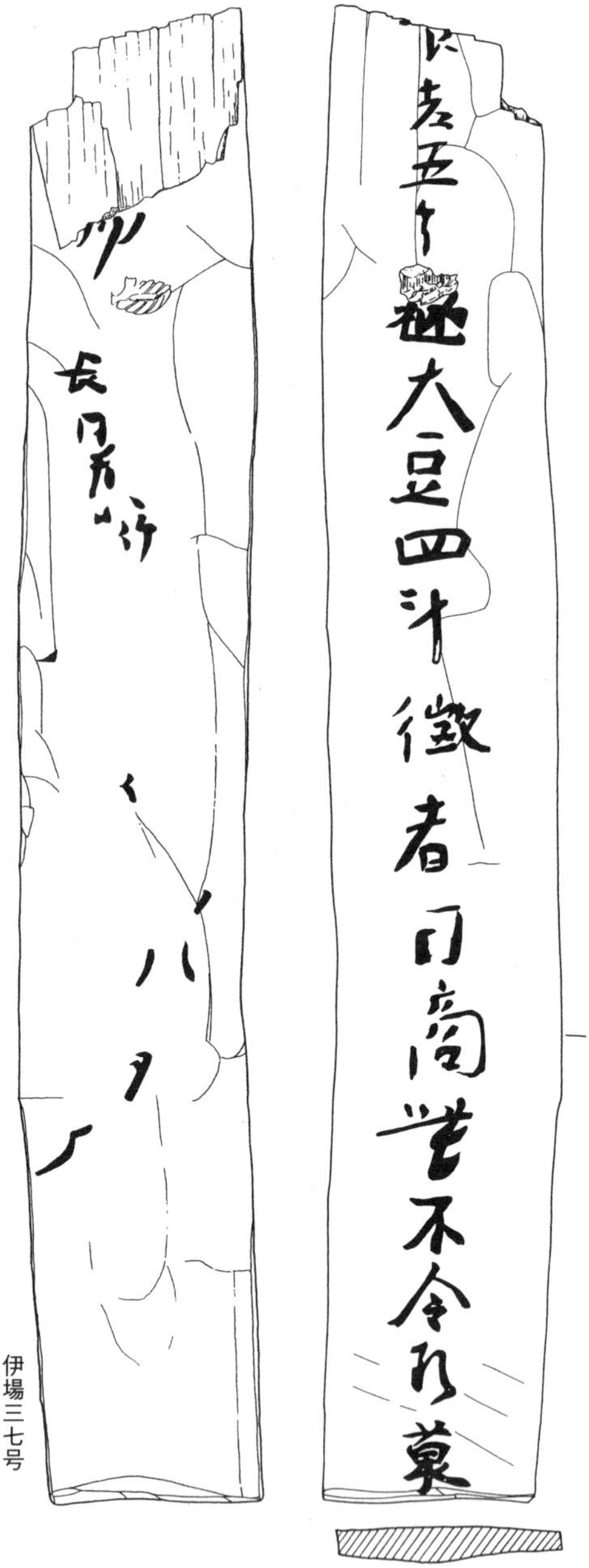
伊場三七号

（七二一）の年紀は文章中の記載とみられるため、便宜文字の釈読できる面を表としたが、本来の表裏は確定できない。「大豆」の上の文字は、上半が傷により筆画不詳のため釈読できない。大豆の種類を示す文字には適当な文字はみあたらない。また、『延喜式』には諸国からのさまざまな大豆の貢進の規定がみえるが、遠江国が大豆を貢進する規定はない。裏面は複数行の記載がある可能性もあるが、削り取られており釈読できない。末尾四文字は語順が整わないが、「取らしめざるなかれ」（取らせないということがないように）と読むか。

五　伊場五二号木簡

人ごとに頴稲の数量を書き上げる帳簿状の木簡。釈文は向坂論文の№66（一一六頁）。出挙稲の返納に関わるか。四周二次的整形とみられる。四隅に二次的に孔が穿たれているのは、二次的整形に伴うものであろう。稲の数量＋代として記される馬は、返納すべき稲の替わりに差し出された（あるいは差し出される予定の担保とされる）ものとみられる。

伊場五二号

差し出した馬の所有者が馬主であろう。なお、二段目の馬主の「主」の文字付近と、戸主・戸口の「戸」の文字にかかる位置に、横方向の刻線がある。やや右下がりであるのは不審であるが、記載位置を明確にするためのあたりの可能性がある。

六　伊場八四号木簡

丈部某（大麻呂か）が作成した文書木簡。釈文は向坂論文の№6（一一〇頁）。上端切断。他辺削り。表面上端の刻線上のものは、文字の書き出しの位置を示すものではなく、上端を切断する際のあたりとして加えられた刃物の跡であろう。各行の文字はこの刃物痕跡より上から書き出されている。一行目のこの刃物痕跡より上の文字を読んでいないが、「乙」を確認でき、二文字目の十二支は「酉」ではなく「未」で、乙未年は六九五年にあたると見られる。一行目「二月」の次を遺物編では日付に釈読するが、最初の文字は「下」ないし「尓」、その次は字体は「宮」だが「官」と読み卑称の「下官」となる可能性がある。「父」の上の文字は「何」の可能性があり、「久」の次の文字もこれに類似するが、「向」の可能性もある。「何」と見た場合、いずれも格助詞「が」で文意は通じる。「丈マ御佐久」はこの木簡の筆者の父の名ということになる。二行目末尾から三行目にかけてが充分釈読できないため、肝心の部分でこの木簡作成の意図を充分には把握できないが、三行目冒頭の「大□□（末呂ヵ）」が、御佐久の子にあたるこの木簡の筆者であろう。三行目の「患」は、「悉」とみる案も

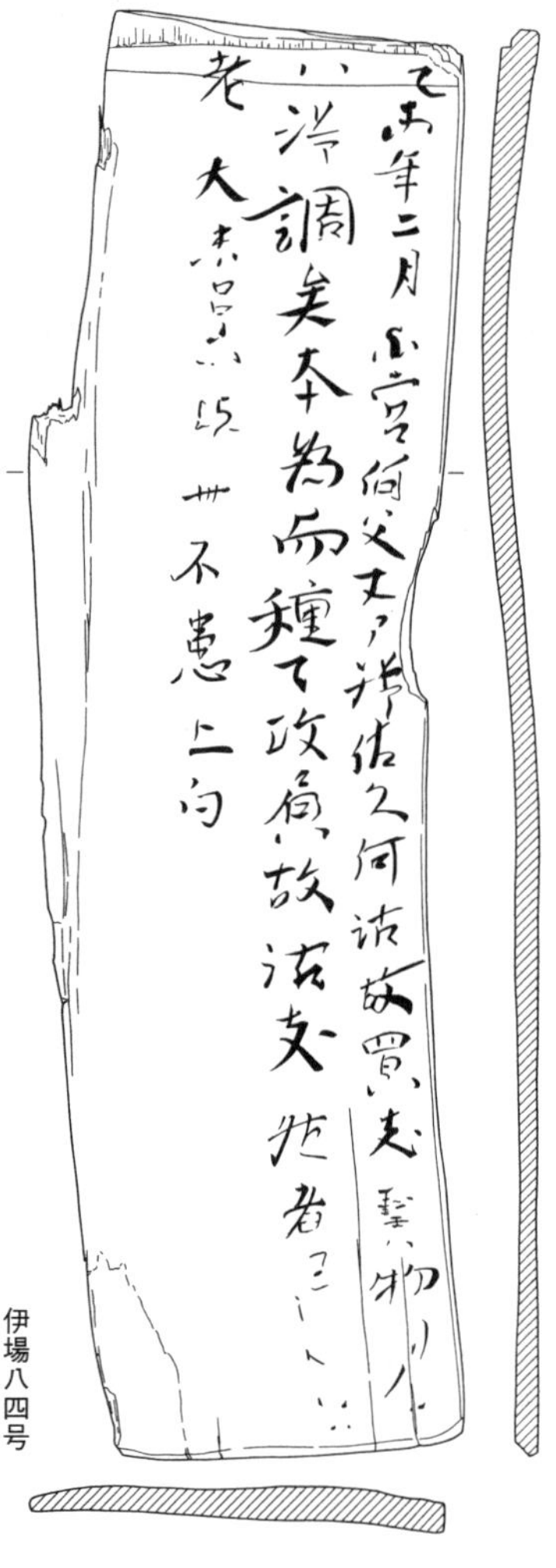
伊場八四号

あるが、字体は明らかに「患」。末尾は「上白」と読む案もある（『静岡県史』）が類例がなく、また「上」ではなくして、「止」とみられ、「ともうす」と読むべきであろう。全体として、「乙未年二月に父御佐久が売ったために買った物は、御調をはじめとする種々のまつりごと（差科負担）を負ったために売ったのである。従って、（私）大末呂は（その問題を特に）気にかけてはいない、と申し上げる。」という内容と解されるが、なお充分には意味が取れない。なお、「種々政」の部分は、従来「私マ政」と釈読し、私部（大王の后を資養する部民）の経営に関わる御調の調達の報告とみられてきた部分である。

全体として、私信というよりは、御調の納入に関する何らかの上申文書とみるべきで、宛先は敷智評の役所であろう。「…白」で書き止められているが、日付から書き出していて、いわゆる前白木簡の特有の「某前白」の書式をとらない。日付を明記する点でいうと、前白木簡よりもフォーマルな書式とみることができるかも知れない。但し、宛先のない点は疑問であり、なお検討を要する。

七　伊場八六号木簡

戸主と戸口を書き上げた木簡。釈文は向坂論文No.67（一一六頁）。上端二次的切断。下端と左辺は削りか。右辺は二次的削り。現状では四段分（一段目は下端のみ）残る。戸主は姓名を記すが、戸口については「戸人」とした上で、

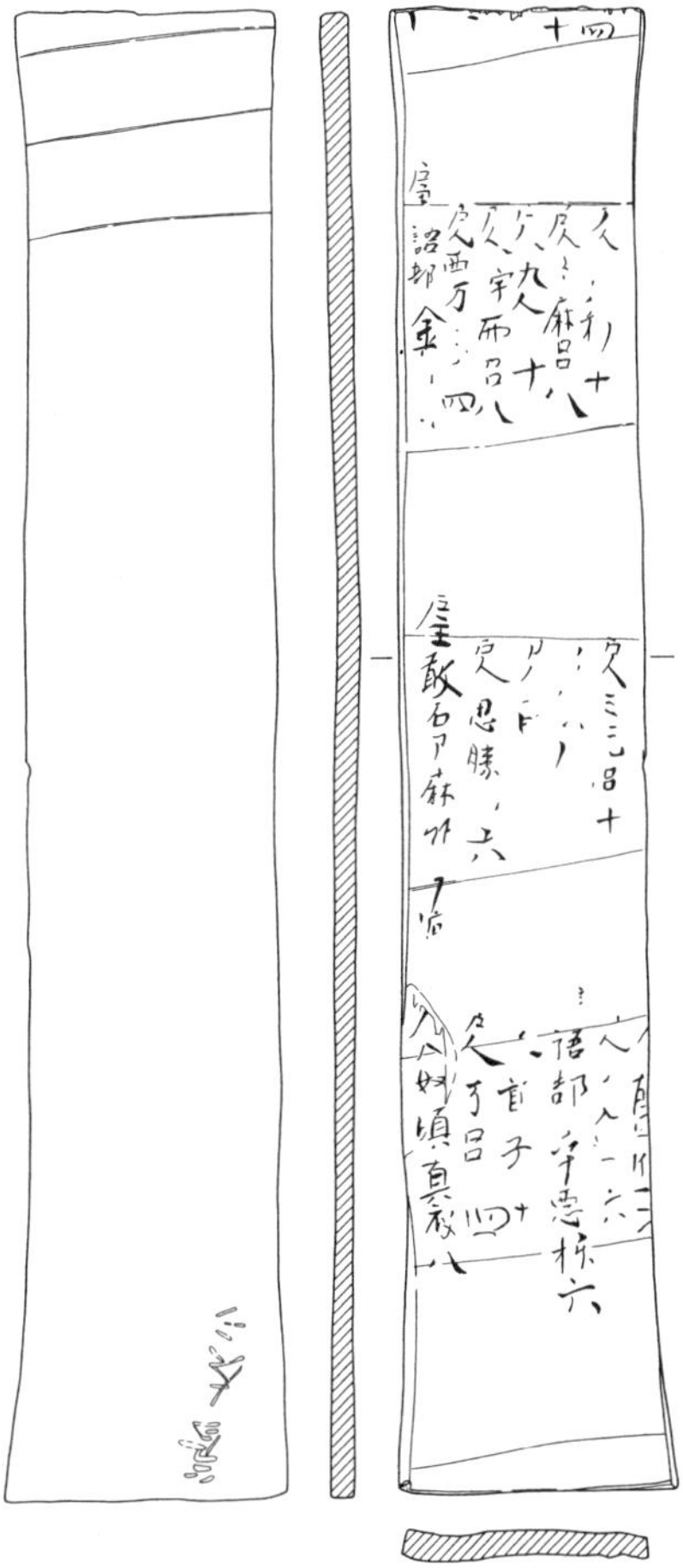

伊場八六号

姓を省略して名のみ記す。名の下に書かれている数字としては、「四」「六」「八」「十」がみえる。十以下の偶数のみで、年令としては不自然だが、具体的な意味は不詳だが、出挙稲の数量の可能性がある。裏面の刻書は天地逆に施されている。二段目と三段目上部の刻線は水平に引かれており、戸主の場合はその上から、戸人の場合は刻線の位置から書き出すなど書き出し位置の指標として用いられているが、その他の刻線はいずれもかなり右上がりに比較的粗く引かれており、四段目はこの刻線とは無関係に戸主も戸人も同じ高さから書き出している。

八　伊場九五号木簡

上下両端削り、左右両辺も削りか。二片接続。釈文は向坂論文の№8（一一〇頁）。●は合点の類か。裏面の●は刻書。「丁分」「庸分」として、人名を列記した木簡で、「庸分」については、人名＋「一斤」の記載を基本とし、一部に照合の記号が附されている。庸として一人当たり一斤の物品を徴収したことを示すのであろう。丁分の二人に「一斤」の記載がないのは、文字通り丁としての労働で庸を負担したからであろう。この丁としての労働とは、五戸から

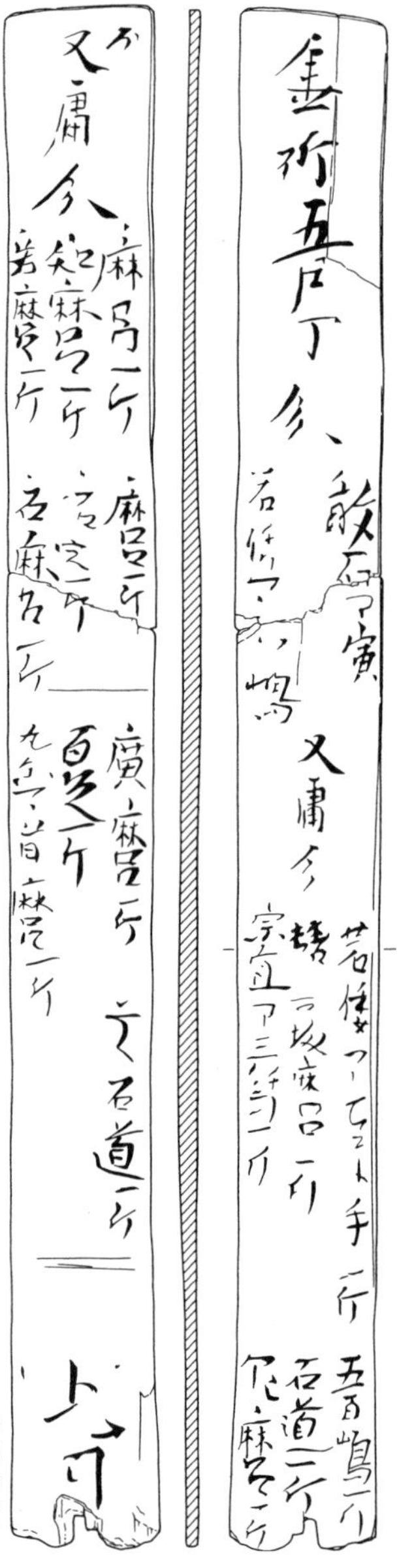
伊場九五号

二人というのはやや異例ではあるが、仕丁としての労働を指すと考えられる（歳役の徴発事例はこれまで全く知られていない）。とすれば、この木簡は、出土層位や「五戸」とあることから、仕丁の庸が歳役の庸に移行した大宝令制以降の時期のものとみられるが、この時期にも庸が仕丁の庸としての性格を色濃く残していたことを示す貴重な事例とみることができよう。ちなみに、調の場合、布二丈六尺は綿では一斤、糸では八両に相当するから、庸一斤は、綿であれば正丁一人の負担に相当する。但し、『延喜主計式』では遠江国の庸は糸または韓櫃で納めることになっていた。

なお、表面冒頭の二字は、五戸の固有名と考えられるが釈読できない。五戸の固有名としては、若狭国遠敷郡の贄の荷札に見られる「氷曳」などの事例が知られる。いずれにしても、庸の徴集の実態に迫る、重要な史料となるだろう。

九　伊場一〇八号木簡

干支年から始まる機能未詳の木簡。釈文は向坂論文のNo.44（一一三頁）。地名「フチ」を、七世紀には「渕」と表記していたことを示す。上端と左右両辺は削り。下端は切断で原形を留めるか。下端の切り込みは右辺下部にのみある。裏面の「馬」の次の文字は「定」または「走」、「人」の上の文字は「平」または「辛」の可能性がある。「□□（小稲ｶ）」については、一文字で「督」の可能性もあるが、「小稲」と読めるとすれば、「馬□□□人□□」は運搬者の人名の列記、「史□（俺ｶ）評史川前連」はこの木簡を作成した責任者名と考えることができる。また、「史」の

伊場一〇八号

次の文字は「従」または「役」の可能性もある。「史□〔俺ヵ〕評」は、後の駿河国志太郡にあたるか。己亥年は六九九年。

内容は、渕評竹田里の若倭部連老末呂が馬と従者を連れて移動するのを、志俺評の史が証明するもので、評を越えた交通の存在を想定させる。しかし、遠江国の渕評と駿河国の志俺評が、国名を冠せずに併記されているのをどう理解するかが大きな課題である。伊場大溝の左岸側から合流する枝溝の上流地点で出土した木簡で、大溝の遺物とはやや性格を異にしているかも知れない。

一〇　城山二七号木簡

神亀六年（＝天平元。七二九）の具注暦を記した木簡。釈文は向坂論文の№9（一一一頁）。上下両端と右辺は削り。左辺も削りの原形を留めるが、上部四分の一と下部二分の一は割れて欠損している。表裏の墨書は互いに天地逆に書かれている。表面は神亀六年の具注歴の歳首部分、裏面は同年正月の記載である。現状では釈読の困難な部分が多く、釈文は原則として保存処理前のままとしたが、裏面一行目「十八日」の干支は、「己酉」と読んで何ら支障ない。具注暦からの抜き書きでないとすれば、複数の木簡で一年分の内容を記したセットの一断片となる。

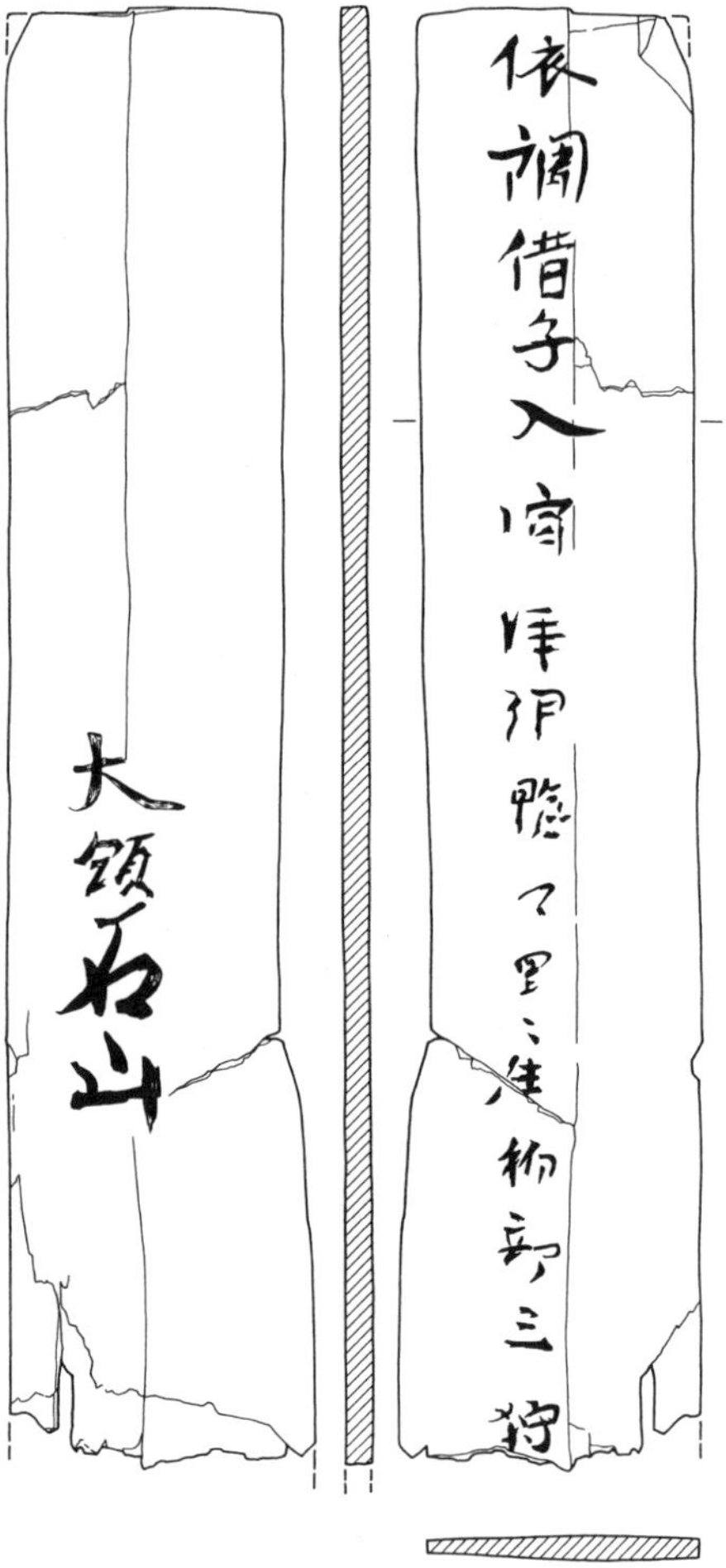

梶子北一号

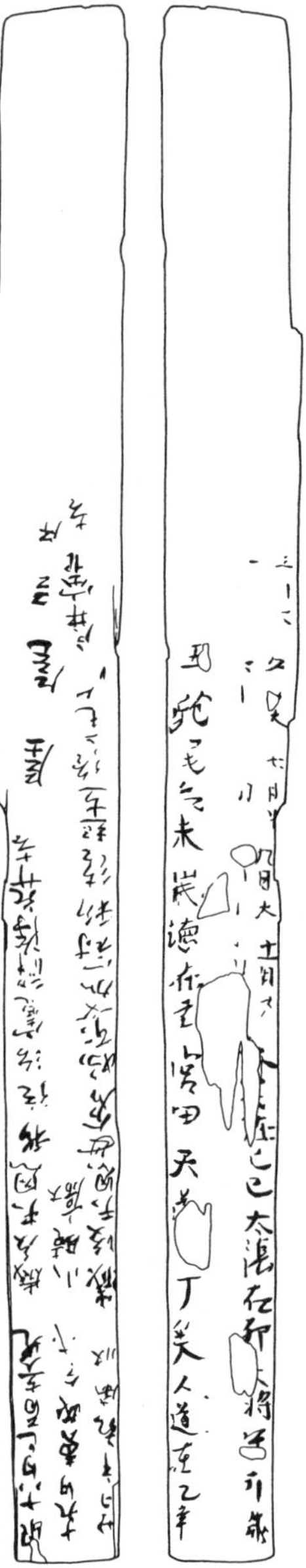

城山二七号

具注暦の存在は、行政拠点としての伊場遺跡群、ことに城山遺跡における郡行政の中枢機能の存在を示唆するといってよい。

一一　梶子北一号木簡

敷智郡の郡司の長官、大領の自署のある文書木簡。釈文は向坂論文のNo.53（一一四頁）。上端と左右両辺は削り。下端折れ。特に郡符などの書式はとらないが、幅からみると、二尺の規格の長大な文書木簡の上端部分の可能性がある。「浜津郷」は『和名類聚抄』にみえる遠江国敷智郡浜津郷にあたる。浜松の地名の由来となったと考えられる地名。年紀はないが、「浜津郷鴨マ里」と郷里制の表記をとるので、郷里制施行下の霊亀三年（七一七）から天平十二年（七四〇）までの時期に限定できる。

借子は荷物を運ぶ人夫のこと。調の調達、あるいは運搬に関わって、労働力を提供したことに関わる木簡か。語順は整わない。

一二　大蒲村東一号木簡

表「大税給春耳十束夏耳四束　」
裏「戸主物部□〔水ヵ〕麻呂之名附十束夏六束」

大蒲村東一号

四周削り。大税を給するとあるが、春・夏の区別があるので、賑給ではなく公出挙の貸し付けに関わるものと考えられる。「耳」は助詞「に」で、春に十束、夏に四束を貸し付けたと解される。「大税」の表記から、木簡の年代は天平六年（七三四）の官稲混合以前の八世紀前半と推定される。裏面は、戸主である物部水麻呂の名義で、（春に）十束、夏に六束貸し付けるの意味で、これも表面と同様に出挙の貸し付けに関わるものであろう。但し、表裏の関係は明らかでなく、個人単位の札であることを重視するならば、表裏を逆に理解した方がよいかも知れない。また、「名附」は名義と解したが、用例は知られていない。

一三　大蒲村東二号木簡

表「駅下稲十五束⌈　　⌋」
裏「合百□（束カ）⌈　　⌋」

上端は丸く削り出す。左右両辺削り。下端折れ。上半は薄く削られ、上端は厚さが僅か一㎜しかない。下半の文字は墨が薄く残るだけで、削り残りの可能性が高い。「駅下稲」は、駅家における用途のために下給する稲の意味か。駅の運営財源としての駅起稲は、天平六年（七三四）正月の官稲混合の対象から外され、独自に運用され続けたが、天平十一年（七三九）六月に正税に混合された。裏面下半には削り残りと考えられる墨痕があるが、文字としては認識できない。なお、大蒲村東遺跡は西の栗原駅（伊場遺跡群周辺）、東の□摩駅（遠江国府周辺）のほぼ中間地点で、天竜川の渡河点にあたるが、同遺跡が所在する長田郡内には駅家は存在しない。

大蒲村東二号

二　祭祀関係木簡と墨書土器

笹生　衛

一　伊場遺跡四号木簡　表「己丑年八月放×」、裏「二万千三百廿□」

己丑年は持統三年（六八九）に当たり、『日本書紀』持統三年八月丙申（四日）条の摂津国・紀伊国・伊賀国における禁漁区設定、同月辛丑（二一日）条の讃岐国における白燕の放養記事との関連から、放生に関連する木簡と考えられている。

放生とは、捕らえた生き物を放す仏教の作善の儀礼で、殺生戒との関係から仏教の戒律を説く『梵網経』では放生の業を行ずべきことを勧めており、薬師如来の功徳を記した『薬師瑠璃光如来本願功徳経』では、諸々の生命を放つことなどにより病が癒え災難から解脱できるとする。また、鎮護国家の経典『金光明経』の「流水長者子品《るすいちょうじやしぼん》第十六」には、流水長者子が一万匹の魚の命を助け釈迦へと生まれ変わったという、放生と関連する内容が説かれている。

伊場四号

日本における最も早い放生の記録としては、『日本書記』天武天皇五年（六七六）八月十七日条に放生が行われた記事があり、続いて十一月十九日にも放生が行われている。伊場遺跡の放生木簡と同時期の七世紀後半には、国家的な儀礼として放生が行われていたことがわかる。これらの放生記事では、八月十七日条には同時に大赦が、前日には

「大解除（大祓）」が実施され、十一月十九日の場合は翌日に『金光明経』『仁王般若経』の読誦が行われていることから、放生はこれらの儀礼とともに国家の安寧を目的に行われたと考えられる。伊場遺跡のこの木簡も、同様な背景で使用されたと推定でき、七世紀後半の評衙レベルの宗教行政の実態を知る上で貴重な資料と言えよう。

二　伊場遺跡三九号木簡

表「百佐呪符百々佐宣受不解和西佐□（三）令疾三神（宣）□□／宣天罡直符佐无当不佐（三）急々如律令／弓　龍神／（龍の絵）／人山龍□　急急如律令／人山龍□」、裏「戌戌戌　蛇子口口口／急々如律令／弓ヨヨヨ弓」

伊場遺跡出土の呪符の中でも、早くから取りあげられてきた資料であるが、呪符内容の出典や解釈が確定しておらず、その性格については不明な点が多い。「百佐」は様々な怪異を示し、宮城県多賀城跡出土の「百佐平安符」と共通する。北斗星を示す「天罡」、道教呪符の常套句「急々如律令」があることから、道教信仰の影響を受けて作られていることは間違いない。和田萃氏は、「疾神」の表記から、百佐を取り除き、病気の除去に目的があったと推定されている。

また、「龍神」「龍□」の文字が記されるとともに、龍の絵が描かれているが、これは、伊場遺跡八九号木簡と同様、『孔雀王呪経』の「大神龍王」との関係が考えられる。『孔雀王呪経』には病気除癒や災害除去の働きがあり、この点から見ても、この呪符木簡は病気除癒・災害除去を目的と

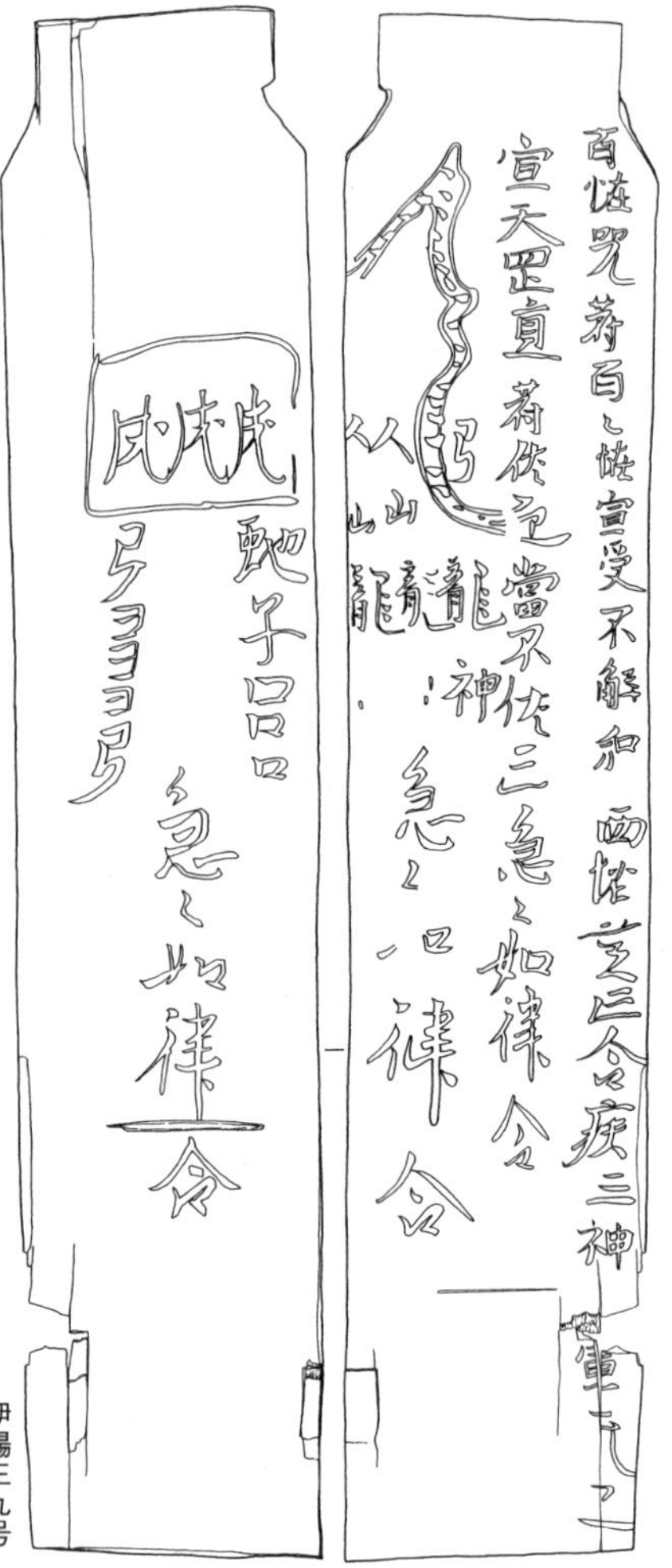

伊場三九号

して作られた可能性が高い。
なお、伊場遺跡一〇二号木簡も「〔　〕天罡天罡」と釈読されており、北斗星の「天罡」を書いた呪符の可能性を考えることができる。

和田　萃「第Ⅲ章　道教的信仰と神仙思想　第四　呪符木簡の系譜」『日本古代の儀礼と祭祀・信仰　下』塙書房　一九九五

三　伊場遺跡六一号木簡「若倭部小刀自女病有依(符籙)」
「若倭部小刀自女が病気あるにより」との意味に解釈でき、若倭部小刀自女という女性が病気平癒を祈った内容と考えられる。文末に符籙が記されており、道教信仰の影響が確認できる。個人名と目的が明記されており、八世紀代、地方官衙周辺における個人単位の呪術の実態を示す事例である。

伊場六一号

木簡の形としては、両側面に切り込みがあり、現存範囲で見ると下端にかけて幅が狭くなっており、形状としては斎串に近い形態であったと推定できる。大溝の岸にこの呪符を差し立て、病気平癒を願う呪文や陀羅尼などを唱えた後、大溝に流されたのではなかろうか。

四　伊場遺跡八九号木簡　表「×帝百鬼神南方赤帝百万神／×帝百万鬼神北方黒帝百万神　天×／×帝百万□神急々如律令」、裏「□□□□□□□□□龍」
表は、鳩摩羅什《くまらじゅう》訳『孔雀王呪経』冒頭二段目の「東方青帝大神龍王各領八萬四千鬼持於東方。南方赤帝大神龍王各領八萬四千鬼持於南方。西方白帝大神龍王各領八萬四千鬼持於西方。北方黒帝大神龍王各領八萬四千鬼持於北方。中

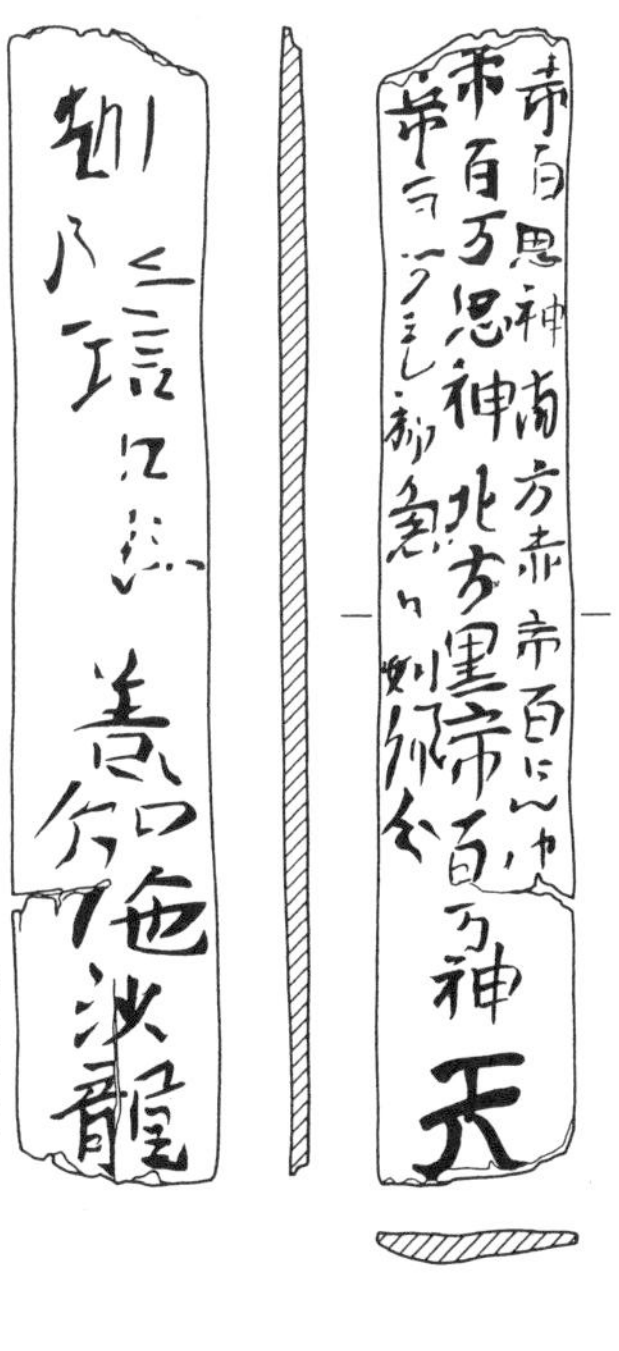
伊場八九号

央黄帝大神龍王各領八萬四千鬼持於中方。」の部分と類似した表現であり、この木簡は『孔雀王呪経』の影響を受けて作られた呪符と判断できる。『孔雀王呪経』の働きは、天や龍の起こす衆悪を除き、鬼神がもたらす病気を除癒することにあり、この呪符は個人による除災・除病を目的としていたと考えられる。

なお、この呪符には中国の五行思想の反映や「急々如律令」といった道教信仰の要素が認められるが、これらは仏典が中国で漢訳される段階で加えられたと考えられる。漢訳経典と道教信仰との密接な関係を示すとともに、地方へと道教信仰が広まるルートの一つに、漢訳経典の普及があることを具体的に示す資料でもある。

五　梶子遺跡四号木簡

「〔 〕坐大神（命）□□□
…（命）　又荒別〔 〕命
奴良支□荒別御／□□次
（事開）魂命□…□六柱
神乃御（名）呼而白
（奉）」「□乎命□□荒…
（木）幡比女命尓千幡男
□…□□□　□〔 〕／尓
支□留荒別御…魂命　次
生魂（命）　次□足（魂）命　右（六）柱（神）□□」

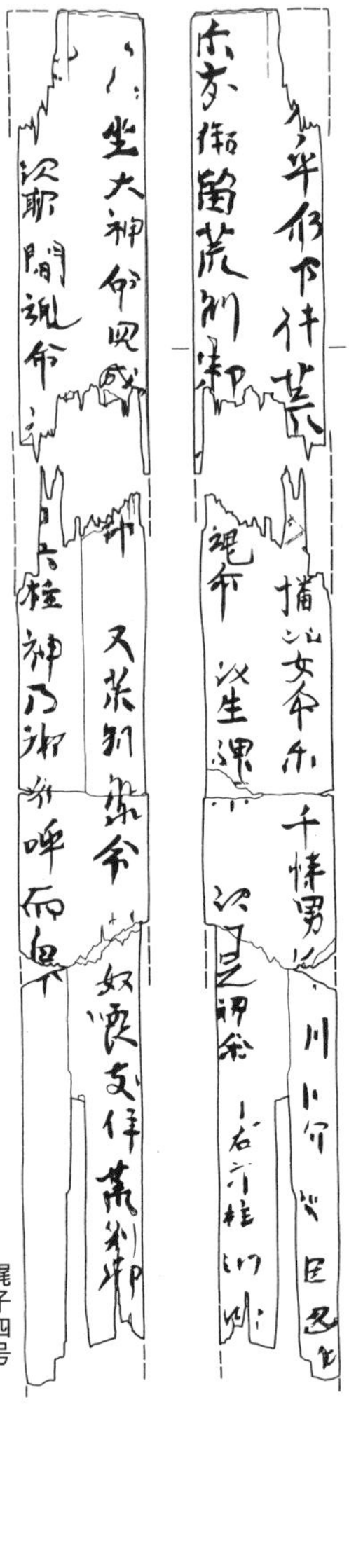

梶子四号

表裏両面ともに二行にわけて文字が記される。その内容は、「①〔 〕坐大神（命）②□□□…（命）、又《また》③荒別〔 〕命、奴良支□④荒別御□□、⑤（?）□、次に⑥（事開）魂命と…□六柱の神の御名を呼びて白し奉る」「①□乎命、□□荒…②（木）幡比女命尓《に》③千幡男□、……尓支□留④荒別御…魂命、次に⑤生魂命、次に⑥□足魂命と、右の六柱の神の□□」と解釈でき、両面とも、①〜⑥の六柱の神名を記した後に、「六柱の神の御名を呼びて白し奉る」で結ぶ形の文体と考えられる。この構成は、『延喜式』神祇祝詞の祈年祭や月次祭の祝詞に見られる、複数の神名を列挙して「御名者白而、辭竟奉」とする表現と類似する。

「〔 〕坐大神（命）」は、「〜に坐す」という鎮座地を指す表現があることから、この地域に鎮座する在地の神と考えられ、「(木)幡比女命尓千幡男□」「荒別 □ 命」も同様な性格の神である可能性が高いだろう。また、「生魂(命)」「□足(魂)命」の神名は、祈年・月次祭祝詞で大御巫が祭る「魂(ムスヒ)」の神、特に「生魂《いくむすひ》」「足魂《たるむすひ》」との関連が認められる。したがって、この木簡の内容は、在地の神に「魂(ムスヒ)」の神を組み合わせて祭る祝詞と考えられ、その文章構成から、令制祭祀の影響下で書かれたものと推定できる。

年代的には、出土層位から天平年間を降らないと考えられ、初期律令時代の地方郡衙と神祇祭祀との関わりを示す貴重な資料である。

六　城山遺跡二号木簡「大日如来」・三号木簡「𑖪𑖽 大日如来」

いずれも、大日如来を記した中世の笹塔婆の断片である。三号木簡には、金剛界大日如来の種字「𑖪𑖽」が確認できる。死者の追善供養に使用され、その後、伊場遺跡群の溝に流されたものと考えられる。

また、溝内からの出土を考えると「流れ灌頂」などの民俗信仰との関連も想定できる。「流れ灌頂」とは、妊婦の追善供養を目的とした儀礼で、小川の近くや小川の中に卒塔婆をまつり、それに水をかけることで亡魂の滅罪・成仏を願うものである。伊場遺跡群内を流れる溝周辺で、死者の滅罪・成仏のため笹塔婆に水をかける儀礼が行われていた可能性も考えることができよう。

城山二号

城山三号

七　城山遺跡九号木簡「(符籙)(符籙)(顔の絵)大鬼　鬼」

上段に符籙もしくは梵字の種字と思われるもの、中段には符籙が記される。内容は不明であるが、中世の呪符木簡と考えられる。下段には大鬼の文字と顔の絵が描かれている。

中世の呪符木簡で、顔の表現があるものとしては、広島県草戸千軒町遺跡の例が知られており、頂部の「天中」の文字の下に接するように三宝荒神の顔を描く。竈神である三宝荒神を祭ることで、火難を防ぐための呪符と考えられている。城山遺跡の例は、断片的にしか遺存しないために

城山九号

内容の特定は難しいが、大鬼の文字に接して描かれた顔は、鬼のそれを表現したと見ることができ、鬼がもたらす災厄除けを目的としたとの解釈も可能であろう。

八　旧中村遺跡三号木簡「蘇民将来子孫家也」・十号木簡「蘇民将来子孫也」

蘇民将来の説話は、鎌倉時代末期の卜部兼方著『釈日本紀』に引用された『備後国風土記』逸文で全容を知ることができる。疫病に関連する「疫隅《えのくま》の国社《くにつやしろ》」に関するもので、以下のような内容となっている。

北海の武塔神が、南海の神の娘のもとへ求婚に向かう途中、兄の蘇民将来と弟の将来に一夜の宿を求めたが、裕福な弟は断り、貧乏な蘇民将来は武塔神を迎え歓待した。その後、武塔神は子どもを率いて還り、蘇民将来に報いるため、「茅の輪」を腰につけて疫病から免れる方法を教え、茅の輪をつけた蘇民将来の娘のみが生き残ったという。

この逸文では、武塔神は「速須佐雄《はやすさのを》の神」と名乗り、疫病の神としての性格を示し、疫病除けの呪具である茅の輪の由来を述べている。武塔神の言葉として「汝子孫其家爾在哉」「吾者、速須佐雄能神也、後世爾疫気在者、汝蘇民将来之子孫止云天、以茅輪着腰在人者、将免止」（『日本古典文学大系　風土記』岩波書店　一九五八）との記述があり、旧中村遺跡三・十号木簡は、この記述に対応する内容となっている。頂部に切り込みが付けられており、紐で結び家屋などに付け、疫病除けとして使用されたと推定できる。

なお、蘇民将来に関しては、京都府長岡京跡右京六条二坊六町から、表裏に「蘇民将来之子孫者」と記した小形の

（中世蘇民将来符）

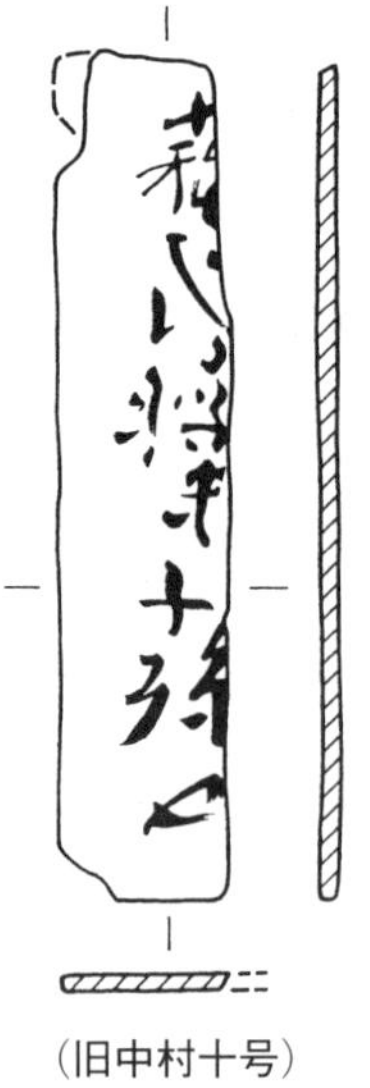
（旧中村十号）

（旧中村三号）

札が出土している。これは、長さ二・七cm、幅一・三cmのごく小さなもので、頂部に孔が開けられており、その大きさから紐を通して体につけたものと考えられている（『日本の神々と祭り』国立歴史民俗博物館　二〇〇六）。八世紀末期には蘇民将来の説話が存在し、それにもとづく疫病除けの信仰も存在したことが確認できる。

九　伊場遺跡墨書土器No.三七「人面墨書　海部屎子女形［　］」

九世紀代の土師器杯内面に人面と文字が墨書されている。東国、特に千葉県内で出土している「形代」「召代」などと書かれた人面墨書土器や供献用墨書土器との共通点が認められる。東国の類例から、墨書は「海部部屎子女形代」と復元できる。その内容は、海部屎子女という女性が、自らの身代わり（形代）として、食物などをこの土師器杯の中に入れて、大溝の流れに投じて、除災・延命を願ったものと考えられる。人面は祈願の対象を表現したと考えられるが、その性格は特定できない。千葉県内の墨書土器の類例では、祈願の対象としては、在地の神である「国神・国玉神」、閻羅信仰との関係が推定できる「罪司」があり、人面には仏の顔を表現した例も確認できる。

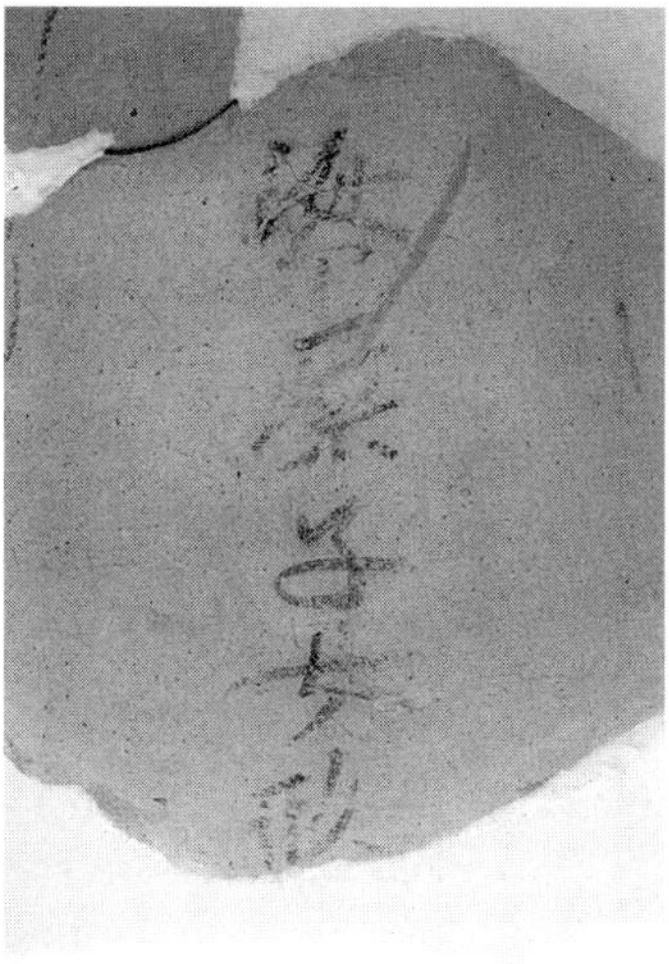

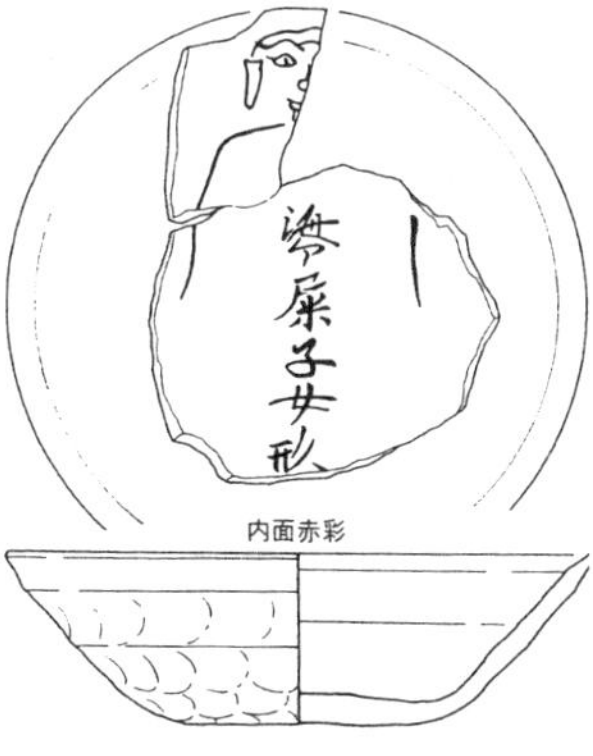

伊場墨書土器No.三七

三　伊場遺跡群の主要墨書土器

山本　崇

一　大主帳（伊場遺跡六次一〇七）

須恵器有台杯身底部、Ⅴ期

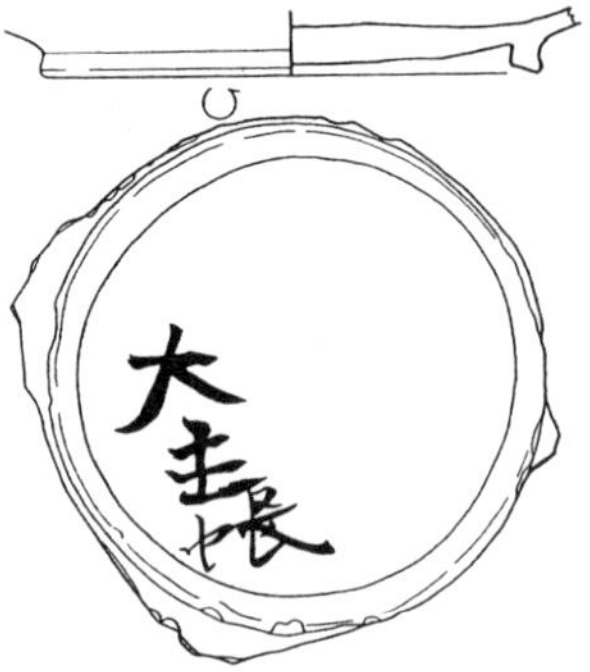

主帳は、郡司の第四等官。なお、主帳は軍団の事務官にもみえ、書算に工なる者を選び任じられた。『戸令』定郡条によると、郡の等級は、五十戸一里（郷）の管郷数を基準として、大郡（二十里以下十六里以上）、上郡（十二里以上）、中郡（八里以上）、下郡（四里以上）、小郡（二里以上）の五等級に分けられていた。また、『職員令』大郡条によると、大郡の職員は、大領一人・少領一人・主政三人・主帳三人であり、以下等級が下がるごとに減員され、もっとも規模の小さい小郡では領一人・主帳一人のみがおかれていた（『同』上郡・中郡・下郡・小郡条）。伊場遺跡群のある遠江国敷智郡の等級は、奈良時代の郷数が不明なため定かではない。やや時代の降る平安時代の史料『和名抄』には十一郷がみえ、中郡と理解してよければ、大領一人・少領一人・主政一人・主帳一人が任命されていたはずである。中郡の主帳は定員一人で大少の区別は必要なく、また主帳に大少を付した事例も寡聞にして聞かない。「大」は、人名の一部、あるいは尊称と考えるのが隠当であろうか。

ほかに郡ないし郡司にかかわるものとして、「大〔領〕」（伊場一〇六、須恵器有台坏身底部、Ⅴ期三段階）、「郡」（伊場七、土師器杯身底部・内面・Ⅶ期／城山三次一八一、須恵器有台碗底部Ⅶ期一段階）、「郡邊」（九反田三、須恵器摘蓋内面Ⅵ期二段階）の墨書土器が出土している。

二　**郡鎰取**（伊場遺跡九次八）

須恵器摘蓋内面、Ⅵ期一段階

「郡鎰（鍵）取」は、郡司の下にあるいわゆる郡雑任の一つ。郡雑任は、郡司の行う様々な郡務を支えていた下級の役職で、郡家に勤務する者のほか、現地の事情に詳しい者が収税などに携わることもあった。郡鎰取は、郡家に勤務した雑任の一つである。郡家は、郡庁、倉庫（正倉・兵庫）、厨、館舎など複数の施設から構成され、それらが郡庁の周辺に散在していた。郡庁では、律令国家の地方組織の一つとして、多くの文書が作成され、保管されていた。郡公文屋はその実務の場であるとともに、公験（証拠文書）の保管施設でもあり、その管理は大切な仕事であった。郡鍵取の職務は、職名から推測されるように館舎・倉などの鎰を管理していたことはほぼ間違いないところである。ただし、正倉は、郡家とは別におかれ、税長という別の郡雑任が管理したため、郡鎰取は、「郡院」あるいは「厨院」を管理したとみる説、官衙の建物別に鍵を管理したとする説、鍵そのものを一括で管理していたとする理解もある。郡鎰取は史料に散見し、奈良時代では、河内国古市郡の事例が『正倉院文書』にみえ、雑徭を充て、時に雑役に従事することもあったことが知られる（天平宝字四年（七六〇）七月二十六日造東大寺司牒、『大日本古文書』編年四―四二九頁）。平安時代初頭には、郡別に二人と定められていた（『類聚三代格』弘仁十三年（八二二）閏九月二十日太政官符）。なお、現在のところ、伊場遺跡群周辺では、正倉とおぼしき遺構は確認されていない。

三　**少毅殿**（城山遺跡三次十四）・**毅殿**（城山遺跡三次十五）

須恵器有台杯身底部、Ｖ期三段階・須恵器摘蓋内面、Ｖ期‐二段階もしくは三段階

大毅・少毅は軍団の長官。『職員令』軍団条によると、軍団には大毅一人・少毅二人・主帳一人・校尉五人・旅師十人・隊正二十人の官職が規定されている。郡領が同姓の

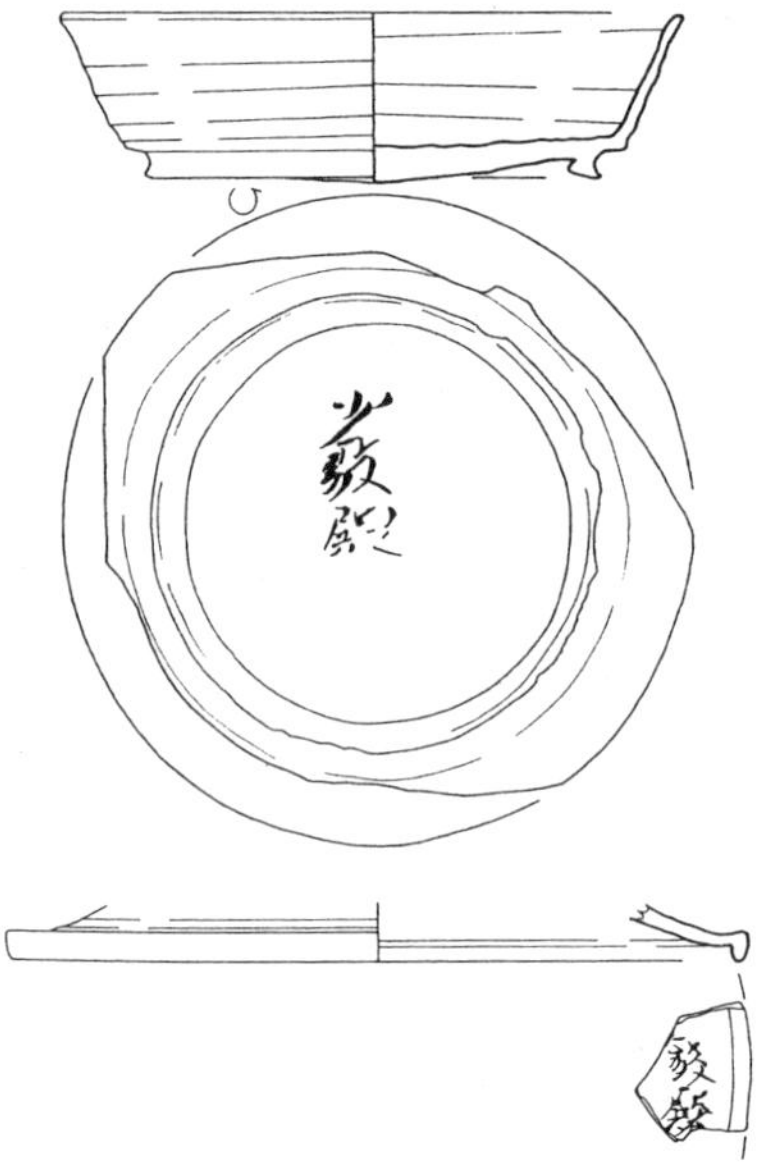

連任を禁じられていたのと同様に、軍毅には、郡領三等親以上の親族の任用が禁じられた（『続日本紀』霊亀二年〈七一六〉五月乙丑条）。なお、『続日本紀』によると、養老三年（七一九）十月に軍団・大少毅・兵士の数を減らしたことがみえ（同年戊戌条）、八十一例によると、千人規模の軍団には、大毅一人・少毅二人、六百人以上には大毅一人・少毅一人、五百人以下には毅一人がおかれることとなり（『職員令集解』軍団条所引）、大毅・少毅・毅を称して軍毅と称することとなった。墨書土器「毅殿」は小断片であり、「毅」の上に文字が記された可能性は否定できないが、現状では直上に墨痕は認められないことから、「毅殿」の二文字のみが書かれていたのであろう。上記の軍団職員の変遷と関連づけるならば、「少毅」と「毅」の存在は、敷智郡におかれた軍団の軍毅の減員、すなわち軍団の規模縮小を示す資料とする解釈もありそうだが、「毅殿」・「少毅殿」は、Ⅴ‐二・三、Ⅴ‐三とほぼ同時期の土器に記された文字であり、「毅殿」は「少毅殿」の省略と理解するのが穏当であろう。なお、「殿」は尊称ないし殿舎の意味。「少毅殿」「毅殿」のほか、「□〔殿〕」（城山遺跡三次十三。須恵器有台杯身底部、Ⅴ期）、「〔□□長殿〕」（梶子北遺跡一三六。須恵器有台杯身底部、Ⅴ期一・二段階）は尊称の可能性が高いと思われる。また、殿舎を指すと思われる事例は、その人物の邸宅を指すと考えられる「上舘」（伊場遺跡四次十八。土師器椀底部、Ⅴ期）、「上殿、上〔側面〕」（鳥居松遺跡〇八年、須恵器坏身（箱坏）、Ⅶ期）、「南家」（梶子北遺跡一。須恵器箱杯底部、Ⅶ期）などの墨書土器が参考になる。

四　竹田二百長（伊場遺跡十一次二五）

須恵器有台杯身底部、Ⅴ期二段階

「二百長」は、軍団の兵士二百人を統括するもので、『職員令』軍団条にみえる校尉にあたる。「少毅殿」・「毅殿」とともに軍団の存在とその職員の活動を示す資料である。

「竹田」は地名の竹田里（郷）に由来し、竹田里（郷）出身の校尉、あるいは、ウヂ名が竹田であったことを示すか。
校尉の定数が五名であることから推せば、複数いる校尉の中で個人の特定のために区別されたのであろう。

五　散仕（梶子十一次二〇〇八年調査）

須恵器壺蓋内面、Ⅵ期

「散仕」は、令規にはみえないが、郡雑任の一つと考えられ、『正倉院文書』に「郡散事」がみえるなど、「散事」

とも称する（天平十年（七三八）駿河国正税帳、『大日本古文書』編年二―一〇八頁など）。現在、遠江国磐田郡、同佐益郡、駿河国安倍郡、同有度郡、甲斐国山梨郡、相模国余綾郡、越前国足羽郡、伊勢国鈴鹿郡など諸国に確認でき、郡の規模により一郡あたり十数人から二十数人までの人数が所属していた。出自は、郡領氏族の子弟を含む郡司層と考えられ、国衙に直して文書逓送などの雑使を勤めるほか、部領使として中央へ人材・物資を貢いだり、庄園の事務を勤めたりもしている。

六　駅関係

伊場遺跡出土第二一号木簡（屋椋帳）には、「駅評人」がみえる。駅評は、淵評内の「加毛江五十戸」と並列して記されるもので、淵評と同列の行政区画とみるのは難があることから、駅家を拠点とした評なのであろう。駅評は、駅家の機能を包括していた令前の評の性格が端的に認められる好例である。この駅家の候補となるのが、栗原駅であり、「栗原驛長」（伊場遺跡一次二。須恵器有台箱底部、VI期）のほか、栗字を欠く「原驛長」（伊場遺跡一次三。須恵器有台箱底部、VI期）、「驛長〔宅〕」（伊場遺跡一次五。須恵器盤側面、VI期一段階）、地名「栗原」のみを記す土器が二点（伊場遺跡四次四四二。須恵器摘蓋内面、V期三段階／城山遺跡三次一。須恵器有台杯身底部、VI期一段階）、さらにその一部とみられる「栗」を記す土器が一点（伊場遺跡一次四。須恵器有台杯身底部、V期三段階）出土している。ところで、令前の評は、概ね令制下の郡へ編成されていくが、中には令制下の郡名に継承されない評の存在が知られている。「駅評」の史料では、岡山県立博物館蔵須恵器細頸壺にみえる「駅評」刻書は、後の伊豫国宇麻郡の前身と考えられているが、伊場木簡の「駅評」は、郡ではなく遠江国敷智郡駅家郷へと継承される（大東急記念文庫本・名古屋市立博物館本『和名抄』）。

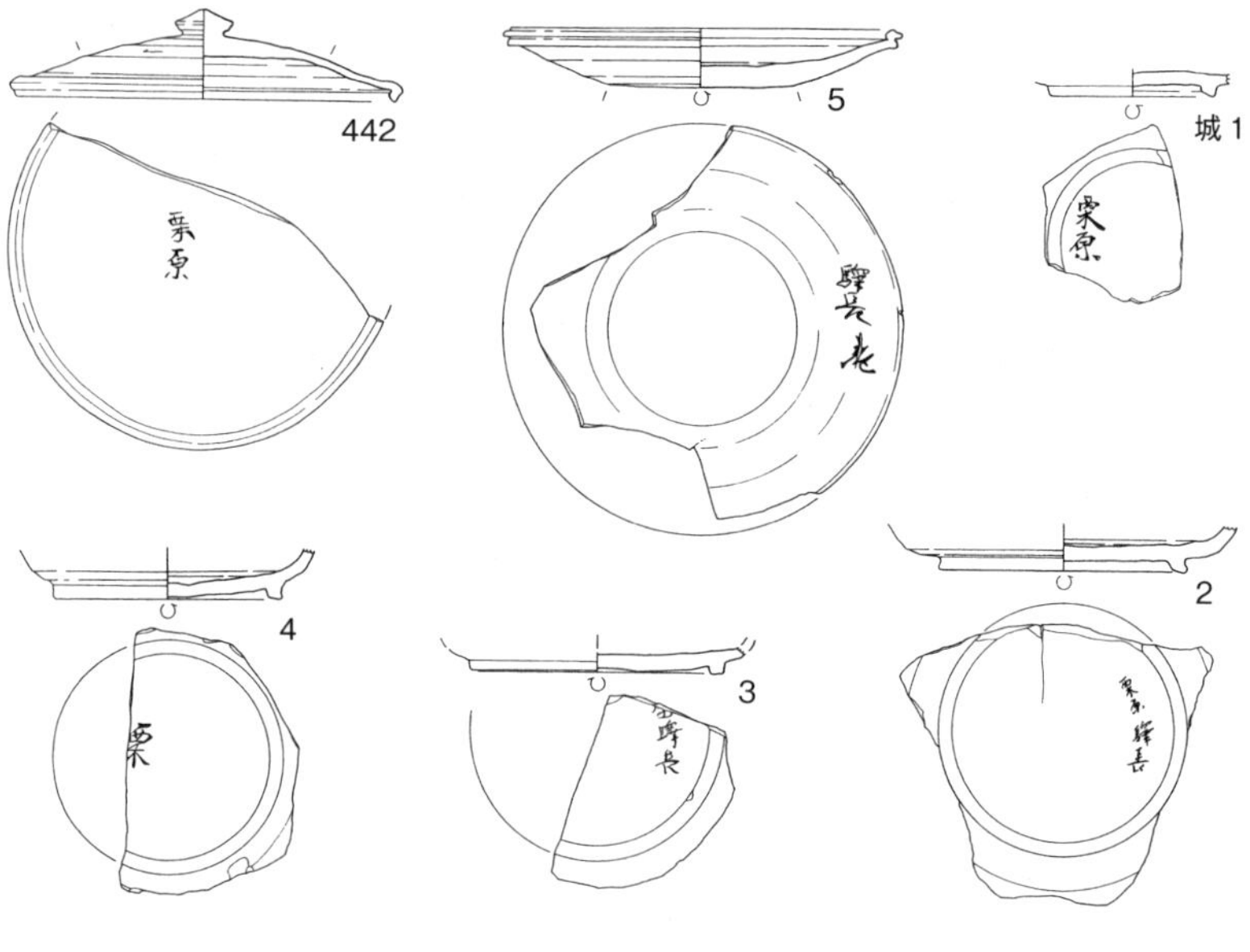

同様に、郷名に名を残す評の事例が二例知られるほか（大和・飽波評→大和国平群郡飽浪郷、飽波評は額田郷と二郷のみからなる評と推定。某国・凡国評〈難波宮跡出土木簡〉→山城国宇治郡・河内国石川郡・近江国愛知郡・石見国迩摩郡・播磨国印南郡・筑前国蓆田郡いずれかの大国郷の前身か）、郷里制下のコザトに名を残す事例（「売羅評」〈石神遺跡出土木簡〉→伊豆国那賀郡入間郷売良里）も知られる。なお、淵評の領域は、伊場遺跡出土第七号木簡に「新井里」がみえ、後の浜名郡新居郷にかかわる地名と考えられることから、後の浜名郡にも及んでいたと推測される。

七　厨関係

厨は、元来厨房として酒饌を準備する場。中央の太政官以下、国衙・郡家などに置かれていたが、単なる台所ではなく、食料品の収納・保管などの機能もあわせもつ施設であった。「布知厨」（伊場十三、須恵器有台箱坏底部、V期三段階）・「布智厨」（伊場十四、須恵器皿底部、V期三段階）はともに敷智郡の厨にかかわる墨書土器であり、下厨南（伊場十六、須恵器有台坏身、V期三段階）は、厨の施設が上下ないしそれ以上に分かれていたことが窺われる。一字の厨は、「厨」（伊場一五、土師器台付碗、V期）、「厨」（城山三次十二、須恵器摘蓋内面、V期三段階）、ほかに「〔□厨〕」（梶子北六二、

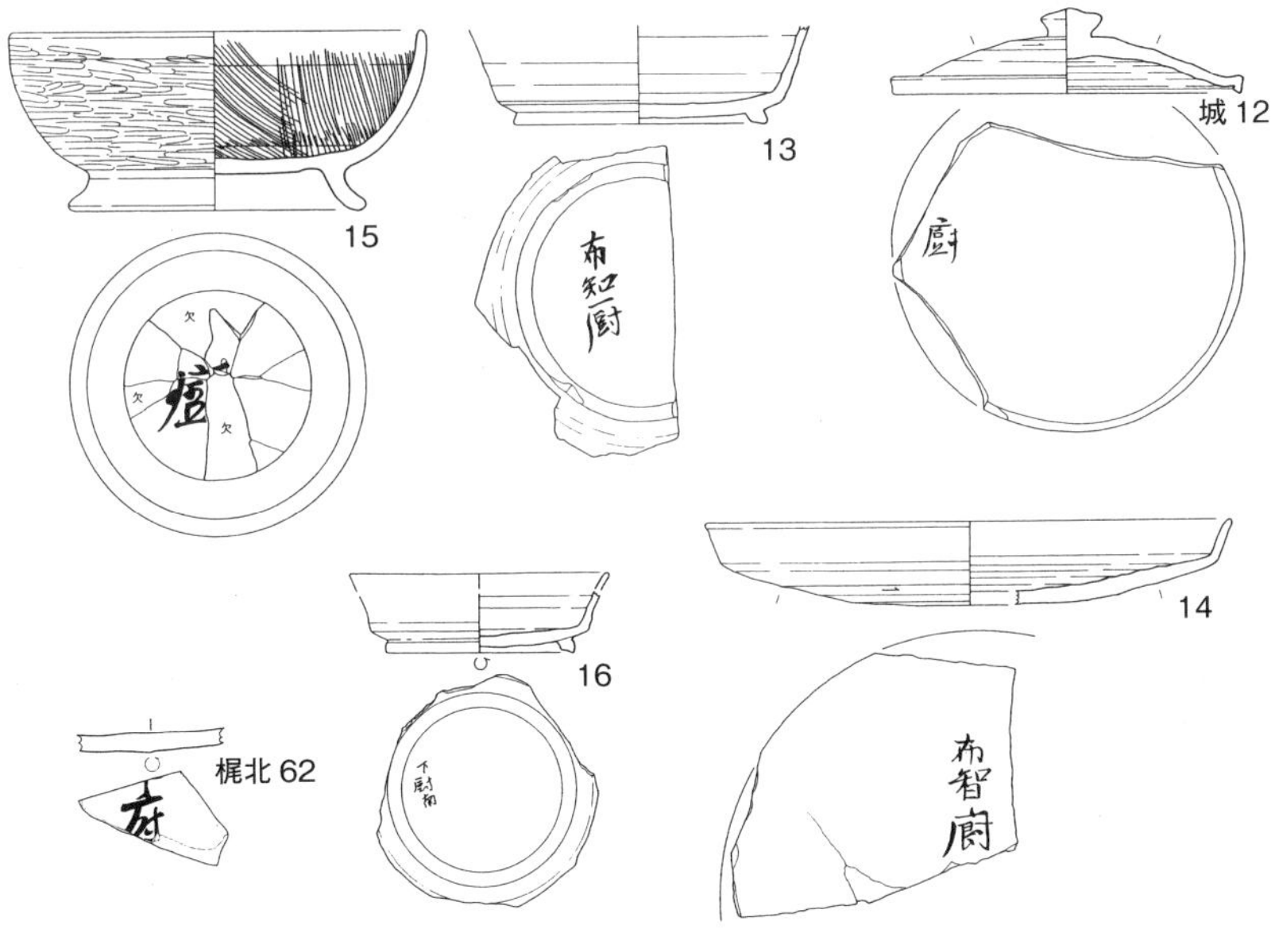

須恵器皿ヵ底部、Ⅵ期二段階・Ⅶ期ヵ）もみえる。かつて、厨と記された墨書土器は、文字通りその土器の保管・帰属を示すものとされ、厨墨書土器の出土遺構＝国厨・郡厨の遺構とする傾向が強かった。ところが、郡厨の墨書土器は、「布知厨」「布智厨」のように郡名を記す事例が多いことから、これらの土器が郡厨ないし郡内でのみに限定されず、郡域を越えて利用されたと理解できる。伊場遺跡における厨墨書土器の集中は、その土器の年代に近いⅤ期三段階頃、遺跡の周辺に郡厨が存在したことを推測する有力な手がかりと思われる。他方で、厨墨書土器の出土場所は、厨そのものとともに、厨墨書土器が用いられる饗饌・酒饌の場、あるいはそれらの土器が廃棄される場所であるとも指摘されており、厨墨書土器の出土が、即厨そのものに結びつく訳ではない点には留意が必要である。

※墨書土器の番号は、『伊場遺跡総括編』による

V

いにしえの文字と浜松

Ⅰ　木簡発見

一　古代の伊場遺跡群

伊場《いば》大溝《おおみぞ》と呼ばれている川跡は、浜松市中区南伊場町にあるＪＲ東海浜松工場の北を西へ流れ、大きく蛇行して南へ向きを変え、森田町を通って神田町までつながっています。大溝の周辺には、中村・梶子北・梶子・城山・伊場・九反田・鳥居松遺跡があり、それぞれ木簡や墨書土器等が出土しました。大溝沿いに、古代敷智《ふち》郡の郡家《ぐうけ》に関する施設が広域に広がっていたと考えられることから「伊場遺跡群」と総称します。

郡家には、郡の政治を行う政庁や正税《しょうぜい》を納める正倉《しょうそう》があります。奈良時代の政庁は、役人に関わる希少遺物が豊富に出土したことや、地形的にも安定していることから、城山遺跡にあったと考えられます。その後、平安時代になると政庁は、梶子北遺跡に移転したと考えられます。正倉は、墨書土器「郡鎰取《こおりのかぎとり》」が出土した伊場遺跡付近と思われますが、確定できていません。郡家の厨《くりや》は、木製の台所用品と食べかすを捨てた貝塚や、墨書土器「敷智厨」「布知厨」が見つかったことから伊場遺跡にあったと思われます。

九反田遺跡出土の軒丸瓦は、郡家に付属する寺院が存在したことを示すのかもしれません。南区にある村西遺跡や東若林遺跡では竪穴住居跡が発見され、和同開珎や墨書土器が出土しました。郡家を支えた人々が伊場遺跡群とその周辺に暮らしていたことが分かります。

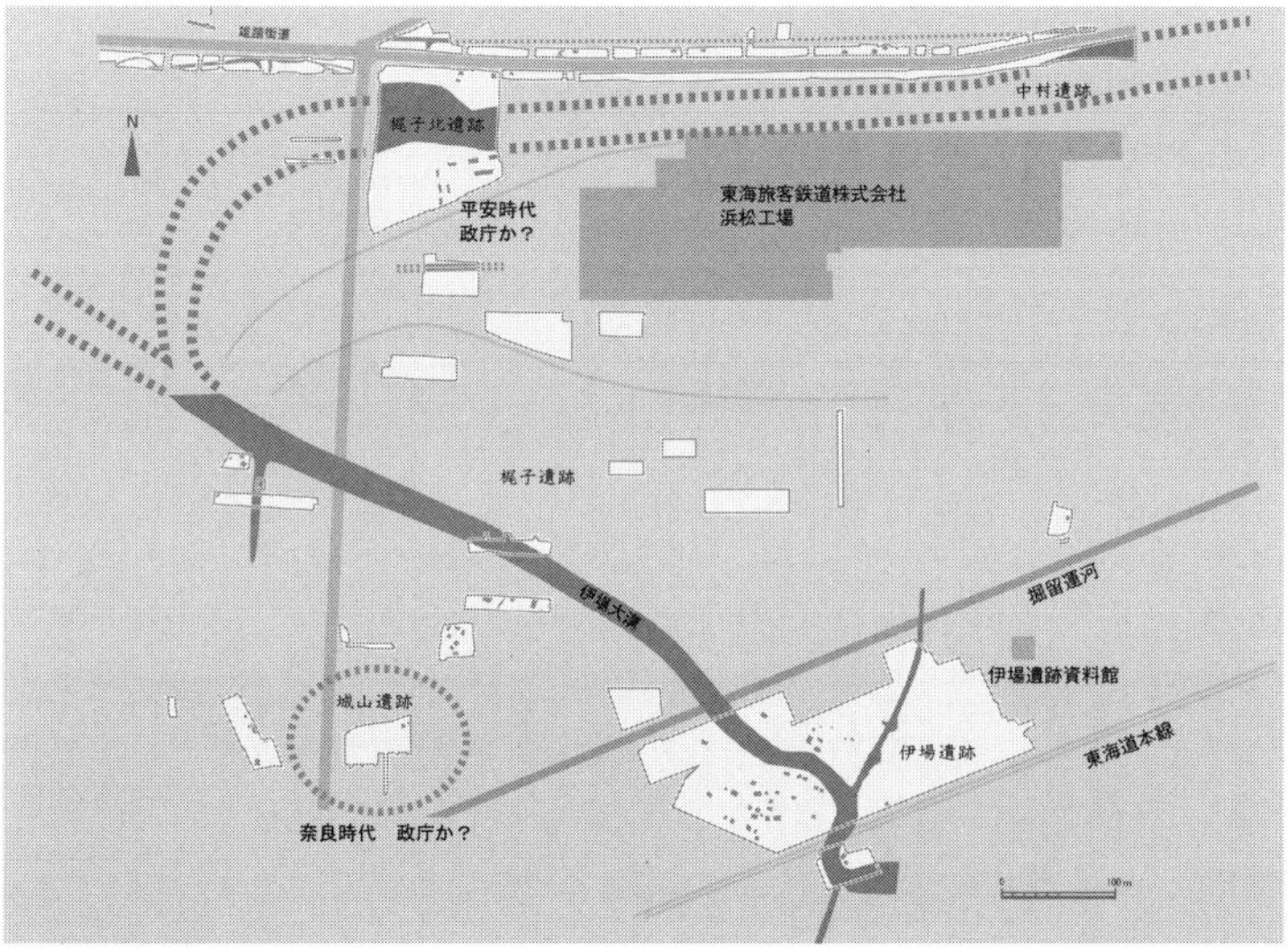

伊場遺跡群の中心部

中村遺跡は現在の雄踏街道沿いに、伊場遺跡と城山遺跡はＪＲ東海浜松工場の南側一帯に、梶子北遺跡は浜松西高校坂下交差点の一帯に広がっている。伊場大溝は、ＪＴ浜松工場の南付近から、浜松南消防署の近傍まで流れていたことが発掘調査で判明した。

伊場遺跡公園に復元した掘立柱建物

伊場遺跡で発見した奈良～平安時代の掘立柱建物跡をもとに復元された。小規模な役所風の建物と高床式倉庫である。

梶子北遺跡の掘立柱建物跡群

整然とした建物配置から、政庁又は公的な宿泊施設である館《たち》の可能性が考えられる。

二　現れた木簡

伊場遺跡一帯が、東海道本線の高架化関連事業用地とされたため、遺跡全体の広がりと性格を確認する調査を行いました。その結果、用地の東側では弥生時代と古墳時代の遺跡が重なり合うのが確認され、用地の西側では古墳〜平安時代の大溝が発見されました。

引き続いて行った大溝の調査で、水の溜まった葦原を深さ一・五メートルほど掘り下げたところ、奈良時代の貝塚があり、周辺から、土器や木製農具類に混じって墨書のある木片が発見されました。一九七〇年十月十五日のことです。ある調査員が「モッカンだ」と声を上げたところ「木棺？」と聞き返され、モクは木、カンは書簡の簡と答えたと言います。木簡は、一般的には知られていませんでしたので、そんなやり取りが当時は当たり前でした。さらに十一月九日に排水用の穴を掘ったところ、「乙未年十月」と干支が記された木簡がスコップの先に付いて出てきました。乙未《きのとひつじ》年とは西暦六九五年のことです。当時は地方の遺跡から七世紀代の木簡が出るとは考えられず、専門家からは「奈良時代には干支表記は用いないので、読み方が誤っていないか」と指摘されたこともありました。

しかし、この木簡は今では伊場遺跡群を代表する木簡として注目されています。その後、これらの貴重な文字資料の発見により、伊場遺跡の重要性が広く知られ、調査は一九八一年まで継続することになりました。

伊場大溝発掘風景（１９７２年）

大溝は、水を多く含んだ粘土で埋もれていたため、普通では腐りやすい木簡が良好に残っていた。木簡はどこから出てくるのか分からないので、発掘調査は、細心の注意を払って行われた。

伊場大溝完掘状況（１９７２年）

奈良時代の大溝の発掘完了写真である。枝溝（大溝の支流）が大溝に注ぎ、両岸には掘立柱建物が並んでいた。右上に見える建物付近が城山遺跡である。

初めて発見された木簡（伊場三四号）

「□御使進上」と書かれている。上部と両側面が欠けているが、何かの物を差し出したことが書かれている。

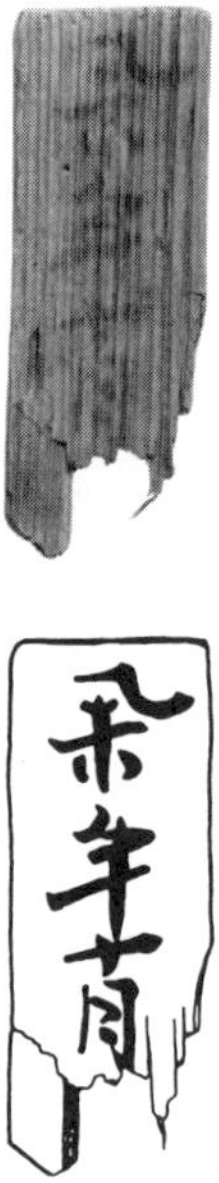

七世紀の年号が記された木簡（伊場八号）

七世紀の年号が書かれた木簡である。「乙未年《きのとひつじ》」は西暦六九五年にあたる。当時、七世紀の木簡の出土は非常に珍しく、全国的に注目を集めた。

Ⅱ　古代の地方役所

一　木簡の時代

七世紀後半になると、天皇を中心とする中央集権的な国家の形成が急速に進められました。その象徴として、天皇が住まい、政治を執る「宮」と、その周囲に条坊制(道路により碁盤目状に区画する制度)をもつ「京」からなる都城が建設されるようになりました。都城は、飛鳥北方に建設された藤原京(六九四年)にはじまり、平城京(七一〇年)・長岡京(七八四年)・平安京(七九四年)へと引き継がれました。また、八世紀初頭に大宝律令が完成し、律(刑法)と令(行政法など)という国家の基本法典に基づく政治体制が確立しました。そして、中央政府は日本列島を五畿七道に分け、その下に国・評(後の郡)・里(後の郷)という行政区画を設けて、地方の行政機構を整えました。

遠江国では現在の磐田市に国府が置かれ、敷智・浜名・引佐・長田《ながた》(後に長上・長下に分置)・麁玉《あらたま》などの諸郡が設けられました。さらに、各郡の中心地には郡家が設置されました。伊場遺跡周辺には敷智郡家が置かれたと考えられています。郡の役所である郡家では、政務や儀式、徴税などの業務が行われました。

住民は戸籍や計帳によって国家に把握され、一定面積の耕作地(口分田)を与えられる代償として、租・庸・調などの税が課されました。このように個別的な支配が地方にまで徹底されていく状況の中で、字の書かれた木の札(木簡)が紙の代用品として大量に使われるようになりました。

平城宮

大路小路が碁盤目状に通る平城京の人口は、１０万人とも２０万人ともいわれている。平城京の中央北端に位置する平城宮は南北約１キロメートル、東西約1.3キロメートルの大きさで、天皇の住まいである内裏、政治や儀式をとりおこなう宮殿、さまざまな役所、宴会の場となる庭園などが設けられていた。※独立行政法人奈良文化財研究所提供

朱雀門

宮城(大内裏)南面中央に位置する門。朱雀とは南を守る中国の伝説上の鳥をいう。東西約２５メートル、南北約１０メートルの大きさで、他の宮城諸門よりひとまわり大きく立派である。門前の広場は儀式の場として用いられた。朱雀門から南へ延びる朱雀大路は、平城京のメインストリートで、幅は約７０メートル、平城京の正面玄関羅城門まで続く。

※独立行政法人奈良文化財研究所提供

大極殿

大内裏朝堂院の正殿。天皇が政事を司り、国家の大礼を実施する平城宮で最も大きな建物である。宮城の中央に第一次朝堂院、東部に第二次朝堂院がある。

※独立行政法人奈良文化財研究所提供

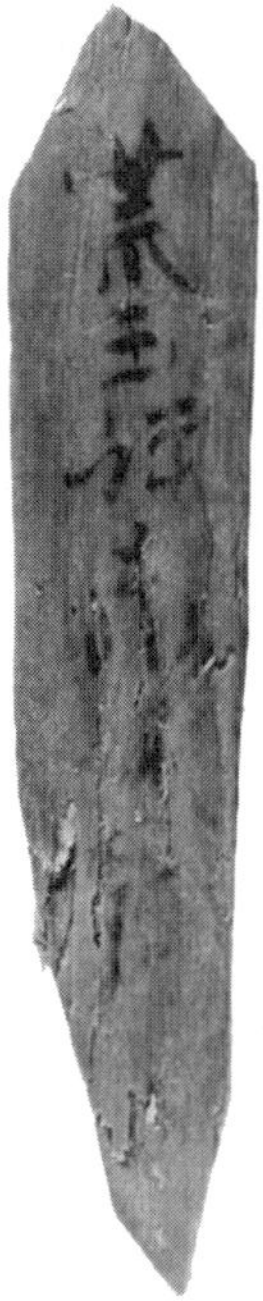

都城から出土した木簡

右は藤原京から、左は平城京から出土した木簡である。ともに現在の浜北区に当たる荒(麁)玉評(郡)の名が記されている。左の木簡には「遣渤海使」の一員であった物部浄人の叙位が記されている。

※右：奈良県立橿原考古学研究所提供、左：独立行政法人奈良文化財研究所提供

二　郡家の仕事と役職

郡家では、地方豪族から任命された郡司のもとで、数十人の下級役人が働いていたと思われます。郡司には大領、少領、主政、主帳のランクがありました。梶子遺跡からは「大領石山」と書かれた木簡が出土しており、「石山」という人物が郡司の長官として敷智郡を治めていたことがわかります。郡家には、中心的な建物である政庁、公的な宿泊施設である館、正税(租)を収めた正倉などの施設があり、食事の調達部署である厨も付属していました。

郡家の仕事は租庸調の徴収や管理、戸籍作成など、郡内の行政全般に及んでいました。伊場遺跡からは敷智郡内の倉や屋の所有者名、戸主名や稲などの数量が書かれた帳簿として使われた木簡が出土しています。

郡家と管轄内の郷(里)との間では、木簡を使用して事務連絡が行われていたと考えられます。その代表的なものに「郡符木簡」と呼ばれる下達文書があります。この木簡は必ず「符」の書き出しから始まり、郡司から郷長や里長に下されたもので、伊場十八号木簡は召喚状のようなものと考えられます。

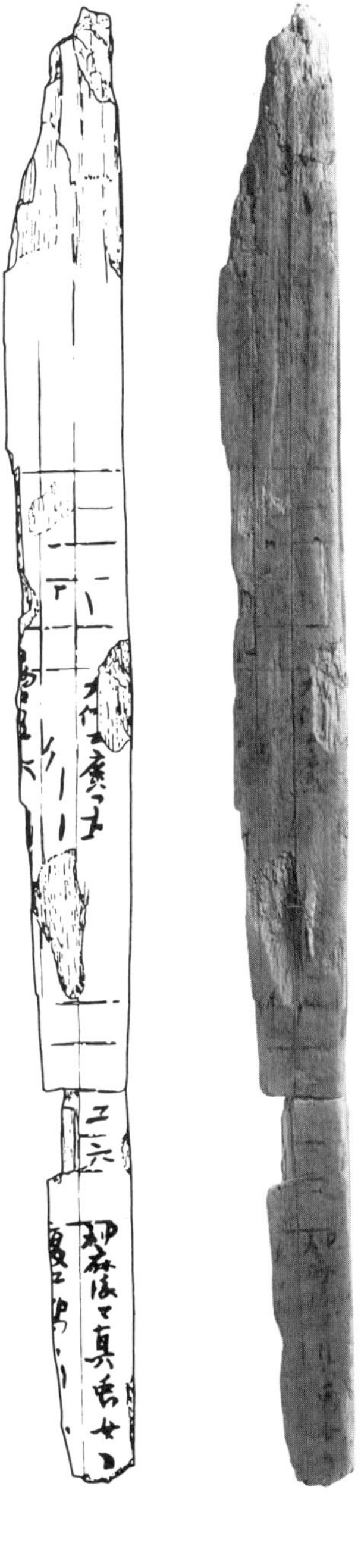

帳簿として使われた木簡(伊場十一号)
均等に刻印された線に沿って、人名や数字、単位が書かれている。

郡符木簡(伊場18号)

「符竹田郷長里正等大郡×」と書かれている。使用後は必ず折ってから廃棄したと考えられ、下端に切込みを入れ折り取った痕跡がある。

「大領」と記された木簡(梶子北1号)

表には「依調借子入□□□□□里□□物部三□」、裏には郡家の長官を示す「大領石山」と書かれている。

この他に郡家に関わる役職が書かれたものがいくつか見つかっています。「郡鎰取」は郡家の正倉の管理していた人物を、「少毅《しょうき》殿」は郡家に隣接して置かれた、軍団を指揮していた人物の存在を示すと考えられます。

郡家においては、地方行政に加え、中央政府の方針に従い、儀式や祭祀などの行事を行うことも大切な仕事でした。伊場四号木簡からは、敷智郡家で放生会《ほうじょうえ》が開催されたことがわかりました。放生会とは仏教思想に基づいて、供養のために魚などの生き物を放つ催しです。己丑年《つちのとうし》（六八九年）に持統天皇の命により、都で開催されており、敷智郡家でもこれにならったと考えられています。こうした行事を執り行うにあたっては、都から配られた暦を使っていたと考えられ、実際に城山遺跡からは神亀六年（七二九年）の具注暦が書かれた木簡が出土しています。

放生会に関わる木簡（伊場四号）

表には「己丑年八月放×」、裏には「二万千三百廿□」と書かれている。「放」は放生のことを指すと考えられ、裏面の数字は放たれた生き物の数と考えられる。

「少毅殿」と書かれた墨書土器

「少毅」は軍団の長官を示す「大毅」に次ぐ役職である。この他に軍団に関わるものとして、校尉を示す「竹田二百長」と書かれた墨書土器が出土している。

「郡鎰取」と書かれた墨書土器

正倉の管理をしていた人物の持ち物であったと考えられる。

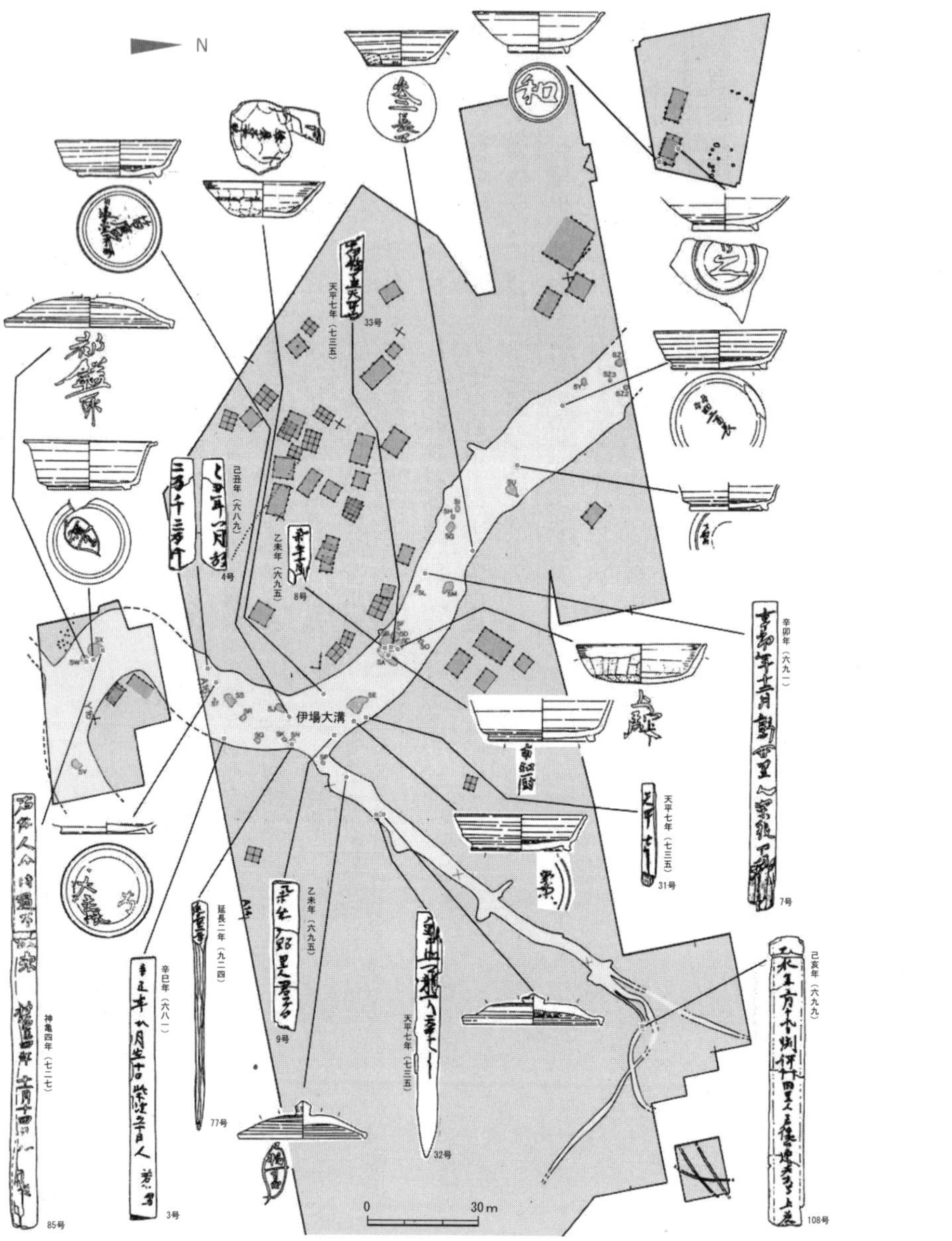

伊場遺跡の主要文字資料

木簡などの文字資料は伊場大溝とその枝溝から見つかっている。

III　古代の制度と暮らし

一　古代の税制

古代の税は、大きく分けて租庸調の三種類に分かれます。租とは収穫した稲を納めるものです。庸は歳役と呼ばれる労働に従事する代わりに物品(主に布)を納めるものです。調は繊維製品や郷土の特産物を物品納税するものです。また、郡家から住民に稲を貸し付け、利息を付けて返却させる出挙《すいこ》という制度がありました。出挙は地方財政の財源として重要な役割を果たしていました。

徴収された税は郡家に集められました。租は郡家の正倉に納められ、庸と調は都へと送られました。木簡はこうした郡内を行き交う品物の荷札として、多く用いられました。

敷知郡の郡家であった伊場遺跡群では、こうした荷札として用いられた木簡が多く出土しており、その上部は荷物に結びつけやすいように加工されています。伊場四〇号木簡には、実際に紐で結び付けた痕跡が確認できます。また、税を納めた農民の所在地や名前、税の種類やその単位を記載したものもあり、当時の税制を知るうえで重要な資料となっています。

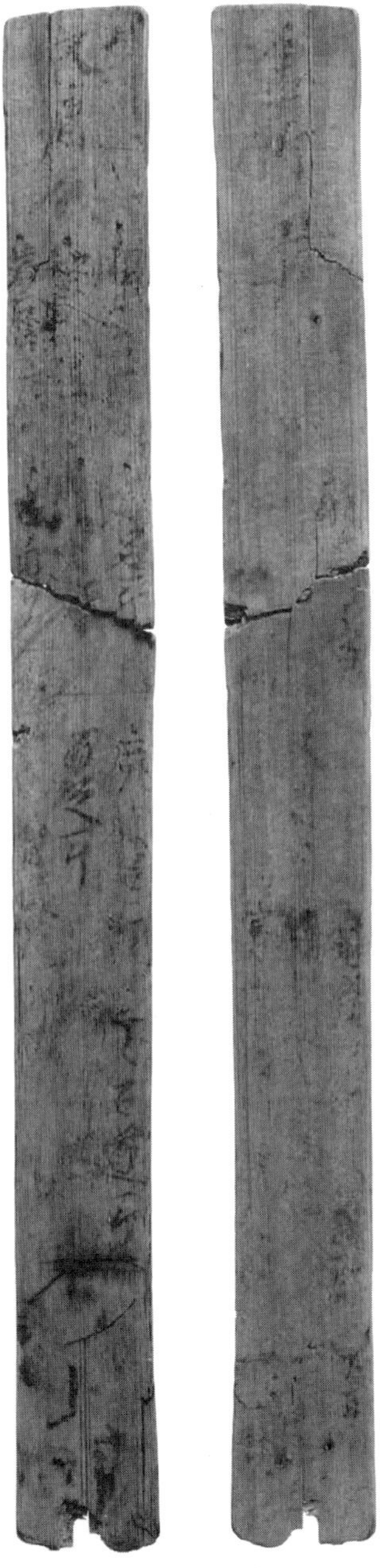

庸に関する木簡(伊場九五号)
複数の人名とともに「一斤」という重さが記されている。庸として布を納めたことを示した記録と考えられる。

調に関する木簡（伊場四〇号）

「布二丈八尺縹」と書かれている。布二丈八尺（約八・五メートル）は正丁一人分の調に相当する。縹《はなだ》は薄い藍色である。調として納められた布の付札と考えられる。

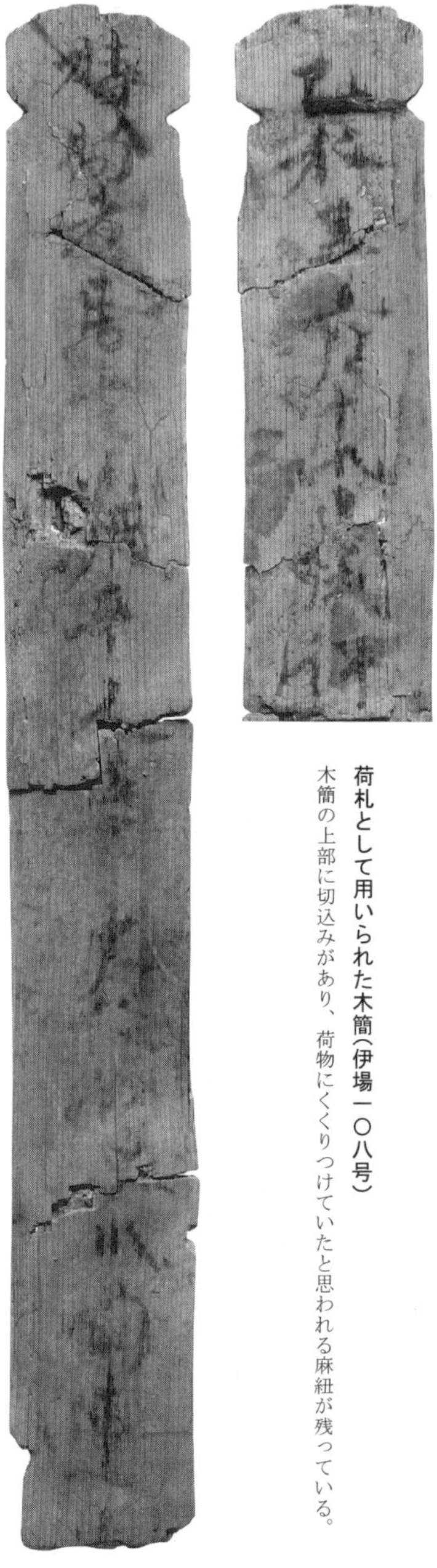

荷札として用いられた木簡（伊場一〇八号）

木簡の上部に切込みがあり、荷物にくくりつけていたと思われる麻紐が残っている。

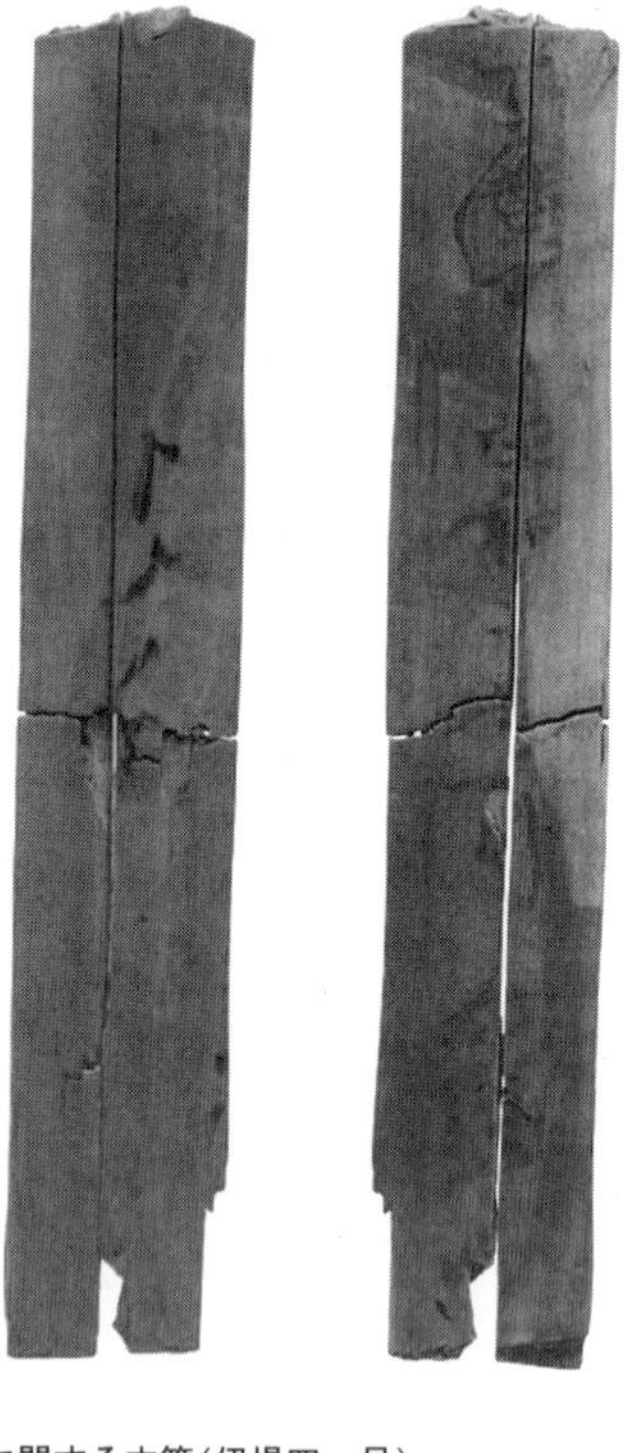

租に関する木簡（伊場四一号）

「□廣万呂田租二石一斗」と数量が書かれている。二石一斗は米の量と推定され、租と関連のある木簡と考えられる。

二　駅伝と馬

古代の都と地方を結ぶ交通制度として駅伝制度があります。駅伝とは、都と各地方を結ぶ主要な交通路に駅を設け、駅馬と呼ばれる馬を配置する制度です。都からは駅使という役人が駅馬を乗り継ぎ、地方との間を行き来しながら情報通信の役割を担っていました。

敷智郡内には古代東海道の「栗原駅」という駅が設けられていたことが、『延喜式《えんぎしき》』の記述から明らかになっています。伊場遺跡から出土した墨書土器には、はっきりと「栗原駅長」と記されたものがあり、駅関係の文字資料が多く発見されていることから、近くに栗原駅が存在したと考えられます。

また、木簡には「駅家」と記されたものがあります。ここでいう駅家とは、敷智郡駅家郷のことを指すと考えられます。駅家郷はその名が示すとおり、駅の業務に従事した駅戸と呼ばれる人々が住んでいた郷です。

この他に複数の駅家の名前が記された木簡も出土しており、記載された内容から、官道を行き来する時の通行手形として使用された木簡(過所木簡)と考えられます。

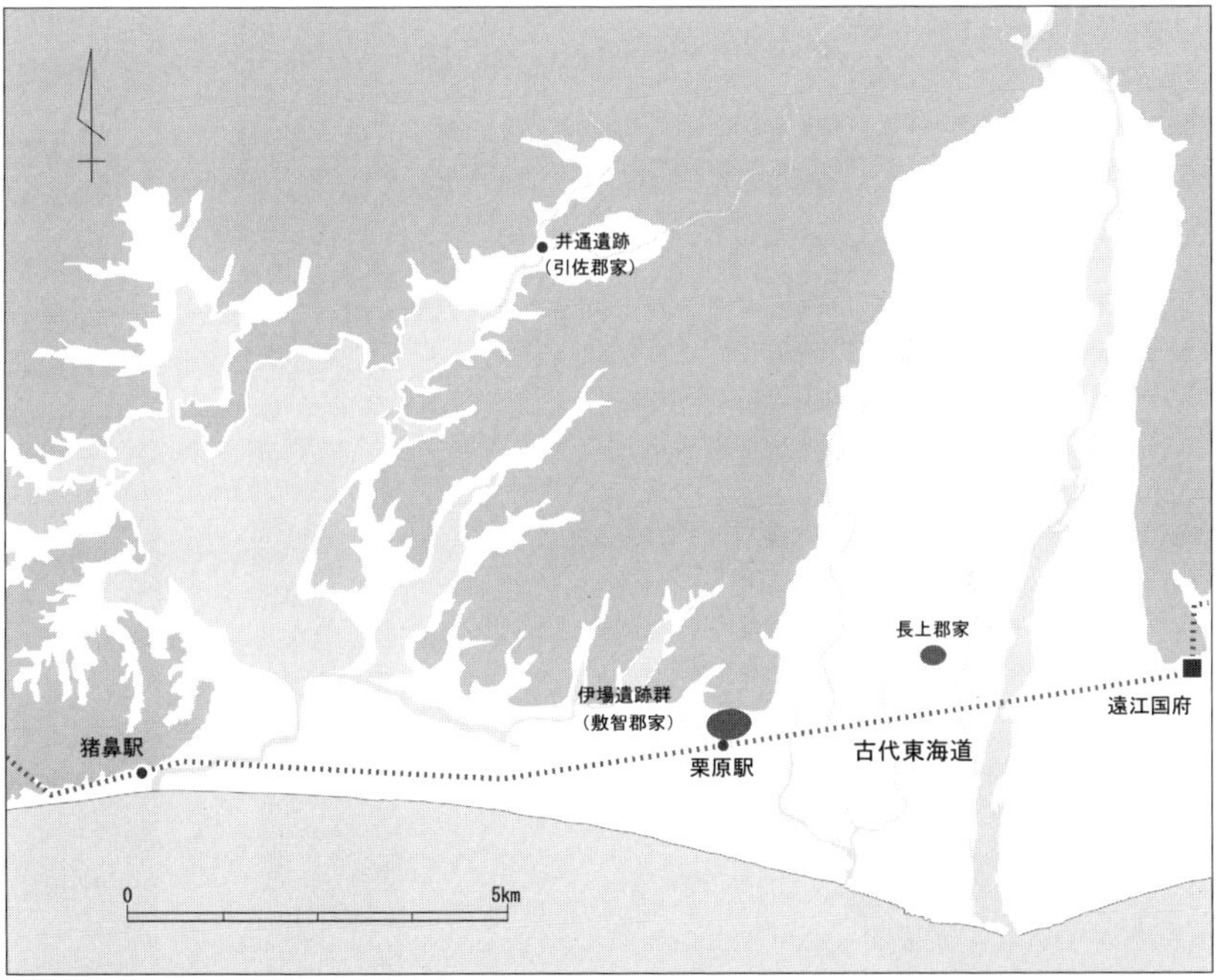

古代東海道の推定位置

古代の東海道は後の東海道と位置が異なり、遠江国府(磐田市)に向かって直線的に延びていたと推定されている。遠江国には西から猪鼻、栗原、□間、横尾、初倉の五駅が置かれた。東海道とは別に浜名湖の北岸を通る官道の存在も推定される。

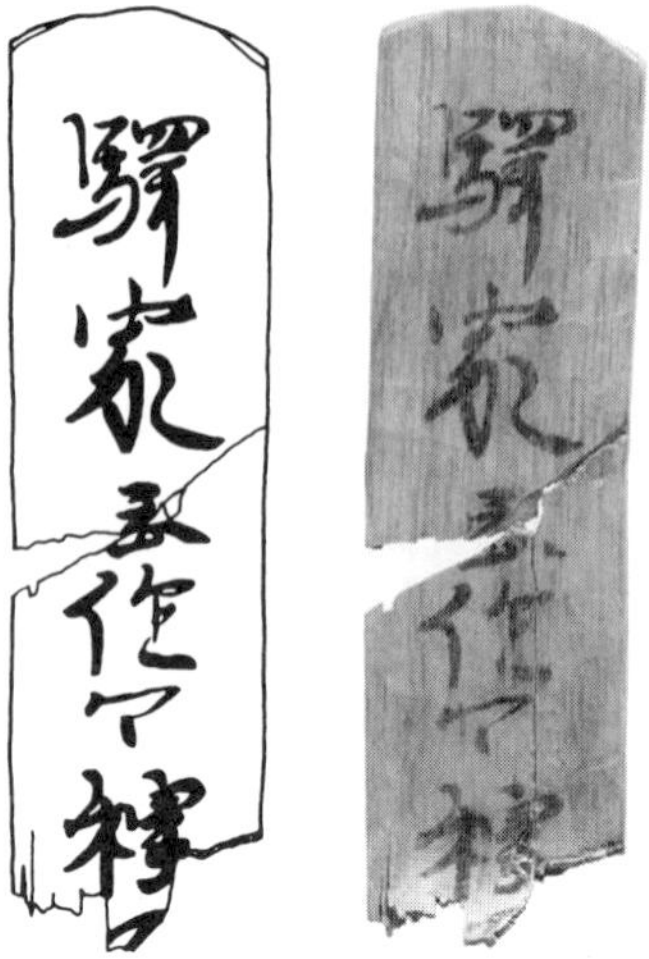

「駅家」と記された木簡(伊場２７号)

敷智郡駅家郷のことを指すと推定され、栗原駅の業務を支えていた人々が集住していたと考えられる。

「駅長」墨書土器

駅の運営にあたった駅長には、駅戸の中から富裕かつ才能のある者が任命された。この土器は、駅長の所有物であることを示す。

過所木簡(伊場三〇号)

表面に美濃関を通って京に向かうことが書かれていることや、裏面に複数の駅家が記されていることから、都に向かう官道の通行手形と考えられる。宮地・山豆奈・鳥取は三河国に置かれた駅である。

三　文字を書く

当時使われた筆記用具には、硯・筆・刀子・水滴（水差し）などがあります。役人にとって筆記用具は必需品であり、役人は「刀《とう》筆《しつ》の吏《り》」とも呼ばれました。

日本で硯を本格的に用いるようになったのは七世紀後半以降です。当初は丸い形の円面硯が主流で、八世紀中ごろになると風字硯や鳥・亀・羊などをかたどった形象硯が現れました。石硯が出現する十一世紀までは、ほとんどが須恵器などの陶器が用いられていました。古代の役所では、坏の底や蓋の裏を硯とする転用硯が多く使われています。筆は中国から伝わり、当初は獣毛を紙で巻き立てた巻筆で、軸は竹製のものが一般的でした。また、刀子とは現在のナイフのようなもので、木簡の表面を削り、書かれた文字を消すために用いられました。今で言えば消しゴムにあたります。実際に城山遺跡からは、木の削りかすに文字を留める例が見つかっています。また、伊場遺跡からは役人が字を練習したと考えられる木簡が出土しています。

役人が字を練習した木簡（城山三三号）
「敷」「智」という文字が複数見られ、字の練習に用いられたと考えられる。このような木簡を習書木簡と呼ぶ。

（伊場十二号）
中央部分に「奉」「我」の文字が繰り返し書かれている。

円面硯

墨をする面(陸部)が丸く、その周囲には墨を落とす溝（海部）があり、透かしや獣の脚を模した装飾性のある台が付く。

風字硯

先端部が弧状をなし、平面の形が「風」の形に似ていることからこう呼ばれる。写真の硯は、墨をする部分が２つに分かれており、墨と朱墨を使い分けることができた。

伊場遺跡出土筆記用具

筆は見つかっていないが、当時の役人が使用した硯や刀子などの筆記用具が出土している。これらの道具を使用して木簡や土器に文字が書かれた。

IV　古代の年号

一　最古の木簡

紀年銘がある最古の木簡は、大阪府の難波宮跡から出土した戊申年《つちのえさる》(大化四年＝六四八年)と記されたものです。また、年号は書かれていませんが、奈良県山田寺跡や坂田寺跡などでは、七世紀前半に遡る可能性が高い木簡も発見されています。伊場遺跡群から出土した最古の木簡は、梶子遺跡から出土したもので「己卯年七月七日記」と記されています。梶子遺跡は、伊場遺跡の北西二〇〇ｍにある遺跡です。遺跡の名前は違いますが、木簡は同じ伊場大溝と呼ばれる当時の川跡から出土したものです。己卯年《つちのとう》は西暦六七九年で、都は飛鳥浄御原宮にありました。この時代には、壬申の乱(六七二年)後に即位した天武天皇により、律令制に基づく中央集権的な国家体制の整備が、強力に進められました。大宝律令制定以前に地方においても、法制度が実施され、地方政治組織が機能していたことを示すものとして、全国的にも注目されています。

　七世紀代の年号表記は、十干と十二支を組み合わせて表す中国にならったものです。この時代の紀年銘のある木簡は、干支年月記で始まる特徴があります。こうした記載方法は、古墳時代中期(五世紀)の埼玉県埼玉稲荷山古墳で出土した鉄剣銘にも見られる古いものです。

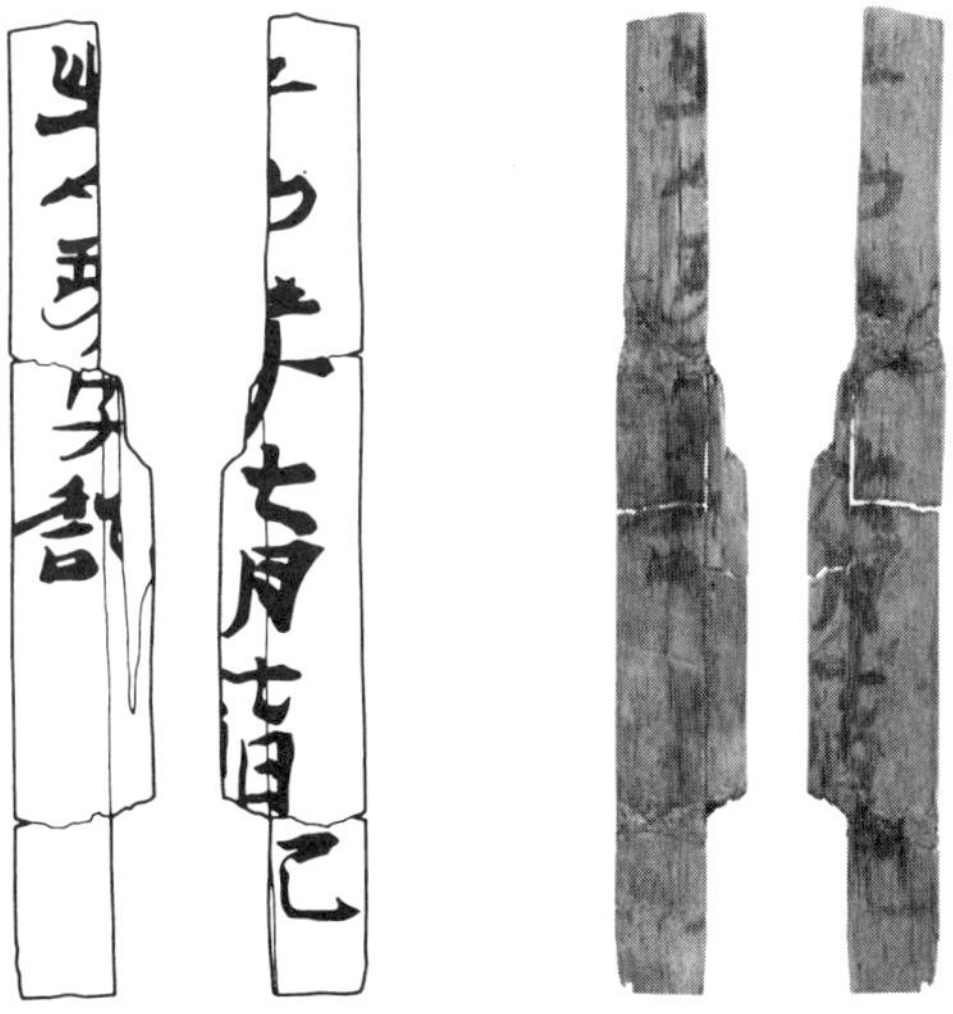

伊場遺跡群から出土した最古の紀年銘がある木簡(梶子１２号)

「己卯年七月七日記」と書かれている。己卯年は西暦６７９年で、現在伊場遺跡群では最も古い紀年銘を記す木簡である。

干支表記のある木簡（伊場三号）

辛巳《かのとみ》年は、西暦六八一年にあたり、伊場遺跡に限れば最古の年号が記された木簡である。「正月生十日柴江五十戸人　若倭マ」まで読める。「五十戸」はサトと読み、「里」よりも古い表記法である。

（伊場七号）

辛卯《かのとう》年は、西暦六九一年にあたる。「十二月新井里人宗我部」まで読める。「里」は郷以前の古い呼び名である。「里人」の表記も七世紀の特徴の一つとされている。新井里の宗我部という人物にかかわる個票である。「新井」は、浜名郡新居町を示すもので、七世紀には浜名湖一帯が渕評（敷智郡の古称）であったと考える説が有力である。

二　年号を記した木簡

遺跡を発掘調査して、年号が直接書かれたものが出土することはほとんどありません。年代は、出土した土器や石器など、当時の食器や道具の変化から推定しています。ところが、木簡には年号を墨で書いたものがあり、遺跡の年代を決めるには好都合な資料となります。

伊場遺跡群からは、現在十八例の年号が分かる木簡が発見されています。七世紀代の年号は、干支により表されたもので、七〇一年の大宝律令制定以降は元号表記になったとされています。七世紀のものが八点、八世紀前半のものが九点、十世紀のものが一点あり、七世紀の木簡の存在から、藤原京遷都(六九四年)以前に伊場遺跡に役所が置かれ、地方政治の中心として機能していることが分かりました。八世紀前半の年号を記した木簡や当期の墨書土器が多いのは、この時期に伊場遺跡群が最も栄えていたためと考えられます。

八世紀後半以降の年号が記された木簡はなぜか発見されていませんが、延長二年(九二四年)銘の木簡の存在や出土土器の年代観から、伊場遺跡群では、七世紀後半から平安時代前半の十世紀まで郡役所として長期間機能していたことが確認されました。全国的にも早い時期に律令国家の地方行政の中心となり、それが長期間機能した点も全国的には数少ない例で、伊場遺跡群が注目される理由でもあります。

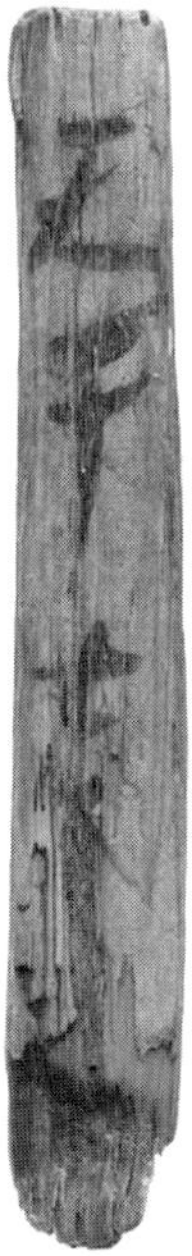

年号の表記がある木簡(伊場三一号)

左の「天平七年」は西暦七三五年にあたる。右の「烏文」は西区雄踏町(宇布見)の古称、戸主は家長のこと、刑部石×は人名である。

(伊場三二号)

「入野中臣マ龍万呂天平七年」と書かれている。「入野」は現在の西区入野町、中臣マ(部)龍万呂は人名である。

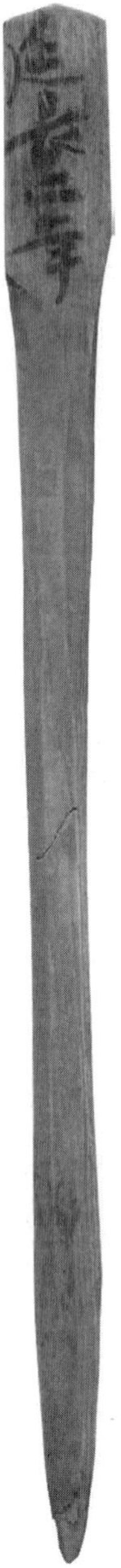

（伊場七七号）

「延長二年」は西暦九二四年にあたる。年号が分かる最後の木簡である。これ以降、伊場遺跡は衰退し、近代に至るまで周辺は水田となる。この木簡は形の特徴から、巻いて保存された文書に差し込まれた題箋《だいせん》（見出し）と考えられる。

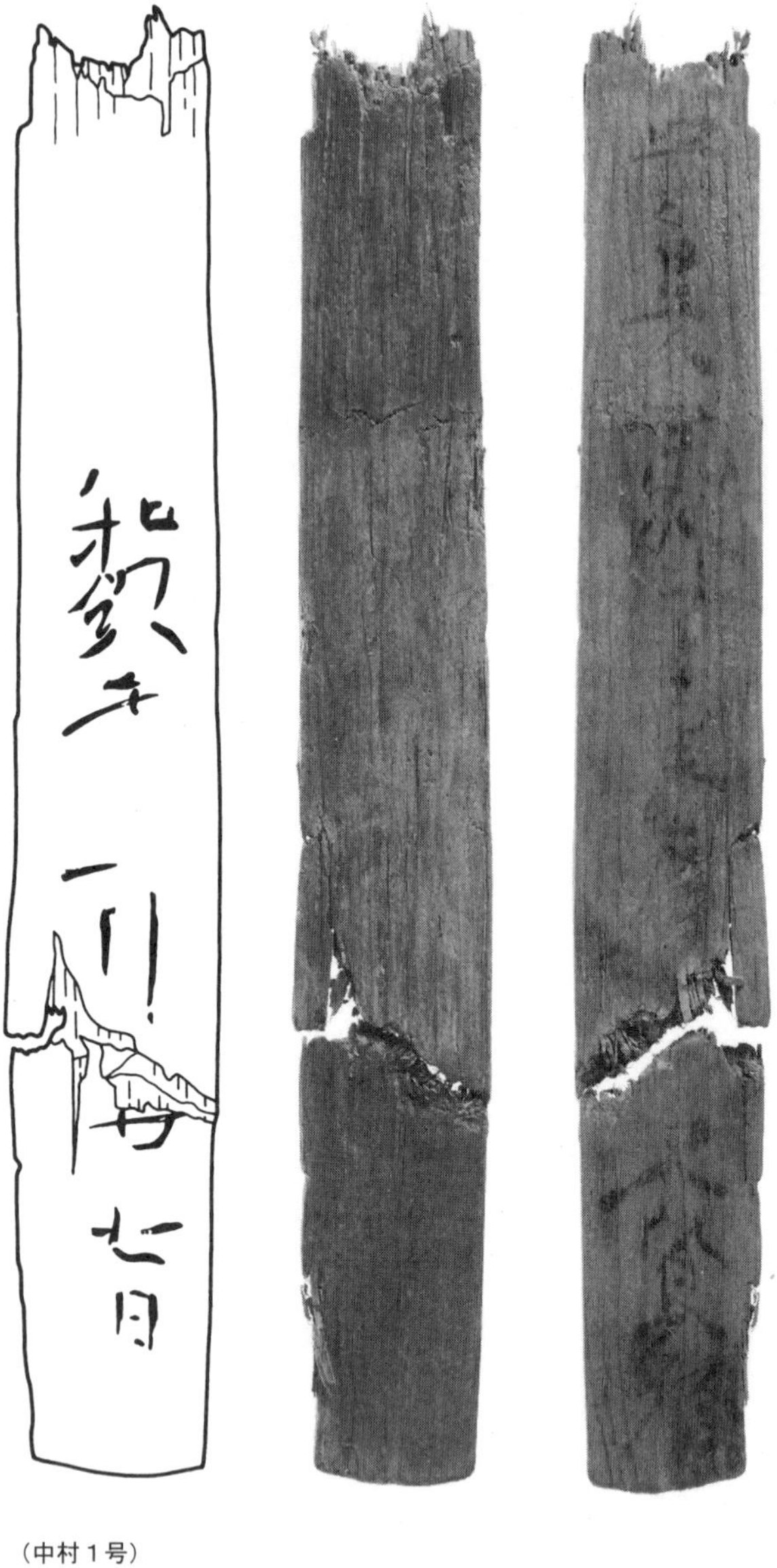

（中村１号）

「中寸里人宗我マ无志麻呂　又貸給」の裏面に「和銅八年□月廿七日」と書かれている。和銅八年は西暦７１５年である。「中寸」は中村のことで、現在の中区東伊場二丁目に小字名として残っている。宗我マ（部）无志麻呂は人名で、又貸給は、稲の貸し付け（出挙）を示すものである。

V　古代の地名

一　古代浜松のコオリとサト

平安時代に作成された百科事典である『和名類聚抄《わみょうるいじゅうしょう》』の記載から、古代の浜松に関わる郡名や郷名の一部は既に知られていました。さらに、伊場遺跡群出土の木簡や墨書土器などの文字資料により、平安時代を遡る飛鳥・奈良時代(七・八世紀)の地名が明らかになりました。これらの地名のいくつかは現在でも残っています。

コオリは七世紀には「評」と記し、八世紀には「郡」と書くようになります。一方サトは「里」と書かれ、後に「郷」と表記されるようになりました。

伊場遺跡群の調査で判明した郷(里)のうち、『和名類聚抄』と一致するものとしては、贄代、蛭田、赤坂、象嶋、柴江、小文、竹田、和治、浜津、駅家、京田があります。贄代は現在の北区三ヶ日町鵺代地区、京田は「みやこだ」と読み北区都田町、和治が西区和地町と推定されます。「濱津」は、浜松の地名の古称と考えられますが、現在の浜松市域全体を指すのではなく、市街地南部付近にあった集落の一つと考えられます。これら以外については、いろいろな説がありますが、現在の地名との関係を明らかにすることはできていません。

『和名類聚抄』に記載された地名の他に、伊場遺跡群出土の文字資料により、入野(西区入野町)、中村(中区東伊場の一部)、新井(浜名郡新居町)、烏文(西区雄踏町宇布見地区)、栗原、宗可などの地名が明らかになりました。

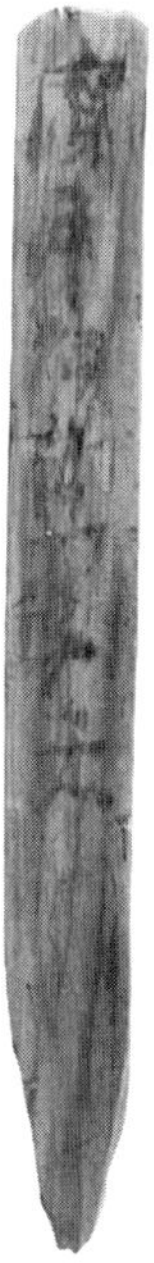

「濱津」と書かれた木簡(伊場一九号)
「濱津郷□石マ□□□」と書かれている。「濱津」は現在の浜松の地名の元となったと考えられる。

「京田」と書かれた木簡(城山六号)
「京田□□」と書かれている。□□は五十とも読める。五十(戸)は七世紀における里の表記法であるので、これは京田里を指す可能性が高い。

「入野」と書かれた木簡(伊場九号)
「乙未年入野里人君子マ□」と書かれている。乙未年《きのとひつじ》は六九五年である。

郡名／写本	高山寺本 平安後期の写本	大東急記念文庫本 室町中期の写本	名古屋市博物館本 永録九年の写本
浜名郡	坂本　大神　駅家 贄代　英多　宇智	坂上　坂本　大神　駅家 贄代　英多　宇智	坂本　坂下　大神　駅家 贄代　英多　宇智
敷知郡 〔智〕	蛭田《比留多》　赤坂《安加佐賀》　象嶋 柴江《之波江》　小文　竹田 雄蹋　海間《阿万》　和治 浜津	蛭田《比留多》　赤坂《阿加佐加》　象嶋 柴江《之波江》　小文　竹田《太介多》 雄踏　尾間《於万》　和治 浜松《波万万都》　駅家	蛭田《ヒルタ》　赤坂《アカサカ》　象嶋 柴江《シハエ》　小文　竹田 雄蹋　海間《アマ》　和治 浜津　駅家
引佐郡	京田《美夜古太》　刑部 渭伊《為以》　伊福《以布久》	京田《美也古多》　刑部《於佐加倍》 渭伊《井以》　伊福《以布久》	京田《ミヤコタ》　刑部 渭伊《イヽ》　伊福《イフ》
麁玉郡	三宅　碧田《安乎多》 覇田《反田》　赤狭《阿加佐》	三宅《美也介》　碧田《安乎多》 覇田《反多》　赤狭《阿加佐》	三宅　碧田《アヲタ》 覇田《ハタ》　赤狭《アカサ》
長上郡	茅原《知波良》　碧海《阿乎宇三》 長田　河辺《加波へ》 蟾沼《比支奴末》　壱志《以知之》	茅原《知波良》　碧海《安乎宇美》 長田《奈加多》　河辺《加波乃倍》 蟾沼《比木奴万》　壱志《以知之》	茅原《チハヲ》　碧海《アヲウミ》 長田　河辺《カハヘ》
豊田郡	（掲載なし）	（掲載なし）	府　蟾沼《ヒキヌマ》　壱志《イチシ》
長下郡	大田　長野《奈加乃》　貫名《沼岐奈》 伊筑　幡多《判多》　大楊 老馬《於以万》　通隈《止保利久万》	太田　長野《奈加乃》　貫名《奴木奈》 伊筑　幡多《判多》　大楊《於保也奈木》 老馬《於以万》　通　《止保利久万》	大田　長野　貫名《ヌキナ》 伊筑　幡多　大楊 老馬《ヲヒマ》　通隈《トヲリクマ》
磐田郡	飯宝　曽能　山香　入見 小野　千柄　高苑　壬生 野中　久米　小谷　飯宝 豊国	飯宝　曽能　山香　入見 小野《乎乃》　千柄　高花　壬生《尓布》 野中《乃奈加》　久米　小谷　飯宝 神戸　豊国《止与久尓》　駅家	飯宝　曽能　山香　入見 小野　千柄　高苑　壬生 野中　久米　小谷　飯宝 神戸　豊国　駅家

『和名類聚抄』に記載された古代浜松の地名

『和名類聚抄』は平安時代中期の承平年間（９３１〜９３８年）に編さんされた今日の百科事典に近い書物である。原本は残っていないが、後世の人たちが写した写本がいくつか現存している。永禄９年は１５６６年である。

二　敷智郡と伊場遺跡群

伊場遺跡群から出土した古代の木簡や墨書土器には、「渕」や「敷智」などと記されたものがあり、この地域が敷智郡に属していたことや、郡家が周辺に存在したことが分かりました。敷智郡は当初は「渕評」と表記されていましたが、大宝律令の制定により「評」は「郡」に改められました。さらに八世紀前半に二文字の佳名が採用され「敷智郡」と表記されるようになりました。

伊場遺跡群出土の文字資料に書かれた郷(里)名は、多くは『和名類聚抄』に敷智郡の郷(里)名として記載されているものです。中でも「竹田」の郷(里)名を記した資料が多く、伊場遺跡群が竹田郷(里)内に位置していた可能性も考えられます。

なお、木簡から確認された地名の中で、新井と贄代は平安時代には浜名郡、京田は引佐郡に属していました。新井を記した木簡(伊場七号・二〇頁)には辛卯年《かのとう》(六九一年)の年号と「里」の表記があります。京田を記した木簡にも里を示す表記があります。地名の表記は、霊亀年間(七一五〜七一七年)にそれまで「里」と記していたものを、「郷」と記すように改められました。したがって、これらの資料は、伊場遺跡群の文字資料の中では古い段階のものです。七世紀代の渕評(敷智郡)の範囲は浜名湖周辺を含む広大なものであり、そこからやがて浜名郡や引佐郡が分置されたと考えられます。藤原宮跡出土木簡には「浜名」の表記がみられることから、浜名郡の分置は八世紀初めのことと推測されます。

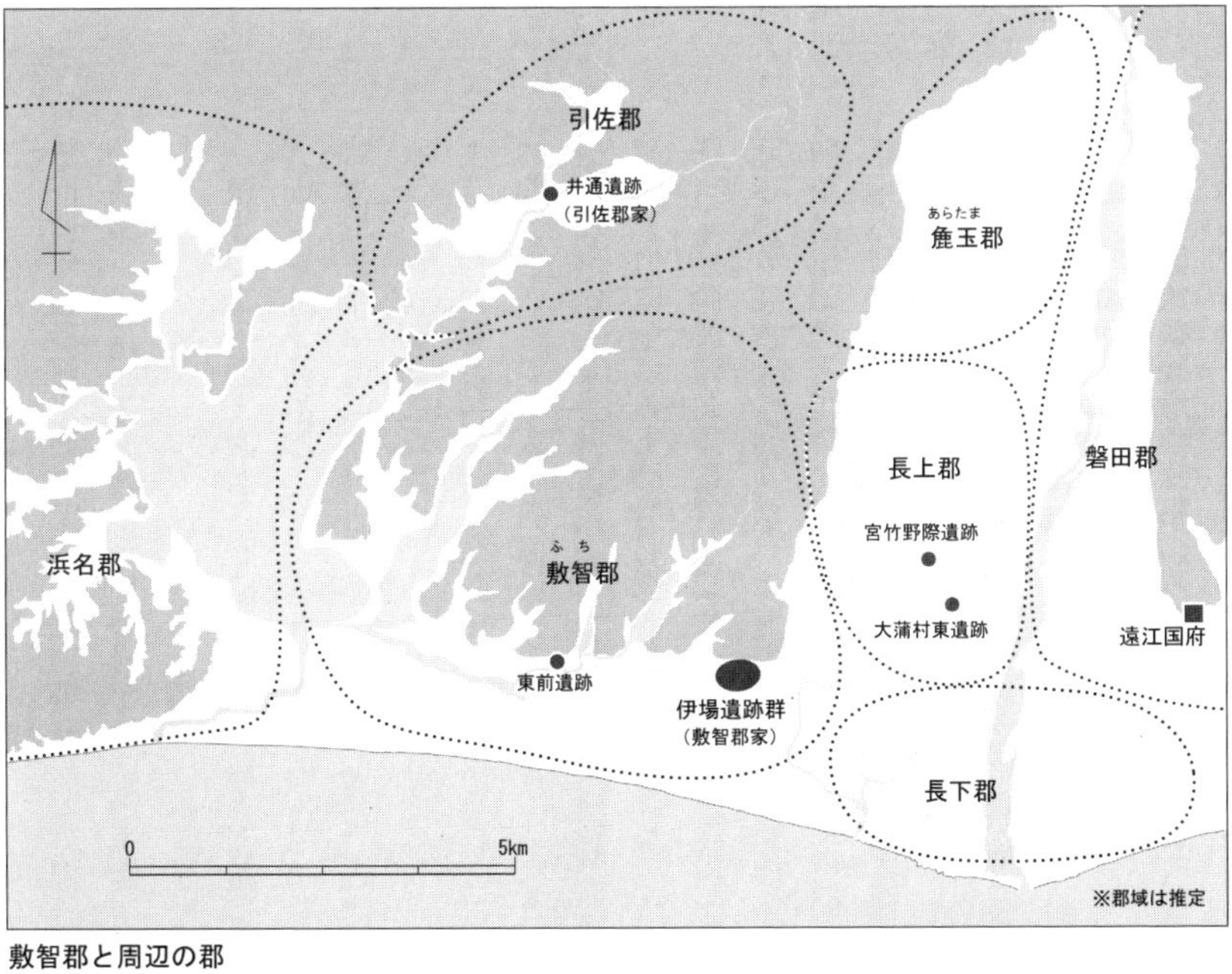

敷智郡と周辺の郡

古代の各郡の境界は明確になっていないが、古記録や遺跡の立地などから、上図に示した範囲だったと推定される。

「布知」と記された墨書土器

布知は「フチ」と読み、敷智郡の敷智と同義である。厨は厨家とも書き、食事調達部署である。したがってこれは敷智郡家の給食施設を指す墨書である。

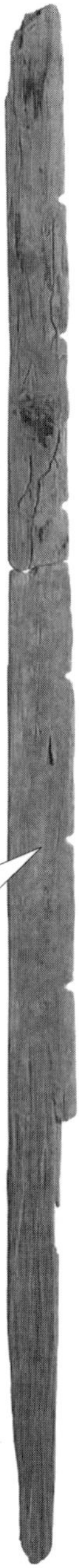

「敷智」と記された木簡（伊場１４号）

「フチ」の表記に「敷智」の字が使用されている。敷智郡の後には、宗可里とも読める記載が続き、７１５年以前の木簡と思われる。「敷智」表記の最古例の可能性が考えられる。

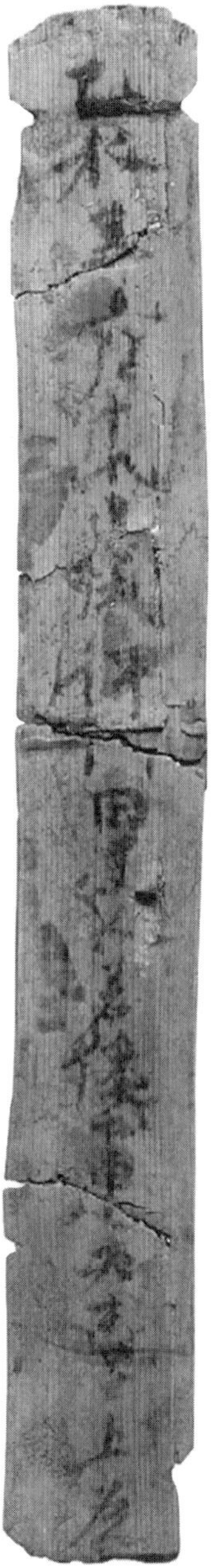

「渕評」と記された木簡（伊場一〇八号木簡）

「己亥年□月十九日渕評竹田里人若倭マ連老末呂上為」と書かれている。己亥年《つちのとい》は六九九年である。「評」・「里」という「郡」・「郷」以前の古い表記が見られる。

VI　古代の人名

一　遺された人の名

伊場遺跡群の文字資料からは、古代の敷智郡に住んでいた人びとの具体的な名前を知ることができます。木簡や墨書土器に記された古代の人名は、男性である場合がほとんどですが、少数ながら女性の名前を記したものもあります。

注目できるものが、「大領石山」と署名を施した木簡（梶子北一号・十頁）です。郡の長官（大領）の名前が「石山」だったことを示します。このほか、木簡には税を負担した農民たちの名前が数多く登場します。郷（里）名と人名のみが記された木簡は、税として納めた品物に付けられた荷札と考えられます。

人名を記した木簡に表記される「マ」とは、漢字「部」の省略形です。「〜部」とは奈良時代以前にさかのぼる同族集団のことをさし、現在でいう姓にあたります。伊場遺跡群出土木簡に現れる部姓には、皇族や豪族の私有民に起源がある「刑部」、「日下部」、「宗宜部《そがべ》」、「大伴部」などをはじめ、「海部《あまべ》」、「玉作部《たまつくりべ》」、「語部《かたりべ》」など、特定の職能集団であることを示すものがあります。また、性格は不明瞭ながら、伊場遺跡群出土木簡には「若倭部《わかやまとべ》」という部姓が数多くみられます。

土器にも人名が記されることがあります。食器として使っていた所有者名を示すものです。その多くは、食器を用いた本人が署名したものと考えられます。中には最初の所有者から新しい所有者に移ったことを示す資料もあります。

人名が記された木簡（伊場四二号）
「若倭マ廣万呂」と書かれている。

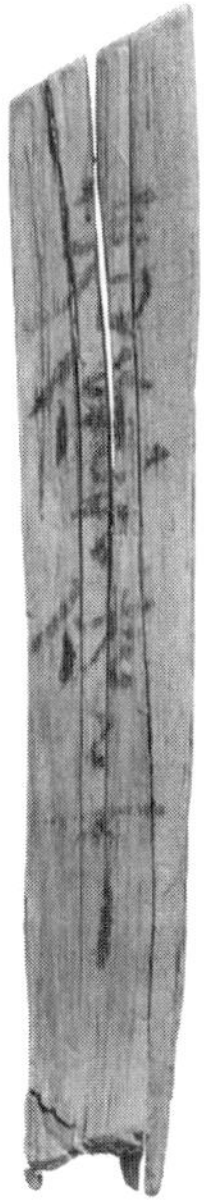

（伊場六四号）
「若倭マ佐々万呂」と書かれている。

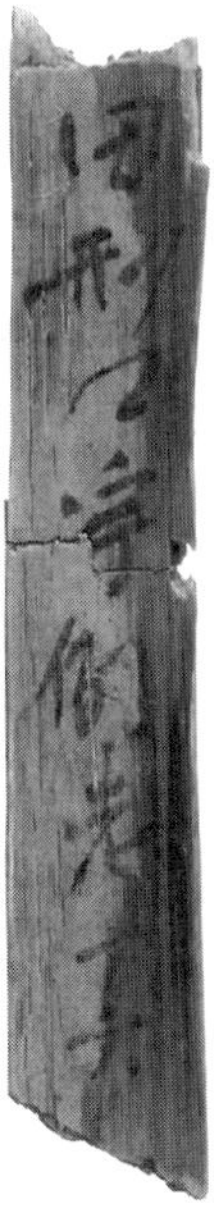

（伊場四三号）
「□田刑マ宇例志十六□」と書かれている。

女性の名前が記された墨書土器

土器の底に「竹田知刀自女」と書かれている。この他に女性の名前として「千刀自女」、「長女」などがある。

人名が書き換えられた墨書土器

最初の持ち主「竹田廣足」の名前をすり消して、新しい持ち主である「川邊宗宜マ小物」が署名している。

稲貸借の返済記録を記した木簡（伊場５２号）

利息付で稲を貸し出した後の返済にかかわる木簡と考えられる。利息付の貸借は出挙とよばれ、古代地方行政の運営資金とされた。この木簡には、返納すべき人物名と稲の量が記されている。木簡には、「馬主」や「黒毛牡馬」といった記述もみられる。返納すべき稲の代用として馬が差し出されたことが分かる。

二　稲万呂という人物

伊場遺跡群からは「稲万呂《いなまろ》」と書かれた奈良時代の終わり頃の墨書土器が、広い範囲から出土しています。「稲万呂」と記された墨書土器には、名前の周りに、稲籾を模したとみられる独特のマークがみられます。「稲万呂」の文字には、筆致が似たものがあり、同一人物が記した可能性があります。独特のマークをもつこと、出土する点数も多いことから、「稲万呂」と記された墨書土器は、通常の人物名を記した土器とは性格が異なるとみられます。

「稲万呂」と記された墨書土器は、伊場遺跡群の広い範囲で出土します。現在、確認されている伊場大溝の最上流、城山遺跡から、最下流の鳥居松遺跡まで東西一・五キロメートルにわたり、総数十八点が出土しています。伊場遺跡群では、同じ人物名を記した土器がこれだけの広範囲から、しかも多量に出土することはありません。稲万呂は、行動範囲が広く、伊場遺跡群全域に幅を利かせた有力者であったことがうかがえます。

二〇〇八年に実施した鳥居松遺跡の発掘調査では、十点にのぼる「稲万呂」と記された墨書土器がまとまって出土しました。従来の出土数を超える量であることから、鳥居松遺跡が稲万呂の本拠地である可能性が浮上しています。

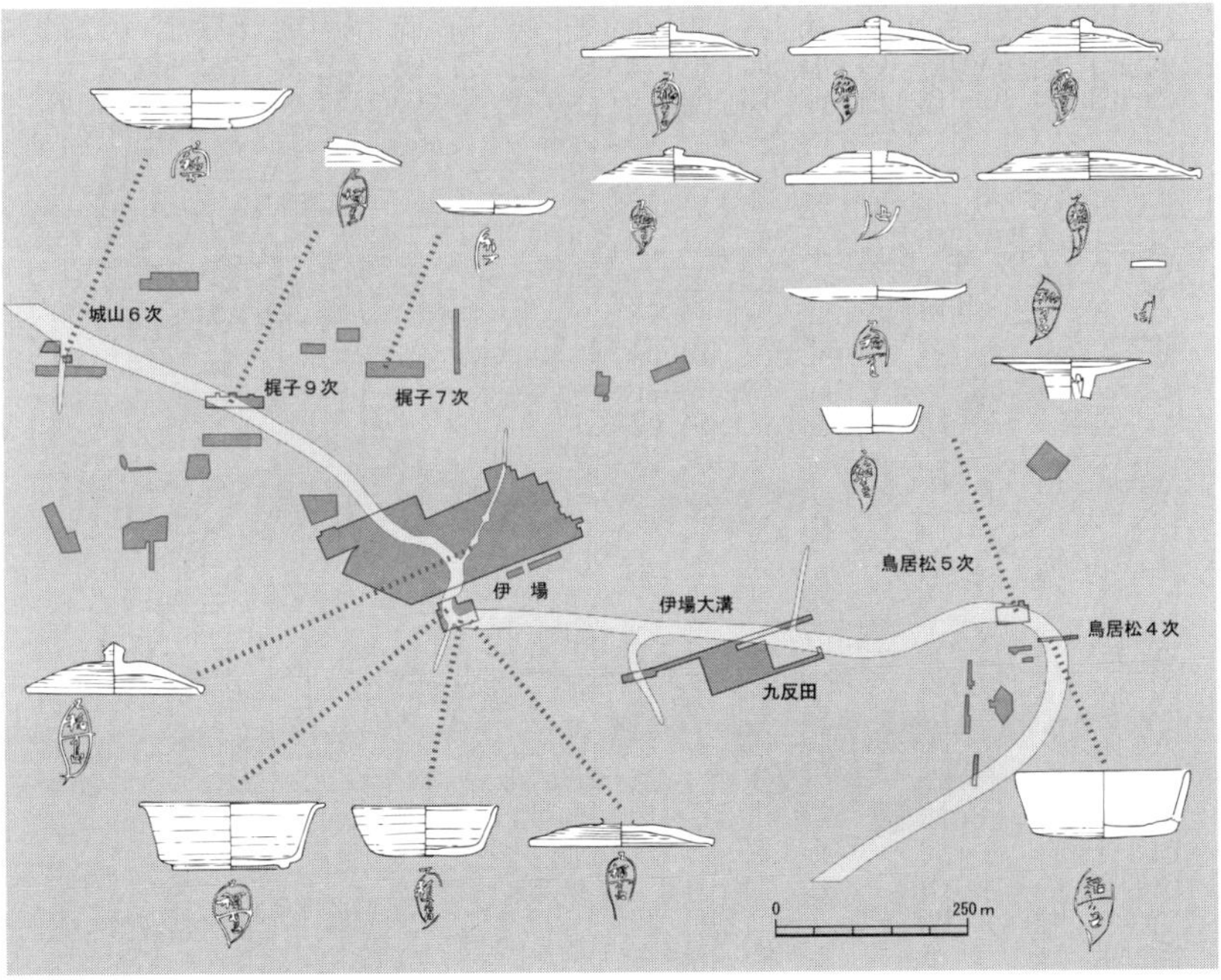

「稲万呂」と記された墨書土器の分布

「稲万呂」と記された墨書土器は、伊場大溝を中心に伊場遺跡群の全域から出土する。従来、数点程度がまばらに出土していたが、２００８年に調査した鳥居松遺跡で１０点がまとまって出土し、注目を集めた。

「稲万呂」と記された墨書土器

稲万呂の墨書は、坏と呼ばれる食器の底か、もしくは、その蓋の内側にみられる。特徴的なマークをもつことから、数ある伊場遺跡群の墨書土器の中でも異彩を放っている。

三　いにしえの役人

郡家では、一般の集落では見られない珍しい品物が出土します。伊場遺跡群では、帯金具・唐三彩陶枕《とうさんさいとうちん》・緑釉陶器などが出土しています。これらは郡家で執務をとる役人たちが所有した貴重品です。

唐三彩陶枕は、中国の焼き物で、文字を書く時に腕を置いて使ったものと考えられています。唐三彩は全国でもあまり出土していないもので、大変貴重なものでした。郡の長官クラスの役人が、自らの力を示すために入手したものと考えられます。三個体もの三彩陶枕が出土した城山遺跡は、敷智郡家の政庁があった可能性が最も高い場所と言えます。

帯金具は役人の位を表すもので、一定以上の身分をもつ人しか所有することができませんでした。伊場遺跡群では銅製の丸鞆《まるとも》と巡方《じゅんぼう》が出土しているほか、石製の鉈尾《だび》が見つかっています。

刀子

ナイフのような道具で、木簡の表面を削り取るのに使ったと考えられる。

帯金具と石帯（左から丸鞆、巡方、鉈尾）

腰帯（ベルト）につける飾りであり、身分や階層によって材質や大きさが決められていた。

唐三彩陶枕

中国の唐（６１６～９０７年）の時代に作られたもので、白・緑・黄の三色の釉薬がかけられた焼き物である。全国で十数例しか出土していない。城山遺跡からは３個体が出土した。いずれも火を受け変色している。

いにしえの役人の持ち物

筆記用具の他に、唐三彩陶枕など希少な遺物が出土している。こうした貴重なものを持つことによって、自らの力を誇示していた。

VII　古代の祈り

一　祈りの文字

伊場遺跡群からは木簡のほか、絵馬、人面墨書土器、木製の人形《ひとがた》・馬形・舟形、斎串《いぐし》などの形代類、陶馬や土馬、土製人形などの模造品、碗・甑《こしき》・高坏・壷形の手づくね土器といった様々な祭祀用品が豊富に出土しています。

これら祭祀用品には都と共通するものが多く見られます。敷智郡家では、律令に定められた様々な国家的なまつりが、郡司や地方役人によって公式な行事として行われていたと思われます。その一方で、都では見られないこの地方独特の祭祀用品も出土します。また、在地の神々の系譜が記された木簡(梶子四号・四二頁)がみられることから、伝統的な在地のまつりも行われていたこともうかがえます。

この他に、個人の祈りや願いが託された木簡や墨書土器もみられます。願いをかけた人の名を書いて病気の治癒を願う木簡、水防・水除けを祈願した木簡などがあり、現代と同じく、病気に悩み、回復を願う古代人の祈りの姿が浮かびあがってきます。これら古代人の祈りには、道教や陰陽道の影響が強くあったことがうかがえます。

病気の治癒を願った木簡(伊場六一号)

「若倭部小刀自女病有依(符籙)」とあり、若倭部小刀自女という女性の病気の治癒を祈る形代として使われたものである。符籙《ふろく》とは道教の秘文(まじない用の合成文字)のことである。

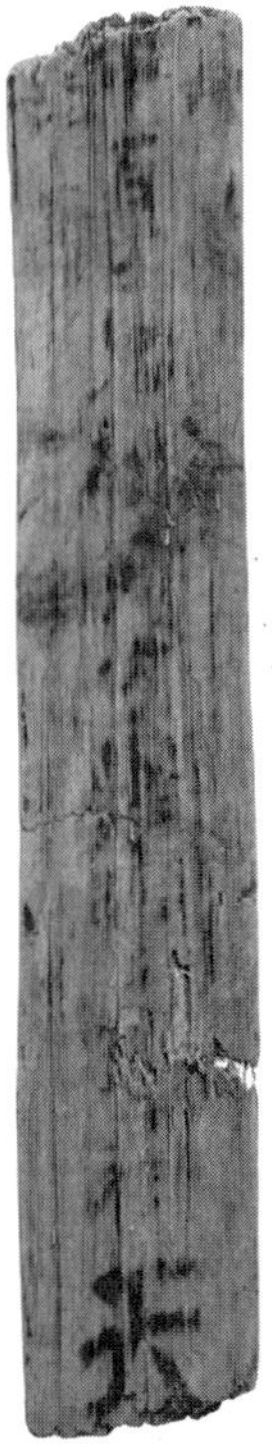

水除けを祈願した木簡(伊場八九号)

陰陽五行説による五方(東、南、西、北、中央)の神の名(南方赤帝百万神など)がみられ、「急々如律令」と記される。「急々如律令」は、すみやかに事が成就せよという意味の呪句である。「龍」の文字もみられ、五方の神へ水除け祈願をした呪符(まじない札)の可能性が考えられる。

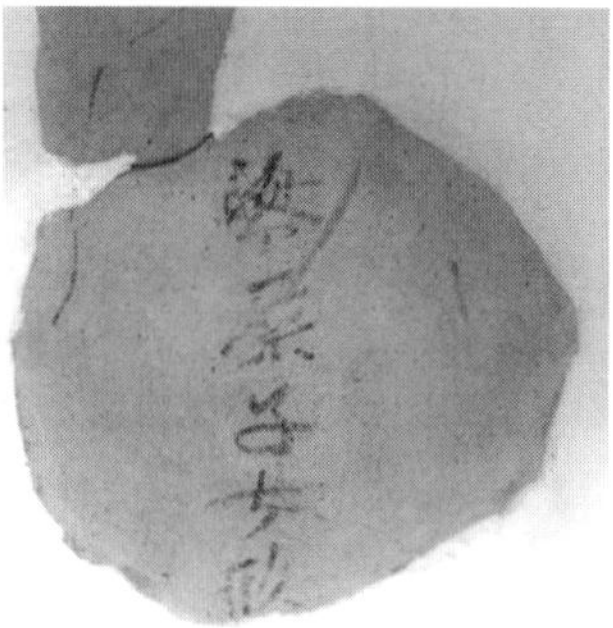

形代にされた土器

土器の内面に人物の絵が描かれ、その下に名前が書かれている。これは海部屎子女の形代(身代わり)で、この土器に病気や災難を乗り移らせたものと考えられる。

おめでたい文字が記された墨書土器

平安時代の墨書土器のほとんどは、一文字のみが書かれたものである。「得」のほか、「太」、「有」、「足」、「主」、「賀」、「望」、「富」の文字が多く書かれた。これらは吉祥句(おめでたい言葉)である。

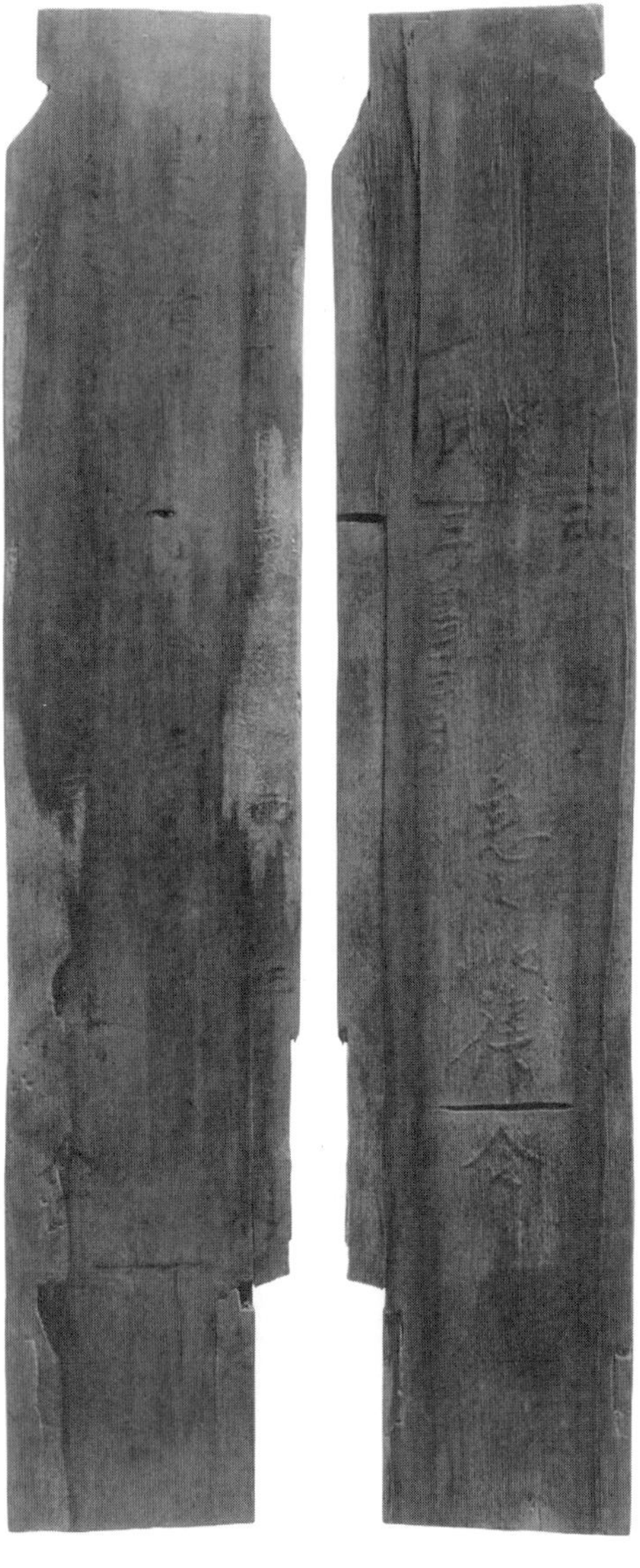

龍神が描かれたまじないの木簡(伊場３９号)

表には「百佐呪符百々佐宣受」で始まる祈願文や、呪句「急々如律令」とともに、龍蛇形の絵、弓、人、山、龍の文字が描かれている。裏には戌の文字や符籙、呪句がみえる。百佐とは百の物怪《もののけ》のことである。こうしたまじない札は、現代に至るまで盛んに用いられている。

二　祈りの絵

人形や絵馬、人面墨書土器などに描かれた絵には、古代人の様々な願いが込められています。人形や人面墨書土器に描かれた顔には、恐ろしい形相の顔、それと対照的な優しい顔もみられます。これらの描かれた顔は、厄病や災害をもたらす神の場合もあれば、願いをかけた人物の顔の場合もあります。人形のなかには自身の顔と名前を描いたものもあります。

また絵馬や馬形は、疫病をもたらす神や、身代わりとして病や穢《けが》れを移された人形の乗り物と思われます。絵馬には裸馬や飾り馬のほか、牛が描かれた例もあります。また、馬形には眼や体毛を描いたものもあります。このほか水除けや病の治癒を祈願した木簡(まじない札)に龍の絵が描かれたもの(伊場三九号・三四頁)があります。

水辺のまつりでは、自分の病や穢れを身代わりとしての人形に移し、人面墨書土器に疫病をもたらす神を封じ込めて、川などに流したものと思われます。また絵馬は、紐につるされた状態でまつりの場に配されていたものと思われます。

恐ろしい顔が描かれた人形

人の形をかたどった板(人形)に、人の顔が墨書されている。疫病をもたらす恐ろしい神を描いた可能性がある。裏面は人名が記されたと考えられる。

絵馬

長方形の板に裸馬を描いたもの。この絵馬には紐掛け用とみられる穴が穿たれている。伊場遺跡では、飾り馬や牛を描いた絵馬も出土している。

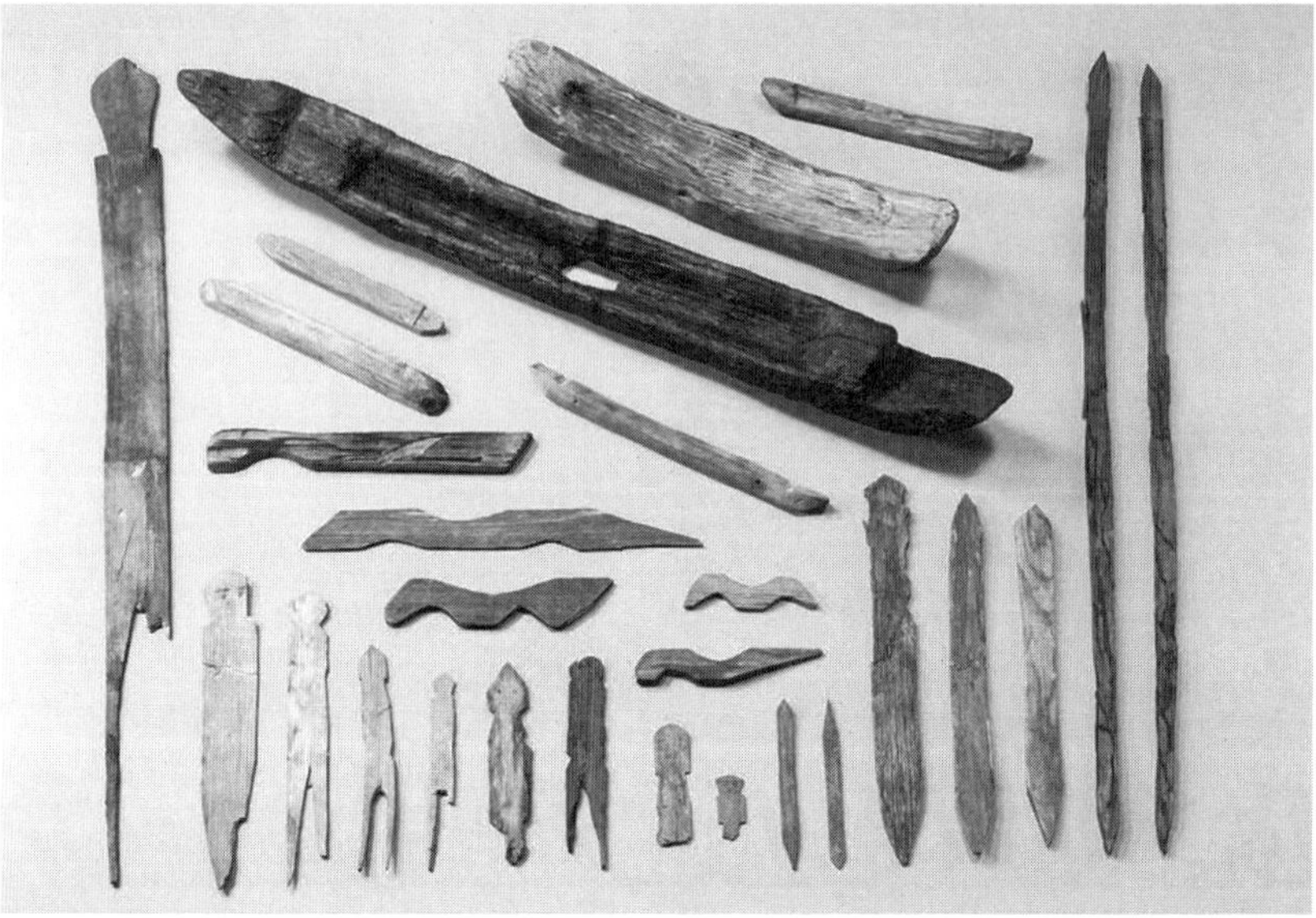

伊場遺跡群から出土した木製祭祀具

伊場遺跡群からは人や馬、舟など様々な形状の木製祭祀具が出土している。

人面墨書土器

土器に人の顔が描かれている。鬼神や人の身代わりの顔が描かれていると見られる。右は梶子遺跡、左は鳥居松遺跡から出土した。

VIII　新たなる発見

一　最新の調査成果から

二〇〇八年の一月から四月にかけて、中区森田町の鳥居松遺跡(五次調査)で伊場大溝が発掘調査されました。調査地は伊場大溝の下流部にあたり、伊場遺跡からは東に七〇〇mほど離れています。伊場大溝の本格的な発掘調査としては、梶子遺跡九次調査(一九九二年調査)から数えて、実に十六年ぶりのことでした。鳥居松遺跡の発掘調査で確認した伊場大溝は、幅二五メートル、深さ三メートルにおよびます。大溝からは古墳時代から平安時代にいたる大量の遺物が出土し、関係者を驚かせました。出土品の中には、人形や馬形、舟形、斎串などの木製祭祀具のほかに、木簡や墨書土器といった文字資料が含まれます。これら木製祭祀具や文字資料は、伊場遺跡で出土したものと共通点が多く、敷智郡家が伊場遺跡の東にも大きく広がっていることが明らかになりました。現在は、新幹線や国道二五七号線などによって、伊場遺跡と鳥居松遺跡はさえぎられていますが、古代においては建物などの施設が連なり、人びとの往来も盛んであったことがうかがえます。

今回、新たに鳥居松遺跡から出土した文字資料には、五点の木簡をはじめ、十点の「稲万呂」と記された墨書土器も含まれます。伊場大溝は、いにしえの文字の宝庫であることが改めて確認できました。

発掘された伊場大溝

大溝内からは多数の土器や木製品とともに、５点の木簡が出土した。

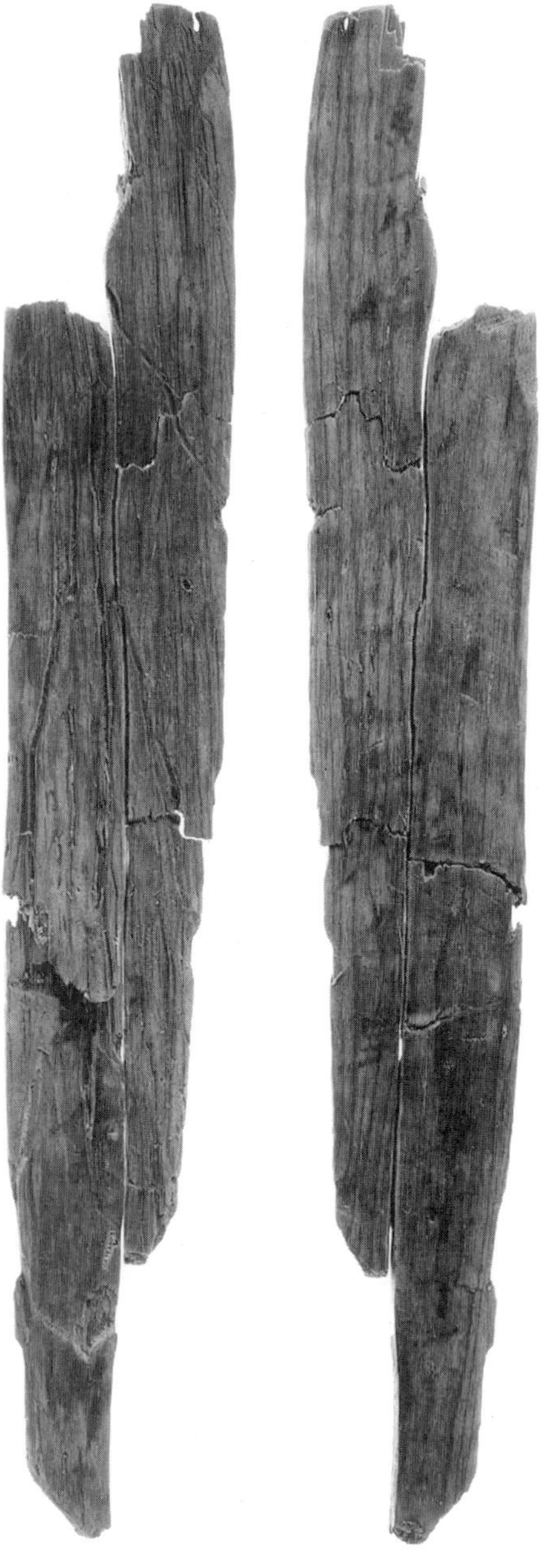

糸を貸付けたことが記された木簡(鳥居松三号)

表には「□糸一斤貸受人赤坂郷嶌里　忍海部□□」と書かれており、裏には「神亀元年」と年号が書かれている。神亀元年(七二四年)、敷智郡の郡家が赤坂郷嶌里に住む忍海部石某に、絹織物の原材料(糸)を貸し与えた証文である。郡家が税として納める庸・調などの生産に直接関わっていることを示す。

人名を記した木簡(鳥居松四号)

「赤坂丈マ五百依」と書かれている。赤坂郷に住む丈部《はせつかべ》五百依《いおより》という人物名が記されている。

二　新浜松市の文字資料

浜松市内では、最近の発掘調査によって、伊場遺跡群以外からも多くの文字資料が発見されています。

東区の和田町、大蒲町にまたがる長田遺跡群(長田郡家推定地)の一角にある大蒲村東遺跡からは、八世紀前半代の木簡三点と「寺」と刻書された曲物の底板が出土しました。一号木簡は出挙に関する記載、二号木簡は駅の運営財源に関する記載、三号木簡は郡家が行う水田や稲の管理に関する記載があります。

また、長田遺跡群に隣接する宮竹野際遺跡からは、円面硯や二面風字硯と共に、墨書土器二三点と「大夫」「□十二日」の刻書土器二点が出土しました。この中には奇妙な形の文字らしき墨書があります。それは則天文字もしくは道教の影響を受けた特殊な文字と考えられます。

北区細江町の井通遺跡(引佐郡家推定地)からは墨書土器が五四五点、刻書土器が一一点出土しました。「川戸」や「川戸口守」の墨書と大溝や船着場などの遺構が発見されたことから、引佐郡家に関わる郡津(港)があったと推測されます。

西区志都呂町の東前遺跡からは、木簡一点と墨書土器二点が出土しました。木簡には中寸(中村)と思われる地名と人名と数量が書かれ、出挙に関わる木簡の可能性があります。

井通遺跡の墨書土器
「引佐」、「引佐一」、「引佐二」、「引佐大」、「川戸」、「川戸口守」、「百」、「万」など地名、施設名、職名、吉祥句が坏の底部や蓋の内側に書かれている。
※財団法人静岡県埋蔵文化財調査研究所提供

稲の貸付に関わる木簡（大蒲村東一号）

表に「大税給春耳十束夏耳四束」、裏に「戸主物部水麻呂之名附十束夏六束」と書かれている。租税として集めた稲を物部水麻呂に貸付けたことが記されている。

（大蒲村東二号）

「駅下稲」は駅の運営財源に充てられた駅起稲と考えられる。

地名と人名が記された木簡（東前一号）

地名（中寸か）の下に人名と、稲と思われる十九束という数量が書かれている。

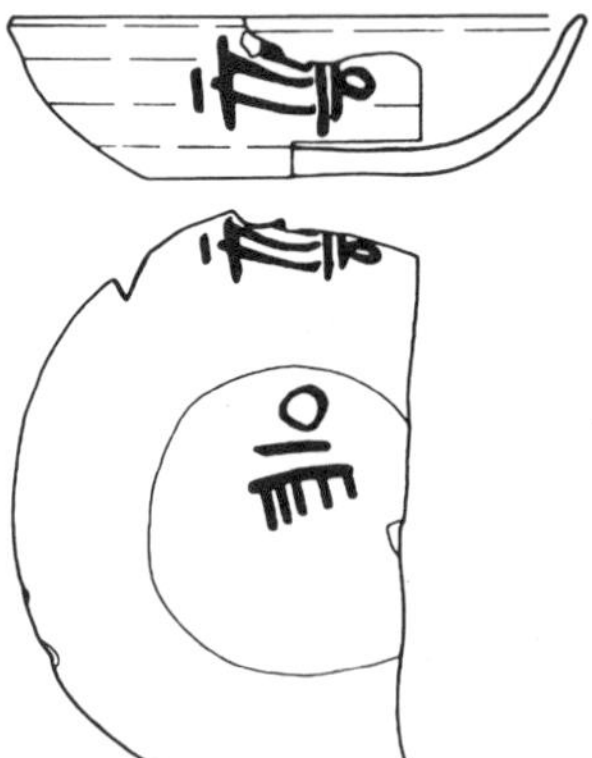

土器に記された特殊な文字

日常的に使用される文字とは異なる文字が書かれている。則天文字の可能性が指摘されている。

※財団法人静岡県埋蔵文化財調査研究所提供

IX　文字を読み解く

木簡は、水を多く含んだ土の中から出土します。木で作られたものは、水漬けの状態にあれば形を保てますが、一回でも乾燥すると、ぼろぼろになって崩れてしまいます。そのため、出土後の木簡は、理化学的な保存処置が必要となります。

状態の良い木簡は、出土時には墨が鮮明に残り、触ると手が墨で黒くなってしまうものさえあります。しかし時間が経つにつれて、木は酸化して黒くなり、墨も流出し次第に読みにくくなってしまう場合があります。一方、墨が薄くて出土時には木簡と気付かないものも、多くあります。墨が薄くなったものや、表面が汚れていて読みにくい木簡については、より鮮明に見るための装置が、近年活用されるようになりました。それが赤外線を照射して、その画像をモニターで観察する、赤外線テレビカメラです。墨は赤外線に良く反応し、汚れなどは逆に反応しないため、墨がより強調され黒く浮き上がって映し出されます。

この画像をもとに字の形や筆順などを追い、文字を一つずつ確認していきます。また実測図は、肉眼観察により見える範囲で作成した後、画像を見ながら修正し、あるいは不足部分を補って完成させます。

赤外線テレビカメラ・モニターに映し出された画像

赤外線テレビカメラは、赤外線を照射する器械、赤外線に反応するカメラ、画像を映し出すモニター、プリンターで構成される。写真に示した装置は、独立行政法人奈良文化財研究所のものである。モニターに映し出された文字は大きく、しかも墨の黒さが浮き出て見える。

※独立行政法人奈良文化財研究所提供

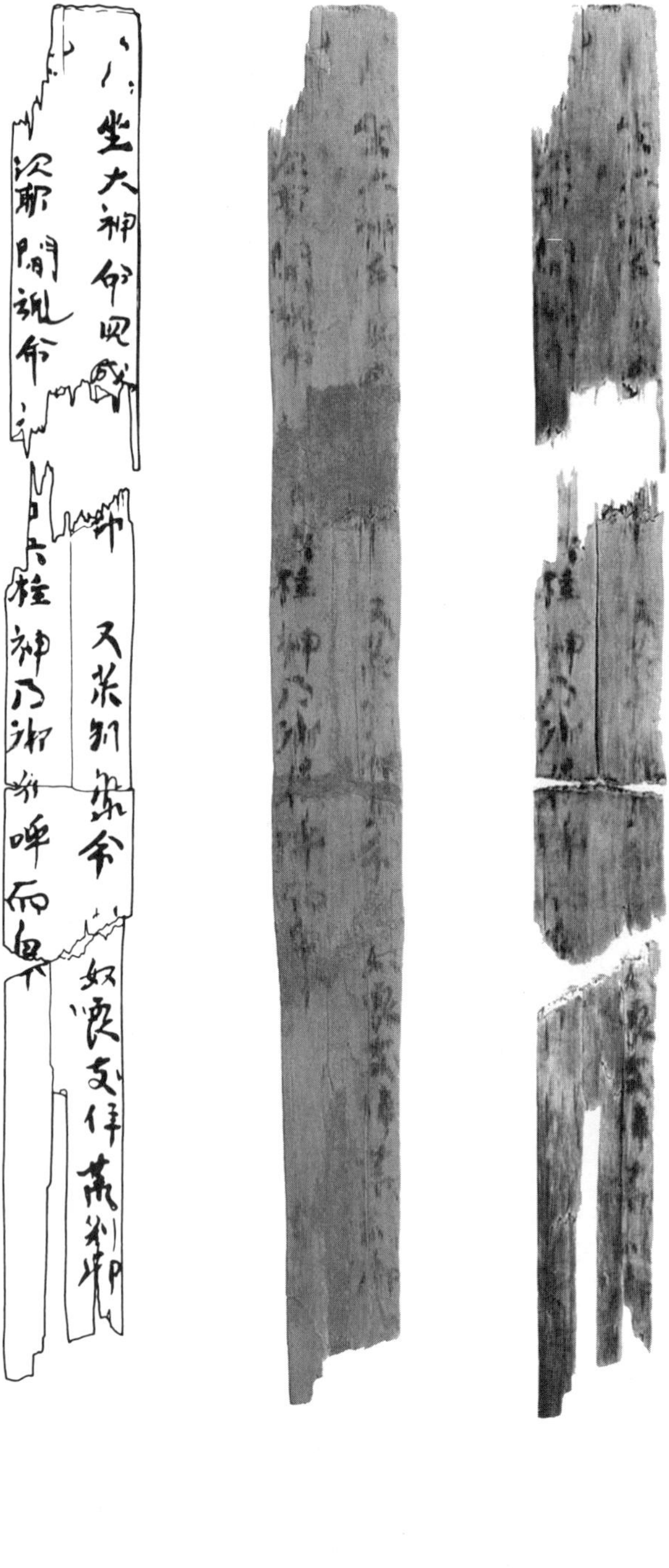

赤外線テレビカメラで判読された木簡（梶子四号木簡）

梶子遺跡から出土した全国的にも珍しい宣命体《せんみょうたい》で書かれた木簡である。ここに記された「木幡比女命」などの神々の名は在地の神々であったと思われる。右が可視光写真、中央が赤外線写真である。中央のほうが、汚れが目立たず、墨の黒さが鮮明に見える。左の図は、赤外線写真を基に作った実測図である。

敷智郡関係の年表

時代	西暦	年号	記事	敷智郡関係記事と紀年銘木簡等
飛鳥	645	大化1	蘇我氏滅亡	
	646	大化2	**大化改新の詔**	東国国司の派遣（造籍・校田）
	652	白雉3	班田と造籍	
				この頃　渕評が成立
	667		**近江大津宮に遷都**	7世紀の「敷智郡」は「渕評」と記された
			近江令を制定	
	670		庚午年籍の作成	
	672		壬申の乱	
			飛鳥浄御原宮に遷都	
	673		天武天皇即位	
	679			・「己卯年」(679)梶子12号木簡
	681			・「辛巳年」(681)伊場3号木簡
	689		飛鳥浄御原令を施行	・「己丑年」(689)伊場4号木簡（放生木簡）
	691			・「辛卯年」(691)伊場7号木簡
	694		**藤原京に遷都**	
	695			・「乙未年」(695)伊場8・9・84号木簡
	699			・「己亥年」(699)伊場108号木簡
	701	大宝1	**大宝律令を制定**	**この頃　敷智郡から浜名・引佐郡が分置**
			国郡里制を施行	
	708	和銅1	和同開珎を鋳造	
	709	和銅2		長田郡が長上・長下郡に分割
				・「己酉年」(709)鳥居松5号木簡
奈良	710	和銅3	**平城京に遷都**	
	712	和銅5	「古事記」	
	715	和銅8	郷里制を施行	・中村1号木簡
	718	養老2	**養老律令を制定**	
	720	養老4	「日本書紀」	
	721	養老5		・伊場37号木簡
	723	養老7	三世一身の法を制定	
	724	神亀1	聖武天皇即位	・「神亀元年」鳥居松3号木簡
	727	神亀4		・伊場85号木簡
	729	神亀6		・城山27号木簡（具注暦木簡）
	732	天平4		・城山10号
	733	天平5		・城山30号
	735	天平7		・伊場31～33号木簡
	740	天平12	この頃　里が廃される	浜名郡輸租帳
	741	天平13	国分寺・国分尼寺建立の詔	**この頃　敷智郡家の最盛期**
	743	天平15	墾田永世私財法を制定	敷智郡竹田郷の刑部真須弥が調布を納入
			公地公民制が崩れる	（正倉院）
	745	天平17		遠江国分寺が建立
	761	淳仁5		荒玉河が氾濫し、堤を修復
	781	天応1	桓武天皇即位	
	784	延暦3	**長岡京に遷都**	
平安	794	延暦13	**平安京に遷都**	
	797	延暦16	「続日本紀」	
	818	弘仁9	富寿神宝を鋳造	
	819	弘仁10		遠江国分寺が焼失
	858	天安2	摂関政治が始まる	
	862	貞観4		浜名湖に浜名橋がかかる
	925	延長2		・伊場77号木簡（題箋木簡）
	927	延長5	「延喜式」	延喜式に栗原の駅などが記される
	935	承平5	平将門の乱	
			この頃「和名類聚抄」が成立	**この頃　敷智郡家が衰退**
			荘園が各地に広まる	

参考文献

國學院大學伊場遺跡調査隊編　一九五三年『伊場遺跡―西遠地方に於ける低湿地遺跡の研究』（浜松市伊場遺跡保存会）
浜松市立郷土博物館編、浜松市教育委員会　一九七六年『伊場木簡』（伊場遺跡発掘調査報告書第一冊）
浜松市博物館編、浜松市教育委員会　一九八〇年『伊場遺跡　遺物編2』（伊場遺跡発掘調査報告書第四冊）
浜松市教育委員会編　一九九四年『伊場遺跡　遺物編6』（伊場遺跡発掘調査報告書第八冊）
浜松市教育委員会編　二〇〇七年『伊場遺跡　補遺編（第八～十三次調査遺構・自然遺物）』（伊場遺跡発掘調査報告書第十一冊）
浜松市教育委員会編　二〇〇八年『伊場遺跡　総括編』（伊場遺跡発掘調査報告書第十二冊）
浜松市博物館編、可美村教育委員会　一九八一年『静岡県浜名郡可美村　城山遺跡発掘調査報告書』
浜松市博物館編、（財）浜松市文化協会　一九九七年『城山遺跡Ⅵ』
浜松市博物館編、浜松市遺跡調査会　一九八三年『国鉄工場内（梶子）遺跡第Ⅵ次発掘調査概報』
浜松市博物館編、（財）浜松市文化協会　一九九四年『梶子遺跡Ⅸ』
浜松市博物館編、（財）浜松市文化協会　一九九七年『梶子北遺跡（木器編）』
浜松市博物館編、（財）浜松市文化協会　一九九八年『梶子北遺跡（遺物編本文）』
浜松市博物館編、（財）浜松市文化協会　二〇〇二年『梶子北（三永）・中村遺跡（井戸・木製品編）』
浜松市博物館編、（財）浜松市文化協会　二〇〇四年『中村遺跡（南伊場地区）井戸・木製品編）』
浜松市博物館編、（財）浜松市文化振興財団　二〇〇六年『中村遺跡　古墳・奈良時代編』
浜松市博物館編、（財）浜松市文化協会　二〇〇四年『大蒲村東Ⅰ・Ⅱ遺跡』
浜松市教育委員会編、（財）浜松市文化振興財団　二〇〇八年『東前遺跡Ⅱ』
静岡県　一九八九年『静岡県史　資料編4古代』
静岡県　一九九二年『静岡県史　資料編3考古三』
（財）静岡県埋蔵文化財調査研究所　二〇〇六年『宮竹野際遺跡』
（財）静岡県埋蔵文化財調査研究所　二〇〇七年『井通遺跡』
石上英一　二〇〇一年「駿河国の役所と伊場遺跡」『木簡が語る古代史　下　国家の支配としくみ』
竹内理三編　一九八一年『伊場木簡の研究』
平川南　二〇〇三年『古代地方木簡の研究』
向坂鋼二　一九九六年「解説　伊場・城山遺跡の古代文字資料」『遠江十九号』
山中敏史・佐藤興治　一九八五年『古代日本を発掘する5古代の役所』

おわりに

向坂鋼二

この本に締めくくりの文章を依頼され、私は、改めて三十年の時の流れに想いを馳せている。

伊場遺跡の現地発掘調査は、発見時の調査を第一次として、一九六八年一月に第二次調査が始ってから第十三次調査終了まで、十三年の年月と多額の費用を費やして実施された。さらに、現地調査が終わった後も整理報告作業は継続され、一昨年三月発掘調査報告書第十三冊として『伊場遺跡総括編』が刊行された。これで伊場遺跡発掘調査事業はすべて完了した。調査期間は合わせて三十年に及んだことになる。この間、発掘作業員・室内整理作業員・調査員をはじめ、市県国の行政に関わった人々・保存運動に関与した人々・さまざまな立場の研究者等々、数え切れない程多くの人々が、この調査に関わり去って行った。私もその一人である。

この発掘調査はさまざまな意味で一つの時代を画した。主な点を三つ挙げよう。その第一は、登呂・蜆塚両遺跡の調査とともに、太平洋戦争後の静岡県考古学史の中で重要な画期となった点である。登呂遺跡では、初めて弥生時代の集落跡と水田跡が一体的に明らかになったが、同時に高校郷土研究部の活動が高揚し、その後の県内考古学を担う研究者の育成を促した。蜆塚遺跡では、集落研究が未熟な時代にあって、貝塚を持つ縄文時代の集落研究に大きな成果が挙がった。それに対して伊場遺跡の調査は、弥生時代の三重の環濠集落を完掘し、その全貌を明らかにするとともに、遠江国敷智郡衙と推定される古代地方官衙跡に関し、文字資料を含む莫大な考古情報を提供した。

その第二は、登呂遺跡と蜆塚遺跡の発掘調査は、ともに研究目的の学術調査で、調査後全域が遺跡公園として保存整備された。しかし、伊場遺跡は、市内を貫通する東海道線高架化に伴う電車基地と貨物駅の移転先となっていたため、発掘調査後に県史跡の指定が解除された点である。一九五五年頃から日本は、東海道新幹線や東名高速道路をはじめとする道路網の整備、学校増設や大規模宅地造成等の国土開発によって、遺跡の破壊が急速に進行し、そうした状況を憂い文化財保存運動が高まっていた。そうした最中の指定解除は、まさに開発時代の象徴ともいえる出来事であった。

その第三は、発掘調査が従来にない規模で行なわれ、良きにつけ悪しきにつけ、その後の県内発掘調査の手本となった点である。特に遺構の検出が難しい低湿地の発掘調査技術や、郡家・駅家といった地方官衙の調査・研究が飛躍的に進展した。中でも、木簡・墨書土器といった文字資料や祭祀遺物をはじめとする各種木製品の検出とその研究、土器に代表される遺物の編年研究などが大いに進展した。

伊場遺跡は、古代の遠江国敷智郡の郡衙跡とほぼ確定されたが、発掘調査後も周辺での調査が続けられた。伊場遺跡西側では城山遺跡、北側では梶子・梶子北・中村遺跡、南側では九反田・鳥居松遺跡などが調査されている。これらの遺跡は、伊場遺跡群と総称され、本書にも情報の一部が掲載されている。さらに北区細江町では、井通遺跡が引佐郡家の一角と目され、企画性の高い遺構群や多くの墨書土器が検出された他、伊場遺跡の西方五㎞にある東前遺跡や東北東六㎞の大蒲村東遺跡からも、古代木簡が発見された。浜松は、まさに県内律令期研究のメッカともいうべき存在になっている。

本書の内容は、主に木簡と墨書土器を取り上げたものであるが、私が定年退職して第一線を退いて以後、いかに関連資料が増加し、いかに研究が進んだか、驚きの連続である。その結果、当時の私見は肯定されたり否定されたり、さまざまであるが、改めて勉強になることが多く、感慨もひとしおである。

私は、高校郷土研究部の一員として、登呂遺跡の発掘調査に参加し、考古学への道を歩むことになった。大学に進んでからは、蜆塚遺跡の発掘調査に調査員として加わり、それが縁で浜松市教育委員会に職を得て、新設の浜松市立郷土博物館学芸員となった。その博物館業務と並行させながら、伊場遺跡の発掘調査では、調査担当者として取り組んだ。発掘調査が進展するにつれて、それまで見たこともなかったような出土品が続出した。古代の木簡と弥生時代の丹塗り木甲は、その筆頭である。そのたびに、役所内部やマスメディアへの説明に追われることとなった。これには、伊場遺跡の保存をめぐって、発掘調査成果が注目されていた事情がある。私が従事した伊場遺跡の発掘調査は、開発を望む人々と遺跡を保存したいとする人々との間で世論が二分された状況下で進められたのである。

本書は、伊場遺跡出土の木簡や墨書土器などの文字資料が、日本古代史上の重要な文化財であり、その公開と活用を図るべく出版されるが、それらを出土した遺跡は現在線路・道路・工場などの下になり、伊場遺跡公園など一部を除いて見ることはできない。全国的にも貴重な文化財の発見には多くの人々の努力と遺跡の犠牲があったこともぜひ心に留めて置いてほしい。

執筆者紹介〔掲載順〕

平野吾郎　元静岡県教育委員会文化課
鈴木敏則　浜松市生涯学習課文化財担当
山中敏史　奈良文化財研究所
渡辺晃宏　奈良文化財研究所
笹生衛　千葉県教育庁文化財課（現國學院大学）
山本崇　奈良文化財研究所
向坂鋼二　静岡県考古学会会長・元浜松市博物館館長

考古学リーダー 17
伊場木簡と日本古代史

2010年3月25日　初版発行

編　　者　伊場木簡から古代史を探る会
発 行 者　八　木　環　一
発 行 所　株式会社 六一書房　http://www.book61.co.jp
〒101-0051　東京都千代田区神田神保町 2-2-22
電話 03-5213-6161　FAX 03-5213-6160　振替 00160-7-35346
印刷・製本　株式会社　三陽社

ISBN 978-4-947743-85-5 C3321　2010 Printed in Japan

考古学リーダー

Archaeological L & Reader Vol.1〜16

1　弥生時代のヒトの移動　〜相模湾から考える〜
西相模考古学研究会 編　209 頁〔本体 2,800＋税〕

2　戦国の終焉　〜よみがえる天正の世のいくさびと〜
千田嘉博 監修　木舟城シンポジウム実行委員会 編　197 頁〔本体 2,500＋税〕

3　近現代考古学の射程　〜今なぜ近現代を語るのか〜
メタ・アーケオロジー研究会 編　247 頁〔本体 3,000＋税〕

4　東日本における古墳の出現
東北・関東前方後円墳研究会 編　312 頁〔本体 3,500＋税〕

5　南関東の弥生土器
シンポジウム南関東の弥生土器実行委員会 編　240 頁〔本体 3,000＋税〕

6　縄文研究の新地平　〜勝坂から曽利へ〜
小林謙一 監修　セツルメント研究会 編　160 頁〔本体 2,500＋税〕

7　十三湊遺跡　〜国史跡指定記念フォーラム〜
前川　要　十三湊フォーラム実行委員会 編　292 頁〔本体 3,300＋税〕

8　黄泉之国再見　〜西山古墳街道〜
広瀬和雄 監修　栗山雅夫 編　185 頁〔本体 2,800＋税〕

9　土器研究の新視点　〜縄文から弥生時代を中心とした土器生産・焼成と食・調理〜
大手前大学史学研究所 編　340 頁〔本体 3,800＋税〕

10　墓制から弥生社会を考える
近畿弥生の会 編　288 頁〔本体 3,500＋税〕

11　野川流域の旧石器時代
「野川流域の旧石器時代」フォーラム記録集刊行委員会（調布市教育委員会・三鷹市教育委員会・明治大学校地内遺跡調査団）監修　172 頁〔本体 2,800＋税〕

12　関東の後期古墳群
佐々木憲一 編　240 頁〔本体 3,000＋税〕

13　埴輪の風景　〜構造と機能〜
東北・関東前方後円墳研究会 編　238 頁〔本体 3,300＋税〕

14　後期旧石器時代の成立と古環境復元
比田井民子　伊藤 健　西井幸雄 編　205 頁〔本体 3,000＋税〕

15　縄文研究の新地平（続）〜竪穴住居・集落調査のリサーチデザイン〜
小林謙一　セツルメント研究会 編　240 頁〔本体 3,500＋税〕

16　南関東の弥生土器 2　〜後期土器を考える〜
関東弥生時代研究会　埼玉弥生土器観会　八千代栗谷遺跡研究会 編　273 頁〔本体 3,500＋税〕